民國思潮讀本

一 第二卷 一

主　编　　田晓青

策　划　　徐　晓

主编助理　纪　彭

作家出版社

目　录

无政府主义与社会主义

新文化与学衡及整理国故

国民党的意识形态与国家主义

妇女解放和国民教育

无政府主义与社会主义

阶级竞争与互助

1919 年 7 月 6 日

李大钊

Ruskin（约翰·拉斯金）说过："竞争的法则，常是死亡的法则。协合的法则，常是生存法则。"William Morris（威廉·莫里斯）也说："有友谊是天堂，没有友谊是地狱。"这都是互助的理想。

一切形式的社会主义的根萌，都纯粹是伦理的。协合与友谊，就是人类社会生活的普遍法则。

我们要晓得人间社会的生活，永远受这个普遍法则的支配，就可以发现出来社会主义者共同一致认定的基础，何时何处，都有它潜在。不论它是梦想的，或是科学的，都随着它的知识与能力，把它的概念建立在这个基础上。

这基础就是协合、友谊、互助、博爱的精神。就是把家族的精神推及于四海，推及于人类全体的生活的精神。

我们试一翻 Kropotkin（克鲁泡特金）的"互助论"，必可晓得"由人类以至禽兽都有他的生存权，依协合与友谊的精神构成社会本身的法则"的道理。我们在生物学上寻出来许多证据。自虫鸟牲畜乃至人类，都是依互助而进化的，不是依战争而进化的。由此可以看出人类的进化，是由个人主义向协合与平等的方面走的一个长路程。

人类应该相爱互助，可能依互助而生存，而进化；不可依战争而生存，不能依战争而进化。这是我们确信不疑的道理。依人类最高的努力，从物心两方面改造世界，改造人类，必能创造出来一个互助生存的世界。我信这是必然的事实。

与这"互助论"仿佛相反的，还有那"阶级竞争（Class Struggle）说"。

这个阶级竞争说，是 Karl Marx（卡尔·马克思）提倡的，和他那经济的历史观很有关系。他说人类的生产方法随着生产力的发展而变化，人类的社会关系又随着人类生产方法的变化而变化，人类的精神的文化更随着人类的社会关系的变化而变化。社会组织固然可以说是随着生产力的变动而变动，但是社会组织的改造，必须假手于其社会内的多数人。而为改造运动的基础势力，又必发源于在现在的社会组织下立于不利地位的阶级。那些居于有利地位的阶级，除去少数有志的人，必都反对改造。一阶级运动改造，一阶级反对改造，遂以造成阶级竞争的形势。他在《共产宣言》里说过："所有从来的历史，都是阶级竞争的历史。" 又说，"从来社会的历史都在阶级对立中进行。" 他的意思就是说自太古土地共有制崩坏以来，凡过去的历史，社会的经济构造，都建设在阶级对立之上。所谓阶级，就是指经济上利害相反的阶级。具体讲出来，地主、资本家是有生产手段的阶级，工人、农夫是没有生产手段的阶级。在原始社会，经济上的技术不很发达，一个人的劳动，只能自给，并无余裕，所以不发生阶级。后来技术日精，经济上发展日进，一人的劳动渐有余裕。这个余裕，就是剩余劳工。剩余劳工，渐次增加，持有生产手段的起来乘机夺取，遂造成阶级对立的社会。到了生产力非常发展的时候，与现存的社会组织不相应，最后的阶级争斗，就成了改造社会消泯阶级的最后手段。

有许多人听见这阶级竞争说，很觉可怕，以为人类的生活，若是长此争夺、强掠、残杀，必没有光明的希望，拿着阶级竞争作改造社会的手段，结果怕造不出光明社会来，所以对于此说，很抱疑虑。

但是 Marx 明明的说："所有从来的历史，都是阶级竞争的历史。" 又说，"资本家的生产关系，是社会的生产方法采敌对形态者的最后。" 又说，"人类历史的前史，以今日的社会组织终。" 可见他并不是承认人类的全历史，过去未来都是阶级竞争的历史。他的阶级竞争说，不过是把他的经济史观应用于人类历史的前史一段，不是通用于人类历史的全体。他是确信人类真历史的第一页当与互助的经济组织同时肇启。他是确信继人类历史的前史，应该辟一个真历史的新纪元。

现在的世界，黑暗到了极点。我们为继续人类的历史，当然要起一个大变化。这个大变化，就是诺亚以后的大洪水，把从前阶级竞争的世界洗得干干净净，洗出一个崭新光明的互助的世界来。这最后的阶级竞争，是阶级社会自灭的途辙，必须经过的，必不能避免的。

在那人类历史的前史时代，互助的精神并未灭绝，但因有与互助相反的社会组织，它在世间，遂不断的被毁。人类的真历史开始以后，那自私自利的恶萌，也不敢说就全然灭尽。但是互助的社会组织既然实现，那互助精神的火光，可以烧它，使它不能发生。

这最后的阶级竞争，是改造社会组织的手段。这互助的原理是改造人类精神的信条。我们主张物心两面的改造，灵肉一致的改造。

总结一句话：我信人类不是争斗着掠夺着生活的，总应该是互助着友爱着生活的。阶级的竞争，快要息了。互助的光明，快要现了。我们可以觉悟了。

一九一九年七月六日《每周评论》第二九号

劳工神圣！

《新潮》，第 1 卷第 2 号，1919 年 2 月 1 日

蔡元培

诸君！此次世界大战争，协商国竟得最后胜利，可以消灭种种黑暗的主义，发展种种光明的主义，我昨日曾经说过，可见此次战争的价值了。但是我们四万万同胞，直接加入的，除了在法国的十五万华工，还有什么人？

这不算怪事，此后的世界，全是劳工的世界呵！

我说的劳工，不但是金工、木工等等，凡用自己的劳力，作成有益他人的事业，不管他用的是体力，是智力，都是劳工。所以农是种植的工；商是转运的工；学校职员、著述家、发明家，是教育的工。我们都是劳工。我们要自己认识劳工的价值！劳工神圣！

我们不要羡慕那凭借遗产的纨袴儿，不要羡慕那卖国营私的官吏，不要羡慕那克扣军饷的军官，不要羡慕那操纵票价的商人，不要羡慕那领干脩的咨议顾问，不要羡慕那出售选举票的议员。他们虽然奢侈点，但是良心上不及我们的平安多了。我们要认清我们的价值！劳工神圣！

社会——群众

《新潮》，第1卷第2号，1919年2月1日

孟　真[1]

中国一般的社会，有社会实质的绝少；大多数的社会，不过是群众罢了。凡名称其实的社会——有能力的社会，有机体的社会——总要有个密细的组织，健全的活动力。若果仅仅散沙一盘，只好说是"乌合之众"。十个中国人，所成就的，竟有时不敌一个西洋人。这固然有许多缘故，也因为西洋人所凭托的社会，是健全的，所以个人的能力，有机会发展；中国人所凭托的社会只是群众，只是有名无实，所以个人的能力，就无从发展。把矿物做比喻，西洋社会，是多边形复式的结晶体；中国社会，是附着在岩石上半沙半石的结合。

先把政治上的社会做个例：一个官署，全是"乌合之众"，所做的事，不过是"照例"的办法，纸篇上的文章，何尝有活动力？何尝有组织？不过是无机体罢咧！至于官署以外，官吏中所组织的团体，除去做些破坏的事情，不生产的事情，不道德的事情，也就没别事做了。只好称他群众了。又如工、商界的组织，虽然比政界稍好些；然而同业的人，集成的"行"，多半没能力的。又如近来产生的工商会，比起西洋的来，能力也算薄弱多了——这仍然是社会其名，群众其实。至于乡下的老百姓，更是散沙，更少社会的集合，看起中国农民，全没自治能力，就可知道他们只有群众生活。

说到学生的生活，也是群众的，不是社会的。就以北京各高级学校而论，学生自动的组织，能有几个？有精神的生活，能有多少？整日的光阴，全耗费在"胡思"、"幻想"和"谈天"、"消遣"里边。兼有顾亭林说的南、北两派学者之长——"言不及义"、"无所用心"。每天下课的时候，课堂上休息的时候，和吃过晚饭以后，总是三五成群，聚成一堆，天上一句，地下一句，用来"遣

---

① 即傅斯年。——编注。

时"。若是把这废弃的光阴，移在自动的组织上，岂不大好？然而总是不肯的。所以这样的生活，只可算做在群众里边，做散沙的一分子。

总而言之，中国人有群众无社会，并且欢喜群众的生活，不欢喜社会的生活；觉得群众的生活舒服，社会的生活不舒服。

还有一层，"社会上之秩序"和"社会内之秩序"，很有分别。前者谓社会表面上的安宁，后者谓社会组织上的系统。二名虽差在一个虚字，却不可把两种秩序混为一谈呢。一切社会表面上的秩序，除非当政府昏乱——像一年以来某派的穷兵黩武——是不容易破坏了的。所以袁世凯当国时代，处处都是死气，大家却还说他能保持社会的秩序。但是这表面上的秩序，尚是第二层紧要，比不上社会内的秩序关系重大。

现在中国社会内部里的秩序，实在是七岔八乱。一个人今天做买卖，明天做起官来了；去年当工程师，今年当政客了。任凭什么职业，谁都干不来，给他干，就干得来；不给他干，就干不来。这是社会组织的系统，缺乏秩序的一端。又如在一种职业以内，譬如在一衙门当差，若是靠着辛辛勤勤，做按部就班的事情，就不免"冯公白著，屈于郎署"；若是不注重自己应办的事，去干些蝇营狗苟，一定能够躁进。又譬如在一家店铺内，稳稳当当的做事，隔几个月加一回薪水的事，是不容易有的。全不给人一个向上的机会，哪能长久守着？只好今天改这行，明天改那行，弄得社会就七岔八乱了。这又是不照秩序的一端。这样事随处可见，也不必多举。总而言之，中国社会的内部，不是有条理的；易词言之，是大半不就轨道的。生出的恶果，也无可数。其最显著其最祸害的：第一，是使社会上多失职和不称职的人；第二，是使社会不健全了。

社会的信条

《新潮》，第 1 卷第 2 号，1919 年 2 月 1 日

孟　真[1]

一般社会里，总有若干公共遵守的信条。这些信条，说它没用，它竟一文不值；说它有用，它竟有自然律的力量。

中国社会里，自然也有若干信条的。这些信条，是从历史上遗传下的，是有极大力量的，是旧道德所托命的。我们因为今昔时代不同，这些信条不应时，发出许多破坏它的说话，就有许多人很不以为然的。四月间，有个朋友和我辩说——

> 社会上总要有若干信条，大家遵守，才能维持秩序，发展公众的福利。要是你也从自由的思想，他也从个人的判断，大家东跑西跑，没有标准的是非，岂不要闹翻了吗？

我回答这说话道，为保持社会上秩序起见，当然须赖公共的信条。但是信条与信条不同：总要分个是非——辨别它的性质，考察它的效果——不是可以一味盲从的，我且分析说个大概：

（1）社会上的信条，总当出于人情之自然。那些"戕贼人性以为仁义"的宗教、名教的规律，只可说是桎梏，不能拿它当做信条。所以信条的是非，总当以合于人情，或不合人情为断。我们若是服从不合人情的信条，必定变做玩戏法的"奇人"了——那些造这信条的人，对于服从信条的人，所有的"功德"，就和玩戏法的，对于它的"奇人"一样。

（2）这种信条，总要有意识，总要对于社会或个人有利益。信条的用项，

全是为增进社会的幸福起见；若并无利益，或者有害，反来遵守他，也算无灵性了。

（3）信条总应合于现日的社会情形。若是遗传的信条，经过若干年，社会的性质改变了，人生观念不同了，我们反来遵守历史上的信条，岂不同信仰死灵魂、崇拜泥菩萨一样？可是中国现在社会上的信条，一百件中，就有九十九件是死灵魂、泥菩萨。

照这看来，信条一类物须是应社会上所需要，出于自然，具有意识。若果遵守矫揉造作，不合时宜的信条，就有入地狱苦痛。现在我举个例。我曾在一本笔记上，见过一种福建的特俗，大概说：——

延平一带地方，未婚妇女，死了定婚的丈夫，便要寻死，这种风气李氏最盛。李氏是那里巨族，曾经出了个所谓名臣名儒的李光地。这位名臣名儒，立了条家法，凡是未婚女子，死了丈夫，须要殉节。若是不肯，别人当助她死，好求旌典。照这家法行了下来，就有不愿死的，家中父母无可奈何，把她绞死，然后请旌。因而李氏一家，受旌最多。乡人见了，羡慕的了不得，一齐学他，就成了风俗。

做笔记的人，把事实写完，便大大赞美一番。看官！这样信条，地狱有它惨酷吗？可是一般社会上人反说是"名教攸关"哩！

诸位切莫疑我举了个极端的例。我不过说个显而易见的，来做证据。那些外面看不出可恶，骨子里却害人到底的信条，正是多着呢！

蠮话截说，我们总要做人，不要做"戕贼杞柳而成的桮棬"；总要从心内的判断，自然的性质，不要从社会的强压力。

我们必须建设合理性的新信条，同时破除不适时的旧信条！

社　会

《新青年》，第 3 卷第 2 号，1917 年 4 月 1 日

陶履恭

社会，社会，此近来最时髦之口头禅，以之解释万有现象，冠诸成语之首者也。曰社会教育、曰社会卫生、曰社会道德、曰社会习惯。政治之龌龊，则归咎于社会；教育之不进，则溯源于社会；文学之堕落，则社会负其责；风俗之浇漓，则社会蒙其诟。要之，无往而非社会。嘻，社会，社会，人间几多罪孽尽托汝之名而归于消灭。

世人用语，率皆转相仿效，而于用语之真义反漫然不察。物质界之名词，每有实物可稽寻。世人用之，或能无悖词旨，鲜支离妄诞之弊。独进至于抽象之名词，无形体之可依托，而又非仅依吾人官觉所能理会。设转相沿袭，不加思索，非全失原语之真义，即被以新旨，而非原语之所诂，此必然之势也。夫社会一语，宋儒以之诂村人之组织。今人用之，以译梭西埃特（society）。梭西埃特之与社会，其语源，其意味，殆若风马牛之不相及。特以西方思想之传播，吾人假固有之名词，以诂输入之新义而已，非因袭千年前之古训也。际兹时会，社会、社会之声，万喙金同，充耳不绝，梭西埃特之本性，即今日所谓社会之真义，岂非吾人所当深切研究者耶。

今试执一般之学子，而卒然质以社会之义，则必曰：人群而已，人与人相集之团体而已。斯说尚矣。人何以必有群？何以必集为团体？人群果何以异于兽群？社会之团体，果何以别于公司之团体？何以别于学校之团体？既为群，既为团体，果否亘久不散，历万劫而不灭？群之各员，果否有相牵动相连带之关系？社会之中，果否有共同之努力，共同之理想？凡此诸问题，皆社会之根本观念，而一般以社会为口头禅者所弗暇致思者也。

社会者，人与人相集之团体也。其所以异于兽群者，以其永存，非若动物之聚散靡常。西比利亚之荒原，饿狼结群，猎取食物，其成群也，迫于食欲之

冲动，一旦食欲既满，则无复结群之必要，而群之各员咸星散。动物之中，人类而外，固亦有终始群居者矣。若蚁，若蜂，其最著者也。然群居之人类，犹有别乎其他群居之动物。人类之群乃人类所组织，其人与人之间关系密切，影响深远，视诸其他动物之群，繁复万状。今日之动物心理学、昆虫心理学，固属研究初期，于动物、昆虫之结群，于其群居之奥秘，犹未能一览而无余。即使异日群居动物，群居昆虫之研究，豁然大明，吾敢断言，人类之社会固仍为至繁至密之群也。公司、学校，固亦人类之团体矣，然而吾不能称之为社会。公司之职员，有更易而其职解，即使其任务终身，而其为公司职员之资格，不过当其人生命之一方面；职员乃专对于公司而言；对于国家，则称国民，对于家族，则称父、称兄弟，称子侄。学校之生徒教师，非悉能终身不去职者也。即使有就学终身、掌教终身其人者，教学乃其人一方面之活动，非全生命也。要之，公司、学校，非能包括人之全生命。公司不过当人之职业的事务的一方面，学校不过人之教学的一方面，咸属片面的人为的一种团结，人类之一种团体而已，不得称为社会也。举此以例其他，则人间无量数之团体，只能表示人类之片面的人为的组织，而不能毕括全生命，要不外人类之一种团体。易言以明之，人类群居生活之一方面，不得称为社会也。由是观之，社会者，人类种种活动之周围，亦即人类群居生活之全体也。

虽然，社会吾不之见，非若宫室汽车之形体具在，可以视，可以摩挲，可以吾人之官觉理会者也。吾人之所能理会者，唯社会关系、社会制度而已。吾人之存于斯世也，绝不可以个人而独存，对于其他个人，势必生无穷之关系。种种关系，性质靡同，而可大别为数类：吾之对于父母，对于兄弟，姊妹，对于妻子，是皆与生养攸关，可称为生命之关系。吾之日常劳动，专勤事业，势必与他人相共，是为经济的或实业的关系。吾人立于国家主权之下，与他人同属于政治范围之内，负责任，享权利，是为政治的关系。吾人广义之生命，吾人之活动，非特限于生命的关系、经济的关系、政治的关系已也。吾人与他人之关系，必犹于吾人之心灵发展，有所进益，增蓄思想，研究学术，教学相长，是为知识的关系。崇高信仰，洁己修行，明人神人人之道，是为宗教之关系，二者之关系，咸发达吾人主心灵者也。兹所述之五端，特其荦荦大者，而人与人之关系繁复，又绝非止于此。人之相接触，相邻近，勿论其与吾有否生命、经济、政治诸关系，要有不可磨灭之关系，存乎其间。吾之一举一动，势必不免涉及他人，而他人之行为，亦难免涉及于我。吾之言语思想，亦必与他人之言语思想相通相应。故人既群居，道德的关系、心理的关系，乃无往而不存。

人群之中，个人与个人之关系既若是之伙；更扩而充之，则个人与团体，团体与团体之关系，其数愈多，枚举愈难。故吾生于斯世，乃觉无数之社会关系，萦绕于吾之一身，吾乃若万矢之的，络绎不绝之社会关系，麇集于吾身。昔卢梭著《民约论》，弁言既竟，首章之首句曰："人之生也自由，而无处不受束缚"。束缚匪它，即以人之寄身于斯世，无穷之社会关系，必憧憧往来于人我之间。自十七、十八世纪之绝对自由、自然自由之立足点观之，则斯类之关系限制行为，形同束缚，卢梭之语非诬。自今日之社会学理观之，则人之所以为人，人之所以有文明之进步，有心理之发展，胥赖乎社会关系。社会之文野，文化之进退，胥视乎社会关系之密均繁复程度何似，则卢梭之呻吟语于今日已无价值。夫社会之生命，亦即种种社会关系之活动。家族之中，婚姻祭祀，是生命之活动也；劳形骸，营生活，是经济之活动也；输纳租税，监督政府，是政治之活动也；修养心性，瞻拜至尊，是心灵之活动也。若夫道德的、心理的活动，则吾人行之，犹无时或间。总之，凡因社会关系而产出之社会活动，千差万别，靡有休息，可总称为社会之生命，其影响及于个人，及于团体，及于团体之各个人，而影响之反动，复反及于个人，及于团体，其相牵动相连带之关系，殆莫可究诘。关系愈繁，则活动之关系愈密切，愈显人类有相共相同之追求，是亦即社会进化之征也。

社会者，一种抽象之观念，吾人不能睹其形，剖析而阐明之，唯见种种相牵连之关系，种种相关系之活动，而所以范畴关系范围活动者，厥为社会制度。制度者，关系活动之标准，吾人所共认共守者也。若家族制度、婚姻制度、商业制度、劳动制度、政治制度、教育制度、宗教制度，莫非规制吾人之活动，而吾人之日常起居，晤接周旋，罔不有礼节仪制以范围。我兹所谓制度者，非具体之制度也。就具体之制度，而深求其本，详探其旨，咸不外乎一种道理之表象。例若祖先崇拜，乃吾族之一种宗教制度，岁时祭祀，跪拜号泣，固属仪式，而实所以表示慎终追远之观念。焚化楮钱，供献品物，事死如事生，事亡如事存，实表示死后生命之信仰。折经咒，招亡魂，仗十方佛力，莲花化生，实表现佛教净土宗之教旨。总之，试取吾族祖先崇拜之制度，详诵而深究之，将见具体之制度，正观念旨意之表象，具体制度之变更，亦即观念旨意之嬗变也。又若国会之制，乃政治制度，巍然之建筑，灿烂之宪法，要不过宪政大旨之一种表现而已，若遽以具体之国会、宪法为政治制度，是忘却制度之本旨也（此理甚奥，兹所举不过二例，以促读者之注意，容当别为文以论之）。

吾述至此，则世人一般关于社会观念之谬，将不俟辩而自明。所谓社会者，至泛至漠之名词，叩其意义，阐解维艰。世人既不暇思索其真意，卒至举人世上一切问题，悉以社会一语容纳之，而责任乃无所归，噫，是邪说乱世，诱人于迷涂也。夫社会之成，成于个人之相往还，生无穷之关系。而个人之关系，准乎制度，以为活动。故人世上之恶，非制度之不良，即活动之不当，或关系之不正，而绝非社会之责也。关系之不正，个人之过也；活动之不当，个人之失也。即制度之窳废，亦吾人所得而纠正，个人之责也。吾不云乎，制度所以范围关系，范围活动，则社会制度诚可为革新人群革新社会之基础。社会之进化，社会制度之进化而已。举此以律吾国社会之状况，则举凡家族制度、婚姻制度、劳动制度、政治制度、教育制度、交际制度乃及其他无量数之制度，何一匪当改革，谋根本之刷新。何一非个人之责任。彼昏昏者，不此之谋，而日犹以社会之牌区，叫嚣于众，以若所为，求若所欲，是直若群氓既陷于泥淖之中，不思躬自表率，谋所振拔之，而反轻易的脱卸责任，复从而抑制之也，噫。

生存竞争与互助（节录）

1920 年 10 月 1 日

周建人

凡纯粹科学的一种学说，本来只有是非，无所谓什么功罪，然而一经输入中国，便时常无端的定出功罪来；其最甚的，尤莫如"生存竞争"与"互助"。

"生存竞争"即旧译所谓"争存"，输入还在戊戌政变以前，其时的读书人不但心以为然，而且还用作催促革新的方便，所以争存说非常风行。到后来，革新与复旧两俱失败，国人略略自己觉到劣点了，于是对于争存生出恐怖，只有恐怖而不肯努力，于是又变了怨恨，甚且至于怨恨到达尔文，说他提倡争存，便是这回大战的引子。

克鲁泡特金的《互助论》，出版本在一九〇二年，欧战时候，协约国要鼓吹协力，盛行翻印，余波也流到中国——先前少数人的介绍，是别一事——才都知道天下有互助这件事。那时候鼓吹的意思，已经与著者的本意不同了，然而中国几个论客，却又以为此说驳倒了达尔文，从此可以从生存竞争里救出，是一种有益社会的学说，扶助人类的福音。现在，欧战大略已完，中国却并未得救，牢牢记着中国在协约国之内的人，便又对互助说抱了疑心，露出慨叹了。

其实，自然界中的生物，生活方法原不一律：同一蜂类中，有合群的蜜蜂，也有不合群的蜾蠃，或者生活极其活泼，或者极其简单；各样的生活，只是要有生活的机会，而且能繁殖它们的子孙，所以如何适于生存，它们便如何生活。这并非用了我们自己的道德观念，可以评论功罪的事。

生物究竟如何生活，如何进化，我们应该向自然中去寻，因为进化论不是书卷上的学问；书上所说"生存竞争"与"互助"，也不是著作者私自造作的教条，教人应该如何模仿生活，却是在自然界中研究过许多生物的生活状况，然后得到的一个解释；这解释得当否，只有生在自然中的生物，可以证明，也并非用了"想当然"便可以评论是非的事。

何况达尔文的生存竞争说与克鲁泡特金的互助说，本来并不背驰，也不见有所冲突，自然更无所谓驳倒与否了。

这缘故极易了然：就是达尔文所研究的是物种何以繁变，归结到生存竞争；克鲁泡特金所研究的是何法最利于生存竞争，归结到互助。

……

自然何以有选择？便因为自然中有生存竞争。生存竞争这意见，也不始于达尔文；以前的毕封（Buffon）等，早已说过了。达尔文于一八三八年间读了马尔萨斯（Malthns）的《人口论》，受了极大的影响。眼见得生物的生殖数，要比能生活的数目多，可知它们虽然各求生存，但其中的一部分不免死亡，只有适宜的能够存活，这便是生存竞争。但生存竞争的事，又并非如现在论客所意料，是自相残杀，或强食弱肉，只是各各挣扎性命，希图生存，竞争的结果，能适合环境的便得存活——便是优胜。所以达尔文在《物种起源》上说："我须说明，我用生存竞争这名词，是广大的，比喻的，包括彼此的依赖；而且包括（最重要）不特个体的生存，又在后代的成立。"又说："如两个食肉动物在饥馑时候，固可以说彼此因为求食而起竞争。但如有一株植物，生在沙漠近旁，可以说它对于旱争生存。一株植物生了数千的子，其中一株长大起来，可以说它和密被地上的同类和异类的物种有竞争。"又说："槲寄生是依赖鸟类传布种子的；它们的生存所以依靠着鸟，倘使鸟类喜吃它的果实，比别种果实更喜欢，因此传布它的种子也多，便可以说槲寄生和别种果树有竞争了。"由此看来，可知达尔文的生存竞争说，范围本极广大，生物生活一日，即不免有一日广大范围的竞争。罗曼尼司（Romanes）更明白解释说："生存竞争这名词，应该知道他的意义所指，不但是同种类中同时期的个体争生存；其实也集合一起，争他们种族的永久。"

生物生存的要因，既在适于自然，则"自然选择"这话，便与斯宾塞所谓"最适者生存"无异。所以达尔文也说，"我称自然选择，便是最适者生存"。……

达尔文对于生物如何存活这问题，解答是生物经过生存竞争之后，只有最适于生存的才能够存活，至于怎样的才是最适者，却并无说明。克鲁泡特金便对此下了解答，说最适者是些能互助者；《互助论》中明白地说："我们若用间接的证明，去问自然——谁是最适者：这便继续战斗的呢，还是互相维持的呢？我们可以即刻看出，这些动物有互助的习性的，是最适者无疑。"

一部《互助论》，便是根据很多事实，反复申明，动物同种里没有自相残杀的情形，只有互相维持的趋势，各各相助，合力抵抗环境的严刻；互助的利于生存，则因少费能力而能保持极大的公益。因此，大概能互助的动物多繁衍强盛，而且动物愈进步，互助的范围也愈广大，所以动物的互助，也正是进化的公例。至于动物里面，不合群的也很多，据克鲁泡特金的意见，便是动物之所以离群独生，是环境有以使然。例如印度甘蔗田多，以及欧洲制糖厂多的地方，离群独生的蜜蜂很多，蜜蜂本是富于社交性的昆虫，现在因遇境便利上，使它们变为独立地生活了。但此种生活，能力总不及合群的强，所以将来总要受自然选择而淘汰。

合群的生活，何以便是最适于生存？《互助论》上没有细说，现在从生物学方面讲，便因为合群生活合于生活的经济的缘故。各种生物，生活上都有一种经济的相互关系，个体的生活和种族的生活，都是如此。寄生物的变为简单，也就因为生理上的便利。但生物中愈发育的种类，它们的生活愈复杂，生活上不能一一迁就环境，即不能不设法来应付。有如蜜蜂蚂蚁之类，生活既不如蚱蜢蟋蟀的春生秋死，遗卵土中，待明年再发，便不能不营过冬的巢穴，贮藏粮食了。它们生活既然复杂，也便不能不协力合作了。所以这宗合群的生活，便"少费能力而得极大的公益"，显然是适于生存的一个条件——是极经济的事情。

……

照上文看来，可以知道生存竞争与互助，本只是生物现象的一事的两面，或后者是前者的较为绵密的说明；而且因为有互助，却愈足证明生物界有竞争。达尔文自己也曾举出许多互助的事例，中国的杂志日报都介绍过他。但几个祖述他的进化论者如赫胥黎等，往往侧重竞争，收小范围，去讲个体竞争的事，这是克鲁泡特金所弹射的。

……

互助利于生存，仍不能免去生物的生存竞争，对于团体以内是互助，对于团体以外还是有竞争，所以中国论者之所谓互助说打破了自私自利的进化论这一类话，实在陷于谬误。生物界现象极分歧，关系也很错杂，合群的生物因为习性相同，成为大群，抵抗力因而增强，虽然是利，但习性相同，食物嗜好也就相同，据达尔文的意思，此中却又埋伏着生存竞争了。候鸟迁徙的时候，虽然合成大群，但胸部狭小，翅羽不强的，就容易遇到危险，中途坠死，也就是互助之中，仍行着生存竞争了。所以互助说并不能打破进化论，而克鲁泡特金的本意，也不在打破进化论。

生存竞争与互助两说，在今日不害其并存，谅将来也便如此。至于各有上述的不足，则因达尔文对于研究生物进化，是一个开始者，克鲁泡特金对于观察生物现象，是偏用了人间社会的眼光。至于中国论者的恐怖与怀疑，是在将生存竞争误解为同类相残，互助又误解为受惠！

非个人主义的新生活

《新潮》，第 2 卷第 3 号，1920 年 4 月 1 日

胡 适

　　这个题目是我在山东道上想着的，后来曾在天津学生联合会的学术讲演会讲过一次，又在唐山的学术讲演会讲过一次。唐山的演稿由一位刘赞清君记出，登在一月十五日《时事新报》上。我这一篇的大意是对于新村的运动贡献一点批评。这种批评是否合理，我也不敢说。但是我自信这一篇文字是研究考虑的结果，并不是根据于先有的成见的。

九，一，二二，胡适。

　　本篇有两层意思。一是表示我不赞成现在一般有志青年所提倡，我所认为"个人主义的"新生活。一是提出我所主张的"非个人主义的"新生活，就是"社会的"新生活。

　　先说什么叫做"个人主义"（Individualism）。一月二夜（就是我在天津讲演的前一晚），杜威博士在天津青年会讲演《真的与假的个人主义》，他说：个人主义有两种：

　　（1）假的个人主义——就是为我主义（Egoism）。他的性质是自私自利：只顾自己的利益，不管群众的利益。

　　（2）真的个人主义——就是个性主义（Individuality）。他的特性有两种：一是独立思想：不肯把别人的耳朵当耳朵，不肯把别人的眼睛当眼睛，不肯把别人的脑力当自己的脑力；二是个人对于自己思想信仰的结果要负完全责任，不怕权威，不怕监禁杀身，只认得真理，不认得个人的利害。

　　杜威先生极力反对前一种假的个人主义，主张后一种真的个人主义。这是我们都赞成的。但是他反对的那种自私自利的个人主义的害处，是大家都明白

的。因为人多明白这种主义的害处，故他的危险究竟不很大。例如东方现在实行这种极端为我主义的"财主督军"，无论他们眼前怎样横行，究竟逃不了公论的怨恨，究竟不会受多数有志青年的崇拜。所以我们可以说这种主义的危险是很有限的。但是我觉得"个人主义"还有第三派，是很受平常人的崇敬的，是格外危险的。这一派是：

（3）独善的个人主义。他的共同性质是：不满意于现社会，却又无可如何，只想跳出这个社会去寻一种超出现社会的理想生活。

这个定义含有两部分：（1）承认这个现社会是没有法子挽救的了；（2）要想在现社会之外另寻一种独善的理想生活。自有人类以来，这种个人主义的表现也不知有多少次了。简括说来，共有四种：

（一）宗教家的极乐国。如佛家的净土、犹太人的伊丁园，别种宗教的天堂、天国、都属于这一派。这种理想的源起都由于对现社会不满意。因为厌恶现社会、故悬想那些无量寿、无量光的净土；不识不知，完全天趣的伊甸园；只有快乐，毫无痛苦的天国。这种极乐国里所没有的，都是他们所厌恨的；所有的，都是他们所梦想而不能得到的。

（二）神仙生活。神仙的生活也是一种想的超出现社会的生活。人世有疾病痛苦，神仙无病长生；人世愚昧无知，神仙能知过去未来；人生不自由，神仙乘云遨游，来去自由。

（三）山林隐逸的生活。前两种是完全出世的；他们的理想生活是悬想的，渺茫的，出世生活。山林隐逸的生活虽然不是完全出世的，也是不满意于现社会的表示。他们不满意于当时的社会政治，却又无能为力，只得隐姓埋名，逃出这个恶浊社会去做他们自己理想中的生活。他们不能"得君行道"，故对于功名利禄，表示藐视的态度；他们痛恨富贵的人骄奢淫逸，故说富贵如同天上的浮云，如同脚下的破草鞋。他们痛恨社会上有许多不耕而食，不劳而得的"吃白阶级"，故自己耕田锄地，自食其力。他们厌恶这汗浊的社会，故实行他们理想中梅妻鹤子，渔簑钓艇的洁净生活。

（四）近代的新村生活。近代的新村运动，如十九世纪法国、美国的理想农村，如现在日本日向的新村，照我的见解看起来，实在同山林隐逸的生活是根本相同的。那不同的地方，自然也有。山林隐逸是没有组织的，新村是有组织的：这是不同。隐遁的生活是同世事完全隔绝的，故有"不知有汉，无论魏晋"的理想；现在的新村的人能有赏玩 Rodin 同 Cézanne 的幸福，还能在村外著书出报：这又是一种不同。但是这两种不同都是时代造成的，是偶然的，不是根本的区别。从根本性质上看来，新村的运动都是对于现社会不满意的表示。即如日向的新村，他们对于现在"少数人在多数人的不幸上，筑起自己的幸福"的社会制度，表示不满意，自然是公认的事实。周作人先生说日向新村里有人把中国看作"最自然，最自在的国"（《新潮》二，页七五）。这是他们对于日本政制极不满意的一种牢骚话，很可玩味的。武者小路实笃先生一班人虽然极不满意于现社会，却又不赞成用"暴力"的改革。他们都是"真心仰慕着平和"的人。他们于无可如何之中，想出这个新村的计划来。周作人先生说："新村的理想，要将历来非暴力不能做到的事，用和平方法得来"（《新青年》七，二，一三四），这个和平方法就是离开现社会，去做一种模范的生活。"只要万人真希望这种的世界，这世界便能实现"（《新青年》，同上）。这句话不但是独善主义的精义，简直全是净土宗的口气了！所以我把新村来比山林隐逸，不算冤枉他；就是把他来比求净土天国的宗教运动，也不算玷辱他。不过他们的"净土"是在日向，不在西天罢了。

我这篇文章要批评的"个人主义的新生活"，就是指这一种跳出现社会的新村生活。这种生活，我认为"独善的个人主义"的一种。"独善"两个字是从孟轲"穷则独善其身"一句话上来的。有人说：新村的根本主张是要人人"尽了对于人类的义务，却又完全发展自己个性"；如此看来，他们既承认"对于人类的义务"，如何还是独善的个人主义呢？我说：这正是个人主义的证据。试看古今来主张个人主义的思想家，从希腊的"狗派"（Cynic）以至十八九世纪的个人主义，那一个不是一方面崇拜个人，一方面崇拜那广漠的"人类"的？主张个人主义的人，只是否认那些切近的伦谊——或是家族，或是"社会"，或是国家——但是因为要推翻这些比较狭小逼人的伦谊，不得不捧出那广漠不逼人的"人类"。所以凡是个人主义的思想家，没有一个不承认这个双重的关系的。

新村的人主张"完全发展自己的个性"，故是一种个人主义。他们要想跳出现社会去发展自己个性，故是一种独善的个人主义。

这种新村的运动，因为恰合现在青年不满意于现社会的心理，故近来中国也有许多人欢迎，赞叹，崇拜。我也是敬仰武者先生一班人的，故也曾仔细考究这个问题。我考究的结果是不赞成这种运动。我以为中国的有志青年不应该仿行这种个人主义的新生活。

这种新村的运动有什么可以反对的地方呢？

第一，因为这种生活是避世的，是避开现社会的。这就是让步。这便不是奋斗。我们自然不应该提倡"暴力"，但是非暴力的奋斗是不可少的。我并不是说武者先生一班人没有奋斗的精神。他们在日本能提倡反对暴力的论调——如《一个青年的梦》——自然是有奋斗精神的。但是他们的新村计划想避开现社会里"奋斗的生活"去寻那现社会外"生活的奋斗",这便是一大让步。武者先生的《一个青年的梦》里的主人翁最后有几句话,很可玩味。他说:

> ……请宽恕我的无力——宽恕我的话的无力,但我心里所有的对于美丽的国的仰慕,却要请诸君体察的……(《新青年》七,二,一〇二)。

我们对于日向的新村应该作如此观察。

第二,在古代这种独善主义还有存在的理由;在现代,我们就不该崇拜他了。古代的人不知道个人有多大的势力,故孟轲说:"穷则独善其身,达则兼济天下"。古人总想,改良社会是"达"了以后的事业——是得君行道以后的事业——故承认个人——穷的个人——只能做独善的事业,不配做兼善的事业。古人错了。现在我们承认个人有许多事业可做。人人都是一个无冠的帝王,人人都可以做一些改良社会的事。去年的五四运动和六三运动,何尝是"得君行道"的人做出来的?知道个人可以做事,知道有组织的个人更可以作事,便可以知道这种个人主义的独善生活是不值得摹仿的了。

第三,他们所信仰的"泛劳动主义"是很不经济的。他们主张:"一个人生存上必要的衣食住,论理应该用自己的力去得来,不该要别人代负这责任"。这话从消极一方面看——从反对那"游民贵族"的方面看——自然是有理的。但是从他们的积极实行方面看,他们要"人人尽劳动的义务,制造这生活的资料"——就是衣食住的资料——这便是"矫枉过直"了。人人要尽制造衣食住的资料的义务,就是人人要加入这生活的奋斗(周作人先生再三说新村里平和幸福的空气,也许不承认"生活的奋斗"的话;但是我说的并不是人同人争面包米饭的奋斗,乃是人在自然界谋生存的奋斗,周先生说新村的农作物至今还不够自用,便是一证)。现在文化进步的趋势,是要使人类渐渐减轻生活的奋斗至最低度,使人类能多分一些精力出来,做增加生活意味的事业。新村的生活使人人都要尽"制造衣食住的资料"的义务,根本上否认分功进化的道理,增加生活的奋斗,是很不经济的。

第四,这种独善的个人主义的根本观念就是周先生说的"改造社会,还要从改造个人做起"。我对于这个观念,根本上不能承认。这个观念的根本错误在于把"改造个人"与"改造社会"分作两截；在于把个人看做一个可以提到社会外去改造的东西。要知道个人是社会上种种势力的结果。我们吃的饭、穿的衣服，说的话，呼吸的空气，写的字，有的思想……没有一件不是社会的。我曾有几句诗说："……此身非吾有：一半属父母，一半属朋友"。当时我以为把一半的我归功社会，总算很慷慨了。后来我才知道这点算学做错了！父母给我的真是极少的一部分。其余各种极重要的部分，如思想、信仰、知识、技术、习惯……等等，大都是社会给我的。我穿线袜的法子是一个徽州同乡教我的；我穿皮鞋打的结能不散开，是一个美国女朋友教我的。这两件极细碎的例，很可以说明这个"我"是社会上无数势力所造成的。社会上的"良好分子"并不是生成的，也不是个人修炼成的——都是因为造成他们的种种势力里面，良好的势力比不良的势力多些。反过来，不良的势力比良好的势力多，结果便是"恶劣分子"了。古代的社会哲学和政治哲学只要妄想凭空改造个人，故主张正心、诚意、独善其身的办法。这种办法其实是没有办法，因为没有下手的地方。近代的人生哲学渐渐变了，渐渐打破了这种迷梦，渐渐觉悟：改造社会的下手方法在于改良那些造成社会的种种势力——制度、习惯、思想、教育，等等。那些势力改良了，人也改良了。所以我觉得"改造社会要从改造个人做起"还是脱不了旧思想的影响。我们的根本观念是：

> 个人是社会上无数势力造成的。
>
> 改造社会，须从改造这些造成社会，造成个人的种种势力做起。
>
> 改造社会即是改造个人。
>
> 新村的运动如果真是建筑在"改造社会要从改造个人做起"一个观念上，我觉得那是根本错误了。改造个人也是要一点一滴的改造那些造成个人的种种社会势力。不站在这个社会里来做这种一点一滴的社会改造，却跳出这个社会去"完全发展自己个性"，这便是放弃现社会，认为不能改造；这便是独善的个人主义。

以上说的是本篇的第一层意思。现在我且简单说明我所主张的"非个人主义的"新生活是什么。这种生活是一种"社会的新生活"；是站在这个现社会里奋斗的生活；是霸占住这个社会来改造这个社会的新生活。他的根本观念有三条：

（1）社会是种种势力造成的，改造社会须要改造社会的种种势力。这种改造一定是零碎的改造——一点一滴的改造，一尺一步的改造。无论你的志愿如何宏大，理想如何彻底，计划如何伟大，你总不能笼统的改造，你总不能不做这种"得寸进寸，得尺进尺"的功夫。所以我说：社会的改造是这种制度那种制度的改造，是这种思想那种思想的改造，是这个家庭那个家庭的改造，是这个学堂那个学堂的改造。

（附注）有人说："社会的种种势力是互相牵掣的，互相影响的。这种零碎的改造，是不中用的。因为你才动手改这一种制度，其余的种种势力便围拢来牵掣你了。如此看来，改造还是该做笼统的改造。"我说不然。正因为社会的势力是互相影响牵掣的，故一部分的改造自然会影响到别种势力上去。这种影响是最切实的，最有力的。近年来的文字改革，自然是局部的改革，但是他所影响的别种势力，竟有意想不到的多。这不是一个很明显的例吗？

（2）因为要做一点一滴的改造，故有志做改造事业的人必须要时时刻刻存研究的态度，做切实的调查，下精细的考虑，提出大胆的假设，寻出实验的证明。这种新生活是研究的生活，是随时随地解决具体问题的生活。具体的问题多解决了一个，便是社会的改造进了那么多一步。做这种生活的人要睁开眼睛，公开心胸；要手足灵敏，耳目聪明，心思活泼；要欢迎事实，要不怕事实；要爱问题，要不怕问题的逼人！

（3）这种生活是要奋斗的。那避世的独善主义是与人无忤，与世无争的，故不必奋斗。这种"淑世"的新生活，到处翻出不中听的事实，到处提出不中听的问题，自然是很讨人厌的，是一定要招起反对的。反对就是兴趣的表示，就是注意的表示。我们对于反对的旧势力，应该作正当的奋斗，不可退缩。我们的方针是：奋斗的结果，要使社会的旧势力不能不让我们；切不可先就偃旗息鼓退出现社会去，把这个社会双手让给旧势力。换句话说，应该使旧社会变成新社会，使旧村变为新村，使旧生活变为新生活。

我且举一个实际的例。英、美近二三十年来，有一种运动，叫做"贫民区域居留地"的运动（Social Settlements）。这种运动的大意是：一班青年的男女——大都是大学的毕业生——在本城拣定一块极龌龊，极不堪的贫民区域，买一块地，造一所房屋。这一班人便终日在这里面做事。这屋里，凡是物质文明所赐的生活需要品——电灯、电话、热气、浴室、游水池、钢琴、话匣等——

无一不有。他们把附近的小孩子——垢面的孩子，顽皮的孩子——都招拢来，教他们游水，教他们读书，教他们打球，教他们演说辩论，组成音乐队，组成演剧团，教他们演戏奏艺。还有女医生和看护妇，天天出去访问贫家，替他们医病，帮他们接生和看护产妇。病重的，由"居留地"的人送入公家医院。因为天下贫民都是最安本分的，他们眼见那高楼大屋的大医院，心里以为这定是为有钱人家造的，决不是替贫民诊病的；所以必须有人打破他们这种见解，教他们知道医院不是专为富贵人家的。还有许多贫家的妇女每日早晨出门做工，家里小孩子无人看管，所以"居留地"的人教他们把小孩子每天寄在"居留地"里，有人替他们洗浴，换洗衣服，喂他们饮食，领他们游戏。到了晚上，他们的母亲回来了，各人把小孩领回去。这种小孩子从小就在洁净慈爱的环境里长大，渐渐养成了良好习惯，回到家中，自然会把从前的种种污秽的环境改了。家中的大人也因时时同这种新生活接触，渐渐的改良了。我在纽约时，曾常常去看亨利街上的一所居留地，是华德女士（Lilian wald）办的。有一晚我去看那条街上的贫家子弟演戏，演的是贝里（Barry）的名剧。我至今回想起来，他们演戏的程度比我们大学的新戏高得多咧！

这种生活是我所说的"非个人主义的新生活"！是我所说的"变旧社会为新社会，变旧村为新村"的生活！这也不是用"暴力"去得来的！我希望中国的青年要做这一类的新生活，不要去模仿那跳出现社会的独善生活。我们的新村就在我们自己的旧村里！我们所要的新村是要我们自己的旧村变成的新村！

可爱的男女少年！我们的旧村里我们可做的事业多得很咧！村上的鸦片烟灯还有多少？村上的吗啡针害死了多少人？村上缠脚的女子还有多少？村上的学堂成个什么样子？村上的绅士今年卖选票得了多少钱？村上的神庙香火还是怎样兴旺？村上的医生断送了几百条人命？村上的煤矿工人每日只拿到五个铜子，你知道吗？村上多少女工被贫穷逼去卖淫，你知道吗？村上的工厂没有避火的铁梯，昨天火起，烧死了一百多人，你知道吗？村上的童养媳妇被婆婆打断了一条腿，村上的绅士逼他的女儿饿死做烈女，你知道吗？

有志求新生活的男女少年！我们有什么权利，丢开这许多的事业去做那避世的新村生活！我们放着这个恶浊的旧村，有什么面孔，有什么良心，去寻那"和平幸福"的新村生活！

九，一，二六

工读主义试行的观察

原载 1920 年 4 月 1 日《新青年》第 7 卷第 5 号

胡　适

自从北京发起工读互助团以来，工读的计划很受各地青年的欢迎，天津、上海等处都有同样的发起。天津现在风潮之中，这事自然一时不能实现。上海的工读互助团大概不久可以成立了。将来各地渐渐推行，这是意中的事，也是近来一种很可使人乐观的事。

但是我近来观察北京工读互助团的试验，很有几种感想。现在我且先说我观察的两件事实：

一、工作的时间太多——每人七时以上，十时以下——只有工作的时间，没有做学问的机会。

二、做的工作，大都是粗笨的、简单的、机械的，不能引起做工的人的精神上的反应。只有做工的苦趣，没有工读的乐趣。

第一件事实是大家公认的。北京互助团初发起时，章程上规定"每日每人必须作工四小时"。实验的效果不能不增加钟点。故上海新发起的工读互助团简章第三条已改为"每日每人必须工作六小时"。并且还加上"若生活费用不能支持，得临时由团员公议增加做工钟点"。上海房租很贵，大概六小时是决不够的。现在且假定八小时做工，八小时睡觉，一时半吃饭，二时休息，剩下的只有四个半小时了。

如果做的工作都带有知识的分子，都能引起研究学问的旨趣，工作的时间就多一点也不妨。但是现在各处互助团兴办的工作大概都是"挨役"（drudgey），不是工作（work）。现在互助团的团员打起"试验新生活"的旗号，觉得"挨役"是新人物的一部分，故还能有点兴致，但是我预料这种兴致是不能持久的。兴致减少了，"挨役"更成了苦工了，假的新旗号也要倒了！

照我个人的愚见看来，我们在北京发起的工读互助团的计划，实在是太草率了，太不切事实了。因为我希望别处的工读计划不要抄袭北京，所以我现在要把我对于这两个月北京的试验结果的意见写出来供大家参考。

北京工读互助团的计划的根本大错就在不忠于"工读"两个字。发起人之中，有几个人的目的并不注重工读，他们的眼光射在"新生活"和"新组织"上。因此，他们只做了一个"工"的计划，不曾做"读"的计划。开办以后也只做到了"工"的一小方面，不能顾全"读"的方面。上海的新团将来一定也要陷入这种现状。今天《民国日报》上费哲民先生问："工作定六小时，授课定几小时呢？"发起人彭先生对于这个问题也不能回答。

我也是北京发起人之一，但我是见惯半工半读的学生生活的，觉得"工读主义"乃是极平平无奇的东西，用不着挂什么金字招牌。我当初对于这种计划很表示赞成，因为中国学生向来瞧不起工作，社会上也瞧不起作工的人，故有了一种挂起招牌的组织也许可以容易得到工作，也许还可以打破一点轻视工人的心理。简单说来，我当时赞成这种有组织的工作，是因为我希望有了组织可使工读容易实行。我希望用组织来帮助那极平常的工读主义，并不希望用这种组织来"另外产生一种新生活新组织"。

我为什么说这段话呢？因为我觉得现有许多人把工读主义看作一种高超的新生活。北京互助团的捐启上还只说"帮助北京的青年实行半工半读主义，庶几可以达教育和职业合一的理想"。上海互助团的捐启便老实说："使上海一般有新思想的青年男女可以解除旧社会旧家庭种种经济上意志上的束缚，而另外产生一种新生活新组织出来。"新生活和新组织也许都是很该提倡的东西，但是我很诚恳的希望我的朋友们不要借"工读主义"来提倡新生活新组织。工读主义只不过是靠自己的工作去换一点教育经费，是一件极平常的事——美国至少有几万人做这事——算不得什么"了不得"的新生活。提倡工读主义的人和实行工读主义的人，都只该研究怎样才可以做到"靠自己的工作去换一点教育经费"的方法，不必去理会别的问题和别的主义。现在提倡和实行工读主义的人先就存了一种新生活的计划，却不注意怎样做到半工半读的方法，即如北京的互助团至今还不能解决"工读"两个字；但他们对于家庭、婚姻、男女、财产等绝大的问题早已有了武断的解决，都早已定为成文的戒约了！

因为不忠于工读主义，因为不注意实行半工半读的方法，故北京至今不能补救当初计划的缺陷，故北京的错误计划居然有人仿行。

北京互助团的计划的错误在什么地方呢？我说是在偏重自办的工作，不注意团外的雇工。

北京这两个月的经验可以证明自办的工作是很不经济的；不但时间不经济，金钱也不经济。不但时间金钱上不经济，还有精神上的不经济。前天《时事新报》登有沈时中先生的《建议组织工读介绍社》一篇中有很切要的见解。他说："我对于组织简单的工读团体不能十分满意，并且认为无设备工场的必要，因为团员很多，个性不同，所学不同，只有一个工场，绝对不能满足工读的紧要条件。"这是很可佩服的见解。自办的工场所需的开办费太大，故只能办洗衣店一类的工作，费时既多，所得又极少，这是最不经济的事。况且所做的工作都是机械的事，毫不能发生兴趣，更不能长进学识，这是最笨拙的办法。

沈时中先生建议组织"一个大规模的工读介绍社，可以由这社将社员介绍到各机关、各工场去服务……每日规定工作几小时，所得的工价只要能供给个人的需用，不必过多"。这个计划极可试行，比现在的工读团体高明得多了。但是我以为不必先办大规模的介绍社，尽可先从小规模的下手；也不必限定机关与工场的服务，个人的雇佣助手——如大学教授或著作家的私人书记或抄手——也要由这社介绍。由社中订定工价，如抄写每千字价若干，打字每页价若干，或服务每小时价若干，以供社外人参考。

但是这还是"工"的一方面。我的意思以为"工"的一方面应该注重分工，注重个性的不同，不必在一个工场里做那机械的挨役。至于"读"的一方面，那就应该采用互助的组合了。假定一个人学英文，每周须出五元；五个人同请一个英文教员，每周也只须五元。一个人买《新青年》，每月须出二角；四十个人合订一份《新青年》，每月也只得二角。还有生活上的需要品，也应该注重互助。米可以合买，房可以合租，厨子可以合雇。但共产尽可以不必。为什么呢？因为我也许愿意用我自己挣来的钱去买一部鲍生葵的《美学史》，但是你们诸位也许都用不着这部书，我是买呢，还是不买呢？最好是许团员私有财产，但可由每人抽出每月所得之几分之几，作为公共储金，以备失业的社员借用，及大家疾病缓急的随时救济。

最难的问题，还是"读"的问题，今年正月一日，我在天津觉悟社谈话，他们问的第一个问题就是"工读主义实行以后，求学的方法应该如何"？我的答案，简单说来，是："用自己的工作去换一个教育机会的人，若还去受那既不经济又无趣味的学校生活，自然不能满意了。学校的功课时间不能不和工作时间冲突，是一病；学校课程是根据中人以下的资质定的，故很迟缓，很不经济，是二病；学校须遵守学制，人人都按部就班的去上，是三病；学校里的功课，有许多是绝对无用的，但不得不学，是四病。我以为实行工读的人应该注重自修的工夫，遇不得不进学校时——如试验的科学等——也应该做旁听生，不必做正科生。"

我以为提倡工读主义的人，与其先替团员规定共产互助的章程，不如早点替他们计划怎样才可以做自修的学问的方法。自修的条件很不容易：（1）参考的书籍杂志；（2）肯尽义务的学者导师；（3）私家或公家图书馆的优待介绍；（4）便于自修的居住（北京互助团的公开生活是不适于自修的）；（5）要求良好学校的旁听权。此外还有一个绝对不可少的条件：谋生的工作每日决不可过四小时。

如不能做到这些条件，如不能使团员有自修求学的工夫，那么，叫它泛劳动主义也罢，叫它新组织也罢，请不要乱挂"工读主义"的招牌！

民国九年四月

"无强权主义的根据"及
"无强权的社会"略说

《新潮》第 2 卷第 3 号，1920 年 4 月 1 日

叶　麐

　　现在谈无强权主义 Anarchism【今译无政府主义】的人多得很，赞成的也有，反对的也有。但是你若问他们无强权主义究竟是什么，就有好多答不上来，我们要赞成一种学说或反对一种学说，总要先把那学说弄清楚，才是一个正当的办法。我所以要作这篇文章就是怀着一个野心，想从无强权主义得一个明确的观念，并不是要宣传这种主义。可惜我对于这种主义所看的书太少了，平素又没有工夫研究它，恐怕我的这篇文章还是有许多错误。研究这种主义的人倘若看了这篇文章，把我的错误纠正，使中国赞成这种主义的或反对这种主义的人没有这种主义的正确的观念的，得了一个正确的观念，那就是我莫大之幸了。

一

　　平常的人都以为无强权主义是一种扰害治安的主义，盗劫的主义，无强权主义者都是些掷炸弹、放手枪、杀人不眨眼的人，这种观念实在是错的不得了。无强权主义也有它的学理，无强权主义者也有许多不信任炸弹和手枪的。若单是拿少数无强权主义者的行为作根据，以主观的见解去认无强权主义，去认一切无强权主义者那就错了。用手枪打恩铭的徐锡麟何尝是无强权主义者？用炸弹杀良弼的彭家珍何尝是无强权主义者？掷炸弹，在 Sarajevo（萨拉热窝）惹起这次欧洲大战的人何尝是无强权主义者？这不过是有些人想达到他们政治的和社会的目的，以为在适当的时机炸弹与手枪有很大的效用罢了。英国现代的大哲学家罗素 B. Russell 说："无强权主义者与社会党人一样，大多数都信阶级战争（Class War），假如他们用炸弹，也不过像政府为战争的目的用炸弹一样：一

个无强权主义者造了每一个炸弹，政府倒造了几千百万，无强权主义者的暴烈杀了每一个人，国家的暴烈反要杀到几千百万人。"照这样看来，暴烈并不是无强权主义的要素，炸弹和手枪也不是无强权主义者所特有的东西。我们何可把无强权主义，无强权主义者，与残暴扰乱等事混为一谈呢？

又有许多人把国家与社会当成一个东西。他们以为没有国家就没有社会，把国家和社会分不开。无强权主义是主张不要国家的。这些人就骂无强权主义者说，他们"破坏社会"，说他们"要把古时一人与众人继续不断的战斗的景况重新复现出来"。这种样子的说法简直是把近三四十年来历史学的进步抹杀了。人类没有国家以前不知道有好几千万年人已在社会中生活。在欧洲诸国中国家的起源非常的近——差不多还在十六世纪以后。更有一层，人类最光荣的时代都在自由与地方生活还不曾为国家毁坏的时候，都在人群生活于共产社会或自由集合中的时候。国家不过是历史中为社会所取的一个形式。我们如何能把国家与社会当成一个东西？

误解无强权主义的人中更有把哲学的和文学的无强权主义当成现在我们所谓的无强权主义。这种哲学的和文学的无强权主义之特性是把个人抬高到了不得的地位，不承认我们应该有社会。最好代表这派的是德国人时特勒尔。我们若把他的学说研究研究，更把代表我们现在所说的无政府主义的克鲁泡特金等的学说研究研究，就知道这两派的不同了。从时特勒尔看来，所有"人道""社会""纯洁""美善"种种都是抽象名词；我们所知的真实，靠得着的只有个人，此外没有别的什么东西。每一个人为一个独立不倚的发动的势力，没有法律可以捍卫他，只有能危害他的利益或顿挫他的势力的东西，才能限制他的发展。个个人都敢说："我要为什么人，我就可以为什么人，只要我有那个能力；我要取什么东西，我就可以取什么东西，只要我应该取它。""强权即是公理；没有强权就没有公理。"个人是真实的，那些集合拢来的单位叫做什么家庭、政府、社会、国家，阻碍人的个性之发展，把个人当成它们的奴隶的那些东西，没有什么意义。

"这个人有一个身体，那个人也有一个身体，全社会的人都各自有各自的身体；你们只能有身体之聚集不能有聚集的身体。社会之下有些身体，归他指挥，但社会自己没有身体。组合的团体恰同国家的概念一样，仅是一个幻象，没有形体的存在。"家庭、政府、社会、国家所有的威权都是个人给它们的。"哪一天我们不承认它们，哪一天它们就没有权了。它们没权，我们才能有真正的自由。""我有权可以推倒各种威权，不管它是耶稣、耶和华或是上帝，假如我能够。若非我避去罪恶像我避去疾病一样，我要杀人，我亦有权去做。我自己决定我的权力的限制，因为在我自己以外没有别的东西……也许没有东西不属别人的，但是那是别人的事，与我没有什么相干。自卫是他们自己的事。"

时特勒尔的学说与克鲁泡特金等的学说在表面看来虽有几点相像，但是其中有一个根本不同的所在。时特勒尔主张个人自由，克鲁泡特金等亦主张个人自由。时特勒尔主张废除政府、国家，克鲁泡特金等亦主张废除这些东西。时特勒尔主张废除法律，克鲁泡特金等亦主张废除法律。

时特勒尔主张人人有权得他需要的东西，克鲁泡特金等亦主张人人有权得他需要的东西，这是他们的主张相同的地方。但是时特勒尔不承认社会，克鲁泡特金等则承认有社会。假如时特勒尔承认有一个社会，这个社会不过是"自我的集合"罢了，人生活在这种"自我的集合"中，不过是各个自我各自去寻他各自的利益，满足各人自身的欲望。像这种见解，定要把有实质的东西才当成真的，很是一个大错误。譬如语言、风俗习惯，何尝有实质，难道我们就不承认它们是真的吗？历史上的事实如战争、革命，都没有实质，然而它们所生的真实的结果往往是彰明较著的。社会固不能离人而独有，个人也不能离社会而独存。人在地球上只能算是社会的一分子，不能算是一个独立的实体。他的生存或灭亡，都不靠在他自己的身上。克鲁泡特金等的学说与时特勒尔根本不同的所在就是一方承认社会是真实的，一方不承认社会是真实的。这个不同的地方很是重要，因为时特勒尔派的无强权主义与我们现在所说的无强权主义的区别就在此处。

二

无强权主义有两个源头。它是十九世纪下半叶两种运动的产品。

这两种运动：一种是经济的，一种是政治的。关于经济的意见，无强权主义者与社会党人有一大部分相同，就是他们都说土地、资本、机械的私有已经过了在历史上所当有的时候，应该消灭了；凡是出产所必需的东西，都应该为社会所公有，都应该为出产的人公共管理。关于政治的意见，他们与主张政治的急进主义，最彻底的代表的意见也有大部分相同，就是说社会之政治的组织，必须使政府的职务减到最小的限度；个人能恢复他的创制权之完全自由，并且能自由集合，自由组织团体，做满足人生种种欲望和需要的事。但是无强权主义较之社会主义更进了一步，它主张共产，主张废除工钱制度。它较之政治的急进主义也更进一步，主张完全废除政府。

主张无强权主义的思想家所用的方法与乌托邦家所用的方法迥不相同。乌托邦家喜欢用玄学的概念如"天赋的权利""国家的责任"空空洞洞的话，去建设他们新的极乐国。主张无强权主义的思想家所走的路是近代进化哲学所走的路，与乌托邦家所走的大不相同。他们用科学的方法研究现在和过去的社会。现在社会是怎样的一个情形，他们就认定它是怎样的情形；过去的社会是怎样的情形，他们就认定它是怎样的情形。不论是个人或是人类的全体，他们都不曾把他们所没有的性质或能力加在他们的身上。他们想从社会的研究找出社会以前的趋势和现在的趋势；找出社会对于知识和经济的继长增高的需要，以便指出进化的方向。他们把人类真正的需要和真正的趋势与偶然发生的事情（如缺乏知识、迁徙、战争、掠夺等）暂时妨害趋势进行的分别出来。研究所得的结果，发现社会有两个很显著的趋势：一个是合工以得共同的出产，最后使这种出产中分不出哪一部分是哪一个人做的；一个是求个人有完全自由去达到个人与广义的社会种种有益的目的。照这个结论看来，社会很像一个机体的团结，常常要找出一个最好的方法，把各个个体的需要和团体的需要联合起来，以谋类的安全和发展。社会的趋势与生物学的法则正是相同。所以无强权主义者的理想在他们自己看起来不过是进化阶级中即将实现的社会。这个理想不是一种信仰，却是科学的讨论的事件。

……

五

无强权主义的思想家见着现在社会制度的弊病，想探出它的根源，找出免去社会的祸害的方法，因研究历史和现在的趋势，寻出社会的进步方向；他们要指导社会为有意识的进行，向着社会进化的方向走。他们从历史和现在的趋势之研究得来的社会的进化的方向更得进化哲学的证明，愈足以坚定他们的信心。但是这社会进化的方向有历史的遗物阻挡他。这些历史的遗物是什么呢？他们说这些历史的遗物就是国家、政府、法律和私有财产制度。因此他们攻击这些东西很厉害。下边所说的就是他们攻击这些东西的话：

国家是所有威权的总汇。人类种种的关系受国家的干涉，个人的行动受法律的支配。国家设起官吏来应用法律，养起军队来使法律实施，更有主持教育的人去解释，牧师去教人尊重，法官去诠解，并且拿他来判断人的是非功罪。

世界上的国家无一没有政府。政府这个东西的功用是什么呢？政府的功用是在治理人民。蒲鲁东说："被人治理，就是把我们的各种行为、举动被注意，被登录，被审查，被记入法庭的案件单，被评判，被呈禀，被估定价值，被保障，被允准，被认可，被付托，被禁止，被阻碍，被改变，被修补，被改正；在公众的政策的假面目之下，被抽税，被兵士蹂躏，被监禁，被利用，被阿谀，被强迫，被欺骗，被掠夺；有点抵拒或不平的痕迹，就被镇压，被定罪，被毁名，被烦扰，被追踪，被笞杖，被谋杀，被剐剥，被斩头，被监守，被枪毙，被残杀，被裁判，被定刑，被递解，被牺牲，被出卖，被迷惑，最后被挪揄，被侮慢，被凌辱，并被毁坏名誉。这就是政府，这就是它的正义和道德。"（他的这种说法很可以代表无强权主义者对于国家的一般意见。）

政府是一个压制人民的原动力，自然要变成一个腐败的东西。它同一样东西接触，那样东西就变糟了，我们看那些代表政府的就可以知道。巴枯宁说："不论怎样的一个顶好的人，无论有多高的学问，无论为人是如何的高尚、如何纯洁，他一入政界未有不变坏的。享有特权的人——不拘是政治的或是经济的——在知识同道德上都腐败了。"（赫克吕也是这样的说。）"自然界中每一棵树总结它自己的与众不同的果子，不论是怎样的政府，结果总是反复，暴虐，灾害，残酷，残杀，同恶毒"（凡是治人的人不免要把自己的德性败坏，就是被治的人也把人格降低了）。政府纵要去做好的事情也要把好的事情弄坏，因为被命令去做的善事就变成了不好的。不论政体是什么都没有大关系。绝对的君主政治也好，君主立宪也好，民主的共和也好，贵族的共和也好，以普通投票为基础的政府也好，以限制投票为基础的政府也好，总是一样的，因为它们都要有一种国家。少数人行使的威权和多数人行使的威权并没有什么差别，都是行使个人以外的意志。政府这样东西实是强者用以制伏弱者，富者用以压制穷人的工具。亚丹·斯密（亚当·斯密）说："政府……在实际上是建设来保护富人的，恐怕它们被穷人侵犯了，或是建设来保护有财产人的，恐怕它们被没有财产的人侵犯了。"无强权主义者的文学讲到这一点意思大概都与此相同。

克鲁泡特金以为不论何种法律只要是规定人的事情的大概可以分为三类：（一）是保护产业的；（二）是保护个人的；（三）是保护政府的。（由无强权主义者看来，种种法律都可以放入第一类里，因为个人的安全有危险的时候就是财产不平均结果。）政府真正的职务是在保护财产，法律就是保护财产的工具，也是保护政府免受攻击最有效力的东西。犯罪本不是人愿意的事，人去犯罪是社会的环境逼迫他的。"人犯的一切的罪的原因不论在什么地方都是社会的组织不善，所以处罚犯人的行为是显然不合理的、不诚实的。各种刑罚都包含有罪恶，罪人在这个情形里倒没有罪⋯⋯一个人不过是天然的或社会的环境的无意的产物。他在这环境里生，养育，在环境的势力下存在。人类不道德的大原因有三：（一）是不平等：不论是政治的，经济的，或社会的；（二）是没有知识，这是不平等之自然的结果；（三）是奴隶制度，也是不平等不可免的结果。"（罪恶既是环境所造成，我们何可以让少数人去负这个责任？我们要免去罪恶，最好的方法是把那罪恶的源泉除去，若是枝枝节节的劝人为善或以严刑峻罚来恐吓人，决不会有效。）

私有财产制度是使少数有财产的人利用多数人的制度，是使多数的人永远为少数有财产的人的奴隶的制度。巴枯宁说："产业和资本在现在的时候，我们要把他们解释成什么东西？不论是产业或是资本都是叫人不要劳作而可以生活的权利为社会所保障的。资本与产业既是除了工作外绝对的不能生产，那么，靠资本与产业而生的人是有生活在别人的工作上的权利了，是有利用没有产业和资本的人的工作以造成他们的利益的权利了。这些工人没有资本、没有产业，不得不把他们的生产力卖给那些幸运的资本家或产业家。"克鲁泡特金也说："各处地方你都可以发现富人的财产是从穷人的困穷里头出来的。"（资本家和产业家只想赚他们的钱，不肯同那些工人作想。）

他们只想如何把工钱减少，不管工人的生活如何。他们只想工作的时间愈长愈好，不管于工人的身体有无妨害。工人的暇时既少，又没有余下来的钱，于是他们应享的快乐、应受的教育，都被那些有钱的人强占了去。私有财产制度又为特权的骨子——是种种特权的父亲。政府就是保障特权的城堡。"利用与政府，"巴枯宁说，"是互有关系的名词，各种政治的生活不可少的。'利用'帮助政府，供给政府的基础，它的目的就是政府的目的，就是要把更远的利用弄成合法的、有保障的。"（所以无强权主义者反对政府和国家就要反对私有财产制度。）

除国家、政府、法律、私有财产制度以外，凡是妨害人类的进步，反乎人之社会的天性、牺牲个人之自由，及种种的人为的强权都是他们无强权主义者所反对的，此第（五）部分所述不过略举其大概而已。

六

平常的中国人知道无强权主义的，不过仅仅知道无强权主义的消极的、破坏的一方面，实则无强权主义也有它的积极的、建设的一方面。无强权的社会并不像一般人的心里所想的乱七八糟没有协调。

无强权的社会中的个人，也不像一般人心里所想的，只知一个小己，不知他人，像时特勒尔所说的。

它们虽反对种种威权，然而它们却承认了一种威权，并且很愿意听这种威权的指挥。这种威权是什么呢？这种威权是理性或是科学。

在无政府的社会中，这种威权很是紧要。蒲鲁东说："理性受经验的帮助，把管理社会和天然界之规律之性质昭示我们。这些规律都不过是必要的规律（Laws of necessity）。它们既不是由人造出来的，也不是可以用人的威权处理的。要发现它们只有一步一步地做。由此可以证明它们是有独立的存在的了。人去服从它们就变成公正的和高尚的人。破坏它们就造成不公道和罪恶。我不能为人的行为提出此外一个动机。"蒲鲁东所说的理性即巴枯宁所说的科学。他说："我承认科学的绝对的权威并且以为与天然的规律争辩，全无理由。人如不承认这个权威，不想把这个规律供他利用，就没有自由的可能了。除了愚人、神学家、玄学家、法学家或经济学家，没有人要反对数学的规律，说二加二不等于四。"人在这件事情中，他所能争的，只有说，"他服从自然界的规律是因为他自己认为这些规律是必要的，不是因为外界的权威去强迫他的。"巴枯宁不仅尊崇科学，而且对于专门的工作或科学的技艺也很重视，他说，"讲到靴子的事情，我承认鞋匠的权威；衣裳呢，容纳裁缝的意见；房屋、运河、铁路呢，我要与建筑家和工程师商量。我所尊重的不是他们的职务，是他们的科学，不是尊重这人，是尊重他的知识。我不能让谁欺负我，不管他是鞋匠、裁缝、建筑家、工程师，或是博学的人。我愿意听他们、尊重他们，但是这种尊重要是他们的智慧、品格和知识值得的；我的批评和管理不能移易的权我常保存着。"（他们很想用普及教育的制度使这些规律为人人所知，为人人所承认。哪一天人类的普遍的良心承认了这些规律，哪一天自由的问题就完全解决了。）

无强权主义者虽要废除国家，尊重个人自由，他们却承认社会。

没有别的社会的信条像无强权主义者的更常用"休戚相关"和"友爱"等字。自无政府党人看起来，个人的幸福与社会的幸福不能分开。个人与社会是互相关系的：你如不想到这个，你就不能想象那个。巴枯宁说："社会，与自然同样，是永生的；它生于自然的胎中，将与自然同其悠久。人真成一个人，和发展他的良心的唯一的时候，就是他真真正正的知道他在社会中他的人道的时候；即使在这个时候，他也只能借社会的集合的行动表现他自己出来。人要脱自然界的束缚唯有借他的同伴的集合的力或社会的努力；他的同伴居住在地球上的时期的当中曾经把地球表面的形式改换，曾经使人类再前进的发展可能。但是要脱离自己的天性的束缚，要脱离他自己的本能的压制，必须使他的身体上的感觉机关受那受过好训练教育的心灵的管理。教育与训练根本上都是社会的事业。在社会的疆域之外，人将永为一个野兽。"

他们既是如此的尊重社会的生活，如何又要把遗传下来的社会的连络如政府等废除呢？他们以为社会自社会，政府自政府，这个中间有很大的区别，不能说废去政府就不能有社会的生活了。

政府是一个人为的机关，换一句话来说，就是寄生在社会上的东西。我们人人都有社会的本能。人类种种社会的生活都以这种社会的本能为基础。人能帮助别人，能受别人的帮助，全靠人有休戚与人共之的本能。这种本能克鲁泡特金叫做互助。互助对于人是很自然的事并且于种族的保存上同生存竞争上是一样的重要。

社会的团结不靠那些政治上的约束，专靠在人的互相帮助和彼此友爱的本能。法律这样东西不能创造社会的本能，我们不要以为没有法律，社会的生活就没有了。法律所以能存在的原因是因为我们自己有社会的本能。假如哪一天我们的社会的本能不承认它，哪一天它就不能存在。政府不唯不能帮助这种社会的本能发展，并且还要强制它，我们试看政治上种种制度就可以明白了。使个人脱去外界的种种的束缚就是使社会能自由改变它的形式，使它的形式能适于种类的生存和发达。克鲁泡特金在他做的《互助》中举出许多的例子，说明这种自由的社会的本能。他指出社会的本能在近代的欧洲中关于经济、科学、教育、运动、卫生、慈善等种种的集会所取的不同的形式；又举出中古时代的自治市同组合并且在动物界中举出同样的本能——就是造成人类社会的基础的本能——这种本能使动物胜过妨害它们生存的困难。

无强权的社会是怎样的一个社会呢？无强权主义者以为无强权的社会是保育人类社会性的社会，是保存人类、发展人类的天才，使人类上进不已的社会。在这种社会中，人真正能自由，真正能平等，真正能博爱。他们只崇信科学的真理，听科学真理的指挥，不受别样的约束。所有种种的组织都以人类全体和个体的幸福为标准，不用固定的形式，只要怎样能使社会的幸福更加增大，就怎样的去组织。无论什么势力都使他们尽量的发展：不干涉这个或那个，不偏重这个或那个。在这样的状态下的势力自然容易平衡，常常保持协调的状态。况且这个时候所有人犯罪恶的动机都消灭干净了，我们不怕有不正当的势力自由发生起来。

在这个社会中的人大家都以人类全体的幸福为前提，自然用不着人种和国家等的分别。黄种人是人，白种人是人，黑种人及其余各种人也是人。在欧洲居住的人是人，在亚洲居住的人是人，在非洲及其余地方居住的人也是人。大家都要求生活，都要求他们的生活丰富，虽说程度有不同，这中间并没有什么利益的冲突——现在所有的冲突都是现在的情形造出来的——我们何必要强为分出些界线呢？我们在以前曾经说过，生物学告诉我们，生存竞争不是个体与个体间的事，生物一种一类的生存全靠这种这类中的个体互相帮助。大家努力去谋共同幸福，大家去享共同幸福；共同的幸福得着了，个体的幸福也就得着了。没有全体不曾得着幸福，个体能得着幸福的；假使有之，这种个体的幸福，就好像建筑在沙上的房子，是不得长久的。现在的世界交通方便，各处的人的利害关系非常密切：这地方的利可以为那地方的利，这地方的害也可以为那地方的害。假使世界上各处的人都能互相了解，群策群力的去谋人类全体的幸福，群策群力去除人类全体的祸患，那么，人类全体的幸福有什么不能获得的呢？

无强权时代的社会人与人间没有阶级。那时的人不像现在那些法律家所说的在法律上平等，他们在实际上也是平等的。现在的社会中有治者与被治者之分，那时的社会中治者与被治者同是一个人。现在的社会中有有产业与无产业的两个阶级，那时的社会中这两个阶级都消灭了。

最难使人平等的是人的知识，但是无政府的社会也要竭其全力，使人的知识几于平等。他们用什么方法呢？他们的方法就是普及教育。此地所说的普及教育不是现在那些时髦人的口内所说的普及教育，他们所说的普及教育不过是使人人都受点高等小学以上的教育罢了，无强权主义者所说的普及教育是要使人人都能受高等教育。自从幼稚园起直到大学研究院的各级学校都是公开的，人人都可以进去求学问。此时私有财产制度废除了，所以不像现在要有钱的人才能受高等的教育。

我们把现在的阶级制度贻于社会的害看一看，就可以知道没有阶级制度的利了。现在下级被压的方面所受阶级制度之害可以分为两层：一、心理上的恶影响，如忧愁、怨恨、不满足、生神经病、发狂等；二、才能上的恶影响，有天才的人理没了他的天才，有天才既不能得向正当的方面去使用，就有向不正当的方面发展之危险，如阿谀献媚、狡猾、欺诈等都是。上级的方面也逃不出这种恶制度之害。他们的残酷、暴虐、骄傲、奢侈、无意识的行为都是他们所处的阶级造成的。就说学问的方面他们也吃亏，因为他们所求的学问不过是他们的生活所需要的，不能不偏，既偏就不能得普遍的了。若把阶级制度废去，人的道德因此可以增高，社会中有天才的人可以不至压在众人之下，社会的福利不因之大增了么？（杜威《社会哲学政治哲学》讲演）

在这个社会中的人一面是出产制造的人，一面是消费的人。他们各人尽其所能，各人取其所需，没有强迫和限制。能做教师的人就去做教师，能做农夫的人就要做农夫，能做裁缝的人就去做裁缝，能管理火车头的人就去管理火车头；总之，能做什么就做什么。你要衣裳，就有一个机关给你衣裳；你要饭吃，就有一个机关给你饭吃；你要房子住，就有房子给你住；你要受教育，就有教育予你受；你要高等的娱乐，也有高等的娱乐供你享。小孩从初读书的时候起，一面受文学、科学等的教育，一面即学手工制造，他们长大了自无一人不会做工。

在这个时候做工的人，克鲁泡特金说，不做分工的工，要做全工。什么叫做全工呢？全工是分工的反面，是合知识的工作与手工为一的工作。分工是把一个工作分为若干部分，每一个人做一部分；这种工作是机械的工作，毫无兴趣，很容易令人厌倦，不愿意去做。全工就不同了，做工的人可以变换他的工作，可以知道他所用的机器的道理，可以用心思去改良他所用的机器和他的工作。机械不仅常常的有人去改良它，使出产增加，并且常常有人改良它，使它变美，不讨人厌。

此时出产的机器、农田、原料，都不是私人的，可以由出产的人自由使用。在我们现在的时候这些东西都归私人所有，出产的多寡全视所有人的利益为转移。出产要少才可以赚钱，所有人就节制出产；出产要多才可以赚钱，所有人就要出产增多：增多与减少全无一定。出产的数目常起突变，社会中的消费者常受这种突变的患害。到了此时，出产的东西都归出产人自由使用；出产人又为消费人，出产的支配自然是以社会全体的利益为前提。社会内缺乏这样东西，出产人就立即制造出来补充，某种物品缺乏之患自然没有了。

因为此时人人都要做工，所有的机器及出产的东西都为公众所有，并且常常有人去改良，管理支配的权又在公众的手，社会内的出产自然是日日增加的。我们研究人的出产的能力和他的消费，知道一人做工所得的收获常常超过他的消费。社会内出产的全量在此时既大增，个人的工作必定可以减少。据克鲁泡特金的研究，在此时的社会中，每人做工四小时即足以支持全社会的生活而有余。做工的时间既短，就没有人不愿做了。

这个社会内的组织是怎样的呢？这个社会，依克鲁泡特金说，是集合种种自由的社团组织成的。我们有协同动作的要求，所以应该有大联合去应付它。一个出产人的联合可以管理农林、工业、知识、美术的出产；一个消费人的团体就去经理建筑房屋、安置灯火、卫生、食品、健康等事。在有些情形里，出产人的联合，可以与消费人的团体共同处理各事。大一点的种种联合可以包括现在一国的地方，更大的可以包括几国，甚至于包括全世界；这种联合可以把做同种类的工作的人归在一起，不论工作是工业的、是知识的，或是艺术的，因为不论哪一种事业都不应以地域为界限。像这样的共同努力，人与人还不能互相了解的吗？再说，这个社会是异常的自由，发明和新的组织法必定时有增加。个人的创制更受鼓励；种种一致和集中的倾向不用说由此就免除了。

这样的联合是以自由的契约做成的。个人与个人间以自由的契约集合成小团体，团体与团体间以自由的契约集合成更大的团体。小团体的集合就像我们现在为公众利益组织的会社，没有罚则，没有强迫个人的权利；大团体的组织，像欧洲的铁路网，聚集多少独立的会社，联合多少独立的路线，去经营运输事业，却不要一个什么欧洲铁路总局、国际铁路局等去指挥管理。他们都是以自由的契约组织成的。

这种契约以会议定之，但是各团体举出代表（Delegates）去会议的时候，并不向那些代表说："我们以全权奉托，你们喜欢怎样干，你们就怎样干，我们都是服从的。"他们先提出问题，先把问题自己讨论过，然后选出熟悉那些问题的代表去赴会议。这些选出来的人是他们的代表，不是他们的治理者。他们的代表从会议归来的时候，荷包里所装的不是法律，不过是些契约的建议罢了。倘若这种建议他们不赞同，他们得从长计议再派代表去会议，总至相互的了解和满意为止，或简直不与闻这种组织，独立于外，也未尝不可。倘若建议被他们采用了，他们就可以分任这种组织所做的事的责任。总之这种契约可以自由加入，可以斟酌实施，可以自由退出。无强权主义者所承认的契约是自由的契约，不是法律上的契约。这些契约可以常常更改，无论何时可以废除，要是不然，契约又会变成人道的足镣手铐了。时特勒尔说："因为我昨天是一个傻子，难道我的一辈子都要是傻子不成吗？"

总之在这个社会里，凡是现在压迫个人的权威，不论是政治的、经济的、宗教的、家庭的，及其他种种都要解放，同时以科学的真理为人类行为之指导，保育人的社会的本能，排除非社会的本能，尽量的容纳个人自由发展，致个体与全体最大的可能之幸福。这样的社会就是无强权主义者所说的无强权的社会。

……

中国之前途：德国乎？俄国乎？（节录）

君 劢 东 荪

第一封

东荪兄鉴：

顷读《时事新报》二月二十七日公撰时评中有"《民国日报》上有一篇文章，论批评革命，大意是指摘张君劢的左德右俄的主张"之语。除左德右俄一题另有答复外，兹先就批评革命问题与公及《民国日报》记者商榷之，可乎？革命为一种政治的、社会的、文化的激烈变动；当其由旧而新，由静而动，其间自不能无种种之甘苦喜惧与成败得失。于是有歌者，有哭者；有是之者，有非之者。此一定之理也……吾侪居今日之中国，束缚于四千年陈陈相因之旧历史，凡属革命，不论其所争为思想、为政治、为民族、为社会，吾以为当一概欢迎之，输入之，何也？所以改造此旧时代以入于新时代之法当如是也。虽然，人类不能无爱憎取舍；而欲以言论易世者，尤不可不以爱憎取舍为强烈的表示。以不如是，则化民成俗之目的不可得而达也。于是而著革命史者，则有两法，其一，以革命为天神，为教主，而吾自居于使徒，日夕顶礼之，膜拜之。凡所以颂其功德者，无所不至；彼喜焉吾喜，彼惧焉吾惧，此一法也。其次，则以革命之举为可暂而不可常，可偶尔不可久，故重在剖析其前后经过，而以可遵循之途示之国人，不惊新骛异，要在求一人人共由之路，此第二法也。吾思之，吾重思之，俄蓝宁【今译列宁】辈之所为，震惊一世之力，可谓前无古人；然以为他人所可学或他人所能学，则吾未之敢信。以亡命客于数日之间，夺取政府，视拿破仑之建武功于外，然后禅大位者，犹且过之。此为他人所可学，所能学乎？不惜敌一世，而与德言和，此为他人所可学，所能学乎？恃劳动界不平之心理，以为世界革命，旦夕可成，此为他人所能学，所可学乎？不顾生计上之影响，毅然于旦夕之间，实行其国有主义，此为他人所可学，所能学乎？

凡若此者，可谓数百载而后一遇。有蓝宁之天才，有蓝宁之自信力，而后能致此震天撼地之业。若夫天才不如蓝宁，自信力不如蓝宁，而欲尤而效之，未有不画虎类狗者也。德之革命则异乎是，建筑于五十年训练之上，酝酿于四年战事之中，有国民为之后盾。无一革再革之反复。及新政府既成，以各方之交让，议定宪法，虽社会革命之理想，并未完全实现，然规模具在，循此轨道以行，则民意成熟，自然水到渠成矣……所为分别高下者，其于蓝宁，则佩其主义之高，进行之猛，字之曰社会革命之先驱。然于根基之深厚，践履之笃实，则独推崇德之社会党。凡此立言轻重，想在公与《民国》记者洞鉴之中矣。仆僻在异国，海内士君子之教正，欲亲炙而莫由。姑凭空推想，作此答辩，亦不自知其所言之果针对否也？若夫公之所立革命评价之两标准："第一，他们号召的主义，是否合于全俄民意；第二，是否合于普泛的人类幸福。"吾以为天下至难言者，莫如民意，拿破仑三世之为总统也，国民投票之赞成者五百四十万票。及其帝国制自为，而帝制票之赞成者，又七百四十六万票。同是国民，而忽共和，忽帝制若此。是民意之标准安在耶？岂唯拿破仑三世，袁世凯之为总统，议院所选也，及其为帝，则全国投票，又一致赞成之。是民意之标准安在耶？岂唯法与吾国，彼克仑斯几【克伦斯基】时代之国民会议，克氏所认为代表民意者也。及蓝氏政府成，则代以全俄苏维埃，蓝氏所认为代表民意者也。各有其所谓民意，而前后民意之所赞成反对者，迥不相侔。是民意之标准安在耶？如是，民意之为物，不尝求一抽象的思想之中，而求之事实。第一，应问其选举法之是否普及与平等。第二，应问其是否服从第一次选出之民意机关，非以强力推翻后而改选者。诚遵此以求，则真正民意乃可见，而大中至正之道在是矣。何也？悬拟一拟，以为民意在此，则可以任意制造之，若遵吾所举二标准，则验诸全国人心而合，考诸法律而无背。如是者，非一二豪杰所能假窃，而人人所共由之路在是矣。吾以为不言民意则已，诚言民意，则所左者必在德而所右者必在俄矣。若夫普泛的人类幸福之说，则更难言矣！公所谓幸福者，主观的乎，客观的乎？精神的乎，物质的乎？现在的乎，未来的乎？国家的乎，世界的乎？凡此哲理之谈，姑措之。吾辈既言社会主义，自当承认社会主义之所谓幸福；而所谓幸也福也，自不能无决定之人，则吾欲询公者，幸福云者，以一二人之意思为标准，不愿民意之从违而强之乎？抑必待民意之承认而后行之乎？幸福与杀人流血之惨祸，相随而俱至。以幸福为不敌惨祸而缓之乎？抑不愿惨祸而必强行之乎？如曰幸福决于民意，不决于一二人，则吾以为蓝宁之民意机关，不合于吾上举之二标准。彼之所谓幸福者，犹是蓝宁一二人之所谓幸福，而全俄民意之所谓幸福是否在此，吾未之敢信焉。如曰幸福之政，与其随杀人流血以俱至，何若待民意成熟，于安稳中行之，则两年来俄国之劳师费财，人民之衣不暖、食不饱，其所受痛苦为何如耶？吾为此语，公必驳之曰，吾所指者为普泛的人类幸福，所以证俄之历尽艰辛，为世界后世开无数法门，其所造于人类者何如，则吾以为一国于世界之国民，先忧后乐，摩顶方踵，若开山之教主，虽以身殉而不顾，若是者，数百年之历史中，不可不一见，而不可常有。如政治革命之百年前之法国，社会革命之今日之俄国，是其例也。如是，不言幸福则已，诚言幸福，则所左者必在德而所右者必在俄矣。且革命者，事实也经过也，非若理想之高悬者也。既评革命，自然评其事实，而不评其理想。乃公独曰："革命评价，不当拿事实上的过程来做标准，而应当拿所悬揭的理想来做标准。"诚如公言，理想之高者高之，理想之低者低之。此为学说比较，党纲比较，而非革命批评矣。虽然，吾知公意不在此，以为当视其以身殉主义之勇怯何如耳，则吾直言告公，德之社会党之勇猛精进，诚不如俄，然其脚踏实地，远非俄所能及。假令蓝宁去其贫民专制，而恢复人民自由，其所成就，吾殆不能必其能比隆德国焉。公又有言曰，"事实的经过，有种种不满人意的地方，只能认为手段错误，却不能据为评价的根据，因为这种错误的手段，是非常容易消灭的，只要觉得不对，便可更正。是义也，关于今后社会革命之方针，尤为重要，非可轻易放过者也。天下往往有主义甚正当，徒以手段之误，而流毒无穷。亦有主义虽不完满，徒以手段不误，反得和平中正之结果者。俄德之革命，是其比较也。中国今后而有社会党之一日，将效蓝宁解散已成之国会乎？抑效德之开设国会乎？将效蓝宁之以一阶级独占政权乎？抑以选举，被选举权，普及于国民乎？将效蓝宁于旦夕之间行其国有主义乎？抑俟民意之成熟，逐渐进行乎？凡此取舍之间，关于一国利害至重且大，而公若淡焉视之，以为更正错误，乃一举手之劳，此吾之所不敢苟同者也。夫吾非不知蓝宁之手段而不错误，则其掀动世界之力，或不能如今日之大。故其力量之大，正在其手段错误。虽然，此可一而不可再，可偶尔不可常。蓝宁亦有言，居俄国之地位，故能支持至今日，然则无俄国之地位者，孰谓于手段而可忽哉？吾更以一语语公与《民国》记者，吾之一腔热血，倾泻于蓝宁者未必下于公等也，然以为所以指示人人共由之路，厥在理性，而不在感情，此则吾之革命评价之标准也。圣人亦有言，教人者在示人以中庸之道，其过于中庸者，圣人不欲以之率天下焉。诚如是言，则吾国人之所当学者，厥在德社会民主党之脚踏实地，而不在蓝宁之近功速效焉必矣。愚意如此，唯公熟计之耳。

弟嘉森拜启四月十七日

第二封

东荪兄鉴：

顷读二月二十七日《时事新报》大评，首语为"昨天《民国日报》有一篇论批评革命的文章。大意是指摘张君劢的左德右俄的主张"仆在海外，不得《民国日报》而读之。然大意所在，或以《民国》记者为主张蓝宁式革命之一人；而假定仆为主张德国式之革命者。缘作此书，答公评语并答《民国》记者。自德俄革命以来，世界各国之社会党，有左俄者，有右俄者，党中内部因此呈分裂之态者，不一其国。公与《民国》记者，对于仆说有所是正，想亦此种潮流之鼓荡，已波及于东亚。仆不特不以公等之责难为异，且欣欣然愿承教焉。仆于德俄革命以左之右之者，不在其社会主义之实行，而在其取采之手段。仆为希冀以法律手段解决社会革命之一人，故对于蓝宁式之革命，不敢苟同。若其主义之高，进行之猛，已详拙稿《读六星期之俄国》（编者按此稿早已寄来，因多积稿，尚未发表），固佩之不暇，推许其历史价值，等之法国革命。反之，自德国言之，其宪法中社会主义之条文（详拙稿《德宪法评》），固不能尽如社会党之意，然所以许之者，在其所采之为法律手段。仆论俄事，多倾倒之语，然文中固有法律问题暂搁一边字样。至其论德国独立社会党，尝责其好言暴动，抛荒宪法上之规定手段。凡此抑扬高下，拙稿俱在，可复按焉。此仆之对于两国革命之批评也。自原则上言之，两国革命之异点，可以法律手段与非法律手段衡之。然其实际尚不止此，条举之如下：

（一）俄蓝宁革命成功后，解散国民会议而以全俄苏维埃代之；德于革命初期虽召集苏维埃，其后废之而代以国民会议。

（二）俄之苏维埃限于劳动阶级（详细见拙译俄宪法）；德之国民会议，一切国民均有选举被选举权。

（三）俄之代表机关，为一阶级所占之苏维埃；德之代表机关为国民会议，此外辅之以苏维埃，得参与立法。

（四）俄之土地国有，工业国有，由苏维埃认可，不出赔偿而强征收之；德宪法上亦认国有主义，然其施行方法由议会议决，且采取赔偿主义（大要如是，亦有例外，详《德宪法评》）。

（五）蓝宁政府抱持数十年来社会党不与资产阶级合组政府之大义；德革命之初，以多数派独立派组织纯社会党内阁，其后独立派出阁后，多数派与其他资产阶级合组混合内阁。

（六）蓝宁氏以为在革命后之过渡期内，对于资本家之参政，集会，报纸，应加限制。故施行贫民专制，德则无此状态。

如是，废国民会议也；选举权限于一阶级也；苏维埃政治也；国有政策之立时施行与非赔偿主义也；不与他党合组政府也；在过渡期内施行贫民专制也；此俄国革命之特点也。召集国民会议也；选举权普及于国民也；议会政治也；国有政策之非立时施行与采取赔偿主义也；与他党合组政府；无所谓贫民专制也；此德国革命之特点也。凡此蓝宁所行而德所不行之六端，《民国》记者而一一主张之，且持之为今后进行之纲领，则庶足以自附于蓝宁式之革命家矣。若其犹持议会政治之说，或国有之业，不愿于旦夕之间以国家之力强制施行之，则仆之左德右俄之说，未见其可以排斥焉。仆之所以持法律手段解决之说者，则亦有故。十九世纪以来之民主政治，凡属国民，同有一投票权。而其为饱食终日耶，为朝作夕息耶？在所不问。何也？在法律前为平等故也。此种民主，吾名之曰形式的或法律的民主（Formal democracy）；自蓝宁政府之成，唯劳动者得参与政治，而其他阶级则否。去年三月德国议宪之日，独立社会党亦持此说，欲以苏维埃代议会。若是者，推尊劳动神圣之原则，而至于排斥无所事事之国民，吾名之曰"工业民主"（Industrial democracy or democracy in productive sense）或生产意味之民主。吾以为持工业民主说者，推尊劳动是也。然推尊之过度，而至于摈斥其他国民，则大非平等之义。此自法律平等上，吾不敢歌颂蓝宁式之革命者一也。国之所以立，必赖法律，苟无法律，国且不存；所谓法者，其成立也，必有一定之机关，一定之顺序；若苟焉以少数人之力，从而更易之，则法为非法，而国必乱。诚以今日吾以强力推翻人，则明日人亦得以强力推翻吾。如是两相推翻，虽有利国福民之美意，亦且变为祸国殃民之暴举矣！公尝有语，今后革命家之所当辨者，厥在红色主义与法统主义。此正吾之所为斤斤者。此自法律统系上，吾不敢歌颂蓝宁式之革命者二也。他若财产之没收也，贫民专制之施行也，彼自有其特别之动机。然按之法治主义之大原则，无不相叛谬。以是之故，而蓝宁至今为世界所不容，其勇猛固可嘉，若谓所当取法在此，则吾未之敢承。闻之《民国日报》，孙中山先生所主持者也。中山先生两年持护法主义者也。护法主义者，由北方解散国会来也。然则以反对国会解散，主持护法之中山先生之言论机关，而欲效蓝宁之驱逐议员，破坏法律乎？以吾所见，最近纽约电报，蓝宁提出之议和条件，已有重召国民会议之说。彼蓝宁方自悔其非法主义；而《民国》记者之欲步其后尘者，其可以已矣！虽然，既言社会革命，不能无破坏；有破坏，岂能悉依昔日法律而图改革？于是各国社会党有两说焉。一曰鼓动国民，求议会多数，然后本多数后盾以组织政府而实行革命；二曰以暴动手段夺取政府，而实行革命。前者所谓议会的政略是也；后者所谓革命的手段是也。方今若英之劳动界中，一主直接行动，而一反对之。法之社会党之宣言，既曰社会改造不能不赖革命，而同时则曰革命时期应待贫民组织成熟之后。凡此者，即此两潮流相持不决之倾向也。若夫既已水落石出者，厥为德俄。德以偏于议会政略故，失于社会主义，而得于法律主义；俄以偏于革命手段，故得于社会主义，而失于法律主义。此二者之不易折衷，彰彰明甚。即后有继起者，恐亦难逃德俄之往辙也。如是，两者中决无尽善尽美之法，要在择取而酌行之。吾敢以披肝沥胆之语，告《民国》记者，吾国而有社会党乎？对于军阀之扑灭，当取革命手段；对于劳动者地位之增进，与政权之转移，当取议会政略。吾之所谓方针者，大略若是。抑闻之《民国》记者有"批评革命当有信仰"之语。吾不获交《民国》记者，吾不知《民国》记者之信仰如何？吾所知者，中山先生之"民主主义"束之高阁，已近十年。不知今日已复开始温习否耶？中山先生如是，吾于是皇皇焉求真有信仰者而竟不可得矣！独念社会运动方发轫于国中，而志同道合者贵于群策群力。《民国》记者，谅不至以革命为独得之秘，故乐与之一言焉。吾之所谓今后社会革命之条理，约如下方：

一、中国今后之生计组织，万不可将欧洲之资本主义失败史重抄一过；

二、社会所有事业，从铁道、矿山入手，管理方法当以政府、技术家、消费者，三者合组机关，万不可徒委之官僚之手；

三、银行及大工业当重征所得税，且防其以资财左右政治；

四、新辟商埠土地当归之市有，国家荒地不可由个人领垦；

五、对外国银行团当详述其絷财政，削主权，扰世界平和之害，请国际联盟或各国舆论之赞助，设法废弃之；

六、各厂工人会议当渐次设立，不可待其与资本家相抗后，再行补救。

以上关于生计。

一、扫除军阀；

二、国会选举当采用直接选举，现时之贿卖的间接选举法废止之；

三、各省施行自治，省政府对省议会负责任；

四、废现时之私人军队，改编瑞士式国民军；

五、政府对议会负责任，议决不信任时应去职；

六、社会党议员相约不列席政府。

以上关于政治。

以上各条，即所欲与国中同志商榷者也。若其理由所在，以方求学海外，不欲多废时日于文字，故略之。且因文以求其义，固了如指掌焉。公与《民国》记者，将所举十二端，赐之批评，则仆之幸，何以加之？若凭吾之德俄革命批评，而即以推定吾之对于革命、对于社会主义之态度，则犹未足为知仆者也。社会主义之实行，在国民多数之后援。德之革命，五十年而后成，马克思氏以流离颠沛之身，虽日用饮食之具，荡然无存，曾不以此稍动其心。其可师可法何如耶？若当发端之始，争蓝宁非蓝宁，是抛荒根本观念上之工夫，而辨手段之得失，吾甚为吾国之社会革命家不取焉。十年来国中党派，党同伐异之私，吾倦之久矣！其有舍旧而新是图者，吾乐携手之不暇，此又吾愿《民国》记者之共谅也。抑吾以吾之十二端，衡之公之所谓"以高价的理想来做目标"之说，或不免为卑之无甚高论。则以吾之意见，稍有异同。凡政纲之标举，固贵有理想，而同时不可不求其近于事实。蓝宁昔主张小农私有地之废止，而今保存之。谓蓝宁昔之理想高，今之理想低，可乎？蓝宁昔以工厂之管理委之工人，而今以技术家代之。谓蓝宁昔之理想高，今之理想低，可乎？蓝宁昔以五谷之买卖归之国家，而今又还诸小农。谓蓝宁昔之理想高，今之理想低，可乎？此无他，事实限之也。如英政党（即劳动党亦然），向以短期内所能行者列为政策若干条；而大陆之政党反之，常取本党涉及于一切之信仰而标举之，以是多空文而不切实用。今后吾国之政党与社会党之标举党纲，其采英国主义乎？其采大陆主义乎？吾固一无成见，若上举十二端，亦仅为一时感想所及，非欲以此垂为政纲也。要之，政党之结合，在大体之相同，而不深究其小异。仆向甚愿追随多数之裁判，而不敢自信其所陈者之必中事理焉。仓促陈词，唯公与《民国》记者教之而已。

弟张嘉森再拜四月十八

第三封

君劢兄鉴：

在郁积无聊之中，忽得手教二通，喜可知也。相隔天涯，信札之往还，期必三阅月，以致书来而此间情形则全变矣。来书致弟而兼及《民国日报》，今则《民国日报》不成问题，孙段携手已成公然之秘密。友人告弟曰："孙不讲护法而讲革命（指社会革命），上也；不讲革命而讲护法，中也；若夫既不讲革命而又抛弃其护法，则不堪问矣！与段携手已不堪问，乃竟与安福生关系，自己对于自己之名誉宣布死刑，他人尚何言哉！"此友之言，深堪玩味。吾兄乃仍与之讨论俄德优劣，得毋太不知趣乎？虽然，此非吾兄之过，乃时间作用之过也。国内人之善变，诚有使海外人大惊者，此特其一端而已。

来书所讨论者凡三：一曰我辈之社会改造之主张；二曰革命之评价；三曰实行之手段与节操。以言吾辈改造社会之主张，吾兄历举八纲，弟无不同意。唯弟所见有不同者一点，即国会制度是已。以此一点之不同，故兄第二书中历言法律手续一层，弟对之不无怀疑。请先言弟之主张，此次百里兄来，偶谈及社会主义，询弟曰："吾辈宜取何种社会主义？"弟应之曰："据我观之，以我之浅学不敢于积极方面有所主张，只能于消极方面定一趋向。"此趋向为何？曰："于经济组织不可采用国有主义；于政治运用不可采用代议主义。"百里兄颇韪之。今请更就此二义为吾兄陈之。

自马克思出，对于现行经济制度已批评无遗。而其改造之方法则含混；于是社会主义分为无数之派别。其派别之所由分，谓之在经济组织上主张之不同，毋宁谓在政治组织上主张之不同。盖近世已将经济与政治合而为一；经济以外无政治。特经济与政治在性质则仍不能不一致。以经济与政治乃一物之两方面，此两方面同时存在；固非并为一方面也。经济为人群之生活；政治为人群之组织。有人群以上不能无生活，有生活则非有组织不可。故生活的原则在平等；组织的原则在自由。质言之，即于经济制度务求使人人得平等的生活；而于政治制度务使人人得有自由，而不致受强力之压迫也。唯人于生活与组织以外，尚有精神生活，即文化是已。文化须向上不息。故弟以为吾人理想之社会必为平等、自由、向上，三者平均发展之社会。换言之，即平等、自由、向上，三者合为一体，所谓"平等——自由——向上"是已。此弟对于改造原理之泛论也。

弟近来思想倾向于工会的社会主义之原理。工会的社会主义（Guild Socialism）之原理实兼收无治主义【今译无政府主义】与工团主义（Anarchism and Syndiealism）之长。无治主义诏告于吾人曰，国家自国家，社会自社会，乃两物也。国家为一种强制的组织；而社会则顺乎人性之自然的组织也。此种强制组织之力以国家主义与国会主义而日见扩充。国家主义之目的在伸张势力于国外；国会主义在以立法机关包括一切。于是愈伸张势力于国外而国内愈无平等；愈置一切事务于立法机关而社会愈无自由。无治主义所由与，即抵抗此二趋势也。盖社会之秩序，本成于人性之自然，强制之所关者不过极小部分耳。无治主义主张并此小部分而亦去之，固其所偏。然其诏告于吾人曰，强制之部分不可听其扩大，则确为天经地义也。故弟以为无论如何必使政治的权力在相当范围内，不可过大，于是可听政治以外者自由发展。因政治以外者之自由发展，并可逐渐使政治缩小。总之，弟以为无治主义之精神当充分吸收之，但不至于达到无治。直言之，即以政治缩至最小范围而仍不使其绝无是已。因政治苟在相当范围以内，有百利而无害。因其有存在之价值，不可遽然废止也。以此原理，弟反对经济集权之产业国有主义与政治集权之国会万能主义。

兄所举八纲与弟所述之原理颇有吻合处，唯于国会制度一点，弟持异议。弟以为中国之国会制度绝非仅改间接选举法为直接选举法而即有希望，吾人虽不能尽废议会，然吾以为宜采用下列数款：

一、无职业者不得有选举权与被选权。凡官僚军人均非有职业，故可借此排去此辈民蠹（此条包括行政机关）。

二、对于无论国会，地方议会与行政官吏，人民须有复决权（referendum）、创议权（initiatve）、罢免权（Recall）。

三、对于小组织（小组织如邻居团体、同业团体、互助的异业团体等），宜置有法律上之根据。

四、宪法上对于立法行政宜有严密之制限，以留政治以外之社会的自由。

此外犹有一点，弟以为吾辈既反对卫尔逊等之第二国际主义而认为不彻底，则吾辈必赞成蓝宁等之第三国际主义。第三国际主义即纯正之世界主义，既讲世界主义则中国当为一地方。则此一地方构成一个地方之组织抑数个地方之组织，要视人民之情感意志而定，不必以统一之名义为之拘束也。

次言革命之评价，兄书中所论颇有误会。弟前谓以理想而定高下者乃指革命之目的而言，如墨西哥革命屡矣，其目的安在，虽叩诸当事者恐亦瞠目不能答也。我国革命亦屡矣，九年之间内乱未尝间断，然何为而乱，则虽叩诸此造乱之人必亦不能明了答复也。若俄德则不然，虽其革命之方式互不相同，然皆揭橥一种理想以为终鹄。故革命止可分为有理想之革命与无理想之革命。俄德同为有理想之革命，故弟不欲轩轾其间，而仅能谓方诸无理想之革命则高远矣。

至于俄德之不同全在国情，若移德之社会民主党而于俄，难保其不主张贫民专制，若移多数派（布尔什维克）于德，亦难保其不取缓和态度。故俄德之不同，全由于国情，犹诸造屋，以土造屋与以木造屋者不同，以材料不同故；在山上造屋与在平地造屋者不同，以基础相异故。此实无足异也。至于俄之所以不同于德者，据弟观之，德为常，而俄为变。蓝宁之可佩服者正在此。盖蓝宁知俄国上中阶级全体之无希望，岂但无希望，并为文化之障害。于是思设法为之洗涤。其所以提出贫民而对于上中阶级大加杀戮者，乃对于旧俄罗斯加一番洗刷耳，于此弟不议蓝宁之惨忍而感蓝宁之大仁。蓝宁亦知贫民专制之不能久也，然非借力于贫民专制则不能洗涤旧日污点。乃不恤以毒攻毒，于此可见其心之大公，盖非存心至公不能用其非常之手段也。殆洗刷既毕，则从事于培养人民智能、故近来一切事务已由大多数无组织、无知识之人民而移入次多数有组织有知识之人民之手。法人安托尼里（Antonelli）于其近著 Bolshevik Russia 之结论，即同此观察。兄谓蓝宁前主张废止小农，以不能实行而改变焉，遂谓理想与事实之不可不合。而在弟则以为小农废止之理想实不及小农私有土地之理想为高，以废止小农悖于自由故也，仍为一理想问题。以工厂委之工人不若委之技术家，以必求文化之向上故。至于食粮之买卖归于国家则等权太甚。凡此谓蓝宁以前之理想不若现今之理想可也，又安能高之乎？兄又谓杀人流血之革命不及安稳成熟之改革，而弟则以为既曰革命则决不能于安稳成熟中行之。德之社会民主党坚忍以待者垂五十矣，吾知设无欧战，又设德不战败，虽再俟五十年未必即有成熟之时期也。然则德之社会民主党仍为利用时机。夫既为利用时机，则利用之道各有不同。有稍待而利用之者；有立刻利用之者；要视利用之可能性之程度耳。苟有充分之可能性，虽立刻利用之，亦奚不可。既为革命则绝无不杀一人不流滴血者，而革命之价值亦决不以杀人流血之有无与多寡而定。无杀人流血之革命未必即为有理想之革命，故弟不以杀人流血之有与多而诋毁俄之革命。设俄之革命一如我之辛亥我之护法，虽不杀一人，而弟亦非之。弟以为人非不可杀，而杀之贵有道。不当以杀人与否定其功罪，而当以杀人之理由而定其是非也。至于兄谓蓝宁不可学，诚然。弟亦以为即学焉决不能似。特中国于一方面则上中阶级确有洗刷之必要，不过提出贫民以洗刷上中阶级，在中国情形则与俄不同，事实上不能行也。中国之贫民阶级非特智力不发达，即本能亦不发达，天性不厚，无论何事不能为。故今日之中国非组织贫民专制之时，乃改造贫民性格之时。中国下级社会之人性不能逐渐改善，则一切社会革命皆为空谈。故中国即有社会改造亦当在五十年以后。

兄谓民意空泛，弟则以为不然。民意不以人数而见，不以机关而见，不以形式而见。今有三中国人于此，一人主张恢复青岛而二人否之。此一人之意，民意也。袁世凯称帝时，国民会议投票之结果为全体赞成改更国体，然实非民意。乃卒有松坡之起义，虽松坡未必执途人而一一问之，然松坡之意则民意也。弟以为此后中国不欲有政治则已，苟其欲之，必取民意政治。何谓民意政治？曰，社会上有一种超于局部的利害之民意而能影响于当局，是已。所谓公论，所谓清议，皆是。必须社会各种事业在政治以外而能自由发展；于是社会各方面皆有一部分人格高尚、见识超拔之人，其人始终不入政局，而其所发表之意见则足以影响政务。质言之，即以政治之重心使之在野。中国自有政党以来不思在野谋为政治之监督者，而专以入朝分肥为事。此所以降至今日欲求一真正政党而不可得也。

弟与吾兄所见已所谓大体相同，所最不同者，只法律手续说之一点耳。中国自辛亥以来，谓之无法律，谓之无国会，弟尚觉其不切。直可谓此九年间形式之法律固未尝一日有，乃并习惯法而破坏之；国会制度固未尝一日存，乃并未来之国会制度之信念而破坏之。而兄犹以法律手续为言，真使弟闻之而心痛也。姑勿论解散国会者为大奸巨蠹，然试问即不解散，此种国会果能以国会视之乎？今则南一群妖孽，北一群妖孽，聚此两群妖孽而自名之曰国会，曰议员，曰代表民意。则彼土匪与娼妓聚于一团亦未尝不可自名为议会为代表也。总之，于各国有法律基础者其由法律手续上谋改革，弟安得而非之；独于中国则本无法律，本无议会，则法律手续之说无所附丽也。至于中国之前途，以弟之观察，只有革命，且革命或不止一次。此革命之来，吾人无权以拒之。吾人固无力以创造革命，然亦无法避免革命。仅能从事于文化运动，俾于革命之进程中增加其理性的要素耳。

最后弟尚欲以个人出处与兄一谈。弟对于政治，厌恶已深，以后誓不为政治性质的运动。将以译书著书报答于族众。即杂志与日报之言论事务亦颇思摆脱。将来如有教育事业可为者，弟愿追逐于当世诸公之后。或兄等为社会活动，弟则以教育为助。兄等对于旧势力为炮兵骑兵以事攻击，弟则愿守辎重，或做农夫，为诸公制造粮食也。翘首西望，不尽欲言。

弟张东荪再拜

原载《改造》二卷一四号，一九二〇，七，一五

国家、政治、法律

——讨论无政府主义的通信

陈独秀　郑贤宗

独秀先生：

读《新青年》八卷一号上《谈政治》一篇后，很有些意见，现在拉杂写在下面，以质之先生可乎？

先生以为无政府党反对国家、政治、法律等，所反对及者，只是过去的与现在的掠夺的国家，官僚的政治，保护资本家私有财产的法律，并不能反对及将来的不是上面所说的国家、政府、法律，因为他们并没有指出可以使国家、政治、法律根本摇动的理由。据我所见可就不然。

无政府党反对国家有两个最大的理由：（一）国家是进化道上所经过的一种形式，是人类共同生活历史中某时期的一个制度；并不是天经地义不可磨灭的东西。……从原始时代的无国家到有国家是进化；从有国家到无国家独非进化吗？这是一层。（二）无政府党主张大地众生应当互相亲爱，视地球上一切人类都是兄弟；不当有什么仇视、嫉妒，以及相侵相夺，相杀相害等事。自有了那国家之后，于是把地球上同样的人类，划了不知多少堆数：什么"支那人""日本人""美国人"……于是耳"博爱"这个名词的意义，至多不能超越国界了；国家以外的人，就视同仇敌，大家坚甲利兵，互相防御；从此战争呀，并吞呀，杀人如山，血流成河；号为万物之灵的人，其凶暴乃远出一切动物之上。这是谁为厉阶呢？而且人生的目的不外求快乐，像这样惨无人道的世界，有什么快乐可言？这是第二层。无政府党的反对国家，既是根据于上面两层理由，所以反对所及者，倒不是先生所说的过去与现在，乃是现在与未来；因为过去的国家，无政府党承认它是应当有的——它是进化轨道上所应当经历的一种形式，而且已经过去了，何用反对？未来的国家，不管它是什么形式，只要它可以受上面所说的两个理由的攻击，一切都在反对之列。

至于政治与法律，都是随国家而来的，于人类生活上只是有害无利；无政府党反对了国家，当然一并反对之；这是无容疑义的。说官僚政治、拥护资本家私有财产的法律不好；难道压制人民的政治、束缚人民的法律，就会好了么？

先生又说强权如水火一样，有善用与恶用之两方面，所以只要善用之就是了。无政府党主张人类绝对自由，根本上反对强权；但这是无政府社会实现后的事，非所以语于今日。因此近代的有名无政府党，除开了托尔斯泰先生之外，没有不主张暗杀、暴动、掷炸弹、放手枪的。

先生说他们"闭起眼睛反对一切强权"，未免有些武断罢！

关于达到改造社会的方法，先生主张与无政府党略近——同样主张用强力来破坏旧社会；但是破坏后，先生主张用无产阶级的独裁政治（Dictatorship of Proletarlat）以代之。这我可不敢苟同。先生所以主张无产者独裁的缘故，有两个理由：（一）恐怕资本家死灰复燃，有复辟的运动；（二）将来渐渐地又要生出资本家来。这两个理由据我看来都不十分充足。何以故呢？社会革命成功了以后，当然要把资产阶级所私有的财产归之于公，那么资产阶级也变作无产阶级了，还怎样谋复辟呢？资产阶级的势力都是金钱给予他们的，一旦金钱没有了，他们哪里再有势力来复辟？康有为何以自己不能独自把溥仪牵出来做皇帝，一定要靠张勋的丘八太爷来帮助？要是张勋没有许多丘八太爷在手里，他怎样敢谋复辟？可见复辟不复辟完全是自己造出来的，复辟在本身一点没有力量。我们把资产阶级的财产一齐归了公，断不怕他们再有什么阴谋做出来。就是不然，因为有特别情形不能不照先生所说的办法行，但我承认他是过渡时代的一种临时办法，要"久假不归"的维持下去，成为一种新政治，我是死反对的。至于先生所说的第二个理由，我也很是怀疑。先生所举克鲁泡特金《国家论》中的自治都市一段来证明，我不敢妄下批评；因为克先生的《国家论》我没有读过（从前《星期评论》曾译登过，但我没有读；现在又寻不到那《星期评论》，只好不说这件事了）。但据我的意思，这一层似乎是先生的杞忧，与无政府党的主张无干；因为无政府党是主张共产主义，主张废止金钱，不但生产机关公有，就是消费机关也属之公有的，那么资本再何由而来呢？

末后先生又说："人类本性的确有很恶的部分。"我不知先生何以敢下此断语？孟子说："恻隐之心，人皆有之；羞恶之心，人皆有之；是非之心，人皆有之……"据我的观察，他老先生这几句话确是不错的。"从前受惯了经济的刺激才去劳动的工人，现在能除了刺激，又加上从前疲劳的反动，一定会懒惰下来；如此一时社会的工作效率必然锐减。"先生既承认了它是一时的现象，那么施之以强迫劳动——暂时的——自然可以；若因此一时的现象，而遽立永久的法律，我死不赞成。人类有劳动的天性，先生也承认的；那么决不会因一时反动而失去他的天性，法律何为哉！

先生又说："至于人类基本生活的劳动，至少像那不洁的劳动，很苦的劳动，既然没有经济的刺激，又没有法律的强迫，说是人们自然会情愿去做，真是自欺欺人的话……"所以先生主张非规定法律以强迫不可。我以为劳动无论其是否为人类基本生活的，没有不可使之艺术化的理；而劳动时间能减少至最短程度，也就不会觉得十分苦；至于不洁的劳动，自然不是大家所欢喜，但终能设法用机械代之的。就是不能代，我以为可以减少其劳动时间：譬如普通人每日劳动三小时，那么这不洁的劳动减少至两小时，就不愁没人干了。反之，如先生所说规定法律来强迫，我倒要请教这法律如何规定？一切人类同样都是圆颅方趾，哪一个人应该做洁的劳动，哪一个人应当做不洁的劳动？若说以受教育的高下为标准；社会上既然有教育不平等，这个社会决不是无政府主义下的社会，还须改革过！倘然这法律上规定："陈独秀做大学教务长，郑贤宗做挑粪夫。"我便要不服：陈独秀何以要规定他做大学教务长？我何以规定我做个挑粪夫？这个问题请先生解决才是！

最后先生所说的男女问题，我以为也不是法律所可以解决的事。要防止这种罪恶，唯有从教育方面着眼；而且实行自由恋爱后，这种问题终可减少。还有一层，人类的理性与本能是互相消长的；恋爱是一种本能，他日人类的理性因为不受政治法律经济等的牵制，一定能够充分的发达起来，那么这男女问题，自然不致扰乱社会的安宁了。

老子说得好："民不畏死，奈何以死惧之！"法律只能束缚人的自由，不能禁止罪恶的发生！

先生鉴于现在政治的罪恶，对于俄罗斯的劳农政府不禁油然生欣慕之心；这也是人情所常有的事。当他一种过渡时代的暂时办法，我也很赞成；但我所主张的终极目的，总在于无国家、无政治、无法律，这便是我不敢苟同先生的所在。倘有意见，幸请赐教！

郑贤宗

我前次文章发表之后，言论界未曾有赞同或反对的表示，我很为失望；现在接到先生的辩论，并且是很有价值的辩论，我非常快慰。我的意思还有一些和先生不同的地方，不得不写出来请先生指教。

在答复先生的辩论之前，我有几种信念必须明白发表出来：（一）我以为在社会的进化上，物质的自然趋向的势力很大，留心改造社会的人万万不可漠视这种客观的趋向，万万不能够妄想拿主观的理想来自由改造；因为有机体的复杂社会不是一个面粉团子能够让我们自由改造的，近代空想的社会主义和科学的社会主义之重要的区别就在此一点。（二）世间有没有万古不易的东西（说有万古不易的东西固然不对，一定说没有万古不易的东西，在逻辑上也有毛病），终极的理想是什么，我们似乎不必作此无益的推敲；我们应该努力去做的有益事业，只有说明现在社会里已有的毛病，建设最近的将来比较善良的社会；倘若迷信很远的将来及终极的理想社会才算彻底，而对于现在及最近的将来之改造以为不彻底不去努力，这种人只算是"候补改造者"，可惜他来到这世界上太早了一点。我们若单单空想最远的将来及终极的理想，把现在及最近的将来努力放弃了，那么世界终极是或者要毁坏的，个人终极也都要死亡的，我们未到终极期间的一切努力岂不是无意义吗？（三）我们改造社会是要在实际上把它的弊病一点一滴一桩一件一层一层渐渐的消灭去，不是用一个根本改造底方法，能够叫它立时消灭的；更不是单单在理论上笼统的否认它，它便会自然消灭的。譬如医治多年的疾病，纵然有药到病除的仙丹妙药，也要有这药才能够治病，断不是在理论上否认这病，这病便自然会好的，因为要治致命的病，有时必须用毒药，甚至于须用点必然发生副作用的毒药，都是不可避免的。

我这三条信念先生以为如何？

先生所举无政府党反对国家的两个最大的理由，在第一个理由，我那篇文章里面明明说："建设劳动阶级的国家……为现代社会第一需要。后事又何，就不是我们所应该所能够包办的了。"我实未曾说过国家是万古不易的东西。无政府党既然承认"国家是进化道上所经过的一种形式，是人类共同生活历史中某时期的一个制度"。而在现社会实际的共同生活的需要上，是否真实证明国家这种形式这个制度（不是国家主义）的时期已经过去？在第二个理由，像那些仇视、嫉妒，以及相侵相夺、相杀相害等事，最甚的大部分是资产阶级拿国家主义做招牌争商场弄出来的，不全是国家本身的罪恶。像这种侵略的国家主义即帝国主义，我也是绝对厌恶的；至于普通的国家制度，不过是言语相同的或是历史、宗教、利害相同的一种或数种民族共同生活的政治组织，这种组织有时不免现出狭隘的情感，但它是成立在自然的障碍（如言语、历史、宗教、利害等）的基础上面，根深蒂固，它成立的基础不消灭，它是不容易消灭的；若单是消灭了"国家"这个名义，在实质上人类但凡有组织，那因为自然的障碍而发生民族的冲突，就在无国家无政府时代仍然是不能免的；所以要想免除这种冲突，非先在事实上免除造成冲突的各项自然的障碍不可，各项障碍中以言语和利害关系最重要，空谈什么无国界，什么世界同胞，什么大同，都太笼统了，离问题远得很。

政治与法律也和国家一样，是有人拿它作恶（一部分无政府党所主张的暗杀、暴动、掷炸弹、放手枪，也有人用这些事作恶），它本身并不一定就有罪恶。在无政府党以为绝对不要国家、政治、法律是根本解决，在我以为是因噎废食。譬如国家、法律、政治是个人身，它到了自然死的时候，那是进化历程上当然的现象，若只是疾病便当医治，用"人死病断根"的方法来解决病的问题，未免有点笑话。在我那篇文章内，并没有说压制人民的政治、束缚人民的法律是好的，只说过要有废止资本家财产私有的法律，要有强迫劳动的法律，要有禁止对内、对外一切掠夺的政治法律；先生既然相信无政府主义，请你要将资本阶级和非资本阶级的人民分别一下，不要说些笼统话为不劳动的资本阶级利用！

先生一方面以为我说他们闭起眼睛反对一切强权，未免有些武断；一方面又主张人类绝对自由，根本上反对强权；我实在有点不解。我对于国家政治法律，只承认他们在现今及最近的将来这一个时代里可以做扫荡不劳动的资产阶级的工具，并不是把他们当做个主义来信仰；先生一定说他们于人类生活只是有害无利，难道先生所主张的无政府社会未实现以前之暗杀、暴动、炸弹、手枪，是于人类生活只有利而无害吗？

我那篇文章内是说旧党势力恢复推论到复辟，并非专门拿无产阶级的独裁政治来防备复辟。先生说："社会革命成功了以后，当然要把资产阶级所私有的财产归之于公，那么，资产阶级也变作无产阶级了，还怎样谋复辟呢？"这种理论说说很容易，先生要晓得从革命发生起，一直到私有财产实际归公，必然要经过长久的岁月；从私有财产在制度上消灭，一直到私有财产在人心上消灭，又必然要经过长久的岁月；在这长久的岁月间，无论何时都有发生阴谋使资本制度死灰复燃甚至于恢复帝制的可能，我们不可把社会改造看得太简单，太容易了。先生既然承认过渡时代应有一种临时办法，这便和我的意见相差不远；但我要请先生注意的，乃是这过渡时代绝非很短的期间！

孟子人性皆善的话，只看见性的一面，已为常识所不能承认的了。主张人性皆恶的人，也可以说："独占之心，人皆有之；残杀之心，人皆有之；嫉妒之心，人皆有之；嗔忿之心，人皆有之；自利之心，人皆有之……"或者有人说这些都是习不是性，我第一要问，何以善的现象是性，恶的现象就不是性呢？第二要问，习惯是不是第二天性，佛教所谓无始以来的熏习是不是和性有同等的力量或者更强一些？让一步说，恶是习不是性，可以改正的；但长久期间造成的恶习惯恶心理，是不是短少期间可以洗刷净尽的？在这恶习惯、恶心理未曾洗刷净尽期间，自由放任主义是否行之有利无害？性善是无政府主义一个重要的基础，要请先生用科学的方法仔细研究一下。我所谓一时也绝非很短的期间，大概要以疲劳回复了并且有了新的刺激普及人心为限度。我所谓强迫劳动的法律决不是永久的，这件事用不着先生死不赞成，我敢说不但现在及将来不会有永久的法律，就是过去的历史上也未曾有过永久的法律。

我以为关于人类基本生活劳动的规定，有二种方法：（一）由人类平均担负；（二）不洁的苦的危险的劳动时间可以较别的劳动时间减少。我所谓用法律强迫劳动，是不许有人不劳动，是不许大家都不肯从事不洁的苦的危险的劳动，因为若没有法律强迫，在这机器完全代做和劳动的艺术化未成功以前，我敢说无一人或只极少的人情愿去做；并不是说用法律来规定"哪一个人应该做洁的劳动，哪一个人应该做不洁的劳动"。我不知道先生这种疑问是从何处想起？

我看人类无论理性如何发展，本能是不会衰减的；假定日后依教育的成绩，理性充分发展能够抑制本能，只望这个来解决男女问题，又不知在何时代。先生持论的通病是注目在远的将来，而把现在及最近的将来亟待解决之问题放下不管。

恶的自由是应该束缚的，请问先生什么东西可以禁止罪恶发生？

事实是道理的基础，俄事不过是一种有力的事实，不足以占据我们的全信仰。

最后我要忠告先生的，就是先生所说："这个社会决不是无政府主义下的社会，还须改革给社会群众一个暗示：这是何等简单纯洁的行为。勇于群众所不敢做的事，拿躯体做了肉弹！"这句话。先生能断定到了无政府主义的社会便不须改革了吗？我不相信世界上有一劳永逸的改革！

独秀

原载《新青年》八卷三号，一九二〇，一一，一

社会主义与资本制度

蓝公彦

现在研究社会主义的人很多，批评的人也很不少。我个人对于社会主义全体的理想以及用革命手段或无治主义种种的实行方法总是怀疑，而对于他所说的部分的真理如工人卫生工资增加，时间减少等是赞同的。但是他的方法究竟确实与否，我们不能随便断定，是要细细的研究一下。

社会主义就是推翻资本制度，而其攻击的唯一武器就是说社会上所有一切贫富等等害恶都是从资本主义一个原因产生出来的。这句话对不对，我们不敢断定；不过可以知道，大凡一种主义越能引人动听，它的目标一定越简单，因为要是复杂了，就不容易懂了。但是世界上的事实不能这样的简单，这样的笼统，非把他分析了不能显出真理。社会主义攻击资本家的害恶可以说大半是真理，而把这些害恶笼统的归之于资本主义是不确实的。资本主义自身果然有它的害恶，而不是都从它产生出来的，大部分是历史上、习惯上流传下来，还有一部分是从和资本主义并行的国家主义产生出来的。所以要证明害恶都从资本主义产生出来，只要把俄罗斯作一个比较，它们把私有制度已经打破了，为什么还有专横压制种种害恶呢？现在假定我们承认一切害恶都是从资本主义产生出来的，但是害恶是比较出来的，我们只要把资本主义没有发生以前的中世纪情形和现在的状态比较一下，就可以发现真理。中世纪时代不要说生产事业不如现代，就是业主奴隶间的关系何尝比得上现代雇主工人间的关系，其他种种物质文明中世纪都没有，那些奴隶制度家族制度以及封建时代的残酷的事实较之现代如同地狱天堂。当时多亏发生了资本主义，把这些黑暗都打破了，才引出了现代的物质文明世界，非但物质如此，就是那些立宪，民治以及卫生事业、教育事业何一非资本主义所产生的。所以要是不产生资本主义，不但是现存的物质文明样样没有，并且还不知故步自封到什么地步哩。照这样的比较可以知道没有资本主义时候的害恶多，自有了资本主义以来害恶消灭了许多了。但是一种制度有它的好处，一定有它的害处，本来尽善尽美的方法是天下决不会有的，只要我们能够救济就算好的了。资本制度的害恶就是贫富问题，这一个问题是可以救济的。例如用社会立法手段规定劳动法规，劳动保险，增加工资，减少时间等都是救济工人的善策；除此以外，还有减少靡费。靡费是有几种；一种是国家主义所产生的如战争，准备作战的靡费；一种是资本主义自身产出的如企业竞争，生产消费的不调和，以及经济界危险的靡费。如果把这种靡费都消灭了，立法事业都设备了，我想工人的余裕一定可以得到，贫富问题也可以解决。不过救济是一时的，逐渐进步的，把先发现的害恶逐渐改良，后发现的害恶再想法救济，一步一步的做去，一定可以达到人类最后的幸福。但是假使有人说这种主张是不彻底的，零零碎碎的不是社会改革家的话，那么我们一定要请教他们的彻底的主张。

他们的彻底的主张是说无论如何私有制度是要不得的，应该用革命的方法把它收归公有。这一点我们就算承认，但是又引起大疑问。收归公有是不是收归政府？政府的资本家是不是比私有资本家靠得住？据我的意见还是不确实的。私有资本家无论怎样罪恶，他有一定的限制，如企业竞争，工场建设，工资，工人待遇等皆是。如果一个公司或工厂不注意上述的限制而能存在一定不可能。社会主义者单看见资本主义初发达时候工厂的黑暗，而不晓得现在工厂的情形不同了，社会道德更变了，从前的情形现在做不到了，工人也能团结起来和厂主交涉或怠业，这些都是私有资本家的自然的限制。现在到说要把有限制的私有资本家手里的资本夺出来送到无限制的政府手里，那么，政府就可以凭着它的武力和权势任所欲为的随便处置；要是执政者良心好还好，要是良心不好人民一定增加痛苦。这种凭良心的制度是最不确实的而最危险的。就是让一步说，这些执政者都是有良心的，然而照他们的主张去实行，我想依然还是个不确实的。他们的主张是把旧存的制度完全推翻，重新再建设一个新的制度。但是旧存的制度都设立在资本主义上，要把它推翻，一定把经济状态社会秩序零乱，从零乱到回复秩序，期间的时期一定很长；而在这长期间内他们的敌党是否扫除干净，国际间的关系是否还能继续存在，人民是否一定倾向他们，这些都是疑问。假定我们都承认它，然而这长期间内危机四伏，一有反动满盘皆翻，它的成就还是遥遥无期。所以与其实行他们的彻底的不确实方法，还是实行我的不彻底的确实方法。因为他们的方法一则太危险，二则太不确实，三则牺牲太大，这三端就是社会主义的致命伤。

社会主义的不确实已如上述，所以我们不能不研究较确实的方法。中国现在的情形和欧洲中世纪的封建时代差不多，全赖提倡资本主义。但是要避免资本主义的害恶，就要一面提倡资本主义，一面再用国际社会立法手段规定各种法规来限制它，让它在法规下尽量的发展，再把我上述的各种靡费消灭了，我想一定可以得到较安稳的日子。要是要提倡社会主义，我恐怕所得的结果一定比俄罗斯还要坏。

再有阶级战争四个字也是不确实的，因为人类经济的组织决不是那样的简单，一部分是资产阶级，一部分是无产阶级；这是马克思硬分的。社会上果然有许多的大资本家，而那些有几分股票的小资本家、工程师以及种种非资产阶级，非无产阶级的人不知多少，要细细分起来，就可以分出无数的阶级。现在我们且不提，且假定承认马克思的两种阶级，然而无产阶级的人决不是像马克思所说的那样的满心一定帮着同级的人；或者也有向着资本家的。因为工人是依着资本家的，要是逼得资本家无法支持倒掉，资本家不过损失些财富而工人的生活就受影响了，所以阶级战争也不是真理。至于中国只有军阀、政客、官僚，以及守产的那些寄生虫的阶级，各种社会事业都是这些人在那里干，从没见过一个市民的影子。所以更宜赶快发达资本主义，创造第三阶级，把市民权收回来，光明的日子才能发现。

总而言之，一种制度要富于弹力性才能容易修改、容易进步。资本制度诚然有害恶，然而只要能容纳修改还是好的；社会主义诚然有真理，然而太刚不容易修改，终究是危险的。所以除了没有别种方法去救济资本制度，我们只得用社会主义的方法。要是我们可以找出别种方法，来救济，那我们决不肯随便孤注一掷的。

我再简括说一句。社会的害恶不是都从资本主义产生出来的，资本主义的害恶是可以救济的，社会主义无论如何总是不确实而危险的。所以要解决目前的问题只有用和平的方法一步一步零碎的修改，要是图快的是绝对不可能的；要解决中国的问题更只有提倡资本主义，别的方法都是理想。

论社会主义

《少年中国》第 2 卷第 5 期，1920 年 11 月

恽代英

社会主义的一个名词，向来在中国是干犯法律骇人听闻的。其实许多人还没有明白社会主义是个什么东西，中间包含几多派别，大家以讹传讹，便硬指一切暗杀革命是社会主义，一切社会主义是暗杀革命，因此一听见社会主义四个字，便联想到许多破坏事业的危险与恐怖起来。其实所谓社会主义这名词，本体便向来没有什么很精确的界说。高到安那其布尔塞【什】维克，低到安福系王揖唐所称道，都有些可以合于通行所谓社会主义的意义。我在这一篇中，不想把通行所谓社会主义的派别与意义叙述出来，我宁想就我自己的意见，综括以叙社会主义应当的旨趣，供一般所谓社会主义者乃至非社会主义者的讨究。

除了迷信神权的学说以外，论到个人行动社会组织，大概可大分为有三种学说：一个人主义、二国家主义、三社会主义。

个人主义学理上的根据，以为宇宙间唯一的真实，只有个体的存在。其余一切家庭、国家、法律、道德等等，都是为个体的利益而生。倘若不能为个体的利益或反为他的祸害，那便他们都是谬误的组织与法式。总之，这是承认宇宙间一切事物，都得以个人为本位的。

国家主义学理上的根据，以为国家既是因人类的需要而自然产生，那么国家的存在，乃是争存的人类不可不十分珍护的。由这样推衍下去，因之他们主张国家有独立人格，是人类最终义务的对象，是可以违背大多数国民的意思以行他所谓有益国家的事的一个怪物。

社会主义学理上的根据，以为人类是共存的，社会是连带的。我们要求个人的幸福，必不可不求全人类的幸福。那便是说，只有人群，只有社会，是唯一的自然的实在，亦只有他配得上做宇宙间一切事物的中心。

但是社会主义不是从学理上产生的，是从事实上产生的；不是从知识上产

生的，是从感情上产生的。依我的见解，历史本不定要随着物质变迁。但人类通常是浅见的惰性的，非受物质的驱策，不肯自动的有些改进。超物质的一二伟大的心灵，是历史上罕见的事；然而便令有几个非常的思想家，他的思想，亦每不为囿于物质生活的群众所乐承受。因此所以理性的社会主义很不易于产生。现在的社会主义，初不过一般受掠夺者的阶级，因为得了许多不堪忍受的物质的痛苦，遂认识了地主、资本家的罪恶，要求一个改善的法子罢了。群众的心理，易受感情的激发，难受理智的启示，这种浅见的感情的社会主义，不但易于提倡而且易于传布。这样，所以理性的社会主义反得不着适当发展的机会。

依我的大胆，我要说现在的社会主义，仍旧可以分为三派：一个人主义的社会主义、二国家主义的社会主义、三社会主义的社会主义。

先说国家主义的社会主义。这便是一般政治家所谓社会政策。他们一切对于社会的设施，全然以国家利益为着眼。所以他这并不是真诚的社会主义，只是一种国家主义。因为他只要欺骗得社会，而无害于国家，他们必无惮于欺骗社会。

国家主义的社会主义，通常不被人承认为社会主义之一种。还有一种社会主义的国家主义，主张利用国家的组织，以谋社会利益的，这便是通常所称的国家社会主义。因他们所主张，多近似政治家的社会政策，亦为一般自命为纯正社会主义者所唾弃。

但若国家主义的社会主义不配称为社会主义，那便是个人主义的社会主义，亦不配称为社会主义。然就我的偏见，现在所说的社会主义，都几乎是以个人为本位的，都只是个人主义的社会主义。这又是怎样说法呢？

现在所通行个人主义的社会主义有两种：一新村运动，一阶级革命运动。新村的运动，虽不纯然起源于寻求个人幸福的动机，但因为利己的本能得了个合宜孳生的场所，利他的本能因为遇不着适当的刺激，遂得不着适当的生长，所以精神每易太趋重了对内的完成，太疏忽了对外的发展。结果一部分的成功，无益于全世界的改造。而这一部分的生机，亦每为别部分恶势力所摧毁、挫丧，不能继续存在。

许多反对个人主义的新村运动的人，都是主张个人主义的阶级革命的人。怎样说阶级革命是个人主义的呢？因为现在所通行的阶级革命学说，都只注意唤起劳动阶级与资本阶级的嫌怨，使劳动阶级为他个体的利益，联合，抗拒，奋斗。我信阶级革命的必要，与新村的必要一样真实。但我信这样的福音，只可从社会主义上宣传，不可从个人主义上宣传。我信人类的共存，社会的连带，本是无上真实的事。那便与其提倡争存的道理，不如提倡互助的道理。因为人类只有知道人群的真意义，才能为社会福利去求社会的改进。这才可盼望是社会上长治久安之道。

人群的幸福，自然是要在每个人的努力。但这种努力，须以求社会福利为目标；他不应以求个人福利为目标，与不应以求国家福利为目标一样。因为国家固然不过是在某一种经济状态中，人类因他的浅见所建设的一种经济组织，他本没有永久的真实的价值；至于个人，虽然粗忽看来，像是宇宙间唯一的真实，然而就生物学理上说，就经济状况上说，个人只是人群的一个分子，一个细胞。离了人群，个人不能生存，亦似乎没有生存的意义。说简直些，在我们所踪寻得的宇宙大法中，个体是为全类存在的，全类不是为个体存在的。这样，所以人群比个人在宇宙中更有个真实的地位。

若不是人类有了这样的社会自觉，每个人看他个体的利益，总会比人类全体的利益更重要。这样，将总不免于群己的利益上发生些冲突。虽然有些人想得个人的利益，与人类的利益是并行的，是一致的，然而事实上这样的协调，实在有些是没有的事。所以要图世界的长治久安，必须使每个人看清社会福利的重要，每个人能抱着社会主义的精神，去做社会主义的运动。不然，便令资本家打倒了，人类各部分的利益，仍然得不着他的平衡，又要生出别的冲突来。

生物学理上告诉我们什么呢？从细胞分裂的简单生物，一直到极复杂组织的人类，可以看出凡有生命的东西，都有几种特质。用生物学的名词说，一是化学组织，二是代谢作用，三是内长，四是分殖，五是适应。化学组织是生物躯体所由构成，与无生物一样，姑且不论。其余四桩，可约而看出生物的两种特性：一是求生，一是传种。代谢作用，内长，适应，是为求生。分殖与适应，又是为传种。生物为什么要求生？本是一个奇秘的事。这并不是出于个体的意识，乃是由于宇宙的安排。生物为什么要传种？更是一个奇秘的事，而且更奇异的，生物的求生，便只是为的传种。昆虫多产卵即死，高等动物生命虽似较长，但亦以其第二代发育期的长短，发育的难易，以为等差。又动物均天赋有爱第二代的天性。这种天性，在第二代最需帮助时最显现。这些地方，都可看出宇宙的法则，他只注意全类的生存，并不注意个体。个体的生存，说明白些，只是传种的一个必需的方法。由这看来，个人只是人群的一分子，人种绵延的一个阶段。许多人太看重了个人，以为人群的存在，只是为的个体的幸福。这使他错看了他个体在宇宙中真正的地位，把他放到人群上面去了。

我这样蔑视个体的说法，必定有许多人看了不高兴，其实我便是最不高兴这种说法的人。然而无奈这是不可争的事实。我的意思，常想假如真有个以万物为刍狗的上帝，他戏弄我们令我们勤勤一生不过只落得辛苦颠连，替他留下几个第二代开心的人类而死，那我必定要顺着他的安排？何不自杀？何不避孕？亦求他奸计无所逞施。我不能信主持这宇宙法则的，定有个三位一体的上帝，但我不能不信这里实在有如此如此的宇宙法则。至于自杀避孕呢，看来似乎极易做到的事；但是证之实地情形，这种与宇宙安排相反的行为，每每为贪生，怕死，遂性欲，爱后代的心理所胜过。总之，我们虽然在理论上没有什么不应不遵守宇宙法则的理由，却在事实上有不能不遵守宇宙法则的状况，那便是宇宙法则究竟是什么样子，我们不可不注意研究，而且不可不遵循着他的轨道走。

我信生物学上这种法则，正如信一种神意。我以为个人的利己心，是自然的，是宇宙安排的。个人的利他心，亦是自然的，亦是宇宙安排的。宇宙安排，唯一的目的，只在求全人类的幸福。个人的生存，只是全人类生存的一种方法。个人的幸福，只是全人类幸福的一方面表现。凡损害全人类去谋个人利益的，心灵上每不平安，因为这个心灵，是与宇宙合一的。所追求的幸福，亦每得不着，因为宇宙的安排，若能令个人损害全人类而得着他小己的幸福，那便全人类将不能照他预定的轨道进行了。

从经济状况中，亦告诉了我们几件事。便是人类越进化，分工越精密。人类各部分相需为用的关系越密切重要。粗浅些的比方，不妨把人类社会比作一种有机体。譬如人的身体，便是无量细胞所组成。一处有些病痛，别处自然要去护卫。若不护卫，全身体各部分都会感得痛苦，设若每个细胞是每个人，他亦许如我们社会中浅见的人一样，以为别处细胞受了病痛，于我何干？这样将成个什么景象呢？我们现在政治、教育、农、工、商、贾，各执一业，要求一人之身而百工之所为备，已眼见是断不可能的事，那便个人主义在经济状况中，已失了他立脚的根据了。社会各方面的关系，交互错综，其实不但各业彼此之间是这样，一种实业其各部分亦是这样。马克思派经济学者大呼说，私有制度破产了，因为私有工具的时代已经过去了。以这一样理由，我们亦可以大呼说，个人主义破产了，因为独立自给的时代已经过去了。

所以我们就生物学理说，社会主义是当然的。因为宇宙的大法是注重大群，不注重小己的；就经济状况说，社会主义是必然的。因为分工的结果，人类生活是互助共存的，不是独立自给的。这样可知所谓社会主义，不仅是劳工的不平之鸣，不仅是被掠夺者的企谋报复的举动。这是在学理上，事实上，有圆满根据的一种人的运动。

一切社会主义的运动，都须从这一点着眼，才可谓社会主义的社会主义。人类若不知宇宙的大法，不知经济的趋势，徒然恃物质的逼迫去盲动，结果成什么样子，还很难说。私产制所以发生，实系在共产时代以后。个人主义所以发生，实系在群居（Horde）时代以后。倘若我们说私产与个人主义是谬误，为什么人类好端端的从共产群居陷于这种谬误的呢？依我的相信，这无非物质的缺乏，使共产群居有些恐慌，人类因为他是浅见懒惰，不知全盘筹划，遂走入这种歧途。然而历史虽则经了几千万年，人类的浅见懒惰，大致并没有长进。今天凭着阶级战争的激励，资本家固然一定可以推翻，私有制固然一定可以打破，但是这种社会意识未经相当启迪的人类，是不是又会因一点恐慌，一点便宜，堕入几千年前人类祖宗的覆辙，这是谁敢担保的事？

人类若不是受了物质的限制，社会上不得发生这许多事变出来。最小限度的物质恐慌，是食料供给的缺乏。这大概是古代共产社会崩坏的大原因。我们若合全世界的生产同消费一计划，人类只须都有每日三四小时生产的工作，世界固不应有食料缺乏的忧虑；然而这不是全世界有个自治与互助的完密组织，亦不许说是太容易做到的事。以强力资本为根据的政府，不但无益于全人类，反因而加增了人类阶级界域的嫌隙，这固然是不宜存在。但是人类既然为他物质的限制，无论他愿意与否，有不可避免的工作。这工作的时间与方法，非受外界强力的支配，便至少要得他自己因社会的自觉大家的契约立一种规定。这样所以世界的未来，不应归于个人主义的无政府主义，乃应归于共存互助的社会主义。

但是这中间并没有说现在社会主义的运动有什么不应该。军国主义是应该打破的，因为国家是离间人与人的恶魔。资本主义是应该推倒的，因为资本家是以少数人利益荼毒大多数人的劫星。新村运动是应该的，因为这样可以制造出共存互助社会的雏形。工作时间的限制是应该的，因为这样可以于必要工作以外，多留时间使人自由活动，减少因分业愈精，而夷人类于机械的危险。然而总之这都是社会主义的运动，不是个人主义的运动。那便是说，这都是为社会福利而提倡的社会主义，不是为个人福利而提倡的社会主义。

若承认上面所说的话是不错，那便凡说社会主义的人，不可对于未来的世界存太多了无根的幻想，不要以为将来的世界真可以不耕而食，不织而衣，取之无尽，用之不竭。人类一天不能超出于物质限制以外，一天少不了必要的工作，亦便一天少不了一个相互裁制的一种契约一种组织。我以为社会主义的旨趣应当如此。

　　这一篇不是读书的心得，只是由经验思考而得的一些教训。我想或者值得大家考虑。有些地方，我知道这里所说，与我从前所说相矛盾。但这，我信或者是进一步的觉悟。我很觉得谈社会主义是应该，太容易的谈社会主义是不应该。因为人性不是如我们理想的纯善。社会力的关系亦不是如我们理想的简单。要根本的为世界求个长治久安，必须看清社会的真性质，社会主义实际的必要，为社会福利主张，传播，实行社会主义。这是我自信的一点心得。但是请问读者，这里面有几多可研究的价值呢？

少年中国学会之精神及其进行计划

《少年中国》第 1 卷第 6 期，1919 年 12 月

王光祈

我们学会成立以来，颇引起社会上注意，常常有许多青年同志，向我详询会中一切情形，我皆诚恳答复。因为少年中国学会会员的行为，是光明磊落的，是可与天下后世的人共见的，无所用其秘密。我这篇文章，可以算作一篇最诚实的"答客问"。

我在学会中算是一位学识最浅的人，不能将我们学会所有的精神，真正的精神，用笔达出万一，这是我对于会内会外同志极抱歉的事。我这篇文章虽是我个人对于学会的观察，但其中掺杂了许多会员的意见，亦可以代表本会一部分的精神。

（甲）少年中国学会的精神

有很多的朋友，对于少年中国学会发生三个疑问：

（一）少年中国学会会员对于国家主义、社会主义、安那其主义的态度既不一致，而感情仍极融洽，且其中仿佛有一种共同趋向，是大家努力前进的标准，这种标准，究竟是什么？

（二）少年中国学会的经费，宣言不在会外筹募，而会员中又无资本家可以担任一切用费，何以会务进行，仍极活泼？

（三）少年中国学会的组织，既无会长理事名目，又不似各种团体有所谓首领党魁，指挥党员为种种的活动，何以会务进行，仍极有统系，极有条理？

以上三个疑问是我的朋友常常向我提出的，因为这三个疑问他们自己不能解答，所以他们便把我们学会视为一种很神秘的团体。其实少年中国学会是一个很简单的团体，只要详细观察一番，以上三个疑问便可迎刃而解。而且少年

中国学会的精神，即藏在这三个疑问里头，我今天解答这三个疑问，便是叙述我们学会的三种精神。

我们学会会员对于各种主义的态度，极不一致，而且各会员对于他自己所信仰的主义，非常坚决，非常彻底，这是有目共睹的。但是我们有一个共同的趋向，就是承认现在中国人的思想行为，无论在什么主义之下，都是不成功的。若要现在的中国人能有应用各种主义的能力，必先使中国人的思想习惯非彻底的改革一番不可，非经过一番预备工夫不可，少年中国学会的目的，就是努力从事这种预备工夫。

现在一般人对于中国国民的观察有两种见解：第一派的见解，太把中国人轻视了。他说，中国人不配讲什么主义，应该在"开明专制""贤人政治"之下活动，受一般贤人政府的指挥。若是随便模仿外国的民主主义平民政治，必要闹得昏天黑地，毫无进步。这一派的思想势力极大，恐怕上自中央政府，下至乡曲腐儒，都脱不了这种思想的势力范围。他们的错误，是太把中国人轻视了，错认中国人的程度，永远无进步的希望，应该永远受一般官僚、军阀、政客的支配。第二派的见解又太把中国人高视了，仿佛无论什么主义，中国人皆能运用自如。并且主义便是一种教育，只要我们把他介绍进来，一般人自然会运用起来。这派的错误，是太把中国人高视了，错认中国人的程度，已有应用各种主义的能力。

我们学会的观察，便与上述两派不同，一方面承认现在的中国人无应用各种主义的能力，一方面又承认将来的中国人必有应用各种主义的能力，现刻最重要的问题，便是用一种什么方法，怎么样去训练他，使他将来对于各种主义皆能运用自如。换一句话，就是怎么样去做这第一步预备工夫。

各种主义有各种主义的专门训练，如国家主义必先使人有爱国观念，社会主义必先使人有反对私有财产的观念，安那其主义必先使人有反对政府的观念。但是各种主义亦有共同必需的训练，如团体生活、劳动习惯等等。少年中国学会所着手的预备工夫，便是指各种主义共同必需的训练。

譬如国家的组织，是一种团体生活，社会主义的组织，是一种进化的团体生活，安那其主义的组织，是一种更进化的团体生活。照现在中国情形而论，不但是进化的或更进化的团体生活，中国人办不了，就是国家主义之下，所必需的团体训练，中国人又何尝经过呢。劳动习惯，亦是如此，这种只消费不生产的中国人恐超过中国人口全数之半，不但是社会主义家所谓人人劳动的理想，不能实现，就是国家主义之下，这种只吃不做的人多了，这种国家亦是要破产的。现在研究社会主义的人，以为资本家将劳动者生产的结果掠夺去了，其实中国劳动者生产的结果，除其中一部分为资本家掠夺外，而其余的大部分恐皆被非资本家的无业游民夺去了，这岂不是一个怪现象吗？所以提倡团体生活劳动习惯，无论在什么主义之下，都是很感必要的，在中国尤感必要。

我再痛快说一句，国家主义、社会主义、安那其主义，皆是一种人类的组织。而现在的中国人连做"人"应该具备的性格和习惯都没有，若是要他从事"人类"的组织；当然是不行的了。少年中国学会所着手的预备工夫，便是要想先将中国人个个都造成一个完全的"人"，然后再讲什么主义。

有人说主义（或制度）便是一种教育，只要一般人先知道主义的内容，慢慢的遂养成习惯。换一句话，就是先有主义后有习惯。我的意思则与此恰恰相反。须先有一种习惯而且生活上有要求某种主义的必要，然后给他一个主义，始能运用自如。我们往往看见一个主义（或制度）的自身，是极有价值的，只是因为应用者不得其人，便成一种极大的流弊。所有的好处，丝毫不能实现，所有的坏处，皆全盘托出。譬如民主国家，代议政治，在近世政治组织中比较的稍有进步的了。而且欧美人行之，确曾收效。但是这种制度一到中国来，便不成功了，所谓代议政治，只成就"安福鱼行"一桩买卖。又如地方分权较之中央集权是一种较善的制度，但是结果只造成许多督军割据的形势。现在我请问，为什么代议政治只成就"安福鱼行"一桩买卖？为什么地方分权只成就许多督军割据的形势？这个缘故，就是因为一般人民自始至终便不知道代议政治是怎么一回事，而且素来毫未经过选举制度的训练。地方分权所以造成割据形势的缘故，亦是因为人民素无地方自治的训练，凡事皆任少数人把持。可见专提倡一种主义（或制度），而不先行设法训练，使一般人养成习惯，自己感觉生活上有要求某种主义的必要，然后自动的起来要求，是不能成功的。

但是我在此处，要郑重声明一句，我不是反对鼓吹主义，我是反对专鼓吹主义而不同时设法训练。譬如提倡代议政治，一方面从事理论上鼓吹，一方面须组织各种团体从事选举制度的训练。又如提倡地方分权，一方面鼓吹理论，一方面须将地方公益事务，选出几种由人民自己试行处理。又如提倡安那其主义，一方面鼓吹理论，一方面须组织新村先行训练。辛亥革命以前，运动革命的人，只知道提倡三民主义，而对于民主国家的国民所需要的各种习惯，皆未经训练。现在共和招牌已经挂了八年了，但是国民的思想习惯有几分几厘的"共和色彩"呢？我们现在提倡主义的人，不要专想把招牌挂出，务要名实相符，方不辜负一场"流血的革命"。

我前面所说的训练，可以分作破坏的与建设的两种：（一）破坏的训练，就是养成一般人"嫉恶如仇"的心理，对于腐败社会黑暗家庭，完全立于宣战地位，这种训练，现在一般革新家，都是很知道的。（二）建设的训练，就是不但是使一般人有破坏的心理，而且使一般人有建设的兴味。人人脑中皆有一个新社会极望实现。并且实现这个新社会所有的准备，日日都在训练中。将来新社会一旦实现了，因为一般人早已养成新社会习惯的缘故，当然对于新社会的设施，必能运用自如。

若是偏重破坏的训练，必使人只见黑暗方面，而不见光明方面。既与黑暗方面宣战而不胜利，最易使人走到自杀的路上去，因为他自始至终，便不知道，还有光明方面。

以上所说的训练，过于抽象，如今再举几个具体训练的实例出来。譬如中国人最缺乏团体的训练，我们学会便提倡组织种种团体，又如中国知识阶级大多数不习劳动生活，劳动阶级又无机会得受教育，故我们提倡半工半读，使读书者必做工；做工者亦得读书，务使智识阶级与劳动阶级打成一片。又如改造中国问题，最有希望的就是中国劳动家起来解决。中国是农业国，劳动家中自以农民为最多，故我们学会提倡"新农村运动"，天真烂漫的农夫，便是我们热血青年的伴侣。又如我们觉得中国旧生活不好，便提倡小组织新生活。又如我们觉得中国人静的生活毛病很大，便提倡动的生活，主张奋斗。此外尚有种种训练，都是养成做"人"应该具备的性格和习惯，并且凡是向光明方面走的人，必不可不如此的。

总之少年中国学会会员各有各的主义，而且是各人对于自己所信仰的主义，非常坚决，非常彻底。

少年中国学会的任务便是从事各种主义共同必需的预备工夫。

把这第一段路程走完了——即指各种主义共同必需的预备工夫——再商量走第二段的路程。

假设我们要从北京到长沙、成都、南昌、上海各处，必由京汉铁路南下，我们要想达到的目的地，虽各自不同，但是京汉铁路这一段路程，我们必须同车而行的。并且京汉铁路是我们长途中第一段路程，非走不可的。将来走到汉口以后，第一段路程走完了，或者我们有一个新环境，使我们有一个共同的新觉悟，那时候再商量这第二段路程，应该怎么样走。

但是我终觉得这第一段的京汉路程不是一朝一夕可以走完，这第一段路程真正长得很呀！我们赶快努力走！

若不赶快努力走，不但是长沙、成都等处走不到，便是汉口亦恐无达到的日期。

读者将我前面的文章看完了，便知道我们学会会员对于各种主义的态度，虽不一致，而其中却有一个共同的趋向，努力前进。而这种共同的趋向，便是本学会的第一种精神。

以上系解答会外诸君对于本会的第一个疑问，如今再解答第二个疑问经费问题了。

本会初成立时即决定不用会外一钱，所有用费皆由会员自由捐助。故本会的经费既不似其他学会，收受会外捐款，亦不似其他团体，有所凭借。所有历来发行月刊及各种用款，皆系会员省衣节食凑集出来的，不愿与其他一切党系生一丝一毫关系。我们会员都是纯洁的青年，对于各种党系，本无宿怨，而且只要他们诚心改革社会，我们未有不表热烈同情的。以中国之大社会之黑暗，绝非少数人或二三团体所能收改革之效的，这种道理我们未尝不知。无奈一切党系过去的历史，纷陈于吾人面前，令人触目惊心，不敢与他们携手，我们愿永远保持其纯洁的精神，为继续不断的奋斗。

因为我们经费是会员省衣节食得来的，所以我们会中办事人对于用款，非常审慎，一切杂务，从不假手于人。凡认识我们会员的，必知道我们有一种艰苦卓绝的精神。因为这个缘故，我们的经费虽少，而收效却大，这便是我们学会的第二种精神。

以上系解答会外同志对于本会的第二个疑问，如今再解答第三个疑问组织问题了。

讨论关系本学会的组织问题，亦是一件很有兴味的事。因为他种团体皆注重首领，注重中心人物，我们学会则无所谓首领，无所谓中心人物，个个会员都是首领，个个会员都是中心人物。我们学会极注重会员自动，个个会员的精神总和起来，便是本学会的精神，本会学的组织，完全是 Democracy 的精神。会中只设了几个办事人，不愿多立会长理事等等名目装饰门面。其中以"南京分会"的组织更为有趣。他们的职员，都是由各会员自己自由选择担任，不经选举，并未发现不胜任的弊病，亦未发现有躲懒的情形，所谓"各尽所能"的原则，竟在南京实现，亦是一桩很可喜的事。

又本会最注重分会，"北京总会"不过是各分会一种联络机关，所有会务皆由各分会自由发展。"北京总会"对于各分会不愿多加束缚。我觉得这种组织——最小团体的最大联合——不但是一个学会应该如此，就是国家世界的组织，亦应该如此，这便是本会的第三种精神。

会外诸君对于本会的第三个疑问，亦算解答明白了。

以上所说的三种精神，是本会的特殊精神，若不详加考察，是不知道的。此外如研究学问，互相规勉等等，皆是本会的普通精神，很容易看出来的，不必再说。

（乙）少年中国学会进行计划

我们会员不仅是有理想目的，而且是要寻着下手方法，关于本会的进行，可以分作两部分：

（一）关于人的方面。

（二）关于事的方面。

大凡做一件事，关于人的问题极为重要，得人则万事皆可推行，不得人则一事不能办理，故本会先从人的方面下手。

现代学者把世界上人类分作三种阶级：（1）智识阶级，（2）劳动阶级，（3）资产阶级。我们理想的社会，是无阶级的，智识阶级同时便是劳动阶级，劳动阶级同时便是资产阶级。但是在现代社会制度之下，这三种阶级还是有的，我们学会的主张既然不是一个幻想的"乌托邦"，当然要从现代社会下手改造。我们以为应该要从这三种阶级里寻出有觉悟的人，使他们三个阶级的人，互相接近，以实现我们的理想社会。

智识阶级中，我们认为现在正受教育的青年学生最有希望。我们以为现在青年应该加入劳动阶级运动——或是农村或是工厂——近来表同情于我们的青年渐渐多了，大家都有一个觉悟，就是我们青年学生既得有受教育的相当机会，应该把我们所知道的传授一点与我们未有机会得受相当教育的劳动同胞，这是我们绝对的义务。工厂、农村皆须有我们青年的足迹，亦就是我们改革社会的起点。

劳动阶级中，我们认为现在留法的华工最有希望。一则因为他们受环境的影响，比较的稍有觉悟，若能将他们的力量用之于正，为有系统有组织的活动，将来对于中国一定是贡献很多。二则因为他们受了环境的影响，若不用之于正，将来回国亦要惹出许多祸事。所以我们在巴黎的会员，对于此事非常注意，已设法与他们接近，尽我们的力量启发他们的思想。

除了华工之外，"新农村"的运动亦是我们很注意的。我们中国的劳动者当以农人为最多，亦以农人为最纯洁，天真烂漫的农夫是我们青年唯一的良友，所以少年中国学会会员有一部分人自愿到农村活动。我们加入劳动阶级，有一件事要声明的，我们加入劳动阶级，并不是利用劳动者做我们的傀儡，如现在的政党政客加入劳动运动一样。我们自身便是劳动者，便是劳动阶级的一分子，我们现在虽是学生，但是学生名词不能永久存在，我们将来出学校后，从事工作便是劳动者了。

资产阶级中，我们认为最有希望的便是华侨。因为华侨是我们"中华民族"的优秀分子，他们的创造力、开辟力，都是令人极佩服的。而且他们的公德心远在国内同胞之上。年来政治革命，华侨之力极多。但是现刻欧美、日本在南洋的势力日渐膨胀，华侨为苛政所困，处处失败，购阅书报，均不自由。国内的大人先生们除到南洋骗钱外，对于华侨境遇，毫不注意。我们学会既认定华侨为"中华民族"有创造力有开辟力的优秀分子，不忍见他们失败，所以有一部分会员自愿加入华侨运动，但是我们的方法，便与从前政党对于南洋华侨的办法不同了。我们不愿华侨再把他们血汗所赚来的金钱从事爱国运动，我们只希望他们自己振兴教育，发展实业，为一种有组织的、有思想的运动，与英美、日本势力对抗，自立于不败之地。总之，从前政党是鼓吹华侨爱国，我们是希望华侨自己爱自己。李石曾先生有世界华侨联合问题的计划，我们学会计划的范围，不如李先生之大，只先着手于华侨青年联合罢了。

将来学生、华工、华侨三派人的联合若能成功，改造中国的机会便到了。

以上所说是关于人的方面，如今再说关于事的方面。

我们学会的宗旨，是本科学的精神，为社会的活动，以创造"少年中国"。换一句话说，本学会是主张社会改革的团体，从教育、实业下手。因为教育可以革新我们的思想，灌输各种智识，实业可以增益我们物质上的幸福，减少我们生计上的痛苦。只要教育、实业办好，我们精神生活、物质生活皆可达到极圆满的地位。所以我们会员平居则研究真实学术，若建树事业则不外教育实业两途，这便是我们会员活动的方向。

前面所说本学会进行计划，不过是将我们进行的路线说出，至于怎么样做法，我们另有详细计划，不是这篇短文所能述尽的。究竟我们计划能够实现几分，此时不敢断定，不过是我们努力向这条路走去，不断的向前进行罢了。会员左学训君云，假设我们会员都已牺牲死尽，只剩下一人，亦是如此做去。会员周无君赴法时向我说道，我此去若失败，君等幸勿气馁而不前进。总之，我们会员奋斗，是有统系的，是继续不断的，只知往前进行，成败均所不问。

（丙）少年中国学会与中国青年思潮

少年中国学会虽是少数青年的结合，少年中国学会的精神却是中国大多数青年思潮的结晶，不过借我们会员的口把它说出来罢了。少年中国学会最重要的使命，就是把中国青年的精神表现出来，没有中国青年的思潮，便没有少年中国学会。

我们中国有我们中国悠久的历史；我们民族有我们民族博大的精神，如今堕落了，被人侵略，被人轻视，成为世界上一个弱小国家，劣等民族！

这种堕落的责任，当然应该由过去人物担负，恢复我们民族精神的责任，当然应该由我们青年担任。

无论世界如何进化，人类如何平等，我们自己若不向上，若不努力，这个地球上终是没有我们立足的地位。

青年青年！万事全靠自己，世界上没有便宜可占。

青年青年！我们是中国的青年，我们对于中国这个地方，负有改造的完全责任。

青年青年！我们应该恢复过去的民族精神，创造未来的少年世界。

中国青年是世界新文化的创造者，是中国旧社会的改革者。有了中国青年的思潮，然后才有少年中国学会的产生。

著者在本月刊第二期曾有一篇《少年中国之创造》，与此篇大意相同，可以参考。

著者此文纯系用个人眼光观察本会的精神，以为本会的态度确系如此一种趋势。究竟著者观察错误与否，还望会内同志指教。

或者会内同志以为本会趋势虽系如此，但是这种趋势是不对的，不应该如此的，亦请诸同志畅发伟论，务使本会态度于最短时期中，有一个更确切更明了的表示。

关于社会主义的讨论（节录）

陈独秀

（一）东荪先生"由内地旅行而得之又一教训"

有一部分人住通商口岸，眼所见都是西洋物质文明的工业状态，于是觉得西方人所攻击西方物质文明的话都可移到东方来，而忘了内地的状态和欧洲大不相同。

我此次旅行了几个地方，虽未深入腹地，却觉得救中国只有一条路，一言以蔽之：就是增加富力。而增加富力就是开发实业，因为中国的唯一病症就是贫乏，中国真穷到极点了，罗素先生观察各地情形以后，他也说中国除了开发实业以外无以自立，我觉得这句话非常中肯又非常沉痛，舒新城君当时对我说："中国现在没有谈论什么主义的资格，没有采取什么主义的余地，因为中国处处都不够。"我也觉得这句话更是非常中肯又非常沉痛。现在中国人除了在通商口岸与都会的少数外，大概都未曾得着"人的生活"。筑山君自美来信，他说美国农夫比中国中等人家还要好得多，可见得中国人大多数都未经历过人的生活之滋味。我们苟不把大多数人使他得着人的生活，而空谈主义必定是无结果。或则我们也可以说有一个主义，就是使中国人从来未过过人的生活的都得着人的生活，而不是欧美现成的什么社会主义什么国家主义什么无政府主义什么多数派主义等等，所以我们的努力当在另一个地方。

这个教训我以为是很切实的，好高骛远的人不可不三思之。

……

（五）东荪先生"大家须切记罗素先生给我们的忠告"

罗素先生的人格，我觉得真可佩服到一百二十分了。我于数天中静察他的言行，觉得他不单有真学问而且有真性情。我方明白必定有真学问乃能有真性情。他到中国以后零星讲演虽有好几次，他对于不十分研究的东西决不乱讲。他不愿住阔旅馆，他怕应酬，他不说敷衍话，他每天非读书不可，所以他此次在京所讲都是他最近研究有得的科目。他不愿拿常识来对付中国人。他在俄国很受劳农政府的优待，但是他为真理的缘故，他仍旧说劳农政府的办法是不合理的。他真是个学者，真是个有良心的学者。

因他不说敷衍话，所以报载他在讲学会的答辞我觉得很像他的话。他好像是说中国第一宜讲教育，使无知识的有知识，使有知识的更进一层。第二是开发实业救济物质生活，至于社会主义不妨迟迟。我以为罗素先生观察中国虽没有多久的日子，然而已得其诀窍，区区的这几句话就非常的中肯。我对于教育与实业两层自然是完全赞同，至于劳农主义，我以为不患他不实现，而只患他实现得太早，故很以罗素先生的话为然。但这种卑之无甚高论的主张就贵在实行，若不实行则和高论又有何区别呢？所以大家须切记罗素先生的这番话而要去切实的实行啊。

（六）独秀致罗素先生的信

罗素先生：中国人的知识方面物质方面都这样不发达，所以有心改造中国之人都早已感觉着发展教育及工业是顶重要的事，这是不待讨论的；但是有一件要讨论的事，就是还仍旧用资本主义发达教育及工业，或是用社会主义？我个人的意见，以为资本主义虽然在欧洲美洲日本也能够发达教育及工业，同时却把欧美日本之社会弄成贫鄙欺诈刻薄没有良心了；而且过去的大战争及将来的经济的大革命都是资本主义之产物，这是人人都知道的。幸而我们中国此时才创造教育工业，在资本制度还未发达的时候，正好用社会主义来发展教育及工业，免得走欧美日本的错路。但是近来中国有些资本家的政党的机关报屡次称赞你主张："中国第一宜讲教育，第二宜开发实业，不必提倡社会主义"，我们不知道这话真是你说的，还是别人弄错了呢？我想这件事关系中国改造之方针很重要，倘是别人弄错了，你最好是声明一下，免得贻误中国人，并免得进步的中国人对你失望。

（七）东荪先生"答高践四书"

（前略）至于中国今日之所急者乃在救贫，以中国除少数区域外，本物产不丰，在锁国时代犹足自给，近则每况愈下。弟尝究其贫乏之由来，以为有大二原因：第一为远因，曰物产未开发，而物产未开发之原因则由于资本缺少与不能集中，而资本缺少与不能集中则有数因，曰民力本不甚丰，曰向有不愿以财产充资本之习惯，而其最大之原因莫甚于企业者之不道德。工商业之经理人即所谓企业者也，而中国之企业者于一方面虐待劳工，于他方面则侵吞股本；故中国无坐食利息之股东，苟非资本家自兼经理人，则未有不失本者也。以此之故，视投资为危途则资本自不能集中。加以连年兵祸，百业俱停，致实业无法发展。第二为近因，曰外货之压迫，夫外货挟资本主义与国家主义之势而来，自不可抗。盖自近世资本主义兴，欧洲各国遂为资本之阶级国家。此种资本家利用国力以征服弱种，俾达其商战上营利之目的。中国经济力本不足抗衡，而加国力之弱，遂尽为其所蚕食。中国至今日所以愈加贫困者，尤在近因。弟尝言欧美之资本主义不倒，则中国永无翻身之日。至于中国现有一二资本家，虽寥若晨星，然尚不得谓为真正之资本家，以彼等或借外债，或中外合办，次则买外国机器，用外国资料，盖在此种外国资本主义大力之压迫下，中国资本家极不易产生。我侪对于此种非纯正之中国资本家只能认为拾外国资本家之余剩，补外国资本力之空隙，设有人攻击中国资本家，弟则以为彼辈所处之地位已极可怜，而尚欲攻击，实为太残忍。须知即使尽打倒中国资本家，亦不过如在烈日下熄二三盏电灯耳，其结果则外国资本劳力更为侵入。盖中国民不聊生急有待于开发实业，而开发实业方法之最能速成者莫若资本主义。况外国资本势力已占优势，更进一层，易如反掌。一班贫民但求得目前之生活，遑论将来之利害。故吾知中国资本家倒后外国资本立即侵入，则一班贫民必欢迎之不暇也。可知问题不在中国资本家，苟中国物力不发展，外国资本主义不倒，则中国前途必不堪问。然二者互为因果，即外国资本主义不倒，则中国物力不易发达，中国物力不发达，则无丝毫抵抗外国资本主义之力。弟以为联络各国社会党谋颠覆世界的资本主义固为上策，然吾民能力甚微，能补助于人者究有若干，未敢自信，则于不得已中唯有在外国资本势力下乘其空隙以开发实业耳。特吾之开发实业非欲造成强厚之资本主义与国家主义以与外国对抗，吾人固知资本主义与国家主义绝对不能造成，不过吾人之意在培养民力使稍有抵抗之能而已。吴稚晖先生言，人类只有两种，一种坐轿的，一种抬轿。吾以为中国阶级果能如此，则社会主义宜可兴矣。顾中国现状犹未到此，乃尚有多数人求为抬轿的而不得者在焉。弟以为第一步当使社会上无此种求生不得之人，则始有抵抗能力。他日尽归类于资本劳动之两阶级，而有阶级战争，则进一步矣。须知使求生不得之贫民为劳工，乃进步之现象也。夫在未演成资本劳动之两大阶级之社会，易言之，即在未发生阶级战争（或稍稍发生而不成形）之社会，社会主义之说决不能入人耳而动其心，可以日本之例证之。日本之有社会主义数十年矣，当时如堺利彦等恒为社会所轻视，今则此辈偶出一书，辄风行全国，获利颇厚，此无他，实因日本利用欧战期间大扩充实业，实业大发达之结果演成两极端之阶级，同时因教育之普及，受教育者亦降为劳工，劳动阶级遂自觉矣。工人能读此类书籍，故销行乃广。若夫中国不但虽价廉至一文，工人亦无钱买，且学生教员之购买力亦有限。近来因杂志书籍之渐渐增加，而学生之家庭亦多有担负不起者，则中国一班人民之贫因可想见也，即以马克思而论，彼之著述不过预料资本主义自身之必倒，然资本主义若未至推车撞壁恐亦未能即倒。今日欧洲资本主义已推车撞壁，故始呈此末路之现象。以此之故，弟确信中国将来必演成资本与劳动之两大阶级。弟尝见日人所办之某杂志，有调查中国劳动状态一篇，其结论曰：中国所要求者，非改良劳动，乃创造劳功也。其言殊当。盖中国资本家不出，外国资本家必入而取代，故弟认中国资本家之有无不成问题。唯中国贫困至此，对于一切皆无力抵抗为可忧耳。故为救急起见，宜设法养成抵抗能力，则莫急于开发实业以增加物产，先救济物质生活。而开实业之法不外私人企业（即资本家）与共同企业（即协社 Cooperative society）。弟以为对于私人企业可不加妨碍，对于共同企业宜设法创造，而不必拘于理论，当以地方情势为衡。弟以为近来鼓吹之诸新说，只有协社于现在之中国有实现之可能性，其余概为空谈。弟向倾心于同业公会的社会主义，近则以为人类原理而普泛言之固属最善，而在中国则不知须俟何年何月始能实行。即以劳农而言，决不能实现。第一，以中国地域如此之广大，交通如此之不便，若举全国而奉行一种主张，势所不能，则唯有各地自决，各地自决必于劳农主义有妨碍。第二，纵各地可以自决，然以人民之狃于历史上无政府思想之惯习，亦决不能借政权以贯彻主义，势必听社会自动，社会自动则与劳动主义之贫民专制相冲突矣。弟默察中国近十年间之趋势必为地方自决与社会自动二者，故真正之劳农主义决不能实行。所可虑者，在此民不聊生之际，将有一种伪过激主义出现。弟觉今之青年中大多数以感情上之刺激与经济上之压迫，已倾向于此主义，纵不甚了解，而已成一种空气。若此种空气渐渐流入兵界则祸必发作。现在国内遍地皆兵，而无一人有裁兵之权，兵一日不安顿则祸一日潜伏。彼时所呈现状必有非吾人所能料者。此种观察或弟之神经过敏亦未可知。唯弟既见到此，即不愿自欺欺人。此后有教育事业可办，则拟专心于教育。否则译书著书，专研究一二哲学，决不为政论，亦不为社会运动，颇思静观世变也，未识兄何以教之？东荪顿首。

（八）东荪先生"长期的忍耐"

颂华兄鉴：来函论旨颇有可商榷处，请为公陈之：须知现在中国之内地遍地皆兵遍地皆匪，以言建设劳动者阶级的国家，现国内以缺少真正之劳动者故，只能建立兵匪阶级的国家而绝对不能建设劳动阶级的国家，此乃事实，愿公特别注意者也。至谓保障平民之政治与法律，则现在一班人民不求政治与法律，但求得食与得衣。其故有二：一曰不知衣食与政法有关，二曰饥寒交迫，实无暇远虑，彼野蛮人之无高远观念者非不为也，实来不及也。公谓有二问题曰开发实业是否采集产主义。曰应否暂时采用 Dictatorship（独裁政府）。吾以为两问题即一问题，盖所谓集产机关归诸公共管辖之下。而所谓公共管辖即为政权之行使。欲以政权行使于经济方面，则政治方面必有强有力之组织与组织的分子。故肯定第一问题，即同时肯定第二问题。唯中国目前之情形则与第二问题大相矛盾。夫做 Dictator 不难，而难于得其拥护者。中国之老实的百姓决不知何为拥护，即拥护焉亦无丝毫之力。然则以兵为拥护者乎？果尔则非 Dictator 乃傀儡耳。今中国无人有 Dictator 之资格，固亦难矣，而况绝无拥护者。正犹军队，不在有帅而在有兵，今既无兵而又无帅，则第二问题不能成立也明矣。第二问题不能肯定，则第一问题必随之而倒。公谓开发实业必借外资，将来人民受两重乃至三重之压迫，与吾所见相同。唯吾以为此乃无可幸免。公谓社会革命将莫由兴，吾则以为不然。惟其如此，方有社会革命。第一，社会革命必起于富之分配不均，而不能起于富之一般的缺乏。盖贫乏太甚，则一切举动皆不能实行。譬如直接行动之罢工等，绝非十分贫乏之工人所能为。第二，贫乏之可患甚于不均，不均可由重新分配之法子短时间内救正之，而贫乏则非短期所能救济。俄劳农政府之办法对于不均固完全解决矣，而对于贫乏则尚在试办。罗素所不满于彼者或亦在此。盖两相异之问题，不能用一相同之方法为之解决。故吾敢预言中国真正社会主义之起，必在由贫乏而进于不均之时代。在此贫乏与知识幼稚之时代，纵有事件发生，必为假借名义，此不可不预知者也。我辈不主张社会主义则已，若主张之，则当有极长期之耐性。在此种具有不能产生真社会主义而又易于产生伪社会主义之条件之时代中，只可冷静研究，并宣传事业亦可少做。公此行宜以国内情形时时徘徊于脑际，于是乃能以国内情形与彼土情形相较，又与彼辈主义及政策相较，若将本土情形完全忘却，则纵考察得彼中办法与主张，亦只适于彼地而已，未必遽能移用于我也。

匆匆敬复东荪上

……

（十三）独秀复东荪先生的信

东荪先生：前次质问先生的信有两个要点：（一）社会的工业有没有成立的可能性？（二）先生所谓在通商口岸与都会里得着"人的生活"的，到底有多少人，这班人属何阶级，他们是否掠夺他人之劳力而得此较好的生活？先生来信对于我质问的这两要点没有回答一字，却把论点移到地方自决，物力穷乏，外国资本主义上去，我实在有点失望。

我见了几篇驳先生的文章，我以为是多事，就是我这封信也算是画蛇添足。何以呢？因为先生新受洗礼的资本主义已被先生自己所说的三句话打得片甲无存，正不必旁人攻击了。这三句话是什么？就是：

（1）我们也可以说有一个主义，就是使中国人从来未过过人的生活的"都"得着人的生活。

（2）实业之兴办虽不限于资本主义。

（3）我深信外国的资本主义是致中国贫乏的唯一原因。故倒外国资本主义是必要的。

通观先生前后几篇文章，先生所谓人的生活，自然是专指必不可少的衣食住等生活费。按资本生产制一面固然增加财富，一面却增加贫乏，这是稍有常识的人都应该知道的。欧洲机器初兴资本初发达的时候，失业者众多的恐慌，这种历史的事实，无人能够否认的。就是现在有名的伦敦、神户的贫民窟，正是资本生产制的必然现象。

即以此时中国而论，都会中新富豪拿资本到乡间购买田地的一天多似一天，农民失去地权受掠夺压迫的一天多似一天。富豪拿资本在通商口岸与都会办工厂，机器所到的地方手工业之破坏好像秋风扫落叶一般，且因资本生产制造成物价昂贵的结果，中产社会渐渐都沦为无产者而且是失业者。因为资本家兼并土地和资本家利用机器（由外国资本家用机器制造的输入商品包含在内）打倒手工业的缘故，社会上困苦的失业者已普遍都会与乡间了。这种现象是资本主义生产制下机器工业代替手工业时必然发生的，因此可以说资本主义生产制一面固然增加富力，一面却也增加贫乏。先生所谓中国人除通商口岸与都会的少数外，大概都未曾得着人的生活，这正是因为机器用在资本主义生产制下必然的结果。就是在通商口岸与都会，真是先生所谓除少数外都未得着人的生活，所谓少数就是掠夺阶级的资本家（合中外人而言），那被掠夺的劳动者实在未得着人的生活，先生若到闸北或营盘口贫民窟里去看看那些劳动者"非人的生活"，必定比内地旅行可以得到更好的教训。这种多数人过不着人的生活之状况，正是资本主义生产制下必然的状况，不是资本家个人的罪恶。若说中国穷困是一般的物力缺乏，非仅由资本家榨压，我便有两个质问：（一）既然是一般的物力缺乏，那通商口岸与都会少数人过的"人的生活"并且是"奢华的生活"，是从哪里来的？当真他们的运命比多数得不着人的生活的好些吗？（二）中国对欧美比较一般的贫乏是什么缘故？这一般的贫乏能否逃出资本主义制下机器工业打倒手工业时必然造成多数失业及物价昂贵的公例？即让一步说，中国一般的贫乏是完全由外国资本主义制下机器工业造成的，于中国资本家丝毫无涉（其实国内资本主义的掠夺方法同外来的是一样，不过是程度上的区别）；但是我们所谓资本主义不应该分别内外，若果资本主义能使中国人都得着人的生活，大家既然不以抬轿为苦，反以不得抬轿为忧，便是外国的资本主义也应该欢迎的；若果资本主义不能使中国人都得着人的生活，就是排除了外国资本家，造成一班中国资本家，也不过使中国人中之少数人免了贫乏，多数人仍然是一般的贫乏；所以先生所主张的使中国人"都"得着人的生活，非废除资本主义生产制采用社会主义生产制不可。因资本主义生产制下，无论资本家是外国人，或是本国人，决不能够使多数人"都"得着人的生活。

如果说中国贫穷极了，非增加富力不可，我们不反对这话；如果说增加富力非开发实业不可，我们也不反对这话；如果说开发实业非资本不可，且非资本集中不可，我们不但不反对这话而且端端赞成；但如果说开发实业非资本主义不可，集中资本非资本家不可，我们便未免发笑。资本和资本家不同，季陶先生曾在《星期评论》一段短评上说的很清楚，兹录如左：

教不变的蠢才。无论怎样蠢的小孩子，教他识字，总只要三五遍都可以跟着读。唯有一班新第一阶级和旧日好男不当的东西，真是不容易改变。五日报载淞沪护军使的布告上说："国家实业之发达，全靠资本与劳力的调济；资本家与劳动家须有互助之精神，不能有对抗之态度。"到今天还是持这种态度，真可谓教不变的蠢才。等着！我再教训你们一次。"要发达实业，非有资本与劳动不可，但是并不是非有资本家不可。资本是资本，资本家是资本家。劳动力是生在劳动者身上的，是拆不开的；资本不是长在资本家身上的，是拆得开的。唯是中国的实业不振兴，所以我们要求资本；唯是中国跟前没有很多的大资本家，所以更不应该制造资本家"。

（后略）

以先生的知识当然能分别资本与资本家不是一物，但资本与资本家既非一物，即不应因为开发实业需要资本便牵连到需要资本家并资本主义。先生自己也说实业之兴办虽不限于资本主义，可见别的主义也有开发实业的可能性，实业开发了，照先生的意见自然能救一般的贫乏，那么，以何因缘，先生到了一趟湖南，便看出救济中国的贫穷非欢迎资本主义不可？

杨端六先生"与罗素的谈话"中，也说资本制度会演出欧美今日的危险，已是不好了。又说资本制度总之都不好。但杨端六先生、罗素先生虽然不相信资本主义完全是好，同时又觉得政府及劳动阶级都不可靠，结果仍归到资本家，仍只有希望资本家来开发实业，好补救国民一般的贫困，而且不经过资本主义的阶级，不能实现社会主义。就是先生的意见也是如此。我对于这种意见有三个质问：（一）同是中国人，何以政府及劳动阶级都不可靠，只有资本家可靠呢？资本制度是制度不好，不是分子不好；政府和劳动阶级不可靠，是分子不好，不是制度不好；分子不好可以改造，制度不好便要废除了。诸君何以不想想法子努力改造政府或训练劳动阶级来施行新的生产制，而马上便主张仍归到资本家呢？改造事业是要经过万苦千辛的努力才有希望，不像政客猎官利用权斗不费事便可得现成的。民国以来，政客先生不思努力创作改造，专想利用权斗得现成的，这种人实在可鄙，真的改造家应该不应该作此苟且的思想？（二）由资本主义渐渐发展国民的经济及改良劳动者的境遇以达到社会主义，这种方法在英法德美文化已经开、发政治经济独立的国家或者可以这样办，像中国这样知识幼稚没有组织的民族，外面政治的及经济的侵略又一天紧迫似一天，若不取急进的 Revolution，时间上是否容我们渐进的 Evolution 呢？（三）诸君既不赞成用革命手段集中资本来实行社会主义的生产制，而杨端六先生所谓"中国的资本家深藏不肯拿出资本来"。先生也说"向有不愿以财产充资本之习惯"，"最大原因莫甚于企业者之不道德……视投资为危途，则资本自不能集中"。如此看来，先生等所迷信的资本主义，仍是一个空中楼阁；而先生等又不欢迎外国资本主义，将以何法来开发中国的实业呢？

资本主义果然是好的，无论中外都应该欢迎；若是坏的，无论中外都应该反对。我们急于要排斥资本主义，本来不限于中国人，大部分还是因为外国资本主义压迫我们一天紧迫似一天，真是罗素先生所谓"束缚中国生死"了。

中国劳动者没有组织，没有阶级的觉悟，不能作阶级的争斗来抵抗资本家，所以生活极苦而工价极贱，造成外国资本家群来掠夺的好机会；他们始而是经济的掠夺，接着就是政治的掠夺，渐渐就快做中国的主人翁了。按诸产业竞争的原理，手工业遇着机器工业必然要失败的，小规模的机器工业遇着大规模的也是要失败的；以组织力薄弱的中国资本家遇着组织力伟大的欧美资本家，哪能够不失败，将来哪能够不降入劳动阶级。所以我曾说过，我们中国人别轻视劳动者，不久我们都是外国资本家的劳动者。我又说过，那时革中国资本家命的，不是可怜的中国工人，乃是可怕的外国穆耦初、虞洽卿先生们。这种状态，除了中国劳动者联合起来组织革命团体，改变生产制度，是无法挽救的。中国劳动【农工】团体为反抗资本家资本主义而战，就是为保全中国独立而战。只有劳动团体能够达到中国独立之目的。所谓中国资本家都直接或间接是外国资本家的买办，只能够帮着外国资本家来掠夺中国人，只望他们发达起来能够抵制外国资本家，能够保全中国独立，再过一两世纪也没有希望。

……

先生以为近来始有二三实业组织，资本主义方在萌芽，应该先经过 Bourgeois【布尔乔亚】的政治及资本主义的经济，然后才说得到社会主义，然这样完全听着自然的 Evolution 而不加以人力的 Revolution，马上在中国成立的 Bourgeois 阶级的是不是中国人？

在全社会的一种经济组织生产制度未推翻以前，一个人或一团体决没有单独改造的余地，试问福利耶【傅立叶】以来的新村运动，像北京工读互助团及恽君的《未来之梦》等类，是否真是痴人说梦？既然还没有何种主义的区别，全中国人就是一个大同盟，另外谋什么大同盟呢？

先生说："若但求吾名常在新之方面，则他日设有反社会主义出，必又为反社会主义者矣，为个人计诚得，其奈事实何！"这话说得真痛快，但请先生自省已否犯了这个毛病？

在外国得一博士还要努力用十年工夫，先生因为十年内决无建立真正劳农国之可能，便明白宣布抛弃从前"中国与俄联盟，建立劳农国家，以两民族之力推翻世界之资本主义"的主张，是不是太想得现成的，是不是日本留学生的速成思想也传染给先生了呢？

先生说："今中国之主张劳农化者，其不与旧日党派有关能有几人？"我要请问先生：今中国之主张资本主义者，其不与旧日党派有关能有几人？同是旧日党派，究竟哪一个是进步的？

我今总问先生几句话；现在的社会是不是要改造？改造社会是要跟着社会现状走，还是要打破现状？打破现状是不是要自己努力，是不是可以指望利用他人做出现成的，是不是可以存速成的思想？先生说："中国无人有 Dictator 之资格……正犹军队，不在有帅而在有兵，今既无兵而又无帅。"请问先生指望何人来做出现成的 Dictator，做出现成的兵和帅，好供给先生解决中国的问题？通观先生的议论，是不是处处都犯了"指望利用他人做出现成的"和"速成无望便要改变方针"两大毛病？

原载《新青年》八卷四号，一九二〇，一二，一

现在与将来（节录）

张东荪

　　罗素先生说："吾到俄国，即相信自己亦为一共产党人；然与一班深信共产主义之人来往后，我之疑念转加一千倍，不准不信共产主义，即凡人类所最崇仰与冒苦而求之一切信条吾亦不敢相信。"他又说，"……则吾深幸西方人之有怀疑态度。"我自听了罗素先生这些议论以后，我本来潜伏在心中的怀疑态度便发了出来。我在《时事新报》上撰了一个时评，表示我的怀疑点——但是对于实行上怀疑不涉于原理——大旨和罗素先生在京的演说，说我暂不以社会主义赠中国，因为中国现在即实行社会主义必没好结果相同。于是许多朋友，就写信来问我究竟是什么意思。我想一一答复却很麻烦，不如做一篇文章罢。

　　我这篇就是提出几个问题而求其解答。第一个问题是中国现状是什么；第二个问题是从现状的潜伏趋势里推测未来呈何状；第三个问题是我们的使命是什么。

　　先从现状来讲，有普遍的要素几点：（一）大多数人民无知识，和原始人类的状态所差未必甚大，我名这个为"无知病"；（二）大多数人民困于生计，因本来物产不丰，加以连年天灾人祸，以致愈贫，我名这个为"贫乏病"；（三）自民国以来以连年内乱以致兵匪愈增多，我名这个为"兵匪病"；（四）自前清以来关税外交完全失败，外国的国家主义与资本主义合而为一以压倒中国，我名这个为"外力病"。

　　就第一和第二而说，所以中国没有市民（亦称公民），则被治者中便从来没有对于政治上经济上之有力的阶级，所有的只是原始生活的农民与人性变态的兵匪，此外工人商人都是很少的——总之工人与商人都不成为有力的阶级。就第三而说，自然是军阀当道。就第四而说，中国全在外国经济力压服之下国内产业不易发展，亦是一因。总之，由前清帝制经革命的过渡无形中把政权蜕移于军阀之手。唯连年内乱，自从政客发明勾结军队之妙术以来，军阀遂自形分裂。于是由分裂而互攻，愈互攻而愈分裂；末日便到了。

　　说到这里已转到第二问题。我以为军阀虽到末日，然其消灭之路有二种：一、一部分蜕化为财阀，而他部分为新兴阶级所灭；二、为等于军阀者所灭。因为倒军阀只有武力与经济力，而空口是不行的。第一种是平和的或渐进的；第二种是革命的或急变的。取了这一种便不取那一种。先说前一种，军阀之蜕化为财阀，百里已经详说了不必赘述。至于新兴阶级，百里亦提过："抑更有间接影响者则民主政治之气焰是已。西洋所谓民者何？市民是也。市民者何？商而有钱者也。我近来觉中国各地的商会渐渐地增加势力，而交通口岸的商会尤有能力。试看现在的自治运动，便是中产阶级渐来的明证。须知中产阶级的渐起并不是凭空的，必根据于实力；而实力之最大者只有二种，即武力与经济力。我们须知中产阶级能起立一分便是他们背后的经济力强了一分。因为中国大多数人都贫到求生不得，所以经济的企业便迎合而来。须知现在的贫乏虽则因军阀的掠夺而生，分配不均亦是一个原因，然而根本必是由于一般生产的缺少。所谓一般的贫乏，而非单纯的分配不均。则可知将来必有一种新兴阶级，名他为财阀，亦无不可；但不能说都是军阀变的，军阀虽则有一部分或大部分蜕化为财阀。我们还要晓得财阀必定亦有和军阀开战的时候，必定亦有一部分军阀是灭在财阀手里。因为财阀可用经济力制垂毙的军阀之死命。更有一因，就是中国的实业，不论中国自己开发与否，外国总是要来大开发而特开发；不过外国势力一来，中国自己的企业亦必乘势而蜂起。到那时，外国的势力便不啬给中国财阀以保障与后盾，则末路的军阀更无法相抗了。我预料新银团必成，铁路统一必成，这便是外国势力助中国实业家以打军阀的。至于这种实业，南通便是个好例。现在仿南通的亦不知凡几。将来或有大结合的一天，便是新兴阶级的完成。这是从第一种而讲，那第二种便不同了。因为第一种虽有趋势而成熟必甚缓，现在不过方在开端罢了。在其迟迟而行的中途，则军阀自身不能无变化，这是一个原因；人民贫乏太甚，求食不得，不能久待，这又是一个原因。因为有了这些原因，于是第二种却是可能的。但因为他是突变的，所以我们难以详细推测。不过有一点可以预知，就是劳农主义的宣传，工人听了不过是罢工，没有什么要紧；农人不识字，他是不听的；商人因利害相反，听了，就反对。独是兵与寄生阶级之贫困者一听便可入几分。将来的变化如何虽不敢说，然在这种环境对于无论何人都使他不能安生，则必定发生变化。变化的招牌最可利用者却莫若这个主义，所以我疑心有伪劳农主义出现。

　　但是历史与学说有教训于我们：就是凡一种主义的政治都是一种阶级的要

求。如民主主义的政治是建筑在市民阶级（亦名为第三阶级）上，就是因市民阶级全体的要求而产生出来的，不是因少数市民所组织的政党之奋斗而成功的。市民阶级的政党如所谓自由党进步党共和党民主党等虽则始终奋斗，然而假设市民全体无实力不崛起终不会有今天。各国的社会党不能算不奋斗，虽终因为劳动阶级全体比较上知识薄弱能力不厚，所以尚未到最后的那一天。最近日人山川均说非知识阶级自觉了加入于劳动阶级，用脑者与用手者互相提携，则无产阶级不能完成。不但知识阶级加入于劳动阶级要费许多时日，并且即如俄国农民虽是劳动阶级之一类而尚不能一致进行，可见这些事都非经过相当时间的工夫不可。论到中国，劳动阶级除了交通埠头因为有少数工厂才有工人以外，简直是没有。况且他们要发生阶级意识还不知要经过多少次经验的教训。在他们的阶级意识未生以前，这种未自觉的劳动者，人数又少，直不能有何势力。所以民国元年的社会党立刻消灭，正是为此。而现在只能谈到改良劳动者的生活状态而不能发生社会主义的运动，亦是如此。上海一隅虽发生了许多工会，然都是无聊的政客所为，与工人无关。只有机器工会比较真正，所以他宣言不涉主义。而况现在中国市民阶级方在将自觉而未自觉之间，正想创造成一个阶级，则劳动阶级比较智能低下，当然自觉更要迟一步了。最可怪的是中国前几年在未创成市民阶级的时候就有了什么国民党进步党，近来又在未创成劳动阶级的时候又要组织起社会党来了。总之，党的奋斗与阶级的自觉是相待相成的。须知并不是党的组织必定后于阶级的自觉，不过党的组织若不在阶级自觉的萌芽之初，则除了静待以外无法发展。可见凡是一种主义的运动都是以党的奋斗为先锋，以阶级自觉为后盾。并且无论他的思想是否改进的，而其初发于运动必是顺应的，所以议会主义失败而直接行动主义方为有力。党是代表那阶级的，若他背后没有阶级必不成立。中国现在离劳动阶级的完成与自觉尚早，所以纵有人热心运动，然只能缩短程途而断不能一跃而跻，这是说真正劳动者的国家之组织尚早。

然而有人说我们不必等劳动者完全自觉，因为完全自觉是不可能的，我们不妨暂时用狄克推多制贯彻劳农主义，一方再和俄国联合以谋互助。我以前亦做过这个梦——不过我不赞成狄克推多而只赞成与俄国通力合作以共产主义推翻世界资本主义罢了。现在我以为不必从理论上去反对，只须从事实上把中国一看便知其不可能了。

……

据以上所说，则真的劳农制度决组织不成，而伪的劳农革命或可一度发生。

我所谓伪有二个意思：一个是破坏的意思；一个是假借名义的意思。就是只能是破坏的不能是建设的，只能是假借的不能是真正的。破坏乃是自然的趋势，可从精神与物质两方面而讲，即人心的不安与生活的难得。这个两方面是互相因果的。因为人心太不安，则人人有一种奇怪的心理，就是觉得现在的环境太不堪忍耐了，赶紧离开了罢，无论变什么样子总比现在好些。这种心理乃是变动的促进力。还有一种，就是正在厌恶现在环境而又未想出若何改变的时候，忽听见一种传说，这种传说又说得天花乱坠，于是便动了念。既经动念以后，加以环境的更加恶劣，迫得他不知不觉地愈加相信起来了。所以这种盲目的厌恶现状的心理是非常可怕的。本来政治的腐败与内乱的频数都是使生活日见艰难的，民不聊生则铤而走险，所以破坏是自然的趋势。至于假借名义，虽不敢断言，不过已经有些党人一面干护法分赃的勾当，一面自命为社会主义者。这些人一旦把固有的招牌用完了，必定利用这个招牌，因为这是世界的新潮，可以骇倒一切。况且这个主义究竟没有试验过，一般人心容易倾向。我们推论到此，便知真的劳农主义决不会发生，而伪的劳农革命恐怕难免。至于伪劳农革命发生，不消说不能福民而必定是害民，则不必我多说，只须一想便可推知了。并且这个假东西亦断无继续存在下去的道理。天下凡成立的东西必是实体不是假现，假现必是一刻即消灭的。所以我敢说假定伪劳农革命发生，不过在已过的许多内乱上再添一个内乱罢了。这个内乱完了以后差不多仍恢复未乱以前的状态。或则亦许弄假成真，但非经过长期的混乱不可，这事总是万中之一。

说到这里，请转到第一种。创造新兴阶级的趋势在上面已略说过，现在再详说一下。

中国现在既有贫乏病，则开发实业为唯一之要求。虽开发实业不限于资本的企业，然在中国现状之下，真正的政治集权共产主义如俄国劳农制决不可能发生，则除了资本的企业以外，只有协社的企业。须知协社的企业既然可在资本主义下实行，便是与资本主义可以并行。协社主义既然不能驱逐资本主义，则资本主义以外国势力的后盾与固有的基础加以经济学上的原则，必定发展。所以在开发实业以裕民生的大要求下，我们虽可极力提倡协社，然而无法阻止资本主义的进行，这一点须是大注意的。况实业发展不论何种方法总是增加富力及于一般人民。虽其分配的程度不同，然不能说只有资本家得利而贫民丝毫无所增。即使有人说劳银铁则，然现在有求为劳工而不得的人甚多，此说尚不适用。就现在人民太贫得求生不得而讲，即使资本主义的企业发达终是利在目前而害在将来，我们没有法子破坏他的缘故就在他能利于目前。我们若在此时即破坏他便是我们认题未清，其详见下。此外还有一个重大的原因，就是我们对于军阀的推倒毫无能力，而能倒军阀的只有他们，因为他们乘着国内的要求与外国的势力，其来不可侮，而有制军阀死命之能力。军阀倒后，实业稍发展，则可得平和的秩序。我们在平和的秩序下可以从容宣传文化，且实业兴后，虽阶级分明而无求生不得之人，方有讲教育的余地，因为物质生活与精神生活有关。物质生活有最小的限度，在此以上虽有种种程度而精神生活都能发展，如穿布衣的与穿绸衣的都能读书；在此以下则不能发达，如没有衣服穿的人不能读书。我们须得认清这种趋势虽决不是福利人民，但不能说它没有增加富力的事。我们认定这种趋势只是把阶级分明起来，造成一个绅商阶级（即市民阶级，不过市民二字译得不切，亦就是第三等级）同时造成一个劳动阶级，而把求为劳工而不得的人吸收进去，却是他的好处。现在有许多人在上海与工人联络，我说这是利用资本家。若资本家不开了这几个工厂，又往哪里去联络工人呢？为什么不到内地去，就是因为内地没有工厂。可见工厂在先而劳动在后。现在中国内地实行的未尝不是同业公会制度。中国这种畸形兼幼稚的同业公会自然不能及同业公会的社会主义所主张万分之一。这种畸形的同业公会很难改良与发展，只要稍有此中知识便能知道，决不能和机器生产的工厂竞争。在生产太缺乏的中国现状下，资本主义的机器生产实是竞争中之第一优胜者，无论什么他都胜过去的。所以外国经济力能势如破竹而来，便是明证。加以各国共产主义的革命在近数年内未必发生，则世界的资本主义未消灭一天，则中国一天势必顺着此轨而进。以上是说在开发实业的大要求下，资本主义、机器生产的工厂必日增一日乃是不可抗的。这事不论我们愿意不愿意，愿意亦如此，不愿意亦如此，乃是一个自然的趋势。

我们当自问是不是确有社会主义的倾向，如其是，则须有自知之明。第一须知我们自己没有打消军阀的能力。譬如我们天天骂安福部，然而打倒安福的是吴佩孚不是我们，因为我们没有直接的实力。第二须知我们对于应付贫乏病，以增加生产力救不得食不得衣的人，虽有方法却不及人家的来得有速效。我们有了这两点自知之明以后，我们便知道现在还不是我们的时代，我们对于现在尚是不合宜。什么人合宜于现在呢？我看就是绅商阶级。其理由已如上述，不必再说了。……

我们在这个期间究竟做什么是好？我以为有两条路：第一条是现在即宣传社会主义劳农主义，并进一步组织团体；第二条是在静待中择几个基础事来做。从第一而说，我们是制造伪劳农革命。在无人赞成中，忽听见有人赞成自然是空谷足音了。一个人在空谷中不堪寂寞，固是人情，然而对于足声却不可不细细辨别。须辨出足音是人的足音还是兽的足音。若来的是兽，不但不能慰寂寞并且反被他吞了。我们睁开眼睛看看：兵啊，匪啊，党人啊，求生不得的寄生阶级啊，这些人能成事么？所以我说在现在决不会发生真的劳农革命。上面已说得很详，不必再述。若明知其假，而希望弄假成真，虽是一种理想，但我的良心是反对这种理想的。于是可知我们不但不当取第一条路而当取第二条路，并且还有一个附带的义务。请先说取第二条路的方法。必有人以为天下决无静待而不做事的道理；凡是一个主张不去努力实现他，如何能有成功呢？既然主张这个主义便应得努力去做，不必多所顾忌。我对于这番话完全赞同，因为我亦如此想。但做事须有次第有方法。我所说的静待不是绝对的一事不做，乃是依着做事的次第与方法而做事——读者不可惑于静待二字的表面上意义。现在我把我们可以做的事列举出来。

第一是普通的文化事业。这个普通的文化事业有很大的力量：第一是授人以基本知识；第二是打破旧思想旧习惯；第三是可以陶养人格。所以我们不论何种学说与主义都当忠实地介绍过来。这便是救济无知病之一法。

第二是广义的教育事业。这个教育或为学校制或非学校制；只要能授知能于无知能者即为一种教育。这亦救济无知病之一法。

第三是切实的研究。平心而论，我们虽倾向于社会主义，然已确定的不过是个倾向罢了，对于社会主义的详细内容究乏深切的研究。这是何等大事，岂可漫无研究而就随便主张呢？与其看了几本书，就深信不疑，不如看了几本书就动了怀疑之念。哲学的起源是怀疑。愈怀疑愈研究，研究的结果方有肯定，这是当然的理。若是并无研究而就以耳食之谈来干宣传事业，实在要不得。甚至于看了几本书，一路看一路宣传，亦未必妥当。最好是从容地彻底研究，不必急于确定。因为不愿意"轻信"方有"真信"，因为要求"真信"方不愿意"轻信"。所以现在中国的现状不能立刻实行何种主义，正是给我们以从容研究的时机。我们不患不能干宣传事业而患所宣传的是半生不熟的。凡是半生不熟的必定易于被人利用。这是我们自身的问题。

第四是协社的实行。我以为在这商业组织的社会下，商业愈发达则消费协社愈需要。差不多消费协社是唯一的急需物了。至于因为协社在乡村亦是非常需要。消费协社发达了，生产协社方能发达，因为两者有密切关系。总之，协社在今天已不是主张的问题乃是实际需要的问题了。这是我们对于救济贫乏病的可能方法。

至于附带的义务不是别的，就是我们对于伪劳农革命的发生既不当赞助亦无法阻止，却不可不表明这事与我们无干系。同时我们谈主义便不能不慎重一下。往往随便说一句话，而他人听了便发生很大的风波。这种事是常有的。现在既然情形如此，如像晒干了薪一点火即大烧起来，则我们不能不对于火柴的抛下加以检点了，因为若能幸免总是好的。

我的话已完，总结如下。

一、我从现状中潜伏的原因上推测将来有两种趋势：①渐造绅商阶级的趋势；②爆发伪劳农革命的趋势—— 一缓一急；一必然一可能。

二、绅商阶级果成则劳资两阶级方能分明，其结果先好后坏。因为初起必是合时宜的而后来必定是不行了。

三、绅商阶级初起的好处在吸收求生不得的人为劳动阶级，于无形中增加些富力亦稍微提高些知识。其最大的好处，就是瓜代军阀而免去内乱。

四、伪劳农主义万一发生必是纯粹破坏的，绝难转到建设方面：不过在许多内乱上加一个内乱罢了。所以我们对于影响上应得谨慎，因为我们不主张弄假成真。

五、我们当有自知之明：我们无力打倒军阀而只能眼看军阀与绅商阶级的瓜代；我们无力阻止绅商阶级的发生；从我们极力鼓吹劳农主义亦不过引起一个伪劳动革命。

六、所以我们只能干文化教育与协社等事业。而于主义的详细内容则须研究后再确定。

七、我们要明白我们的使命是代绅商阶级而兴。或则军阀消灭后，求生不得的人已大部分吸收了以后，社会上免去伪劳农革命的内乱，社会主义的运动方可发生。

最后我再声明一句，就是这篇的见地是折衷历史的自然阶段说与理想的人为创造说，调和性善的人生观与性恶的人生观，以明我个人的立脚点，不专求他人的强同。

附识：以上所称的我们乃是告趋向于社会主义者，至于我个人此后拟专研究哲学，只希望将来由上面所谓我们者造成新社会后，做一个分子，尽相当的义务。

原载《改造》三卷四号，一九二〇，一二，一五

复张东荪书论社会主义运动

梁启超

东荪我兄：奉书及大著《现在与将来》稿本，诵悉一切。承征鄙见，仆方麋精力于他种著述，对此问题，不能有刻入详尽之解答，谨拉杂略述所怀：

我近年来，对此问题，久在彷徨闷索之中，欲求一心安理得之途径，以自从事，而苦未得。所谓闷索者，非对于主义本身之何去何从尚有所疑问也。正以确信此主义必须进行，而在进行之途中，必经过一种事实——其事实之性质一面为本主义之敌，一面又为本主义之友。吾辈应付此种事实之态度，友视耶？敌视耶？两方面皆有极大之利害与之相缘。而权衡利害，避重就轻，则理论乃至纷纠而不易求其真是。吾每积思此事，脑为之炎，今勉强截断众流，稍定祈向，然终未敢自信也，谨以质之执事。

吾以为中国今日之社会主义运动，有与欧美最不相同之一点焉。

欧美目前最迫切之问题，在如何而能使多数之劳动者地位得以改善。中国目前最迫切之问题，在如何而能使多数之人民得以变为劳动者（此劳动者指新式工业组织之劳动者而言，详下文）。

故在欧美倡此主义，其旗帜极简单明了，亦曰无产阶级与有产抗争而已。中国则有业、无业乃第一问题，而有产、无产转成第二问题。欧美忠实求业之人，略皆有得业之机会，但其操业所应得之利益，有一部分被人掠夺。社会主义运动，则谋所以抗正之，恢复之。其事为适合于多数人地位上之要求，故对之能亲切而有味也。我国今日之大患，乃在全国人民十中八九欲求一职业以维持生命，且不可得。欧美有业无产之人所处之境遇，在我国一般人视之，已若天堂。其已得有此境遇之人，方且兢兢守守，唯恐失坠，欲其冒险以从事于向上之运动，闻之将掩耳而走。抑此类人在全国中不过占千百分之一二耳。吾辈若专为此类人谋而忘却其他，则社会所能救济者几何？是故"劳动者地位改善"之一语，在欧美言之，则一针见血也；在中国言之，则隔靴搔痒也。彼求进一工厂，每日做十二点钟不停手之工，尚且费几许情面乃能得之，今乃告之曰："汝何不加入'八点钟同盟'也"；彼方踯躅街市，无所栖托，今乃告之曰："汝宜要求加工价"，此真"何不食肉糜"之类也。故今日中国之社会运动，当以使多数人取得劳动者地位为第一义。地位取得，然后改善乃有可言。

　　然则，中国人何故失却劳动地位耶？其原因之一部分，固由政治之混乱使然，而最主要者，乃在受外国资力之朘削压迫。质言之，则我国人之职业直接为外国劳动阶级之所蚕食，而我国人衣食之资间接为外国资产阶级之所掠夺也。以最显著之事实言之，三十年前，食于丝者几何人？食于茶者几何人？食于土布者几何人？食于土糖者几何人？乃至于制针、制钉者几何人？而今则皆如何者？欧洲工业革命之结果，昔之恃手工业、小商业自养之人，次第失职，驱而走于都会工厂，变成仰佣钱为活之一阶级。然彼犹有工厂可投，有佣钱可得，不过佣钱微薄而已，生活不固定而已，劳力之结果被人掠夺一部分而已。吾国国内，曾未梦见工业革命之做何状，而世界工业革命之祸殃，乃以我为最后之尾闾。畴昔食于土布者，今失业矣，能否在门治士达纺织厂佣得一几尼？畴昔食于铁工者，今失业矣，能否在必珠卜铁厂得一仙？畴昔食于制糖者，今失业矣，能否在台湾糖厂佣得一钱？故外国资本家之对于其本国劳动者也，虽掠夺其劳力结果之一部分，然犹出其余沥以为河润焉，而未至于死也；我国人则被其掠夺，其余沥而不可得，乃扼吾吭而绝吾粒。外国之劳动者欲恢复其被掠夺之部分，则直接向本国资本家算账而已；其在我国，则本国人尚不配作掠夺者，而须间接向外国资本家算账。倘终不能有向外国资本家算账之能力，则虽本国资产阶级永远不发生，而吾民之瘵而死者旦日相望也。外国资本家若悉数将其势力移植于我之通商口岸乃至内地，以从事掠夺，则我之对付彼辈，可仿效彼国劳动阶级对付彼辈之成法，毫无问题。今也不然，彼辈势力之移植，虽著著进行，然为势甚缓。以今日及最近之将来的情形而论，彼辈依然安坐伦敦、纽约、巴黎、大阪以择吾肉而吸吾血。吾国之社会主义运动，无论若何猛烈，彼辈曾不感丝毫苦痛。彼辈所最愿望者，则吾国长在此种不死不活之纷扰中，生产力日益枯竭，而人生必要之消费终不能免，我既无力自给，彼乃凭借旧势益恣侵略，而彼辈在本国因受劳动阶级反对所生之损失，乃于我焉取偿。信如是也，则我虽将国内资产均之又均，若五雀六燕，铢黍罔失其平，而我社会向上之效，终茫如捕风。譬犹污池垂涸之水，大鱼跳梁，一口多吸，诚属可憎；然苟终无术以济其涸，则虽无大鱼，而群鱼之必涸死，固旦晚间事也。中国现象，若循以前之趋势而无所更张，其结果，则所谓阶级者，非自国内纵分，而自国际上横分。压制阶级掠夺阶级之大本营，在伦敦、纽约、巴黎、大阪诸地，而凡居于禹域二十一行省之人，皆被压制被掠夺之阶级也。对于外部压制掠夺者丝毫不能抵抗，而唯内部之被压制被掠夺者互争锱铢之短长，终复何益。故吾以为在今日之中国而言社会主义运动，有一公例当严守焉。曰：在奖励生产的范围内，为分配平均之运动。若专注分配而忘却生产，则其运动可谓毫无意义。

此公例者，不必再加说明，吾信无论何人当皆承认。既承认矣，则连属而起者有两个问题。

第一，有何良法一面能使极衰落、极幼稚之生产事业可以苏生萌达，一面又防止资本阶级之发生。

试将社会主义家所提出数种主要救济方法一检校之。其第一法，则将原有生产机关由直接在该机关内服劳役之人共同管理也。此法是否为最良之法，姑勿深论，然欲行此法，必先以国内有许多现成之生产机关为前提，若如今日之中国，生产事业一无所有，虽欲交劳动者管理，试问将何物交去？若必勉强将国内现有区区百数十家之工业、矿业所收容工人多则千数少则数十者，施行共管制度，无论各该业现役工人所得利益多少，且未敢言也。借曰诚有利矣，然食其利者最多亦不过数万人，其于全国数万万人失业救济之问题丝毫无所裨益，而固有之生产力，或因此大蒙打击，绝非计之得也。故此法者，在他日生产事业相当的发展之后，容或有采择之余地，今日提倡，绝非其时。其第二法，则将生产事业归国家或地方经营也。此法虽原来未有之业，亦可以政治的权力创造之、助长之，在产业幼稚之国，本为合宜，然欲行此法，当先以政治上有完善可信任之组织为前提。若欲以行诸今日之中国，则国有铁路，即前事之师，有心人何忍更倡此论，为蠹国之徒资利用者。若曰："到社会革命实行之后，政治必清明。"此结论是否正确，非届时不能证明。借曰正确矣，然当革命未成以前，是否应将生产问题全置不理？生产事业不发达，是否能有劳动阶级？无劳动阶级，是否能有真社会革命？然则谓俟社会革命政治清明后乃实行集产主义者，直陷于循环论理而已。其第三法，则提倡各种组合以从事于互助的生产也。此法最中正无弊，无论随时皆可以实行，吾辈当以全力提倡，无待言矣。顾所当问者，第一，吾辈以言论提倡，而事实之应验能否如吾所期？第二，仅恃此一途，是否可以充生产发达之量，以完此"救济失业国民"之责任？以吾所见，其在乡间与农业、手工业等有关系之协社，成立发展，颇不易易。盖乡民最富于保守性，一制度之信受奉行，必费极长之时日也。至于消费协社，必在工业发达之都会始能存在，质言之，则劳动阶级之产物也。劳动阶级未发生之国家，消费协社能否有发展之余地，吾殊不敢言。夫吾辈既认此为中正无弊之一法门，则宜勿问其集事之难易与收效之迟速多寡，尽吾力以提倡之，且实行之，固也，然断不能谓专恃此而遂可以达吾辈奖励生产之目的。盖吾辈在最近之将来，对于协社，无论若何提倡，若何实行，最多不过能增长生产力百分之一二，而我四万万同胞，受外国资本家之压迫而失业者，什九已相索于枯鱼之肆也。此三法者，前两法既非今日所可行，后一法虽可行，而收效甚缓，若是乎中国之生产事业，倘长此终古，斯亦已矣。若有一线之转机，则主其事者，什九仍属于"将本求利"者流。吾辈若祝祷彼辈之失败耶，则无异自咒诅本国之生产事业，以助外国资本家张目；若祝祷彼辈之成功耶，则是颂扬彼磨牙吮血之资本主义，与吾辈素心大相刺谬。以吾之愚蒙，对于此一问题利害冲突之两方面，积年交战于胸中而不能自决，有生之苦闷，莫过是矣。

因此复引起次问题：

第二，今日为改造中国社会计，当努力防资本阶级之发生乎；抑借资本阶级以养成劳动阶级为实行社会主义之预备乎？若采后一法，则现在及最近之将来，对于资本家当采何种态度乎？

吾辈畴昔所想念，总以为欧美产业社会末流之弊至于此极，吾国既属产业之后进国，正可惩其前失，毋蹈其复辙。彼其病源所在，既经多人批郤导窾，洞悉无余蕴，治病之药，亦粲然具陈于吾前，吾但审择而采用焉，即可以使我将来之产业界不致为畸形的发达，而现在欧美纠纷艰险之现象可以不复发生于吾国也。及至今日，而吾觉此种见解什九殆成梦想。吾辈先事预防之计划或者在农业方面犹有办法，然农民最富于保守性，欲倚之为改造社会之先驱，殆不可能，且在今日之世界，农业亦断不能离工商业而单独存在，则问题依然归宿到工商业。既归宿到工商业，则此种极可厌可憎之畸形的发展（即资劳两阶级对立，资本家掠夺劳动家剩余利益之恶现象），恐遂不可逃避。而此畸形的发展，从一方面观察，虽极可厌憎，从他方面观察，又极可欢迎。其可欢迎之点奈何？夫中国今日不能不奖励生产事业以图救死，而生产事业，什中八九不能不委诸"将本求利"之资本家，前既言之矣。然则今后中国若有资本阶级出现，就令其掠夺行为与欧美资本家相等，或且更甚，然最少总有一部分，得亏其余沥以免死，其可欢迎者一矣。不特此也，以社会主义运动之立场而论，欲此主义之传播与实现，不能不以劳动阶级为运动之主体，劳动阶级不存在之国家，欲社会主义之实现，其道无由；而劳动阶级之发生，恒必与资本阶级相缘，故必有资本阶级，然后有劳动阶级，有劳动阶级，然后社会主义运动有所凭借，此其可欢迎者二矣。然则资本阶级应专认为社会主义之敌耶？抑一方面应认为敌，一方面又应认为友耶？其界限遂纷纠而不易明。

吾以为社会主义所以不能实现于今日之中国者，其总原因在于无劳动阶级。而闻者或不谓然，谓："中国他物或缺乏，何至并劳动阶级而缺乏？除却少数穿长衣服坐车子的人，此外皆劳动阶级也。吾辈言社会主义者，但求与穿短衣服跑腿的人共事，则盈天下皆是，何至缺乏？"此其言虽近似，然细按之，则大戾于名实也。劳动阶级者，非游民阶级之谓。劳动阶级者，以多数有职业之人形成之（其中有一时偶失职业，或求职业而未得者，当然可以为附属品）。此项有职业之人，结合团体，拥护其因操业所得之正当利益，毋俾人掠夺，此在道德上为至当，在事势上为至顺。若夫无业游民，则与此异。彼本来并无所谓因操业所得之正当利益，则更何拥护之可言？故劳动阶级可以责人掠夺其剩余，可以向人索还其所掠夺，游民阶级则不能有此权利。游民而分有业者之利益，其事还同于掠夺。今穿短衣服跑腿的人虽盈天下，然其中实分为劳动者与游民之两大类，断不容并为一谈。其属于劳动者之一类，则可以为社会运动之主体者也；其属于游民之一类，则决不可以为社会运动之主体者也。

劳动阶级之运动，可以改造社会；游民阶级之运动，只有毁灭社会。

今论者徒见国中游民之多，而谓吾之社会运动已得有主体焉。此最误谬之观察，不可以不明辨也。

问者曰："今国中游民诚多，然农民与散工亦正不少，何得遽云无劳动阶级？"应之曰："今通行'劳动阶级'一语，本含广、狭二义。广义的解释，自然凡农民及散工悉含在内；狭义的解释，则专指在新式企业组织之下佣工为活的人。而社会运动之主体，必恃此狭义的劳动阶级。中国则此狭义的劳动者未能成为阶级，故谓之无阶级也。而况乎以今日生产衰落之趋势，农民及散工，次第失其业者日众，行见并广义的劳动者而亦变为游民矣。故吾辈渴望劳动阶级发生，其情乃益迫切也。"问者又曰："今之游民，非好为游民也，以无从得职业故，不得已而为游民。子言社会运动，必将彼等排而外之，毋乃不可？"应之曰："吾非终排而外之也，俟彼弃其游民资格而取得劳动者资格，则彼自能进而为社会运动之主体焉，非他人所得而排，亦不待他人之劝也。"然则如何而能使国中多数人弃其游民资格而取得劳动者资格耶？曰：舍生产事业发达外，其道无由。生产事业发达，凡吾国人消费所需，皆由吾国人自生产而自供给之，最少亦须在吾国内生产而供给之（此指外人投资在中国办生产事业而言）。我之需要品，不必仰给于伦敦、纽约、巴黎、大阪，然后我多数人之职业，不至为伦敦、纽约、巴黎、大阪之劳动者所夺，然后我之游民可以减少，而我之劳动阶级可以成立。劳动阶级成立，然后社会运动得有主体，而新社会可以出现。社会主义运动不可逾越之阶段，殆如此。虽然，于其间有不容忘记之一重要事实焉。曰：劳动阶级发生，资本阶级亦必同时发生，二者殆如狼狈之相依而不可离。吾侪既希望吾国有真正之劳动阶级，而劳动阶级与资本阶级实为孪生兄弟，若是乎，资本阶级所随带之罪恶，自必相缘而至。吾侪在今日，不可不先有彻底的觉悟，然后根据此觉悟，以讲救治之计划。质言之，则对于资本家当持何种态度，实今日言社会主义者最切要之问题。概而论之，态度有四：

（一）抗阻态度。极力防止资本阶级之发生，见其有将发生之机会，则务摧坏之。

（二）旁观态度。我辈自从劳动方面用功，将资本家之行动置之不论不议，待其稔恶自毙。

（三）矫正态度。奖诱警告资本家，唤起其觉悟，使常顾忌劳动者之利益，以缓和劳资两级之距离。

（四）疏泄态度。设法使生产事业，不必专倚赖资本家之手，徐图蜕变为社会公共事业。

抗阻态度可采乎？吾以为不可。在今日采此态度，必妨害本国生产，徒使外国资本家得意而匿笑。且因此阻碍劳动阶级之发生，于吾辈之主义为大不利。其理由既如前述。不特此也，资本阶级将兴于中国，其机运殆已成熟，断非吾侪微力所能抗阻。吾国之资本家，虽不足道，然全世界之资本家，在其本国，各皆已陷于穷蹙之地位，势必以中国为逋逃薮。中国秩序稍恢复之后，各国之资本，必如狂澜倒卷以注于吾土。吾侪欲以微力遏之，必备极艰劳而无寸效。且吾亦何苦如此？彼投资我土，虽云掠夺吾劳力结果之一部，最少尚有余沥以及我，以视昔之隆隆海舶，载糟粕而来，刮脂膏而去者，不犹愈乎？而况乎其结果必能为我产出劳动阶级以作将来自树立之基也。故吾以为资本阶级之发生，吾辈欲抗阻之，其事为不可能，且亦诚无抗阻之必要。

然则采旁观态度何如？吾以为亦不可。资本主义必非社会终局之目的明矣，不过借以为过渡。过渡之事物，而一任其自然之运，必将成为尾大不掉，积重难返，虽将来终有剥复，然元气所伤太多，非社会之福。

然则所当采者为何？则矫正态度与疏泄态度是已。所谓矫正态度者，将来勃兴之资本家，若果能完其"为本国增加生产力"之一大职务，能使多数游民得有职业，吾辈愿承认其在社会上有一部分功德，虽取偿较优，亦可许容。唯当设法使彼辈有深切著明之觉悟，知剩余利益断不容全部掠夺，掠夺太过，必生反动，殊非彼辈之福。对于劳力者生计之培养，体力之爱惜，智识之给予，皆须十分注意。质言之，则务取劳资协调主义，使两阶级之距离不至太甚也。至所用矫正之手段，则若政府的立法，若社会的监督，各因其力之所能及而已。

所谓疏泄态度者，现在为振兴此垂毙之生产力起见，不能不属望于资本家，原属不得已之办法，却不能恃资本家为国中唯一之生产者，致生产与消费绝不相谋，酿成极端畸形之弊。故必同时有非资本主义的生产，以与资本主义的生产相为骈进。一面政治上若稍有转机，则国家公营、地方公营之事业，便当划出范围，在人民严密监督之下，渐图举办；一面各种协社，须极力提倡，以传教的精神策进之，但使能得数处办有成效，将来自可联合扩充，倘令生产的中坚力，渐渐由公司之手以移于协社之手，则健实之经济社会，亦可以成立矣。

然则对于资本家以外的人，当采何种态度耶？申言之，则对于现在极稀微之劳动社会，当采何种态度耶？对于现在大多数之游民又当采何种态度耶？再申言之，则社会主义的群众运动今日可行否耶？吾以为吾辈既属望劳动阶级为将来改造社会之主体，则现在向此方面下工夫，实万不容缓，不能以其人数之尚少而漠视之。下工夫之法，第一，灌输以相当之智识；第二，助长其组织力。先向彼辈切身利害之事入手，劝其办一两件（如疾病、保险之类），办有成效，彼辈自感觉相扶相助之有实益，感觉有团体的好处，则真正之工会，可以成立。一处成立，他处仿行，次第联合提携，以产出全国总工会，然后将来之劳动阶级得有中枢，而一切运动乃有所凭借也。若以言现在之群众运动乎？各工人所在之工厂，若有损害工人利益之行为，工人起而为示威反对，自非得已，至于在今日而劝之为主义的运动，或为他种政治问题的运动，则吾殊以为不宜。虽有乌获于此，若童时使扛百钧之鼎以绝其脰，则终无以成其勇也。凡力未充而滥用之，其所失则亦类是。今日之劳动阶级，方在髫龀，其力至脆薄可怜也，殊不足以恐胁强有力者使之屈伏。若有彼此抗持之事起，厂主闭厂解雇，不患别募之无人应，彼何惧焉？而工人既无团中公积以供罢工时之宿粮，相持不一二日而其群涣矣。若是则运动一度，必失败一度，而其力亦削一度，其气亦馁一度，此自杀政策也。故吾以为我辈今日对于劳动阶级之态度，当以促成工会为第一义。必有组织完善之工会，然后可以言作战，而战之胜败，则视工会力量之强弱为断。须知吾国劳动阶级将来之敌手，非中国之资本家也。中国资本家区区鸡肋，抑何足以当尊拳？吾确信在稍远之将来，必有全世界资本家以中国为逋逃薮之一日。而中国劳动阶级最后之战胜，即为全世界资本主义根株断灭，全世界互助社会根本确立之时。庄子不云乎："水之积也不厚，则其负大舟也无力。"我国劳动阶级既负此绝大责任，则所以培植之者安得不预，而所以爱护之者安得不勤。又须知我国人组织能力本甚薄弱，工会组织又属难中之难，在今日而言工会，只能谓之在胎教时代，并呱呱坠地之声且未闻也；如何而使之产生，如何而使之能育成不致殇夭，如何而使之能自动以负荷责任，此真今日社会主义运动家所当癙寐思服者也。吾以为吾辈宜集中精力以成就此著，此著若就，以后无事不办。若以无组织之群众，作无气力之运动，是犹责胎儿以杀敌致果，其必无幸矣。

至于对游民阶级。吾以为唯当尽力设法，使之逐渐豹变为劳动阶级，然后与之共事。当其未豹变以前，则宜勿与为缘。若利用游民以行社会主义运动，其结果必至毁灭社会主义，何也？劳动阶级运动之结果，能产出神圣之劳动者。游民阶级运动之结果，只能增加游民。

种瓜得瓜，种豆得豆，此事理之无逃避者也。今之社会主义运动家，或以热心太盛之故，深嫉夫有产阶级、智识阶级之腐败不足与语也；又见夫劳动阶级之人少而力微，且性质亦带保守，不易鼓动也，于是"为目的不择手段"，转而思利用游民。夫天下之最便于利用者，诚莫游民若也，而利用所生之结果，必至全反其所期。今试执共产主义以告任何阶级之人，未必能信受也，即信受，未必能奉行也。试以语半兵半匪之军队，则彼可以"闻斯行诸不俟终日"。数月以来，高阳兵变，宜昌兵变，皆簿借市民之产而朋分之。彼奚不可以曰："吾为实行共产主义来也。"试问社会运动之名义，若为彼辈所假借，则玷此名义为何如者？而国家元气之瘵丧又何如者？故吾愿真爱国、真爱主义之人慎勿出此也。

综括以上大意，其所推论事理之要点如下：

一、非奖励生产事业，则全国人非久且瘵死，更无何种主义之可言；

二、奖励生产事业之结果，资本阶级必发生，其相缘之毒害亦随而发生；

三、资本阶级发生，则劳动阶级亦成立，然后社会主义运动乃有所凭借；

四、全世界资本主义之存灭，可以我国劳资战争最后之胜负决之；

五、游民阶级假借名义之运动，对于真主义运动之前途，无益而有害。

根据以上事理以为吾辈今后进行方针如下：

一、对于资本家采矫正态度，在现行经济制度之下，徐图健实的发展；

二、极力提倡协社，使尽量分取生产事业，以移入公众之手；

三、谋劳动团体之产生、发育、强立，以为对全世界资本阶级最后决胜之准备。

以上所论，不知能否对于尊论有所发明补正？仆对此问题之解决，今犹在苦闷求索中，殊不敢自谓有真知灼见。冀普天下同主义之人有以教之耳。

十年一月十九日启超谨复

原载一九二一年二月十五日，《改造》三卷六号

评马克思派社会主义 （节录）

六　几

一

我们当批评马克思派社会主义之先，实有理解他们对于国家观念的必要。如世所周知，马克思派社会主义者并不否认国家，且要借助他们理想的国家推行他们的主义。在理论上他们对于国家的憎恶本来不让于无政府主义者，他们不特不赞美国家，而且不想保存国家。但他们推论的结果，不仅要保存国家，并且要保存"奴隶的国家"，与我们以批评的根据。

恩格斯说："当无产阶级已经将政治上的权利攫入手中，将生产工具变成国家公产以后，国家便将消灭。在旧社会中，国家是掠夺阶级的一种机关，他是用作维持掠夺的种种现状的。但是国家一旦变成社会全体的真正代表，国家便使他自己归于无用了。在一种没有受治阶级的社会中，什么治人阶级，生产纷乱，生存竞争都一齐消灭，没有什么事情要用压制。所以像国家这样东西的压制力便无存在的必要。将来有一种掌管生产事务和别的一切事务的机关去代替那种治人的政府。国家不是被删除了，他是自行消灭的。"

恩格斯虽承认将来国家必得消灭，而当社会立于阶级反目的时候，则又承认国家有存在必要。他以为古代的国家是奴隶所有者的国家，中世纪的国家是封建诸侯的国家，现在的国家则为所有者阶级——有产者的国家。他信任现今国家为有产阶级的国家是事实，因而信任在有产阶级以外有成立另一种国家的可能。他信任国家的进化，因而主张建立无产阶级的国家为合理。共产党宣言说："共产党的直接目的也和别的一切劳动党一样：（一）纠合无产者团成一个阶级，（二）颠覆有产者的权势，（三）无产者阶级掌握政权。"

他们主张劳动阶级革命的第一步，是使无产阶级占据治人阶级的地位，然后再利用他的政治上至高权，渐次从有产阶级手中取回一切资本，使各种生产工具都集中到国家手里，也就是集中在无产者所组织的治人阶级的手里。他们为的是要求无产者国家机能的扩大，并主张在具体方面，用国家资本，设立完全独占的国民银行，将信用机关集中于国家，并及于交通、运输等等的机关。

由斯而谈，他们所排斥的国家只是有产阶级的国家，压逼机关的国家，一阶级的国家，不是排斥任何国家。他们只看出现在国家的罪恶，却不曾深入搜索国家自身的罪恶。他们遵信最后的分析，生产者和消费者同为一人，而忘却生产者当掌握政权时候，已失却真正生产者的资格和面目，自居于消费者的地位。而且劳动者是"人"，不是"神"，当他们受资本阶级压迫时候，固是一个忠顺的弱者，然而我们绝不能以他们失势时的态度，断定他们得势时候之不同样的压逼他人。如是，我们将不能以集产主义的终极目的，要废弃国家，说他变成国家社会主义，不是马克思和恩格斯推论的结果。

……

三

大家想都知道马克思和他一派所策划的国家实现之过程是完全根据他的唯物史观的。但是我们还要记忆他所认为历史发展中自然公例者是什么东西。唯物史观是由两大部分的思想而形成；第一是依着单纯的经济的要素而说明社会的进化，第二则依着自然科学的法则而说明一切历史的进程。自然科学是以经验为基础，而试为排列物质世界的现象。在自然科学的世界只有智识是他的主权者，而最理想的自然科学只不过是由于数学和运动的法则借来的机械论罢了。自然科学所预见的世界，是宿命的世界、因果律的世界。马克思根据自然科学的概念，因而信任社会的进化是经济的、智识的和宿命的东西。据他的推断，只要把资本主义的经济力推翻过去，社会主义的国家就立刻可以排立起来，不免是一种玄想。布尔什维克主义是已经把他那单纯的经济的革命传统去了。它的结果如何，我们虽不能够十分断定，但我们如果只解决了经济问题算完事，置经济问题以外的问题，如政治问题于度外，我们将有能力断定他们必为半楔的、畸形的社会主义，终究要归于失败的。我们固信认经济力是政治的锁钥，但我们却不敢断定经济的改变会使他的所有表度构造就能够一齐随着改变。现在苏维埃俄罗斯正在那里试验，在他们国里，无论何人都没有自由，无论何人都不能够违反共产党的命令。如果要始终照这样做下去，我想他一定没有什么好结果，即使有好结果，他的成功也要迟缓了好些日子。因为社会是在于有生命的世界，不是在于无机的世界。历史大半是心理的事实。社会是动的，是超越因果律，而不断的自由开展的，是进化的生命之流。他不受任何法则的支配，其实任何的法则也不能够支配到他。人类的欲望不尽在于面包，还要取得自由。明白了这个，我们还有什么能力配说马克思和他一派所策划的国家过程，没有缺点。

……

五

再就工业管理方面言，也可以看出集产主义者的缺憾。韦伯布（webb）把工业管理之连续的阶段，分作三部说明：

第一，什么应该生产——就是供给于消费者的精确货物，或者是关于 Service（服务）的决定的问题。

第二，关于生产的方法、材料之适用、过程和 Human agent 之选择判断问题。

第三，关于劳动条件问题——包含劳动中的温度、空气、卫生设备和给与赁银等问题。

他主张这三个阶段的工业管理都应该归国家决定。他以为关于生产、货物和 Service 之决定，都应以消费者的希望和需要为主因，所以他主张"什么应该生产"问题，当一任消费者决定。至于第二的生产过程，他也一样的否认生产者的管理权，主张由工业指挥者（director of Industry）决定。第三的阶段，则主张由专门商议员（expert negotiators of the Trade Union）决定。他的主张尚不止此，他以为无论哪一阶段的工业管理，国家都应有其无限制的干涉权。并且关于教育、卫生、闲暇，和赁银之国民最低限（National Minimum），国家都有它的强制权。要之，它是不许生产者有绝对的自由之天地的，他承认生产者的团体，不过是民主的国家的一个机关。不特这个，他并且主张劳动者应给予赁银，最低的赁银。在他的社会主义里头，或者说是在集产主义里头，赁银制度依然存续，就是奴隶制度依然保留。

关于集产主义者所主张的工业管理的缺点，罗素曾有极痛切的批评说：

"受建设的本能所灵感的工作，即使困难，也觉着满足；因为这个努力和狗逐野兔的努力一样的自然。现在资本主义最重要的缺点，就在为了赁银而做工，抹杀了创造的冲动。为赁银而做工的人，关于他所可做的，没有选择余地，只是听从雇主的命令。……但这个缺点，换了国家社会主义还是没有除掉。在国家社会主义的社会，国家是雇主，劳动者对于他们自己的工作，差不多仍旧不能管理，和现在一样。他们所得的管理是间接的，要经过政治机关的；所得相应的满足，是很轻微而且迂远的。到了那个时代，恐怕没有自治，反增加了相互的干涉。"

不宁唯是，集产主义者把一切工业都收回国有，委托官吏经营，结果一定要使劳动者受尽一般官僚掠夺、压逼的痛苦。而且适切于机械业的劳动条件，一定要和农业不适切，现在硬把这些事给予站在实际生产者以外的人规定，无论他的企图如何，总多少发生许多的障碍。柯尔说过：

"工业之实际的管理是生产者的事务。制造者于他自己所制造的，自行管理，我们应认为方满足民主主义的事。"

我们再考量集产主义者所解释的"国有"，觉着他的意义只是国家的经营。他们把国有和"社会化"混合在一起，其实社会化不是国家的经营，而是国家的所有啊！集产主义实际是和民主主义不同，他是非民主的，不过是官僚主义罢了。

复次，集产主义的实质，只是国家资本主义——就是立于集产主义基础上的资本主义。柯尔说：

"都市社会主义是都市资本主义……把这个理论应用到收回国有的场合，他的结果，自然不是社会主义，而是国家资本主义了。"

我们请再为申说，集产主义和国家社会主义同其运命——所以变成国家资本主义的缘故，是赁银制度的存续。因为在赁银制度底下，直接从事生产的劳动者和任生产管理的从业者完全分立。分立的结果，所有新机械的发明，生产过程的改善，和一切技术上的进步与发明，免不了要被资本家的利益所牺牲，不能和全社会的经济目的和利害相一致。而且劳动者为着保障最低生活的赁银，不惜把自己的人格当做商品卖掉，同时便要抛弃许多关于生产物和其他政治上的权利。尚有一层，有了赁银，便有了地租、利子和赢利。赁银不废止，地租、利子、赢利，也就没有废止的希望。

六

总括起来，集产主义的时代已经是过去了。他所主张的经济万能，一元的国家论，单纯的救济贫乏，议会政策，有很多在英国已经是崩坏过去了。还有几点，现在俄国的劳农政府正在那里试验，有人说是马克思主义的光复，我却认为是马克思主义的结束。有人说马克思主义被社会民主党弄成堕落，我却认为社会民主党原是马克思推论的结果。我以为马克思最大的贡献，一方固在于暴露资本主义的罪恶，一方却在于"阶级争斗"的宣示。布尔什维克的成功，说他成功于马克思的教义——社会主义的理论——倒不如说他成功于马克思之"阶级争斗"说的适合。今后的社会主义，是从集权到分权，从救济贫乏到废除奴隶，从消费者的立脚点，到生产者的立脚点哟！

原载《评论之评论》一卷三号，一九二一，六，二〇

布尔塞【什】维克主义

《新潮》第 3 卷第 2 号，1922 年 3 月

何思源

俄罗斯是世界强大的国家，共产主义是近代最激烈的革命。今日这两个大动力忽然相合，所以直闹的翻天覆地。各国派往调查去的很多，学者作的书也很多。论俄国主义书中，罗素的这本布尔塞维克主义算是最公平、最直爽的。读过这本书不只能知俄国内地真相，还可见罗素是一个坦白的人。

罗素是一个主张社会主义的人，他赞成俄国的大主义。承认共产主义是必须的，是当然的。唯俄国现在的共产主义中，有些错误之处。根据这些错误，他极力反对俄国的方法和制度。今先叙明罗氏批评俄国主义数点：

（1）罗氏承认资本制度终得打消，财产的分配必得平均。但实行共产主义不能专从物质上着手，还得顾及精神方面。共产主义的国家，不只财产均分，还须权力平衡。共产主义的人不只当有勤苦耐劳的心，还得有自由的思想与平和的精神。布尔塞维克派的缺点就在重物质而忽精神，重经济的共产而忽思想的自由与精神的平和。罗氏全部书就根据共产主义的精神方面。他说人类的欲望有四个重要的：求生活，求食，求饮与求男女。根据这些欲望渐渐养成几种冲动力。这动力就是获得心、竞争心、好高心与联爱心。这四个之中仅仅一个获得心与物质界有直接的关系。布派主义全脱胎于马克斯的学说。马克斯专以物质及经济的原故解释历史和政治。他以社会上的纷纭竞争，都是因为求衣食住三条。今以人性中的分析，知道专以经济两字不足说明人类的活动。宗教、家庭、政治、思想、气候等都有一分的力量。经济的欲望固然是一个大部分，然而不是全体。布派主义的根本原理是以获得心为人性的全体，经济是社会活动的唯一原因。根本错了，所以生出许多错误的法子来。

（2）布派主义不能容忍，不能仁慈，易养成严酷的精神。罗氏以布派的革命是武力的革命，是拿破仑式的革命。将来的结果必流于侵略的国家主义。红旗军的征讨，绰斯开【托洛茨基】的英武，都易唤起人民的一种爱国心来。

爱国心的战争方面，是造成帝国主义的根基。将来帝国主义虽不是布派主义希望的东西，却是不识不知的结果。罗氏以俄国的亚东政策和世界革命主张为证明。他说俄国现有一派的人以征服西伯利亚，建设一个大强国为目的。一来压迫英国作为和议的先阶，二来扩张势力以备世界革命的根基。这都是武力革命的恶果。粗武暴动的心养成了，就造成非战不可的形势。布派世界战争主张的终了，有三个结果：（一）资本主义战胜布派。绝灭共产之希望。（二）或布派武力战胜，变为拿破仑帝国主义。（三）或延长的世界战争，以至摧残文明，共产主义也同时消灭。罗氏以这三个结果都不是人类希望的，但是必至的结果。这都是武力革命的坏处。所以罗氏对于布派有三个疑问。他说倘布派成功，他们理想的社会是否可宝贵？成功后的结果，所得能否偿其所失？布派所用的方法，是否能造成他们希望的结果？三个之中有一个不能保险，则布派的事业就无用了。布派主义断定人类不自由的原因是经济的不平等。打破经济的奴隶，非武力不可。以武力为革命的方法，是布派第一错误。

（3）罗氏是反对普通宗教的人。他说大功都是由于科学，大害都是属于宗教。他说"宗教"的意思是用情感不用理性的武断主义。布尔塞维克就是这种的宗教。列宁讲理处处引证马克思的《共产党宣言》（Communistmonifesto1848）他们都尊这本宣言为"马克思圣经"（Marxian Scripture。）尊列宁的《国家与革命》（State and Revolution）一书为"布尔塞维克新约全书"（Bolshevik New Testament）此言见 W. Walling。Sourtism p. 13。布派以武力限制人民的思想言论自由，即是宗教也不是耶稣和释迦一类的仁慈宗教；乃是默哈谟德（穆罕默德）的武力宗教。他们的宗教不是精神的，是物质的。不是个人的，是社会的，不是任个人自由醒悟，乃是以兵力强人皈依。布派主义背反自由的思想，变成武断的信仰。这是知识的自杀主义。是他们的第二错误。

（4）在俄国学校是传播布尔塞维克主义的主要机关。耶稣教既去，"布尔塞维克教"又来。出狼进虎，为害则一。布派主义既是武断主义，不是自由思想。既是情感的信仰，不是理性的判断。俄国学校中养出的必是残忍严酷，暴动好武的人，而无创造自由的心。布派主义既专以物质的经济为重，造成的获得心，将来的结果必处处以物质的获得为标准，这是教育美术的经济化。这是布派的第三错误。

（5）布派能平财产而不能平权力。布派党人仅占全俄百分之五，（见 John Spargo：Bolshevism）以百分之五强压百分之九十五，所恃的不是民意乃武力。

这是布派主义的"贫民独裁政治"（Dict atorship of Proletarist）。武力就是权力，行使权力常久了就生出爱权的心。养成爱权心是今日资本制度的一个大坏处。资本制度的恶劣，就是因为他集权太甚。资本家不只有钱财有银行，他们还有管理的学堂，独办的报馆。他能支配什么是教平民知道的东西，什么是保守秘密的东西。总之资本家不只有平民的财产权，他们还有平民的知识权。现在经济界政治界竞争的激烈，就是人人都知道"权"的势力大。有他可以作富作威行己所欲。现布党握大权，即令他们能推翻资本制度建设共产的国家，而资本主义集权的罪恶仍然存在。使行常了恐怕他们不愿让给他人。权力不均破坏个人自由，是他们第四个错误。

（6）布党人既占少数而又操大权。不只操大权，而又用其权以暴动的革命。其结果是（一）打消尊重大多数的例子（Principle of respectingmajorities）于是选举的结果可以没有效力。（二）放弃法律。近世民主主义的两个好现象是尊重大多数的决议，和宁愿政争不愿革命的心。世界能保守秩序而又能进步，就是这两个的力量。今布派人不能以理论争辩使大多数人都成共产党人，而硬用武力强迫大多数人信他们的主义。这是破坏民主主义。是布派的第五错误。

（7）共产社会的根基全在工业发达，俄国工业倒闭是世界公认的。工业倒闭的原因：（一）俄国工业还没到自足的地步。（二）国内国外的战争。（三）国外商业不通，全国交通阻碍，粮食缺乏。人民做工虽重，而食养不足。俄国共总没到可以共产革命的程度，所以人民虽脱离资本家的管辖，反成了政府的奴隶。以后数年俄国人总没有轻闲的时候。倒闭工业，奴隶人民是布派的第六错误。

以上是罗氏批评布派主义和它的方法的大旨。以下说明我对于罗氏全书的意见和布尔塞维克主义的观察。

布尔塞维克主义不是遽然从天上落下来的一种东西。也不是背乎时势的一种改革社会主张。他是顺世潮界流的运动，二十世纪学说思想的自然结果。不过布派比较其他各国多走了一步，惹大家注意罢了。大家都知道十九世纪最大的潮流就是个人主义（Individualism）。这主义是起于工业革命以后，中产阶级发达资本主义发达的结果。一时人人都主张"放任"（Laessiz－faire）的学说。发达这种学说的意思，是使那靠工商业的资本家可以自由剥削平民，不受政府的限制。大资本家可以因竞争自由吸收小资本家，不受法律的干涉。他的大主张是缩小国家的范围，伸张资本家的权力。这种主义到二十世纪初年还有。如美国工党与资本家的战争，美国法庭都是反对工党。他们以工人联合罢工是种阴谋，想破坏个人营业的自由。所以生出许多阴谋惩办法（Law of Comspiracy）和法庭禁止令（Injunction），又政府通过的限制做工的钟点做工的情形等法律，大意是限制工厂恶待工人的法都宣告无效。因为他们限制个人协约的自由（Right of Freedom of Contract）一时的学说是以"穷人死亡是因为他贫穷。他的贫穷是他自己造的。"（The destruction of the poor is pov erty & they standin their own light. "D. A. Well." Recent E conomic Changes 1988 p. 431.）这可见一时极端的个人主义了。近来人人都觉悟了，渐渐的都觉着国家不只有消极的功用以保护治安，还得有积极的功用以促进社会上的幸福。现在美国有工厂限制法、劳工保护法、幼童劳工限制法、妇女劳工限制法、铁路管理法等等，以至干涉牛奶中加水的法律都通过了。一九一九年的铁路风潮和浦兰母计划（Plum Plan）是铁路矿山国有的趋向。不只美国，各国皆同。最明显的，如英美各国城市政府扩大范围，电灯、煤气、电车，等等都归政府自办。总而言之，今日的趋向是发展政府干涉的范围和国家在社会上的功用。这些改革的根据是以"自由不是社会的目的，乃是发挥生活增进幸福的方法"。今日的潮流可以两端说明之。自国家方面言之，他在人民经济、社会交际上的功用一日扩大一日。自人民方面言之，人民管理国家的机会一日铺张一日。如今日创议权（Initiative），回招权（Recall），就是这种趋向。将来的结果是政治、经济、社会的问题合一，而成一个最大的国家范围。人民与政府合一，而成为人民即政府，政府即人民的国家。这种趋向唤作取消国家的趋向，可唤作扩大国家的趋向也无不可。不过这种的国家不是资本制度的，国家乃是社会共产的国家。世界各国都有这种趋向：中国有，美国有，英国有，现在俄国也有。所差的不过是程度罢了。俄国较其他各国多走了一步，布派主义以为资本制度打消，劳工普遍后，国家的政治功用日日遽消。所余的不过经济的分配，工商的调查。现在还是他们的过渡时代。经济与政治合一的趋向是布派代表现在潮流之处。

既然各国都有这种趋向，为什么布尔塞维克的激烈主义独发于工业不进步人民无教育的俄国呢？按科学上的定律，凡有冲动都是发现于抵抗力甚小之处。抵抗共产主义的是资本主义，俄国的资本制度并没发达到自立的地步。帝国时代资本制度全靠政府权力的帮助，才能自己发达，才能钳制工党。帝国政府与资本家合作方能抵得平民。帝国政府推翻以后，资本家失其凭借，社会上失其平衡力，才生出布派的平民运动。社会上的制度都是纵横连贯造成机体的关系。这种机体关系造成，就生出许多定律。违犯了这定律，于是紊乱社会现时的秩序，扰害人民现时的生活。社会的组织都有此种保守现状性。根据此种组织所脱胎的一切制度也有同样的守保性质。如现在国家中所组成的政府，学校、家庭、商业、工业，及一切的社会制度都彼此连贯错综成为一体。社会的幸福是他们公共的贡献，社会的恶劣，也是他们公共的结果。欲增进社会人民的幸福，须得他们一齐增进。欲铲除社会上的罪恶，也得将他们一齐铲除。他们既然贯连为机体的关系，改良一部分是万难根本见效的。现布派的全部破坏主义就是如此。人民生于现在的社会秩序中，长于现在的社会生活中，当然是安于现在的秩序和生活。这是顺应的原理，物质的惯性。至于现在的秩序，现在的生活，是否为最高的生活、最好的秩序，我们还不晓得。

又制度中所造成的道德观念，大都为保存制度自身的存在。如家庭制度造成的道德是贞、节、孝、悌等，个个足以巩固家庭的组织。资本制度造成的道德是财产权、出版权、商标权、不盗窃、不贪婪等，这些道德的观念无论是否真善，却都是为辅助他们主人的生活。中国人的贞、节、孝、悌的观念，不易发现于个人主义的美国。假如中国人有了美国人的贞节孝悌观念，则中国的家庭制度非破裂不可。总而言之，制度造道德，道德巩固制度。两个互相为用，才成了社会上保守的惯性。开创改革的人，不只是暴乱的人，还是不道德的人。布派的革命，就想把制度和它连带的道德一并破坏之，而重新造一个完全不同的社会。先改革共产的制度，而后增进共产的教育，是布派手续不同处。共产主义首先当打破的私产的道德心，私产的道德心根据私产制度，所以共产主义家先要破坏私产制度。如美国可为世界私产道德心最大的国，美国人尊重私产权如神圣不可侵犯的天赋权。到美国的人都见大路两旁的告贴特书"私产，不准通过"（Private，or Private no Transpass）。经济学家都说美国不易发生布派的革命，因为私产心太深。我暂不说布派主义是否正当，他们只要信这种主义又想使他们的主义实现，他们就当完全破坏、根本破坏。反过来说，假如俄国共产制度成立了，共产的道德也造成了，百年以后我们证明共产制度不是好制度，想由共产仍改为私产，我们也得将共产的制度和道德根本破坏、完全破坏，否则不能得根本的改革。罗氏说布派违背大多数的意见和民主国的法律，是不成问题的。

据多数人的报告俄国人民是受痛苦，但受痛苦的原因不是因为布派的政府，是因为协约国恨布派政府。Dunikin（邓尼金）、Yudenitch（尤登尼奇）、Kol-chak（高尔察克）和 Wangel 的反革命，波兰的侵略，都是英法等国暗地的帮助，想借手破坏布派政府。现在俄国的穷兵黩武，牺牲个人自由，全俄受冷受饿，和如果将来变为帝国主义，都得协约国负责。是协约国用武力破坏俄国的结果（见英国工党调查委员会报告 1920）。布派的存在与否是俄国国内的问题，推翻布派须从国内着手，不是强用武力所能的。

一九二一年二月十日美国芝加哥（原书著者：罗素）

社会主义与社会

《少年中国》第 3 卷第 10 期，1922 年 5 月

李 璜

少年中国学会同人提议研究社会主义，并列举许多社会主义的学说，以为研究的标准——见本月刊第三卷第六期——在提议同人的意思，以为就研究的结果，或者是弃众说而独取一说，或者是折衷众说而另创一说。就少年中国学会同人以往研究之态度及趋势而言，弃众说而独取一说，恐怕是不能得大多数在道理上的赞同。所以现在大多数的同志很趋向折衷众说而另创一说这一条路子。

社会主义在现今已经很有了研究的价值，况且我们要从许多社会主义学说中间另创一个新说，为中国最近的将来的改革方针，当然更是非常重要，因此觉得万不可辜负了这一番的研究，并且觉得如要不空负这个研究的虚名儿，我们该当注意一个要点：就是不可堕入经院派（Scolastique）的议论程式里面去，无味的在字眼上生些辩论，成为近今学术界所诟病的舌辩主义（Verbalisme）。我个人所以虑到这一点上，因为第一觉得近年国内学者研究或比较西方学说，不大十分留意西方社会的实际，常常喜用一些学说来比较而判其得失，料其将来。要知道学说上的事实不一定便是实际的事实——经院派哲学家便多疏忽了这一点——其次觉得谈主义的人，中西都是一样，每每只以自己所相信的为真理，而专在字面上去批评别人所主张的。要免去这两种弊病，觉得该当首先从认识实际下手：社会主义之自身的实际，换言之，就是社会主义之所以为社会主义。

从来谈社会主义的，或因为称谓的方便，或因为攻击的作用，常常在各种社会主义学说上面冠一个特别形容词：什么个人主义的，乌托邦的，国家主义的，小绅士派的。其实这些形容词无非只是各种学说外面所带着的各种色彩，其实社会主义自身所有的实际元素到处都是那一个。我们如果先认识了这个公

有的实在元素，当然不致堕入空虚，专在外面色彩上去研究或辩论。所以近今社会学者讨论社会建设时，都先要解剖内形，求出一种建设中的公有的主要元素，然后本着寻求的结果下一个定义，才免得上玄想家和雄辩家的当，为空想和字眼所误。

自有社会主义以来，为社会主义下定义的人不知道多少，但是要求一个客观的恰切的社会主义的定义，足以指出其中所含一定的主要成分，总不能得：不是偏于主观，抹杀一切；便是空阔无边，不可捉摸——前一种多半富党派的气味，后一种多半富哲学的气味——社会学家便不是这样，他们既然着眼在求社会主义各学说中的公有元素，他们便将这各种学说类列起来，从最温和的讲坛社会主义一直到最激烈的公产主义，用比较的方法来抽出所谓的公有元素。【请参看法国涂尔干 Durkheim 社会学方法的条件和他在哲学杂志 Revue Philosophiaue（1893）上所发表的社会主义的定义 La Definiion de Socialisme】

各种社会主义——没有例外——所呈现的第一个元素，就是他们都一律反对现有的经济制度而要求其变更。或取急进的手段或取缓进的手段——他们同时也要求精神上的权利，但是他们总以为精神生活的变更是随着经济制度而为转移的。

现有的经济制度所呈现的外观只是纷乱二字。一方面由于各个人自图其私，在实际上几乎无所谓公利，且无有实行公利的标准。每一个人的事业，有他独有的人格，有他的自由趋向和正当要求；而这许多每一个人的事业之和便失其总人格了。社会之所以成立进化，全靠连带作用（Solidarité）：由事实的连带关系以构成精神上的连带关系，然后一个社会才能凭借这种精神上的相通（Communauté morale）集合多数分子，如同生物的细胞组合一样。照现在的经济制度，各人自顾私业，经营的力量四分，权利的冲突时见；事业与事业间，阶级与阶级间，实际上的连带关系既然日渐疏远，因之精神上的相通便不能实现。社会之所以解体，并不在物质上的争夺，就恐怕因为物质上的争夺，而成为精神上的隔膜。

他方面则由于现有的政府不足以尽经济行政的责任。因为在一个分工已经繁密的社会里面，若要经济制度不纷乱，权利分配不冲突，所谓有组织的经济行为的实现，除非各种的经济行为皆与中央经济行政机关有最密切的关系，该当犹如脑神经之于四肢百脉，使他们在人一身各尽其能事而毫不相妨害。明白言之，中央机关的责任就是在介绍各个分工生活去尽力于公众生活。但是现有的政府因为职员的愚昧和资本家的自私，不但不能调理分工生活与公众生活，并且更以法律及命令阻扰之。所以各种社会主义均一致主张能弃去这种纷乱的经济制度，而代以适于现今经济生活的行政机关。

但是在各种社会主义里，这种关于经济行政的组织不是一样的规定：有的只要在现有政府上去加增他的经济方面的行政权力就是了，如像德国的讲坛社会主义多是这样说法；有的反之，要将现有政府所存的经济行政权力攘夺了去，而另设一种关于经济活动的特别机关，如像英国的基尔特社会主义，法国的森的加主义，都有这种的趋势；其他如像共产主义等等，手段的急缓虽不一，但是都无非要将这纷乱的经济现状设法改造一下。因此可以下个定义是：社会主义是要使现在纷乱状况中的经济活动，突然的或渐进的，移在有组织的状况里面（这个定义还是本涂尔干所下的）。

我们现在有了这个定义，便觉得社会主义四字要踏实多了。第一不致为科学的、乌托邦的、个人主义的、国家主义的种种形容词所迷而起些无谓的争端，已如上述。其次我们着手研究的时候，也有了个明白的事物的对象，不至于只在学说上去寻结论，终不切于事情。因此我们的研究觉得不必用马克思的学说或蒲鲁东的学说等去比较其优劣，更不必以俄国的现状或德国的现状去说明中国的现状而定设施的标准。不如本着这个定义的内容，去细察一察中国经济活动的纷乱状况到了什么程度，然后才能定何种的改革法——突然的或渐进的——并且去细察一察中国人民的经济生活是什么样的方式，然后才能拟何种的组织法。万不可看见我们邻居实行共产主义很热闹，便主张共产主义罢。基尔特社会主义最和缓易行，便是基尔特社会主义最好罢。共产主义、基尔特社会主义既不是绝对的东西，在俄国很热闹，或者到中国便不热闹了；在英国很易行，或者到中国便不易行了。中国的现社会既不完全是俄国、英国的现社会，当然他的容受性有不同的地方：或者俄国平民专制的手段施之中国还过于和缓了，也不可知。或者英国的职业组合的实现望之中国还过于奢愿了，也不可知。总之要先看明白了中国社会的实际，然后才能说话。但是中国社会的实际并不只是武人专横，百事莫举，民生凋敝，盗贼满野；如果本着这些现象去规定实行社会主义的方向，未免太肤浅了，其结果必致反为他所哀矜所欲救的愁苦平民所反对，徒令英雄短气，只有叹愚民之无知而已——在现在俄国，毋庸讳言，总有一部分事实可以证实这些话的——其缘故便在观察不深，过信一二人的推想，而不知社会的实际。所以要研究和实行社会主义，其次当认识社会的实际，换言之，就是社会之所以为社会。

社会之所以为社会，绝对不是几个非常天才的创造。天才的能力固然能影响社会，但是天才之发生及其成功，都是与社会同时相演化相调和而来的。明白些说，天才的发展是时时要本着社会的实际的；社会的实际可以离天才而存在，天才是不能离社会的实际而滋长的。所谓社会的实际便是"社会形"与"社会力"（La Forme Sociale et la Force Sociale）。

什么叫做"社会形"呢？人口的多寡、幅员的大小、组织的规模、法律的颁定、宗教的程式等等，这些固定的形象，在一社会中，在在与一社会的行为有密切的关系的。社会学家可以在各种社会里考察出经济的现象、道德的现象、以及法律宗教等现象，它们的发生和变化都随着这种固定的社会形象的。譬如言经济生产的变迁，往往是随着人口多少为转移，在历史上得的证据很多，不可胜举——如第九世纪的爱尔兰因为家族的数目加增便变公产为私产——又譬如言道德的行为，几乎人人都知道他是随着各社会的制度习惯而有不同的。

至于"社会力"，则大致可分为两种：一种是物理的（I'hysipues）如种族、地方等的关系；一种是心理的（Psycholo giques）如需要情感、好尚、信仰和思想等的关系。略举最明显而常称道的比例，如斯巴达人处山谷间，地瘠民贫，因之便好武，其结果成为军国主义的社会。雅典人居近海边，利于商业，因之便好文，成为民主主义的社会。这便是根于物理的关系的社会力的作用。又如欧美人得钱喜费用、东方人得钱喜存储——就大多数而言，非对于现在一般神经有病态的武人政客而言——回教徒不食猪肉，我们南方的中国人天天都食猪肉：这都因为思想、好尚、信仰和情感种种心理的关系不同，便大大影响于经济的消耗上面。这种"社会力"视之若无形，但是社会的活动常常是受他支配的，社会的主张常常是被他变易的。

但是"社会力"与"社会形"是不能完全分离的。彼此互相为用、互相影响。研究"社会形"即是研究社会的建设而观察其"社会力"。分子在社会中或离或合皆由此力。社会学家认识这个力的作用，故不以为一个社会的建设是二三豪杰之士几拳头可以打得破的。征服人者的武力虽强，压力虽大，尚且有在数十年之间，便为被征服者的社会力所软化——如高卢之于罗马，满人之于汉族——何况现在讲"狄克推多"的，其压力与人数都不能及古代野蛮侵略者，所以未有不受"社会力"的反抗即因之变化的。

马克思的社会主义所以自称为科学的，更自认为在欧美社会切实易行的原故，就因为他的唯物史观能分辨出生产进化程序的价值：因为生产状况要到了什么程序，才致于生出何种的生活方法；并不是随便理想或采取一种经济学说，不问社会生产状况到了何种地步，便去强迫实行的。所以马克思在《资本论》

上曾列举以往的生产情形由社会各方面的影响而变化，以至今日的欧美生产界，"工作的社会化以及他的物质力量的集中，已经到了一个时候，再不能容纳在资本制度的范围里面。这个范围自然要大声爆裂的。"（见 Das Kapital，I. Kap XXXII）马克思便趁这个自然之势，而有共产主义的说法，明白些说，马克思主张共产主义，并不是他个人要这样做，是为社会事实所指出而不可避免的（Indispensable）。

我们要谈社会主义至少也觉得该当学马克思这样留心一下社会事实。要中国的社会主义如何决定，便觉得该当先问一问中国的生产进化的程序：农奴制、小农制、手工业、大工业，究竟到了哪个时期。其次对于中国平民生产和消费的心理也该当详细考察，然后实行已定的主义时才不至于受那无形的"社会力"的反抗。我不敢说中国讨论社会主义的人便没有精到周详的，不过对于中国社会事实一面总觉得还考察得不够，所以讨论的结果总太偏于理论——实行家常鄙理论家空言无补于事实或者也是有因的——这回本会的同志起来讨论，并希望讨论的结果可以作为本会实行的方针，真所谓"兹事体大"，故我不揣浅薄，也勉为研究者进一解。

一九二二，四，二八，巴黎

社会主义与个人

《少年中国》第 4 卷第 1 期，1923 年 3 月

李 璜

我在《少年中国》月刊第三卷第十期发表了那篇"社会主义与社会"的文字以后，接着家乡里一个老同学的信；这个同学算是我素所敬服的，他对于国家命运的前途也算得一个有心的人。他的信说道：

"……数年以来，政争兵祸，无有宁时，民生凋敝达于极点，乃闻二三有志之士有马克思社会主义之主张，欲以多数平民之力合抗武人，取得政权，国脉民生将共赖于此举。弟对于马克思之说素无研究，阅北京上海杂志报纸，渐有人攻击其说之谬，谓不宜于现代之中国。今阅足下在《少年中国》上所发表之"社会主义与社会"，亦觉有中国不宜遽行马氏之说之意。不知除马氏学说外，尚有较宜实行于中国之社会主义否？贵学会现正研究，必有所得以为世倡。弟亦有心着手研究，足下能为我介绍一二本简明之经济学或社会主义译本则非常感谢……"

我复他的信的大意是：

"……弟所发表文字非欲攻马克思社会主义之短，乃欲与同人真正的尽研究社会主义的责任。因既欲实行一种前人的学说，则与自出心裁不同，必先力求了解，然后庶免自欺欺人之消。国中主张共产主义者虽不乏曾经研究之人，但大半以感情用事或利用主义者居多。其主张最激烈者，即是最不了解其所主张之妄人。动曰灭产，曰废国，彼实不知产为何物，国为何事。知之，必不言之如此其易也……马克思之说所以能颠扑不破者在其唯物史观持之有故而言之成理，但学者已病其忽略精神与个人创造方面。今所谓新马克思共产主义（Communisme nécmarxisme），其唯一得意之作便是"狄克推多"，尽弃马克思唯物史观之价值而事事不惜假强暴之力。如列宁、托罗斯基之于俄，不问其国是否到工业社会化的程度，乃强家庭经济之小农以实行集产，故未有不败者。

……以吾国今日政府的腐烂，非经一次政治上的大流血不足以更新面目洗涤心肠；未来之政治大革命又必带社会主义的色彩，此为弟所敢预言。但菲薄民治而只知有工人专政之集产主义则非弟所敢赞同；挟片面的公道主张而欲使全社会一时之间共就其一定之范围，直是暴君之行，必致社会瓦解。盖此种英雄式之社会改革家多不明社会的实际与人生之复杂，而将天下事太看得简单。故弟极愿敝会同志于研究社会主义时多留意社会实际与个人生活。一种社会主义能与此二者相调剂则不难得自然的发展，否则徒使二十世纪最有希望之社会改革的主张又将为中国多数所诟病耳！……"

本来真正的社会主义与个人自由是不相冲突的，不但不相冲突，并且可以说他是为个人自由而从事的：社会主义之所以反对资本主义，就是因为资本主义足以妨害个人的自由发展，因此他才有个人的经济解放的主张。一个德国的社会学者说得好："没有自由主义在中间，社会主义是不堪想象的：社会主义根本该当是自由主义的；他所含的个人解放的思想实为我们生活的存在与其发展所必需的条件。"（见 Ziegler La question sociale est une question morale）如果我们不否认这个根本的说法，我们商量社会主义的时候便该当（一）不取宗教主义的形式。（二）不假专制强迫的力量。因为这两种手段都是与社会主义的根本思想——个人自由——相冲突的。

什么叫做宗教教义的形式呢？就是不问个人的志愿和活动，主张一种一成不变的说法，以个人自由的志愿为无足轻重，而以这种说法为各种社会皆应取的一定趋向。现在一种强力施行的集产主义便好像柏拉图（Platon）的说法一样："城市至尊，个人至卑"；个人并不是为个人而存在，简直是为社会而存在。有这种教义的想法，于是才会相信社会万能，政府可以为人民包办一切，于是才有命令式的集产主义的实现。在普鲁士王家正盛的时代，日耳曼民族统一的观念非常发达。顺着这个潮流，因之有康德（Kaet）一派的个人附属于社会的道德学说，黑智【格】尔（Hegel）一派的政府万能的议论，兼之李斯特（List）的国家主义的经济政策在德国大生效果，所以德国学者倡言社会主义大都不能不趋重政府的能力；国家社会主义自不待言，即马克思的集产主义又何能免偏重政府权力之弊。

我不想在这里多批评集产主义，不过要想指明马克思的说法是有本于德国民族性和他当时的潮流，不能认为一种教义，随处可以传布，而不问其他的民族性能够容受与否。譬如以法国的民族性比较尊重个人的活动，便与马克思集权的说法不能相容。蒲鲁东（Proudhon）本是马克思的好朋友，他也是社会主义的健者，但他在这里便与马克思分离了："他爱自由甚于他爱公道"，他与其赞成那种"暴民的，警察式的假社会主义的政治"他宁肯不要社会主义。他甚至说："共产主义者，你藏着罢，你在我面前使我难受。"

主张"狄克推多"的集产主义者口里常说他所用的强暴的手段是暂时的，是与他的目的不相妨的。假霸道以行王道，已经不能得多数的同情，况且所谓暂时，究竟为好多时光？如果目的地的平等公道尚离得很远，而长久叫人暂时忍受不平等不公道，这未有不生出反感而大家解体以去的。况且集产主义者所主张的公道完全是片面的公道。因为他着想时，只见到静的社会一面而忘却动的个人。静的社会本是各个动的个人的志愿所要求而集合成的。主张社会主义首先便该当留意到个人，个人的生活如此其繁复，个人的愿欲如此其切己！万不是集产主义的"狄克推多"者打着平等公道的旗帜，便可以使许多个生活志愿成为一律的。

但是他们说人类自私性是很危险的。不错，我们都知道人类自私性是很危险。但是要知自私性是人类活动的中心，只能调剂之使不足以为恶，不能勉强压迫之，使他不能得相当的发展。野蛮的社会，未进化的社会，社会学家所谓机械式的连带作用（Solidarité mécanique）的社会便是压迫一部分人的自私性而使其他一部分人自私性尽量发展。但是人类愈进化，分工愈繁复，彼此相需要之事既多，彼此相重视之情愈切，于是乃由机械式的连带作用变为自动的连带作用（solidarité organique）。在今日文明的社会里，精神的生活与物质的生活，一个人所需要的事物非常之多，哪能不承认构成这许多事物的各种工作的价值呢！

集产主义既趋重唯物的观念，眼里便只看见那工厂内田地里弄机器的才算工作，才算劳动者。其余劳心志，竭精神，直接的或间接的为人类尽力者都一概以"绅士"二字抹杀之：这未免太不与哲学家、文学家、科学家、艺术家等留余地了！要知在社会的动的（dynamique）一面看来，用脑力为人类谋更大更永的幸福的工作，与用体力在工厂劳动八点钟，究竟谁的效果要大一些？前面已经说过，人类精神需要的急切繁多是与物质需要为相上下的，为什么唯物观的集产主义者只珍重别人栽白菜萝卜而不珍重别人种芍药牡丹呢？

唯物观的集产主义者最鄙视的是安闲，而这些思想家艺术家却非得许多的安闲去涵泳构思不可；他们爱把价值与劳力拿来放在秤盘两端，要比量得清清楚楚，而这些思想家艺术家的工作恰恰是一时或永久都不能比量的。法国近今一个哲学家甫野（Fouillée）把这个意思比拟得很好。他说："我们究能够把精神的工作用权力来规定么？我们能够叫雨果（V. Hngo）从早七点钟便开始作诗，或是到九点钟便停止吗？我们怎么去量他的价值？天才的思想往往在经济上没有什么价值的。……当加里来【伽利略】发明木星的陪座星（satellites dejupiter）的时候，集产主义的规定价值者能够料定他这个发明是适用于测最准的图而免却许多商船的危险吗？别人的安闲，以至于偷闲，在做手工的人看来是如何的可耻，但在另一面看来，还是有他的社会的需要和益处。如果众人都曲着背去弄犁头或机器，便不会有这些思想家，这些所谓游手好闲的人如苏格那【拉】底（Socrate），如亚尔西麦得（Archimède），如拉卜那斯（Laplace），更不会有如丹【但】丁（Dante），如沙【莎】士比亚（Shakespeare），如拉马尔丁（Lamartine）这一些人。"（见甫野的 Le travail mental et le collectivismematérialiste 文中）

总结上面所说的意思，就是我们商量社会主义的时候：

（一）不可以忘却个人生活的繁复与个人愿欲的切要；

（二）须知道精神工作的价值是与体力工作的价值一样的重要；

因此我们采取社会主义的时候：

（一）不宜有集产主义的唯物观的态度；

（二）不宜有新马克思派一阶级专政的想法。

况且中国人历史上的习惯——或者可以说历史上的长处——是不假政府之力而富于个人进取。现在欲一时之间，用强力完全使中国人的生活听一政府支配，一政府包办，必定会使多数惊而反走，终无所成。

总之，在原则上自由竞争（libre concurence）之有弊害，在现状下经济组织之不人道，我们都是很了然的。社会革命的注目，特别在经济的改革，使人人能获得机会上的平等，这也是我们及身便感觉到而深表同情的。但是在达到这个改革目的的手段上，我们该当特别留意，仔细商量。罗曼·罗兰（Romain-Rellanl）说得好："在目的上可以原谅手段，这个话不是真实的。在真的进步上说来，手段还比目的更重要呢——因为目的常常不容易便达到，并且不能圆满的达到。……至于手段或是照着正义的步调，或是照着强暴的法则，便可以表现人的精神。"（见"少年"第三卷第十期）

十一年十一月十五日巴黎

社会主义释疑

——在上海大学社会问题研究会讲演

1923 年 9 月 7 日

李大钊

今天是苏维埃俄罗斯革命成功的六周纪念日，又是本校的"社会问题研究会"的应立日，所以我在此要与诸位作几句谈话。

现在社会上有许多人，对于社会主义不明白，有许多怀疑地方。这种怀疑，实在是社会主义进行上之极大障碍。现在所要说的，就是要解释这几种怀疑。

一、社会上有些人，以为在社会主义制度之下，是穷苦的，不是享福的，因此他起来反对社会主义。不知道在资本制度之下，我们永远不会享福，不会安逸；能够安逸享福的，唯独那少数的资本家。资本主义制度能使社会破产，使经济恐慌和贫乏，能使大多数的人民变为劳动无产阶级，而供奉那少数的资本家。社会上到了大多数是穷的，而那少数的富人也就不能永久保有他的富了。

社会主义就是应运而生的起来改造这样的社会，而实现一个社会主义的社会。社会主义是使生产品为有计划的增殖，为极公平的分配，要整理生产的方法。这样一来，能够使我们人人都能安逸享福，过那一种很好的精神和物质的生活。

照这样看来，社会主义是要富的，不是要穷的，是整理生产的，不是破坏生产的。

二、有些人以为社会主义制度成立之后，人民就要发生怠工的现象，因此他说社会主义制度是不能施行。他不知道在社会主义制度底下做工，是很愉快的，很舒服的，并不像现在资本主义制度下的工作，非常劳苦，同那牛马一样，得不到一点人生的乐趣。从前乌托邦派托莫斯·莫阿【尔】，他描写了一种理想的社会，他认为劳动是最苦而可怕的，所以主张强迫工作。因他目睹资本主义制度下的劳动者的生活状况，是那样黑暗，所以发生这种观念。一般人以为工作是苦事，亦是拿现在生活下的眼光，去观察那将来的社会，其实社会主义实行后的社会的劳动，已和现在的社会的劳动不同了。

如莫理斯所主张的社会主义，是一种美感的社会主义。他常说：工作能使精神感觉愉快，这就是"工作的喜悦"。即我们日常生活上的喜悦，也多从工作中来。比如烹调，自己弄的东西，总比别人弄的好吃，倍觉津津有味。这都是因为自己经过一番工作，含有一分愉快之故。但是在资本主义社会的人，是永享不到工作的愉快的。

莫理斯最赞美的，是欧洲十四世纪的艺术品，而最鄙视的是现代的艺术品。因为十四世纪的艺术品，都是那时代能感觉着"工作的喜悦"的工匠作出来的。艺术家最希望发表的是特殊的个性的艺术美，而最忌的是平凡。所以现在有一班艺术家很怀疑社会主义实行后，社会必然愈趋平凡化，在平凡化的社会里必不能望艺术的发达，其实在资本主义下，那种恶俗的气氛，商贾的倾向，亦何能容艺术的发展呢？又何能表现纯正的美呢？那么我们想发表艺术的美，更不能不去推翻现代的资本制度，去建设那社会主义制度的了。不过实行社会主义的时候，要注意保存艺术的个性发展的机会就是了。

由以上所说的看来，我们的工作是要免除工作的苦痛，发扬工作的喜悦的，那里有像现在劳动的劳苦，有怠工的现象发生！

三、又有一班人，以为在社会主义制度底下是不自由的。他不晓得经济上的自由，才是真正的自由。现在资本主义制度的底下，哪里有劳动的自由，只有少数的资本家的自由，高楼、大厦、汽车、马车全为他们所占据，我们如牛马的劳动终身，而衣食住反得不着适当的供养，所以我们想得到真的自由，极平等的自由，更该实现那"社会主义的制度"，而打倒现在的"资本主义的制度"。

我们要改造这样的社会，是寻快乐的，不是向那穷苦不自由的地方去，前边已经说明白了。

但是社会上的人有一种惰性，这也是我们讲社会主义的人不可不先注意的。

无政府工团主义与黑暗势力

陈独秀

由无政府主义到工团主义，在理论上，或者有人说是退了一步，然在实际进行上，实在是进了一步。所以有些革命的工团主义者，在反抗黑暗势力之联合战线上，应该是我们最亲近的好友；在日常生活的经济斗争之联合战线上，更是我们最得力的同盟军；因为工团主义者了解阶级利益调和之不可能，不似伪马克思主义的改良派采纳劳资妥协政策。

唯工团主义尤其是无政府工团主义之根本理论，我们非是不肯赞成，真是不忍赞成。他们的根本理论有二：

只做经济争斗，反对一切政治行动及政治组织。

工人团体独立自治，反对一切政党。

我们以为人类社会尤其是今日经济组织复杂的社会，想把经济政治两下绝对的分开，已经不容易，每个经济争斗剧烈起来，都会变成政治争斗；因为工人们经济争斗的对方，资产阶级及资本帝国主义者，他们所以要占有政权，正为拥护有利于他们的生产交换分配等经济制度，不服此等制度的人便是叛徒，便要受他们政权所表现的法律之制裁。工人应该是社会之支配者，如何放弃政治不问；如何不要政权管理政治；如何将社会上最重要的机关——政治组织让给资产阶级永远专有，使他们永远支配社会支配经济制度，工人阶级永远在他们政权支配之下只做经济争斗！

既然要问政治管理政治，便不能不要政党，这更是很明白的事。况且同一工人阶级里的各分子，他们的阶级意识及革命之决心不能一致，这便是不能拿整个独立自治的工人团体来代替工人政党之唯一的理由。

以上是理论，以下再就事实说。

大战后，欧洲资产阶级濒于破产，一时全欧洲的工人阶级尤其是俄国工人都卷入革命的旋涡，各资本主义的国家即支配各国的资产阶级都战栗危惧，他们自救的方法是：（一）用武力、宣传、封锁等破坏俄罗斯工人革命事业；（二）组织欺骗工人的国际劳工局，吹出几个改良政策来和缓工人阶级的革命风潮；（三）造谣诬蔑革命的工人政党——国际共产党，说他们利用工人支配工人，使工人阶级离开革命的指导者；（四）在各种工会中实行分裂政策，排斥革命分子尤其是共产派的工人，使工人大的团结分裂为几派。这四个方法同时并行，一九一七年以来的工人革命怒潮居然遏住了；各资本帝国主义的黑暗势力，遂因此得以保持并且复兴起来。这次黑暗势力之保持与复兴，以背叛阶级的第二国际及亚姆斯德丹之黄色职工国际为最有力的工具；他们帮着各资本帝国主义的政府去实行上述四个方法；去帮着宣传劳农俄罗斯的罪恶；去出力讴歌国际劳工局；去造谣诬蔑共产国际，更是他们最得意的技能；去实行驱逐共产派分裂工会，乃是亚姆斯德丹派公开的政策。这班背叛阶级的改良派如此这般的做资本帝国主义的走狗还不足怪，最奇怪的是无政府派和无政府工团主义者，也于是时大鼓吹其"反对一切政治""反对一切政党""反对一切国家与政府""反对共产党在工会中活动"；大鼓吹其什么"独立主义"，就是主张纯粹的职工联合会向共产党宣告独立，换句话说，就是工会和共产党不发生关系。照他们的主张，总括起来，是要使工人运动和政治运动脱离关系，是要使工会和政党脱离关系。他们虽说是反对改良派，而实际上这种行动，却是和改良派取了同样的步调；因此，实际上也和改良派一样帮助资本帝国主义的各国遏住了工人革命的怒潮，让黑暗势力得以安然保持与复兴。工人脱离了政治运动并且脱离了革命的政党，又在高呼独立自治之下，在高呼不要支配不要首领之下，分裂又分裂，自己消灭自己集中的战斗力，那里还有什么革命之可能。无政府派及无政府工团主义者，在欧洲引导工人向这样错误的道路上走，实在是资本帝国主义各国所快意的事，而是我们所痛心的事！

再讲到中国，小农及手工业的社会，本来对于政治及政党不甚关心，这是中国进步迟缓的现象，决不可说是好现象，军阀政治正是根据这个现象而续价存在的。主张"不问政治""不要政党"，此时一定很受人欢迎；然而这种主张越受欢迎，越是中国人的灾难。无政府派在中国鼓吹不问政治不要政党，也和太戈尔在中国反对科学反对物质文明一样，都是拿催眠药给瞌睡虫吃。

况且军阀政府最不愿人民干政，尤其不许工人干政，更不许工人和政党发生关系，最近肖辉南通令汉口各工厂，勒令工人具结永不加入政党。无政府工团主义者若在工人中宣传："不问政治""不要政党"，倒正合军阀的口味，因为他们怕的是工人要问政治加入政党。军阀们不但不要工人干政和加入政党，并且设法截断工人阶级和知识者的关系，例如：今年日本政府允许工人五一游行，但以非工人的社会党不加入为条件；中国的军阀官僚们屡次向铁路工人劝戒"勿为学生政党利用"。这是什么意义呢？原来知识这件东西，是人类社会进化之发酵母，被压迫的工人阶级，因为失去了经济的权利，便失去了知识的权利，所以无论何国劳动运动之初期，都少不了知识者之奔走鼓吹和扶助，我们敢说这是没有例外的。军阀们有意或无意窥破这个关键，所以极力破坏工人和知识者之间的关系：他们不但在工人中宣传"勿为人利用"的口号，并且在每次工潮中特别注意和严惩参加运动的知识者，例如：上海因邮差罢工而监禁李启汉，长沙因纱厂工潮而杀黄庞，汉口因铁路罢工而枪毙施洋，这便是他们知道而且实行消灭工人革命之发酵母。

无政府工团主义者，若鼓吹工人不问政治不要政党，并且鼓吹工人团体独立自治，工人的事由工人自己干，反对一切知识者参加扶助；这简直和军阀是一样声口，这简直是阻止工人参加革命运动，这简直是帮着军阀宣传，这简直是无形中延长黑暗势力的生命。

在工人心理幼稚的中国，不但对于政治组织（政党）和政治争斗不敢出头做，有许多便是对于经济组织（工会）和经济争斗还有点怕。在这种情况之下，指导劳动运动的人，不事急进，不作高论，暂时专力工会运动和日常生活的经济争斗，以养成由经济争斗到政治争斗的力量，这样的方法，我们是不能反对的；若从根本上主张工人永远不问政治不要政党，说好点，这种主张是幼稚的左倾；说坏点，便是避去革命的行动，免得和现政治冲突。

中国工人所受军阀政治的苦痛，别的且不说，黄庞的血，"二七"京汉工人的血还未干，洛阳工人的血又在我们眼面前流着，我们怎忍心不去革命，怎忍心不去和现政治冲突！

有人说工人即得政权也不能解决劳动问题，并引俄国劳农革命为证。我们固然不能造谣瞎说俄国劳动者已经一步登天了，而且因全社会生产力向来幼稚之故，俄国工人物质的生活当然不及英美的工人贵族（一部分技术工），比起其余任何国工人却只好不坏；至于实行八时制及其他教育游艺等精神上的愉快与夫政治上的自由，也可以说是一步登天；若依据资本帝国主义的英日、路透、东方等通信社反俄的宣传，便真相信俄国工人还在失业困苦之中，那便是太无常识了。

以一个无政府工团主义者，不肯相信劳农革命的俄罗斯，而却肯相信资本帝国主义的通信社，这是万分不应该的事呵！

我们以极诚恳的情绪来劝全世界无政府工团主义的同志们，你们的言论行动都应该加以考虑，万勿只顾攻击我们，客观上正帮助了黑暗势力而自己还不觉察！你们口头上攻击我们，说我们革命不彻底，你们应该要比我们更彻底些更高明些；然而事实上你们在欧洲取了和改良派同样的步调，在中国更老实，和一向反对革命的研究系合作起来，你们果何以自解？

原载《向导》六五期，一九二四，四

"好政府"及改良主义

我们的政治主张

胡　适

我们为供给大家一个讨论的底子起见，先提出我们对于中国政治的主张，要求大家的批评，讨论，或赞助。

（一）政治改革的目标　我们以为现在不谈政治则已，若谈政治，应该有一个切实的、明了的、人人都能了解的目标。我们以为国内的优秀分子，无论他们理想中的政治组织是什么（全民政治主义也罢，基尔特社会主义也罢，无政府主义也罢）现在都应该平心降格的公认"好政府"一个目标，作为现在改革中国政治的最低限度的要求。我们应该同心协力的拿这共同目标来向国中的恶势力作战。

（二）"好政府"的至少涵义　我们所谓"好政府"，在消极的方面是要有正当的机关可以监督防止一切营私舞弊的不法官吏。在积极的方面是两点：

第一，充分运用政治的机关为社会全体谋充分的福利。

第二，充分容纳个人的自由。爱护个性的发展。

（三）政治改革的三个基本原则　我们对于今后政治的改革，有三个基本的要求：

第一，我们要求一个"宪政的政府"，因为这是使政治上轨道的第一步。

第二，我们要求一个"公开的政府"，包括财政的公开与公开考试式的用人等等，因为我们深信"公开"（Publicity）是打破一切黑幕的唯一武器。

第三，我们要求一种"有计划的政治"，因为我们深信中国的大病在于无计划的漂泊，因为我们深信计划是效率的源头，因为我们深信一个平庸的计划胜于无计划的瞎摸索。

（四）政治改革的唯一下手工夫　我们深信中国所以败坏到这步田地，虽然有种种原因，但"好人自命清高"确是一个重要的原因。"好人笼着手，恶人背着走。"因此，我们深信，今日政治改革的第一步在于好人须要有奋斗的精神。

凡是社会上的优秀分子，应该为自卫计，为社会国家计，出来和恶势力奋斗。我们应该回想，民国初元的新气象岂不是因为国中优秀分子加入政治运动的效果吗？当时的旧官僚很多跑到青岛天津上海去拿出钱来做生意，不想出来做官了。听说那时的曹汝霖，每天在家关起门来研究宪法！后来好人渐渐的厌倦政治了，跑的跑了，退隐的退隐了；于是曹汝霖丢下了他的宪法书本，开门出来了；于是青岛天津上海的旧官僚也就一个一个的跑回来做参政咨议总长次长了。民国五六年以来，好人袖手看着中国分裂，看着讨伐西南，看着安福部的成立与猖獗，看着蒙古的失掉，看着山东的卖掉，看着军阀的横行，看着国家的破产丢脸到这步田地！——够了！罪魁祸首的好人现在可以起来了！做好人是不够的，须要做奋斗的好人；消极的舆论是不够的，须要有决战的舆论。这是政治改革的第一步下手工夫。

（五）我们对于现在的政治问题的意见　我们既已表示我们的几项普通的主张了，现在我们提出我们的具体主张，供大家的讨论。

第一，我们深信南北问题若不解决，一切裁兵，国会，宪法，财政等等问题，都无从下手。但我们不承认南北的统一是可以用武力做到的。我们主张，由南北两方早日开始正式议和。一切暗地的勾结，都不是我们国民应该承认的。我们要求一种公开的，可以代表民意的南北和会。暗中的勾结与排挤是可耻的，对于同胞讲和并不是可耻的。

第二，我们深信南北没有不可和解的问题。但像前三年的分赃和会是我们不能承认的。我们应该预备一种决战的舆论做这样和会监督。我们对于议和的条件，也有几个要求：

（1）南北协商召集民国六年解散的国会，因为这是解决国会问题的最简易的方法。

（2）和会应责成国会克期完成宪法。

（3）和会应协商一个裁兵的办法，议定后双方限期实行。

（4）和会一切会议都应该公开。

第三，我们对于裁兵问题，提出下列的主张：

（1）规定分期裁去的兵队，克期实行。

（2）裁废虚额，缺额不准补。

（3）绝对的不准招募新兵。

（4）筹划裁撤之兵的安置办法。

第四，我们主张裁兵之外，还应该有一个"裁官"的办法。我们深信现在官吏实在太多了，国民担负不起。我们主张：

（1）严定中央与各省的官制，严定各机关的员数。如中央各部，大部若干人（如交通部），中部若干人（如农商部），小部若干人（如教育部）。

（2）废止一切咨议顾问等等"干薪"的官吏。各机关各省的外国顾问，除极少数必需的专家之外，一律裁撤。

（3）参酌外国的"文官考试法"，规定"考试任官"与"非考试任官的范围与升级"办法，凡属于"考试任官"的非经考试，不得委任。

第五，我们主张现在的选举制度有急行改良的必要。我们主张：

（1）废止现行的复选制，采用直接选举制。

（2）严定选举舞弊的法律，应参考西洋各国的选举舞弊法（Corrupt practice Laws），详定细目，明定科罚，切实执行。

（3）大大的减少国会与省议会的议员额数。

第六，我们对于财政的问题，先提出两个简单的主张：

（1）彻底的会计公开。

（2）根据国家的收入，统筹国家的支出。

以上是我们对于中国政治的几个主张。我们很诚恳的提出，很诚恳的请求全国的人的考虑，批评，或赞助与宣传。

十一，五，十三。

提议人	职业
蔡元培	国立北京大学校长
王宠惠	国立北京大学教员
罗文干	国立北京大学教员
汤尔和	医学博士
陶知行	国立东南大学教育科主任
王伯秋	国立东南大学政法经济科主任
梁漱溟	国立北京大学教员
李大钊	国立北京大学图书馆主任
陶孟和	国立北京大学哲学系主任
朱经农	国立北京大学教授
张慰慈	国立北京大学教员
高一涵	国立北京大学教员
徐宝璜	国立北京大学教授

王　　征　　美国新银行团秘书
丁文江　　前地质调查所所长
胡　　适　　国立北京大学教务长

附录：关于《我们的政治主张》的讨论（节录）

一

我们平常在言论上或实际上主张救中国的第一步在于政治改造；在此唱高调的智识阶级，麻木的一般社会里面，每每痛恨大家无真正觉悟。目前在《努力周报》看见《我们的政治主张》一文，想先生们多是教育界"清高事业"的人，从前或宣言"不做官"的，或信仰社会主义的，现在竟然"平心降格的公认'好政府'一个目标"，主张"为自卫计，为社会国家计，出来和恶势力奋斗"，和我们不约而同，这实在是思想界一大转机，使我们抱无限的希望。

有许多言论，对先生们的主张怀疑的，我们都认为理由不充分。有人说"要从社会改革入手，否则政治改革是基础不稳固的"，我们可以反转说："要从政治改革入手，否则社会改革是事倍功半的"原来好社会和好政治，互为因果，不能绝对划分。譬如鸡与鸡蛋一样，有鸡能生鸡蛋，有鸡蛋也能孵鸡。况且在中国现在特别情形之下，政治事业尤其是社会事业的工具。政治好，能够用政治的机械力，增进社会事业的效率；政治糟，什么都不好办，至少要减少几分可能性和速率。财政破产对于教育，内争政变对于民生的影响，就是眼前好例。最好双方分工并进，殊途同归。……

所以我们以为这些怀疑都不成问题。我们对于（一）政治改革的目标（二）好政府的至少涵义（三）政治改革的三个基本原则，非常佩服；且相信"今日政治改革的第一步在于好人有奋斗的精神"。但还有一个问题，你们没有明白告诉我们的——还是取革命手段呢？还是取改良手段呢？还是先破坏后建设呢？还是在恶基础上面建筑"好政府"呢？

我们平素相信政治的彻底改造在平民革命。经十一年来的教训，大家都已觉得中国已到千疮百孔的病境，头痛医头，脚痛医脚，不彻底的和平改良，如今已经山穷水尽。政府的改良政策是门面话；人民的改良要求是纸老虎！现在不好再请愿裁兵废督，希望国是会议，只有合全国的平民，下牺牲的决心，作最后的决斗。我们主张的革命，不是利用哪位军阀拉拢邪系政客的革命，是要全国平民自觉自决的革命；不是革哪个人革哪一系的革命，是要革不良制度，革不良政治的革命；不是和恶势力调和苟求速成的革命，是要先全盘破坏后分工建设的革命。这是我们平日组织的信条，努力的目标。

再进一步，我们相信平民革命的奋兴剂，一面是"到民间去"，一面是手枪炸弹。中国五千年的历史没有"国民运动""阶级斗争"一回事。到如今政治的本能潜伏，麻木不仁，非一面"到民间去"，提高他们的智识，一面用手枪炸弹，刺戟他们的情感，单用那种极丑极臭极滑头的投机的手段——新华门前的请愿，中央公园的开会，打通电发宣言——出风头有余，奋兴人民不足。现在对于腐败政府，一时不能达到法国对付路易、英国对付查理的办法，也要采取俄国对付亚历山大、日本对付原敬的手段。无论成败，至少可以奋兴一般社会。这种手枪炸弹同"到民间去"的先锋队就是我们一班有完全人格，清楚头脑，牺牲胆量的青年。

我们也承认这种主张是很危险的，代价极大的。但想不出别的方法较安全较和平，而能够有同样的效果，可以认作救中国走得通的最后一条路。你们的主张大概倾向和平一方面的，不知道有没有一定走得通的把握和信心。倘使用最小的代价能够得最大的效果，谁不乐意？关于此点，你们如能给我满意的解释，我们当然极愿意牺牲成见，服从你们的主张，并且劝导各地的同志转变努力的方向，对于你们的主张，或者有几分贡献。我们很热诚的等待你们的教训或在《周报》上进一步的宣言。

王振钧　郑振夏　殷　钺　许孝炎

李　俊　林之棠　董秋芳　陈　凯

（答）对于你们提出的重要问题，"还是取革命手段呢？还是取改良手段呢？还是先破坏后建设呢？还是在恶基础上建筑好政府呢？"我们可以用你们自己的话来做答案："最好双方分工并进，殊途同归。"可改良的，不妨先从改良下手，一点一滴的改良他。太坏了不能改良的，或是恶势力偏不容纳这种一点一滴的改良的，那就有取革命的手段的必要了。本来破坏与建设都不是绝对的相反，它俩的关系也有点像你们说的鸡蛋与鸡的关系；有时破坏即是建设，有时建设即是破坏，有时破坏必须在先，有时破坏自然跟着建设而来，有时破坏与建设同时并进，等到鸡蛋壳破裂时，小鸡也已下地了。况且人各有偏长，而事业须合众长。烧房子有时要人做，收拾颓椽剩瓦也要人做，打图起屋也要人做。我曾说过：

君期我作玛志尼，我祝君为倭斯袄。

国事今成遍体疮，治头治脚俱所急。

我们对于国人的宣誓是：

各行其是，各司其事。

再者，我们很诚恳的替你们指出"到民间去"四个字现在又快变成一句好听的高调了。

俄国"到民间去"的运动，乃是到民间去为平民尽力，并不是到民间去运动他们出来给我们摇旗呐喊。"到民间去"乃是最和平的手段，不是革命的手段。

胡　适

二

本星期的《努力周报》上发表了一篇蔡孑民、王亮畴诸先生的"我们的政治主张"。蔡先生们开口第一句就说"我们为给大家一个讨论的底子……"，所以他们以下所说的话都是言简而意赅，其中说得不周到的地方固然是很多，要在我们读者能够体贴言外之意罢了。以我看去，他们第四节（政治改革的唯一下手工夫）里所说的本来没有什么问题，但是这两日看到几篇批评的文章，大概都在这个地方起疑问，如《晨报》上止水君的《政治主张底根本疑问》和《益世报》上一篇未署名的社论。蔡先生们对这些疑问的答复究竟怎样，我虽不得而知，但是依我自己的意思，这种疑问，可用下列几层逐项解答：

（一）一般民众与政治改革

怀疑"政治主张"的人大概都说太侧重于好人而忽略一般的民众。我想这个忽略恐怕是文字的，不是意思的；蔡先生们一定不会说好人可以不顾民众而去改革政治的。但是我主观的眼光以为这里边还有一个真理在内。政治改革是以民众为凭借乃是当然的；好人想和恶势力奋斗是要唤起民众的觉悟，得民众的援助，也是当然的。可是民众到了什么程度才叫做觉悟，到什么时候才会援助，真是难说得很。在一个为恶势力所支配的社会中间，一般的民众都是天天过那"从手到口"的生活；他们的脑经是麻木的，痛苦之极以致失了痛苦的感觉。什么是恶势力，什么是他们痛苦的原因，他们自己都不知道的。你看那些关外健儿还替大帅打天下呢；穷乡僻土的老百姓还天天馨香祷祝希望出"真主"呢。好人们——有智识阶级中之良善分子——如要等他们的觉悟，等他们来援助，才敢下手去做，那真是"俟河之清人寿几何"！老实说起来，一般民众是永远不会觉悟的，永远不敢和恶势力奋斗的，除非你好人们挺着胸子冲锋陷阵的打头去做，予他们以具体的刺激，破他们长久的魔梦。你看，假使没有学生的五四运动，一般的民众哪里还晓得有卖国贼这回事呢？可见民众的觉悟是以好人的奋斗为前提；你们如果都又起手来不敢动，单说我要等民众的觉悟，那么你就等一百年民众也不会觉悟的。这不是我看不起民众的话，乃是社会上实际的情形；也并不止中国国民是这样，世界上各国都是差不多。我们看看西洋史就可知道的，哪一次的政治改革不是少数的知识阶级作先锋呢？所以我希望全国的好人们只管大胆的去做；只要你宗旨纯正，适合全国的需要，一般民众自然会跟着你走的。你们切勿拿那迂远之谈先把自己的脚绊住，让恶势力逃走去了。你们须知道政治改革的胆子是全个落在你们的肩上！

（二）怎样才配称好人？

（三）好人怎样结合？

那么，好人怎样结合起来和恶势力奋斗呢？这问题我以为须分平时和过渡时两种讲法。平时好人在政治方面的结合即是"政党"。政党在民治国中自然会发生的，好人要参预政治，自然也离不了这种工具，但是政党须负有两个责：（1）守法。政党的竞争无论如何激烈，总要在合法范围之内。中国政党所以被国民唾骂，就在于他们出乎法律轨道之外的举动。譬如民国六年的解散国会这件非法事体，的确也为某政党所主张。这实在是中国政党史上之污点，我希望以后的政党能够大大的涤刷从前的过失才是。（2）养成政治上的良习惯。国家内一部宪法本是死的东西，其运用时全靠良善习惯的辅助。一国政治习惯的良否，全视政党程度的高下以为断。我希望中国宪法完成之后，各政党都能互相了解的采择欧美先进国政治上的良好习惯，为后来政治家的模范；这是于国家前途有莫大之福利的。否则，大家都舞文弄法的捣鬼，造成许多恶例，贻害于后昆，那真是中国的大不幸了！所谓好人的结合更须于此处三致意焉。

现在我把话说得太远了，我们所急要知道的。是在这过渡时——即改革时——好人应该如何结合。我以为过渡时的结合和平时的结合有一根本不同之点，就是，平时的结合宜于"分"，过渡时的结合宜于"合"。这话是怎么讲呢？平时，即国家政治已入轨道以后，一国内不妨有两个或两个以上相反对的政党，时常作对抗的运动以维持政治的均衡。在过渡时，却万万不可有这个现象。过渡时好人结合的目的是为打破恶势力，是为驱除国民的公敌，并不是想推行详细的政策。所以结合的目标越简单越好，切不可把枝节问题夹杂其中，以致互相纷争，反为恶势力所乘。结合的范围也是越普遍越好。凡从前历史上的关系，此时都应该暂时把他抛开，一同向公共目标上射击才是。等到改革的事业成功了，然后再依政策的不同而分离，这是可以的。此外还有尊重反对的意见，也是很重要。我看好人们往往因一时意见的不同，即互指为恶人，以致自相排斥，自相攻击。天下最可怜的事是好人自杀好人。作政治改革运动的好人们可不留意么！

我的意见已经说完了，归结起来，我以为现在中国的政治改革是完全要国中好人挑肩子。好人是以私德为基础，以牺牲负责为职志；在改革时是以普遍的大结合为手段。最后还有句附带的话，作改革运动的人切不可犹豫不决，书生气不可太重；看时机到了，就大胆的去做，万不可瞻前顾后。空论也是少发才对，要多留些工夫谈谈实事。

我国智识阶级对于政治的责任

M. T.

本月十四日，蔡元培诸君在《努力周刊》第二号里，发表了一篇《我们的政治主张》，表示他们要谈政治，不惟要谈政治，还预备对于改革政治，下一番工夫，去和恶势力作战。我对于他们的态度，认为是中国国民必要的态度，所以非常赞同。当直奉战争还没有开火的时候，四月三十日，我在本报周刊里，发表了一篇《不统一的责任》。这一篇文章的结论是：

"要从根本上着手，就是'不能谁都服从'和'努力铲除障碍'；所以对于现在中华民国的种种政府，都要一一仔细考量；倘若他们里有能使我们满意的，便要援助他；倘若他们里有不能使我们满意的，便要铲除他；就是全都能使我们满意，我也要设法使他们彼此相安，假若全都不能使我们满意，就要从速努力，另建设一个新政府！"

就《我们的政治主张》那篇文章看起来。提议的人们没有对于现在中华民国的哪一个政府表示满意，然而他们所采用的手段，表面上虽然似乎可以说"另建一个新政府"，但是实际上最好只能做到"使他们彼此相安"。因为用"正式议和"的手段来解决南北问题，当这一般人没有真实力量的时候，无论是对南对北都不能毫不迁就；弄下来的结果，南北两方的弱点，断不能铲除干净。这句话恐怕还得说得太过了，存在的还怕是他们的大部分。如此说来，就是现在改革中国政治最低要求的"好政府"，实在也没有什么希望。

现在我们再从另一方面研究去，看这"好政府"究竟建设在什么主义之上。

人治主义是不能用的了；当他初生的时候，在所有的治者中，也许有几个好的；因此，也许会有当时满意的政府。后来治者知道利用权力来谋自己的利益，便往往假公济私；兼之，国家渐渐的大了，政府需要的人也多了，纵有一两个好人，也不能对抗多数的坏人，所以再要想仗着人治主义来建设满意的政府，真是非常困难。这不单是因为好人难找，还恐怕好人上台，也往往会变成坏人。人类都是有利己心的，利己心的发动又非常容易，除了浓厚的感情一时把他淹没了之外，人的有意识的举动，都在利己心支配之下；所以只要知道权力能利用来充分利己的时候，谁也不愿意把他抛弃。利己心的限制，除了利用利己心之外，没有别的法子。人类的不作恶，全是因为作恶的结果，所得到的坏处比好处多。在实际上，诚然有许多弄出坏结果来的，但是除了无意识的举动之外，都是出乎本人预料的。什么是好，什么是坏，全是主观的，所以由旁人看来，有时竟不知道他为什么要这样做；然而他自己的动机，仍然免不了利己心的支配。因为人类根本上有这种弱点，所以人治主义是不能再用了。

法治主义所用的法，不过是一件死东西，不但运用他的是人类，就是立法的也是人类；人类既根本上有一个利己心的弱点，所以法也不会有好结果。穷凶极恶的人，破坏了法来利用权力，满足自己的欲望，这是显而易见的。此外就是运用法律的人们，又何尝不牵强附会的设法利己？就是立法的时候，又有什么法子限制立法者图自己的便宜？现在世界各国的法律，有那一国不是因为这样，使他拥护立法者自己阶级的利益，"倘若周婆制礼，周礼一定不是这样"。这虽然是一句笑话，实在可以看出立者在立法的时候，仍然免不了利己心的支配；所以在没有法子限制治者利己心的时候，法治主义也不会有好结果。

民治主义的真精神，就是能利用民众的利己心，联合一块，去监督治者的利己心，所以在民治主义下的"人"和"法"都不会有什么流弊。"好政府"不应该建设在人治主义和法治主义之上，应该建设在民治主义之上，这是不容怀疑的。不过以中国的现情而论，民众实在没有这种力量，所以无论你用什么法子，也不会有"好政府"出来。

梁任公在法专讲演《先秦政治思想》的时候，他说："一般人常说中国人民程度不够；其实中国人民程度何尝不够？实在是中国官吏的程度不够。拉车的谁也能跑，做工的谁也能做，经商的谁也会赚钱；只有官吏发生问题，当录事的还好，当主事的还对付，越往上就越不够了；至于次长总长总理总统，更不消说得。"

这句话也只有拿当一句笑话看，因为在民治主义下的人民，除了私的方面自己维持生活之外，在公的方面还有监督一切的责任；中国人民的程度不够，是指公的方面说。

"好政府"的至少涵养，除了积极的，还有消极的；消极的就是，要有正当的机关可以监督一切营私舞弊的不法官吏。

要能够维持"好政府"，消极的要求比积极的要求更重要；因为积极的好坏全靠消极的去监督。不过说到这一层，便有一个疑问。就是"监督机关用什么法子去监督"？监督机关也是由同样的人组织成的，其不可靠的程度，也和被监督的机关一样，倘若没有监督他的法子，谁敢保他不作恶？监督机关既不可靠，被监督的机关还有什么希望？

四月二十三日，我在本报周刊里发表了一篇《我对于监督铁路借款用途的意见》，在这篇文章里，对于监督政府的方法，有几句很重要的话，现在把它抄在下面：

"人们在没有真正监督的社会里做事，因为利己心的驱使，很容易作出不道德的行为来。中国并不是恶人多，外国也并不是好人多，中国和外国的不同，只是中国的社会里没有真正的监督，外国的社会里有真正的监督。我所谓的真正监督，就是国民监督。……当这个时候……不单是中国人靠不住，就是来负责监督责任的外国人也靠不住。……"

在中国这种情形之下，实在没有法子保障监督机关能够尽职，所以"好政府"的要求，实在没有多大的希望。在《我们的政治主张》那篇文章里，他们声明"预备一种决战的舆论做这个和会的监督"。这种方法，我有个朋友对我说，也可以拿作监督机关的监督。但是没有真实力量的舆论，始终没有多大的效果；所以在这种情形之下，我还是以为没有多大的希望。

我对于"好政府"的要求，诚然不免偏于悲观，但是我并不是不认为现在改革政治的最低要求，我只是主张同时要从增进一般人的政治常识入手。我所谓的政治常识，最少也有：

（一）监督政府的必要。

（二）监督政府的方法。

增进一般人的政治常识，就是赶造国民监督的唯一手段，所以我认为智识阶级对于政治的责任要以这一件为最重要，倘若这一件办不到，不但是"好政府"不会实现，就是真能够办到民国初元的气象，又有什么好处？

纵然优秀分子都加入政治运动，又有什么法子保障他不再厌倦政治，仍然跑的跑了，退隐的退隐了，让曹汝霖们站出来。这句话还是不精透，优秀分子的厌倦政治，哪一个不是为恶势力逼出来的？曹汝霖没有上台的时候，也不见得一定打算做坏人。由此看来，纵然是优秀分子都加入政治运动，倘若不加工赶造出相当的国民监督出来，加入政治运动的优秀分子们不是为恶势力战败了跑开去，就是投降了恶势力帮他害人；"好政府"仍然没有好结果。

倘若智识阶级真正觉悟了，为己，为家，为国都非赶快加入政治运动不可，就应该从速组织一个大团体。在这个团体之中，应该一面增进一般人的政治常识，一面要求"好政府"的实现。在这两件责任之中，对于前者应该多用几分力量。

这个团体的目的果然趋重前者，在组织的时候，应该特别认真。加入这个团体的人们，最少也要有后面几个条件。

（一）要充分明了这个团体的利害就是自己的利害。因为在这个团体进行的时候，必发生许多阻碍，倘若不充分的明白，团体便会因此破裂。

（二）要有牺牲自己的决心。因为倘若没有牺牲自己的决心，团员的时间和才力都会把大部分用到别的方面去，团体的进行便会不能满意。

（三）要坚忍。这件事的成功，不是一时可以得到的；就得到一点，也不容易看出来，倘若不能坚忍的时候，便会半途而废。

（四）要耐劳。要增进一般人的政治常识，非把它灌入一般人的脑中去不可。这种运动演说比文字还容易见功；但是假若没有耐得劳苦的人分头去做，终是没有什么效果。

（五）要没有其他的奢望。加入这种运动的人们，除了要求政治改革之外，倘若再有其他的奢望，便会中途把他搁下来。

假如真能够结合多数的人，分头去运动，使一般人有了相当的政治常识，自然容易联合一块来监督一切。到那时候，"好政府"自然容易实现，自然容易维持。

原载《晨报》一九二二，五，一八，下午

批评"好政府"主义及其主张者

《先驱》编辑部

《努力周报》第二号所发表的《我们的政治主张》，他所标揭的政治改革目标为"好政府"，他们以下的话都是接着这个目标说的。我们现在就他们这个目标批评一下。

第一，我们要知道政治上的"好""坏"乃是一种政治上的现象。我们不可拿政治现象的形容词作为政治改革的目标。比如专制政治之下，也有好政府或坏政府，民主政治之下，也有好政府或坏政府，这种政治现象问题，我们当作别论，万不可拿他当作政治改革目标。

第二，我们要知道好政治与坏政治，不是几个好人或几个坏人弄成的，乃是一派特殊势力或特殊阶级弄成的。举个具体的例说罢：弄坏中国政治经济的袁世凯、段祺瑞、冯国璋、徐世昌、靳云鹏、鲍贵卿、梁士诒、叶恭绰、曹汝霖、陆宗舆辈，是谁拥护他们出台的，不是北洋派的恶势力和封建式的武人阶级拥护他们出台的吗？

然则我们就要问好政府的主张者了：在北洋派武人势力的基础之上，可建立"好政府"吗？现在主持政变的不是要维持北洋派正统的特殊势力吗？假使你们若真要"平心降格"在这种特殊势力之下来实现"充分运用政治机关，为社会全体谋充分的福利；充分容纳个人的自由，爱护个性的发展"之好政府，那么，你们未免太空想、太滑稽，而且太不努力了！

英法的政府，在你们看来，一定是好政府了。但是英国的呢，英国资产阶级与封建阶级的争斗，亘两世纪之久，公开的革命也举行了两次，然后才得有今日的好政府。法国的呢，法国资产阶级与封建阶级的争斗亘一世纪之久，暴烈的大革命爆发过三次，然后才得有今日的好政府。中国好政府的主张者若是以为在现状之下，就可唤出些好人来组织好政府，用意虽好，但是恐怕没有这样容易罢。

是的！你们乃是想在现状之下努力奋斗的，所以你们的宣言上也说："我们应该同心协力的拿这共同目标来向国中的恶势力作战"，你们并且标举南北议和及恢复国会、制宪、裁兵等议和条件，大约这就是你们"向国中恶势力作战"的具体条件，我们当初也设想是你们准备向国中恶势力作战的具体条件。因为照你们那篇宣言看来，仿佛你们是要与恶势力争斗南北议和，以解决国会、制宪、裁兵等问题以至实现"好政府"的。

可是你们的宣言发表后，外面的形势已完全弄得不同了：武人欲挟天子以令诸侯，于是黎元洪复位与旧国会集会，就雷轰火闪的闹起来了。你们好政府主张者的具体主张之第一条不是说："我们深信南北问题若不解决，一切裁兵、国会、宪法、财政等问题都无从下手。但我们不承认南北的统一是可以用武力做到的。我们主张由南北两方早日开始正式议和"吗？然则特殊势力，居然不管怎么议和不议和，只是硬要册立一个废君以图后来征服西南的地步，然则你们好政府主张者"决战的舆论"哪里去了，何故不起来保护你们第一条的具体主张，何故不向恶势力作战呢？

在这种重大的政变之下，好政府主张者，不但没有"决战的舆论"，而且居然领衔打电报给孙中山道："……乃者北京非法总统业已退职，前此下令解散国会之总统已准备取消六年间不法之命令而恢复旧国会，北方军队已表示以拥护正式民意机关为职志，敢请中山先生停止北伐实行与非法总统同时下野之宣言……"这个电报，好政府主张者不独对于南北议和一字未提，完全牺牲了自己第一条的具体主张，而且在根本上，已无异承认在"已表示以拥正式民意机关为职志"的北方军队之上就可建立"好政府"了，所以他们就叫孙中山所代表的小资产阶级民主主义革命不要再干了！

然则好政府主张者，已经不知不觉站在武人势力的幕内唱好政府的清调了。我们要明白告诉你们：你们这种太不努力太不决战的主张，在未实现之前，即已定了死刑。这不是别的不"平心"不"降格"的人定的。但是"已表示以拥护正式民意机关为职志"的北方军队定的，换过说，就是"封建的"恶势力定的。

原载《先驱》九号一九二二，六，二〇

政论家与政党[①]

《努力周报》，第 5 期，1922 年 6 月 4 日

胡 适

"政论家可以不入政党，不组政党，而仍可以发生效力吗"？这个问题现在已在许多人的口头和心上了。我们的答案是：

有服从政党的政论家，有表率政党的政论家，有监督政党的政论家。

服从政党的政论家，纯粹是政党的鼓吹机关，自然是不能离开政党的，我们且不谈他。

表率政党的政论家，并不能代表一党的全部党员，只代表一党的思想阶级。他们是一党中的观象台，斥候队。他们观察时势，研究事实，替一党定计划，定方针。他们对内提出主张。要求本党的采用；对外说明本党的政策，替本党的政策作宣传与辩护。他们对于反对党，也只有公正的批评，不肯作恶意的攻击。他们对于本党的人物与政策，若认为不能满意时，也应该下公正的批评与弹劾。他们对于本党，因历史上或友谊上的情分，常存一种爱护的态度。但爱护和"姑息"大不相同。本党的人物与政策若不能满足他们的期望，他们要提出忠告；忠告不听，提出反对；反对无效，他们到不得已时，也许脱离旧党，出来另组新党。他们的责任是表率，不是服从；是爱护，不是姑息。他们虽在政党之中，而精神超出政党之上，足迹总在政党之前。

至于那监督政党的政论家，他们是"超然"的，独立的。他们只认社会国家，不认党派；只有政见，没有党见。也许他们的性情与才气是不宜于组织政党的；他们能见事而未必能办事，能计划而未必能执行，能评判人物而未必能对付人，能下笔千言而见了人未必能说一个字，或能作动人的演说而未必能管理一个小团体。他们自然应该利用他们的长处，决不应该误用他们的短处。他

---

① 原稿标题为〈政论家政与党〉。——编注。

们也许有执行与组织的能力，但历史的原因（如美国的两大党）与时势的需要，都可以使他们不便或不愿放弃他们的言论事业而投身于政党。况且社会上确然不应该没有一派超然的政论，不但立于一党一派之上（如上述的表率政党的政论家），并且立于各党各派之上，作他们的调解，评判与监督。这种独立的政论家，越多越有益，越发达越好。政党的政论总是染了色彩的居多；色彩越浓，是非越不明白。若没有一派超然的政论家做评判调解的机关，国内便只有水火的党见：不是东风压了西风，便是西风压了东风了！有时他们的责任还不止于评判与调解，他们是全国的观象台，斥候队。他们研究事实，观察时势，提出重要的主张，造成舆论的要求，使国中的政党起初不能不采他，最后不能不采用他。他们身在政党之外，而眼光注射全国的福利，而影响常在各政党的政策。

有人说，"这种政论家，既无政党，自无政权，如何能使他们的主张发生效力呢？如何能影响各政党的政策呢"？

他们的武器有两种。第一是造舆论。一个新主张初成立时，总是居于极少数的；当这个时候，有势力的政党自然不屑注意他。但是有力的无党政论家往往可以帮助宣传这个不很惹人注意的主张；久而久之，这个主张成了空气了，政党就不能不光顾他了。于是在野的政党要用这个新主张来打倒当权的政党，于是当权的政党也要用他来维持他的地位。例如女子参政的问题和许多劳动立法的问题，在欧美各国，都是这样加入政党党纲中去的。第二是造成多数的独立选民。独立的政论家虽然无党，有时也可以说是有党；他们的党就是那许多无所统属的独立选人。在政治清明，教育发展的国家，总有一部分的选人是不常属于一党一派的；他们的向背是跟着各政党的政策与人物的优劣而变更的：今年赞成这一党，明年也许赞成那一党。在英国美国那种两大党势均力敌的国家，独立选人的向背往往是政府起倒的关键。独立的选民也可以组成一个独立的小党，如英国的劳动党（Labor Pardy）在议会里人数虽少，却可以操纵两大党，在立法上收极大的功效。在美国的独立选民是没有政党组织的；少数有政党组织的，如社会党，反不能收大功效；倒是那多数无党的"独立者"（Independents），可左可右，也可以左右两大政党的命运。就我个人亲眼看见的说，一九一二年大选举时，独立者倾向罗斯福，就使新起的进步党打倒当政权的共和党；一九一六年，进步党与共和党复合，但独立者倾向威而逊，故一九一二年之少数总统，一跃而为一九一六年之多数总统、而进步、共和两党合并的能力，终打不倒民主党与独立者合并的能力。

在这个本来不惯政党政治，近来更厌恶政党政治的中国，今日最大的需要决不在政党的政论家，而在独立的政论家，独立的政论家只认是非，不论党派；只认好人与坏人，只认好政策与坏政策，而不问这是那一党的人与那一派的政策；他们立身在政党之外，而影响自在政党之中。他们不倚靠现成的势力，而现成的势力自不能不承认他们的督促。

十一，六，二

（附论）超然的政论，独立的政论，并不是麻木的政论与是非不明的政论。现在最可怪的一种现象就是舆论界的麻木与混沌。上海的报界在奉直战争时的议论，差不多全是"张作霖胜固可忧，吴佩孚败亦可喜"的论调；我们读了，不能不回想到两年前直皖战争时代安福部的《公言报》；《公言报》虽坏，但远胜于近来这种麻木的"稳健"了！

北京近来的报纸更不能免这种麻木与混沌的责备。即如董康在这个时候敢出来做财政上的清理与改革，这种"捐木梢"的精神，不能不使我们佩服。舆论对他至少应该表示一种同情的援助。然而北京的报界对他只有嘲笑与讥讽。甚至于那主张新文化的《晨报》也只有嘲笑与讥讽。董康的同情者，倒是那远在三万里外的《伦教太晤士报》与《孟彻司脱高丁报》！这是我们不能满意的。

（完）

政治改革的目标

《努力周报》，第 63 期，1923 年 7 月 29 日

慰　慈①

　　所谓政治问题，本来是极不容易解决的，既没有一定不易的原则可以采用，又没有确定的进化路程可以找得出来，作为我们的向导。又因为人民和执政者两方面均各有偏见，各没有确当的智识，政治上的进步，时常受到种种的阻力。人类的天性也和政治方面有极大的影响。凡是理想方面最适当的方法，往往在实际方面未必一定能做得到，这是因为影响于政治的各种势力极其繁多，有属于物质方面的，有属于人民心理方面的，理想家万难一一看出，预先为之着想。并且各种政治组织的发生，往往出于偶然，并不是预先有人根据于社会上的状况，而拟定出来的。

　　我们中国因辛亥革命就从满清专制国一变而成中华民国，就是一个很好的例。因为我们当初没有预备做共和国国民，而共和政体却偶然于无意之中得到，所以人民方面毫没有民治的精神，公民的常识，对于政治事务毫不晓得怎样去管理，怎样去监督。那班自私自利的官吏和政客就利用了这样的好机会，做去种种丧权辱国损人利己的事情，把这中华民国弄到南北分离，各处土匪横行，人民的权利剥夺殆尽。这中华民国十二年的历史，是我们国民最大的耻辱。我们虽则挂起一块共和的招牌，其内容却反而不如专制国。这就可以见得政治上的形式是不重要的，我们所当注意的是形式背后的一切势力。

　　在从前满清时代，我们大家晓得满清皇帝是真真的执政者，所有一切权力是完全在他手里，他的意志就是法律。到了现在改为共和国，政府里边添了许多机关以后，社会上真真的执政者却不容易去找了。北京政府的命令不能出北京的城门，政权当然不在北京。至于各省的督军和巡阅使也不能算是真真的执

---

① 即张慰慈。——编注。

政者，这几年来各省督军被推倒者，不晓得已经有了多少，只因为政权并不在他们手里，所以他们的地位也是很危险的。这不但在我们这样扰乱的中国有这样情形，就在欧、美所谓民治国，真真的执政者也是找不到的。在学理上说起来，人民政府是以人民公意为主体的政府，但在事实上，人民公意是没有方法可以确定的。选民在选举时候并不是根据于他们理性上的判决，去投他们的票，他们大都均是处于被动的地位，受各种势力的影响，如他们自己的偏见，政党的感化，那种非理性的推想，经济方面的利益。并且他选择的范围又限于政党的领袖，而政党领袖的背后却另外有人主持一切事务。人民代表所议决的一切议案，也不是完全以人民的利益为标准的，他们却另外有别种作用在内。法律上的政权问题是极容易解决的，但实际上的政治势力是无法确定的。形式上的执政者须被种种势力所影响，如道德的，心理的，经济的，社会的，和个人的，而在他们的背后，却又另有真真的执政者。

在现今各国政府之中，形式上的或合法的执政者往往徒有虚名而没有实权，真真的执政权力却往往在一班不出面的人手中，他们如同那傀儡戏中背后牵线人，在黑暗之中干涉或行使国家政权。这就叫政治上的黑暗势力。政治上一切的弊病大都出源于此。政治改革家想廓清政治，非从打破黑暗势力入手不可，想打破黑暗势力，又非先提高人民知识，使他们有监督政治能力不可。我们要晓得，那黑暗势力之所以能为所欲为，把持政治上的权力，并不是偶然的事，这其中却有重要原因；或者因为人民智识不够，没有监督政治的能力；或者因为人民对于政治事务往往漠不关心，缺乏政治兴趣；或者因为政治制度的不良，一切弊端不能立时发现，人民方面易于被官吏或政客所蒙蔽，而黑暗势力就利用了这种机会，逐渐巩固他们的地位，把持种种的权力。直到大权到了他们手里，人民就无可奈何他们了。在名义上，政府是人民的政府，政权是在人民手里；在实际上，人民只是黑暗势力的傀儡而已。政治方面因之而发生种种弊端，人民自己实不得辞其咎。所以一国政治的良否，全在人民自己；有了好人民，才能有好政治，没有好人民，永远不能有好政治。人民有公民常识，有辨别各种制度或政策好坏的能力，并且没有自私自利的心理，对于一切事务全以社会幸福为观念，对于政府各种机关能继续不断的监督其行动，公公平平的批评其政策，使全体人民能够明白其中的一切情形，使政治方面各种事务能完全公开，那么，各种黑暗势力就无存在的余地了，政治方面的各项改革就易举行了。

总之，人民是造成政府的原料，有怎样的人民，才能有怎样的政府。贤人政治的观念也许有些益处，但总免不了"人存政举，人亡政息"的弊病。理想政治绝不能自动的发生效力，也得要人民去执行，方能有结果；并且理想政治也只能影响于人民的主观方面，使他们心目中存了一个进行的标准罢了。

如果一国的政治太坏了，政府太不能尽他所应尽的职务，我们也不能因此就否认一切政府，想从根本上推翻政府的制度，而采用那种极激烈的无政府主义派的主张。凡无政府主义初起时，大概都是针对某一个腐败政府的抗议。这一派学者对于现今政治上一切弊病的批评，也有确当的理由，但他们所提出的救济方法实在是不大妥当。政治不良，并不是政府制度本身使之这样的；政府里边执政的人并不是特别的人民，他们也就是和我们同样的人民，并且在现今的民治政府，普通的人民也往往执行政府一部分的权力，所以政治的不良，我们人民也得要受一部分的过失。就是在我们这样扰乱的中国，人民也有选举议员的权，总统也是人民代表选定的，国务总理和各行政部总长也经人民代表通过的。中国政治的腐败，政府的不能称职，也应使我们自己反省。如果我们人民在选举时候，只顾受点贿赂，随随便便把那班没有人格的人举了做议员，平时又不去留心政治，听那班无耻的官僚为所欲为，养成腐败的政治，我们人民哪能辞其咎呢？人民如果真能尽他们应尽的公民职务，并有监督政治的能力，政府里的执政人员哪敢横行不法，造成现今这样的无政府局面。政府如果真不能尽职，人民也有方法罢免他们，而另举别人组织政府，万不至于漠不关心，愿意忍受种种痛苦，全没有反抗的能力。

良好的政治制度的作用在于便利人民监督政治上种种事务。有了好制度，有了好人民，人民自然很容易去观察政治上一切事务，什么事都不能被那班官吏或政客所蒙蔽，政府就不能不尽职，政治就不能不完美。有了好制度，没有好人民，人民未必一定能运用这种制度，政府就不一定能尽职，政治不一定能完美。有了好人民，没有好制度，人民就须受到种种的阻碍，政治事务易于被官吏或政客所蒙蔽，一切的弊端也不能立即发现，这样的政府也未必能十分尽职，这样的政治也未必能算是好政治。所以近来改革政治的方法须从人民和制度两方面入手，一方面须提高人民的知识，使他们能尽公民的职务；又一方面须采用适当的制度，使人民易于执行他们的职权。这就是我们所应当采取的政治改革目标。

南北政权与联邦主义

省宪法草案的最大缺点

毛泽东

什么是省宪法草案的最大缺点呢？今依条文的次序来说。第一个最大缺点，是人民的权利规定得不够。依我的意，下列三项极重要的条文是决然要加入省宪法的：

（一）人民不分男女，均有随其亲属遗产之权。

但亲属欲以其财产一部分或全部用之于公途事业时，不在此限。

（二）人民的自由主张其婚姻之权。

婚姻之自由权，除依法律所规定之结婚年龄外，不受父母及任何人之限制。

非依法律规定不得限制人民之离婚。

（三）人民有依其自由意志的正当职业之权。

凡教育、农、工、商、新闻、律师、医生、著作者、艺术者，及其他无损于社会安宁幸福之职业，为正当之职业。

以上三条，第一条所以救女子无财产之弊，女子无财产，女子要解决教育、职业、参政、婚姻种种问题，都是说梦。财产是一个根本，教育、职业、婚姻种种都是枝叶。女界联合会诸君不于根本之争而争其枝叶，实是错了观点。这一条改变中国的遗产制度，关系甚大，所以应规定于宪法。第二条，中国子女对于婚姻无自决权，由家庭而遗害社会，百事均伏坏根于先。而子女对于婚姻应有其自决权，又已成天经地义。应该规定男女结婚年龄，和离婚的最小制限（如两造同意）让之民法，而于定婚权由父母移于子女之关系改变吾国婚姻制度之大者，则定之于宪法，我以为实属紧要。第三项则尤其紧要。现在无业及失业的人如此之多，这样重大的社会问题，宪法上不规定解决办法，真是岂有此理。这里规定人民有求得正当职业的自由权，就是将人民的"生存权"规定于宪法，求法的保障，依我看比较规定"身体的自由权"这要重点一等。随即规定何谓正当的职业，庶使将来的政治成为一种职业政治，而不是现在的游民政治了。

　　省宪法草案之第一个最大的缺点，既如上述。第二个最大的缺点是什么呢？就是无正当职业之人也有被选举权，和关于限制的事项全没有规定。普选制之不足以解决社会问题，这是欧美先进国以其实例告诉我们的。今退一步，就让无正当职业的人也有选举权，那么，被选举权就万万不可不加以限制了。注意从前原有限制，就是限制财产，现在是限制职业，坐拥财产的人或反在限制之列，我名之曰反限制。议员而不有职业的限制，则事实上仍然是有钱的人当选，无钱的人落空，游民社会有代议士，职业社会无代议士，结果仍然是一种不利于平民的政治。所以我主张于第二十九条无当选为议员的资格之"军人""官吏""小吏""学生"三项人之外，加一项（无正当职业之人）"正当职业之规定已见前文"。

　　如此则坐吃利息、坐吃遗产和专做政客的人……都不能当选，当选者都有正当的职业，就形成了职业的政治。

社会问题与省宪法

龙兼公

我昨天批评省宪草案，说他有个最大缺点，便是解决社会问题——生计问题——的方策太少。究竟所谓解决社会问题的方策是怎样？换句话说，就是我们认定在这部省宪法上究竟应该要规定一些什么才可以免除生计革命的危险，或减轻其危险的分量。关于这个问题，我并不愿意高谈学理，推助近代世界新潮，说硬要规定得怎样缜密，但是相当的救济政策和相当的预防政策，总是应该有的。我的意思便是要从救济和预防两方面想几个相当的方法。我拟议的方法如左：

（一）人民应有要求相当职业之权；

（二）女子应有与男子均等继承遗产之权；

（三）人民应有劳动之义务；

以上三条，应加入于"人民权利义务"章内。

（四）应制定劳动保护法规；

以上一条应加入"省之事权"章，作为第二十三条第三款。

（五）无正当职业者，应剥夺其选举权及被选举权；

以上一条，应分别加入于"省议会"章第二十八条及第二十九条内。

（六）征收田赋或所得税遗产税时，应取"累进率"；

以上一条，应加入"行政"章"财政"项内，作为第六十五条第二款。

（七）义务教育期限，应定为七年，前四年为国民义务教育，后三年为职业义务教育，均不收费；

以上一条，应于"行政"章"教育"项内之第七十一条修正之。

（八）重要的生产机关，及大规模工厂，应归省有。以上一条，应加入于"行政"章"实业"项内。

上述八事，如何便可以免除或减轻生计革命的危险，理由以下再说。

（一）为什么人民应有要求相当职业权？

昨天我和一个朋友谈话，我说："生存权是人民对于国家最低限度的要求，应该规定在宪法内面。他说：人民的权利，对面便是国家的义务；政府有什么方法能够普济一班不能生存的人，这个义务，怎么负担得起？我说：人民纳租税，绞脑力，建设一个国家，原是想在这个共同组织下面营安全生活的。连个生存权都不能对他要求，我们又稀罕他做甚？我想要对国家要求生存的人，只有三种：（一）不能作业者；（二）无业者；（三）失业者。不能作业的人，如残废衰老等，他假若没有恒产，又没有亲属扶助，难道政府可以望着他饿死吗？无业的人，一半是由于本性懒惰，一半由于社会罪恶所造成。政府对于社会，是不是有改良的责任；对于懒惰者，是不是有强制做工的权力和义务？至于失业而不能生活的人，那就更属可怜极了！他有作业的能力，你没有事给他做；他本身全无过失（不懒惰，却也要和无业的人同陷入饥饿的悲境；肚子饿慌了，你教他怎么不去当强盗政客？不去当杀人放火的土匪？不去闹生计革命？唉！这个问题不解决，什么制宪、自治，不都是在那里做古梦吗？）。所以本条特地规定人民有要求相当职业权，就是想要救济那班不能生活者，免得日后再演出流血革命的惨剧；一面也好教行使政权的人知道，好想出一些应付的法儿。

（二）为什么女子应与男子有均等的继承遗产权？

遗产制度，本来不是一件好东西，论理应该要根本打破。但是我也很知道这种理想，还不是一百年内所能实现的，现在只好在遗产制度的下面说话。我想这种制度如果存在，那么，女子和男子，对于他的亲属的遗产，就应该要有均等的继承权，才可以算得男女平等、人权平等。这个主张，理由原是十分充足，不待研究的。现在所要说明的还有两点：（一）宪草第五条，不是说"人民在法律上一律平等，无男女……之区别"吗？遗产继承，应该规定在民法内面，根据民法"在法律上平等""无男女区别"的两个信条，民法上也当然是要允许女子有继承权的。不过这件事在中国是变更旧制度，若不于宪法上明白规定，恐怕将来起草民法的人又要搓蹂躏女权的鬼咧！（二）宪草采普通选举，女子也是有参政权的。请问要参政的知识和能力充足，是不是要受教育、要有职业？假使女子没有遗产继承权，她的生活便不能独立。哪个肯替她出教育经费？哪个肯替她谋相当职业？半身不遂的病象，不依旧还是同现在一样吗？同现在一样，何贵乎采用普通选举制，做些有名无实的故套儿？照这么说，不单只论人权平等应该要如此规定，就是想要贯彻这部宪法草案的立法精神，也应该要如此规定。

（三）为什么人民应有劳动的义务？

现在社会险象百出，最大的病根，便是不劳而获的人太多了。不劳而获的人多，劳者反不得拿，不均的结果，遂至于不安。想谋救济，只有奖励劳动强迫劳动之。一法兰西人有句格言："不劳动者不许吃面包。"宪法上固然未便是这么样规定，但是把他认做人民的一种义务，用作实施强迫劳动的张本，与古代"禁游惰"的政策，也是很相合的。

（四）为什么应制定劳动保护规则？劳动保护法规的内容，可大别为（一）工作时间；（二）休息时间；（三）工值；（四）工场卫生；（五）妇女劳动；（六）幼年劳动；（七）教育；（八）疾病死亡之医药抚恤……等项。这些改善工人待遇的方法，为减少劳资冲突预防经济革命起见，万不容不有详明的规定。宪草第八十一条，固然也曾顾及，但是我觉得一来太含混，二来不甚郑重。不如定在第三章内，列于省官制官规的后一款，作为省之事权之一，以示省政府对于此项事件，实负有不可推诿的责任。

（五）为什么无正当职业者应剥夺其选举权及被选举权？

无职业相人，是社会上的寄生虫；营不正当职业的人，是社会上的害群马；都是无益而且有损的。他们得到了参政权，影响所及，便要造成一种流氓政治。流氓政治的色彩，除个人趁火打劫外，是没有旁的目的的。何以故？因为他们并不是职业团体的代表，所以心目中并不曾怀着替有业人民谋幸福的观念。从前用财产制限选举，或者被选的人还知道替有产阶级谋幸福；现在采用普通选举，假使不将一部分无正当职业的人剔去，恐怕将来有产和无产（有职业的）两阶级的幸福，都会要一齐断送在他们手里呢！毛君泽东仅主张剥夺其被选举权，我看倒不如连选举权一起把他剥了，一来可以借此奖励人民，使他勉力求业；二来也可以免得他们到政治上来为殃作祟。

（六）为什么赋税应取累进率？

赋税以公平为原则。现在的赋税制度，从表面上看，似乎是很公平的；倘若行累进税法，那就反显得不公平了。其实不然，累进税率，是对于进款多的人收得更多，对于进款少的人收得更少，惟其这样，人民的担负才得平均。譬如八口之家，收租千石，抽他十分之一（百石）的税，他终岁的费用，还是绰然有余。纵或因此不免要撙节费用之一部分，也就尽可以在"奢侈费"或"娱乐费"上想撙节方法，并不见得要紧。若是八口之家，收租五十石，也要照样抽他十分之一（五石）的税，那就会抽到吃饭问题上面去了。可见得要平均人民担负，兼着救济那些薄产阶级人，唯有行累进税率之一法。

（七）为什么应延长义务职业教育年限？

宪草规定国民义务教育，仅有四年期限太短，这是人人能够知道的，我认为应该要延长做七年，谅必人人也会同此心理。不过我所主张的，却不是延长国民义务教育期限，是想要以公家的财力，对于受义务教育四年期满的儿童，另外负一种办三年义务职业教育的责任。这个"义务"二字的解释，和原案的"义务"二字稍微有点不同。原案所说的义务教育（四年）是人民有受教育的义务，不尽这个义务的，政府可以用方法强迫他。我主张增加的义务教育（三年职业教育）却不是一定要强迫人民来受这种教育，他要进中等学校或另习他种职业，尽可以由他，唯对于那些无能力升学或自身不能谋得职业的人，省政府对于他，除四年义务教育外，有再予以三年职业教育，不收学费的义务，如此庶几全省没有一个无职业之人，教育经费虽不免要增加些，无形中所得的利益实在不少！

（八）为什么重要生产机关和大规模工厂应归省有？

这种规定实行起来至少有三个好处：（一）可以替公家增辟较大富源，政府便可以拿这些巨款收入办理教育交通卫生等事，替人民谋公共的乐利。（二）凡属有关公益的事业，由公家经营，供给支配的方法，均较为便利而且适当。（三）重要生产机关和大规模工厂归省有，免得多造成一些垄断实业坐吃厚利资本家，少许可以救济资本制度的弊害。本此三个理由，硬明明白白把大部分开发实业的责任，放在省政府的肩上，似乎比宪法草案第八十条做"必要"和"得"字的工夫要好一点。

长沙大公报，一九二一，四，二五—二七

自治运动与社会革命

P　生

现在国内"省"自治的运动很不寂寞，呼声要算很高的了，他们借着人民自治——就是广义的德谟克拉西政治——的头衔来实行他们的绅缙运动，看破了他，实在一文钱都不值，结果真正的平民得不到一些好处，反加多一重压制，加多一层掠夺罢了！这本是极浅显的事情，不用多说的。但是，却有人以为这种绅缙运动正合着西洋十九世纪初年各国蜂起的第三阶级——就是中产阶级——的运动，是自然的趋势，是社会进化必经的阶级，只可利用，不宜攻击；这种似是而非的话很可以淆惑一般没志气人的意志，简直非痛驳一下不可的。

我现在要分三层驳去；次第写在下面。

第一，我们即使退一步讲，"卑之不求高论"只要能有西洋代议式的德谟克拉西政治也就心满意足，巴巴儿睁大眼睛等待绅缙阶级把万恶的军阀腐败的官僚赶走，来做资本主义中产阶级政府底下的一个顺民——试问这一点希望能不能达到呢？我敢立刻回答说：决没有达到的一天！我们有句俗语，"前山老虎要吃人，后山老虎也要吃人"，军阀和绅缙阶级比起来，简直就是前山老虎和后山老虎。我们不要以为现在绅缙阶级做的罪恶真比军阀少些呀！须知这是因为一则军阀的罪恶都是显见的，绅缙阶级的罪恶却比较隐伏些，二则军阀的罪恶实在太多了，绅缙阶级的罪恶反倒不大觉得，所以粗心一想，每每恨军阀过于恨绅缙，实在呢，他们俩二五等于一十，分不了什么高低。一旦军阀被绅缙阶级推倒，绅缙阶级便立刻变为从前的军阀，一模一样的作恶，掠夺平民。这不是我的推想，事实上的的确确是如此，只消看西洋的第三阶级政治便可明白；况且我国的绅缙的程度还远不及西洋的市民，是惹不起的恶狗、教训不好的坏小子，简直和军阀是一模一样的，在现今他们尚未得势的时候，尚且要依靠着军阀和官僚的势力，狐假虎威，无恶不作，岂有得势后反倒能比军阀好些，强盗发善心呢！想着落在此辈绅缙阶级的身上讨得代议式的德谟克拉西，不是骗人，便是做梦！我们可以断言，中国的第三阶级决不配行使中产阶级的德谟克拉西政治，他们所能做的是掠夺、是压制、是狐媚外国的资本家。即使我们自愿辱没些，低首降心来屈就中产阶级的德谟克拉西政治，也是万万不能！那些以为绅缙运动可以利用的人们不是盲了眼在那里做梦，便是他们自己是这一类人，想巧言哄骗平民！

　　这上面所说的是专就中国情形推论；我第二层的驳论便要指出第三阶级的政治不是自然的趋势，不是一定不可逃避的！我们要明白：历史上推翻专制君主的革命，没有一国没有一次不全靠了第四阶级的帮忙！何尝是第三阶级自己出马，把专制君主赶走，取过政权，定下德谟克拉西政治，奉让一个代议权给一般属于第四阶级的人们！不是的！不是的！我们查历史，恰巧得着相反的证明！我们只知：第三阶级野心发作，要夺专制君主政权的时候，不肯自己出马打仗冒险，便哄着第四阶级出来，骗他们，允许一齐把专制皇帝赶走后共同管理国内的事情。忠实而勇敢的第四阶级中人听了这些话，信以为真，就出死力把专制皇帝赶走，哪知专制皇帝既走，第三阶级便用狡猾手段抢得了政权，立出了什么叫做代议政治的，愚弄平民；平民上了他们的当，随着他们的摆布，一时倒还不觉得；第三阶级又把金钱统统收集起来，使得第四阶级没有经济势力，又把第四阶级中的一部分穷人拣壮健者编练起来，叫做兵，以保护自己，并叫他们压制自己一阶级里的强项人，不服掠夺的人。这就是西洋现代政治的真相，他们的来历是如此，他们的作用是如此！这个法子，本是法国的第三阶级中人首先发明的，他们发明了，各国的第三阶级一看真好，便互相抄用法国的法子。所以在欧洲的政治变迁，大家同走一条路。这正是强盗互相学样，岂可说是自然的趋势！这正是欧洲人铸的大错，岂可将错就错，认做社会进化必经的阶段，也要去学着走呢！什么"社会进化必经的阶段"，什么"自然的趋势"，这派话头，在西洋也是那些丧尽良心受中产阶级雇用或竟他自己是中产阶级的人造出来的。他们用了这些抽象的话头，原想把历史上的实在事迹轻轻地瞒过，但是禁不住历史上明明写着：在法兰西革命的时候，赤手空拳和看守巴士底大狱的卫兵奋斗，把巴士底打破的，是平民！不是绅缙阶级的人！后来奋力抵御王党、牺牲性命的，是平民！不是绅缙阶级的人！但是后来共和基础奠定，执政权、行威福的，却不是平民！是绅缙阶级的人了！行使了代议政治，有被选权的，却又不是平民，是绅缙阶级的人了！这些事实难道是假的么？为什么明明是诈取巧夺，极端不自然的事，偏偏要说他是自然的趋势呢？从前自然也把世人骗过了许多时候，但是现在却骗不过了！现在我们已经看破这个把戏，想出一个抵制的好法子来了，我们可以立刻应用这个好法子，何必再跟着错路走，这法子便是第四阶级（无产阶级）的专擅政治了。这话留在将来再详细说，现在我既把第二层驳过，且说第三层的驳论。

第三，我们再退一步讲，不顾第一第二两层的话，只问绅缙运动赶去军阀，在现在我们中国到底有成功的可能没有？我敢立刻回答：没有成功的可能，绝没有！因为他们的目的本不想把军阀赶去，他们的目的只想军阀分一些贼赃与他们，他们就可万事都休！这也不是冤枉他们的话，可以从事实上证明的。这证明是：（一）那批绅缙本来是专靠官厅势力欺侮良民的，他们非但没有独立的能力，简直连独立的志气都没有！（二）他们现在闹哄哄的吵着什么"自治"，正好比人家的姨太太撒娇，又好比人家的下等奴才挟着小主人和高等奴才争权；他们早自知绝不能办到如何大胜利，他们的目的只在分几个赃便罢！所以，其结果，尚不是"以暴易暴"。"以暴易暴"不过不减少罢了，加多是不会的，然而现在的绅缙运动的结果却正是加多：本来是军阀一个为暴，将来欲变成军阀（包括官僚）与绅缙共同为暴；本是一层掠夺，将来欲变成两层掠夺。所以，我们一方面既断定绅缙运动赶去军阀之必不能成功，一方面又确信绅缙运动之结果是使平民背上的压力更大、更难翻身，那么，我们当前的事体该怎么办，是很明白的了！

这就是无产阶级的革命！立刻举行无产阶级的革命。无产阶级的革命便是要把一切生产工具都归生产劳工所有，一切权力都归劳工们执掌，直到尽灭一分一毫的掠夺制度，资本主义决不能复活为止。这个制度，现在俄国已经确定了，并且已经有三年的经验，排除了不少的困难，降服了不少的反对者。英法德美意各国的劳工都曾几次想试验这个新制度，可是他们国内的资本家出死力反对，以致一时不能实现。但是我们要明白，这是资本家的回光返照罢了！劳工阶级（无产阶阶）的人数是一天多似一天，资本阶级的人数是一天少似一天——马克思预言的断定，现在一一应验了——最终的胜利一定在劳工者，而且这胜利即在最近的将来，只要我们现在充分预备着！

省宪法中的民权问题

《新青年》，第 9 卷第 5 号，1921 年 9 月 1 日

高一涵

少微研究过宪法的人，大概都知道宪法是人民的"权利书"，因为宪法中最重要的部分就是保障人民的权利。现在一提起"人民权利"四个字，差不多人人都记得他的内容是包括"自由"和"财产"在内。自由的内容又包括"言论自由"、"出版自由"、"信教自由"、"集会结社自由"、"书信秘密自由"、"身体和家宅自由"、"营业自由"……等权利在内。欧洲几百年的宪法战争，差不多都是为着这几种自由权而起的。因此，便有人说："宪法是不祥之物"，为什么呢？因为得到宪法必须革命流血，失掉宪法也必须革命流血的原故。得到这几种权利既已这样的难，又何怪人家要把这几种自由、权利看作神圣不可侵犯呢？

我们从表面上看来，似乎欧洲这几百年的文明进步，都是几种权利所赐的。但是如果仔细研究一下，就知道这样观察实在错误。因为法律上的条文，只是社会文明进步的结果；有了这样文明进步的结果，回头来又才成为文明进步的原因。换句话说，就是欧洲宪法上所规定的人民权利，只是那时自由思想发达的结果；并不是凭空结撰的规定几条宪法，便能创造起来人民的自由。

我们明白这个道理，就可以知道欧洲宪法上所规定的自由、权利，都是从那时中等阶级的经济情形，政治地位，和思想程度，种种事实上而来的结果，这几种自由、权利既已是由中等阶级做中坚分子要求来的，那么，自然都是中等阶级所能够享受的了。换句话说，就是十七、十八两世纪中的政治运动，只是有产阶级的政治运动，并不是无产阶级的政治运动：所以由这种政治运动得来的结果，也只有有产阶级才能够享受，就无产阶级的经济情形，政治地位，和思想程度说，便一点光也沾不着了。为什么呢？只因为有产阶级所要求的是"政治的基本权"无产阶级所需要的是"经济的基本权"。

（A）政治的基本权的发生

凡是十七、十八两世纪中政治家所要求的权利和宪法上所规定的权利，通同可以叫做"政治的基本权"。要想知道政治的基本权为什么重要，一定要看看那时经济、政治和思想的情形。

中世纪的工业的单位，就是"同业公所"（Guild）。无论是手工业，商业，渔猎业，教师，画家甚至农奴，都有同业公所的组织。同业公所对于内部，有独立的裁判权和独立的行政权，无论什么权力，都不能干涉他们的内部。对于职业上有严重的限制，不准人家自由改业。譬如生在铁匠家里，便子子孙孙的做铁匠；生在鞋匠家里，便子子孙孙的做鞋匠。居住、迁徙不能自由。商品的价格由法律规定，不许自由涨跌。同业公所有工、商业上专卖专营的特权，个人是绝对不可侵犯他的。简单一句话，就是在同业公所的制度之下，完全没有个人的自由。同业公所的制度虽然和封建制度渐渐的废去，但是还有许多习惯还难得根本铲除。英国在近世纪之初，人民还没有经济上的自由，工钱由法律规定，利钱由法律限制。还有一种"徒弟规则"，无论什么人，如果没有做过七年的徒弟，任凭什么职业也不许他做。

当封建制度灭亡后，中央集权的国家渐渐的成立。这时有一个普遍的思想，就是以国家为致富的机关。国家定下保护干涉的政策，奖励出口货，限制进口货，想用这种方法来发达国内的工、商业。又大大的扩张殖民地，奖励他与母国贸易，禁止他与别国贸易。这些政策又没有不是和个人自由极端相冲突的。

处这种不自由的境况之下，又过着交通利便的机会，人人都可以向海外发展，人人都可以凭着个人的能力去经营工、商各业。因此，便使从前一般自耕自食，自织自衣，安享乡土之乐的人，赶进近代活泼的经济舞台上来了。个人发展的第一步，便在打破同业公所的专制，要求"职业自由"，推翻同业公所专卖专营的特权。向海外发展的第一步，便在打破保护政策，要求自由放任政策，想使这种个人自由得到法律上的保障，所以大家都在宪法上用意，把"营业自由"、"居住迁徙自由"种种权利，规定在宪法之上，使他们都成为神圣不可侵犯的东西。

经济事实既已发达，工、商阶级的首领渐渐的变成中产阶级。他们既已有了金钱，自然有能力去研究学术思想了。这时最和学术思想相冲突的便是宗教。工、商业初起的时候，法律和教义处处都和他们有碍，不但抑制那做工业主义基础的个人勤勉力和创造心，并且把蓄积财物储蓄金钱都看做罪恶。教会想把社会的一切行动都放在他的支配之下，所以他的警语便是"服从"。人民只有义务没有权利。莫克法森（Hector Macpherson）说得好，他说：那时"无论工业、宗教、政治，只要是有益于文明的东西，都消灭完了。凡是劳动者，如要求为自己工作的权利，都看做叛逆的农奴；凡是宗教家，如果要求脱离教会的权利，都看做异端；凡是政治处如果反抗专制政治，都看做反叛"。在这种神政观念之下，绝对没有容认个人权利的余地，工、商业发达后，经济时情形，便首先和这种教义相冲突。他们要求几种必不可缺的自由，这几种自由便是近代文明的产母。换句话说，就是工、商业发达之后，中产阶级的经商生活已经毫无顾虑，故逞着这个机会更进一步，要求高等文明生活的自由，来打破由中古沿袭下来的政治专制、宗教专制、思想专制……的旧习惯。这些自由，便是"思想自由"、"信教自由"等类，也要求规定在宪法之上，看做神圣不可侵犯的东西。

*　*　*

以上种种自由、权利，都是"政治的基本权"。这种政治的基本权既然是中产以上的阶级所要求的，当然只有中产以上的阶级才能够享受了。

（B）政治基本权的缺点

照前边所说的各种情形，可见得这些权利在那时实在是发展个人能力所以不可缺的东西。可是我们看看这几百年历史上的经验，可以知道这些权利只不过有一部分中产阶级的人可以享受，大多数无产阶级还受不到这些权利的一点儿恩惠。换句话说，就是这些权利必定要有相当的财产，相当的职业，相当的技能的人才能够享受——这都是非享受高等生活的人不能有的权利。

我们就拿财产权——包括物权、债权、袭产权在内——说罢。财产权的根据本很简单，有一派人说是使劳动的人得享受劳动的结果。为什么人类要享受自己劳动的结果呢？因为人性是自利的，如果承认他由自己的能力生产出来的结果，得由他自己安安稳稳的享受，便可以鼓舞起来人类的自利心，奖励人类的劳动。所以边沁（Bentham）一派的功利主义（Utilitarianism）家都说，所有权的安全，乃是进化的真正的起点，和鼓舞进化的原因。他们只要求财产安全，不要求财产平均。所以边沁说道：

　　当安全与平等冲突的时候，必定立刻便把平等牺牲了。第一件重

从五四运动到北伐战争 | 161

要的就是生命的基础，生存，富裕，幸福，件件事都靠着他。平等只能够生出一部分的利益。而且我们无论怎样做都不能完全，我们所能做得到的只是减少一点不平等。……假若想使所有平等，把财产权推翻，便要生出不可收拾的坏处。也没有保障了，也没有勤励了，也没有富裕了，社会一定要回复到最初的野蛮状态了。

从这几句话上看来，可见得那时普遍的思想只要财产稳固，不要财产平等。

当初弄到财产的人，也许是亲手起家的，自己安享自己亲手弄来的财产，原是正当的办法。但是后来财产多的人，便以财产生财产，或收买土地，睡在家里收租税；或放出本钱，睡在家里吃利钱；或生在有钱的人家，终身吃他老子的饭。等到这一类价财产发生，便把所以保护财产的原意失掉了。财产不但不能奖励人家勤劳，倒反转来奖励人家懒惰了。财产自身并不是由自己勤劳的结果，却是劫夺人家勤劳结果的赃物，所以蒲鲁东（Proudhon）便大声疾呼的说：“财产便是贼赃！”

反有一派人说：“财产权是占有无主物的人对于该物的所有权。”如果这句话实在，那么，世界上人口渐渐增加，所有土地尽让先来的人占完了，后生的人岂不要活活的饿死，所以马尔塞斯（Mathus）【说】：

一个人生在一切东西都被人家占去的世界之中，如他不能从他老子正正当当的要求到生活费，社会再不要他的劳力，那么，他便没有得到一点食物的权利，他生这个世界上只是多生的。“自然”的大宴会中，没有他的座位。并且叫他走开，立刻就执行自然的命令（《人口论》第二版正页三一〇）。

照以上财产权的两种理论说来，宪法上把财产权看做神圣不可侵犯，岂不是替贼人来保护赃物，岂不是只顾全已经占有财产的一部分人的利益，叫后生的人活活的饿死。

再就自由权说，也是这样。譬如宪法上只规定“人民有言论、思想的自由”，试问能享受这种自由权的人，是否要有相当的生活的能力？社会对于这个人，是各要有相当的生活的能力，社会对于这个人，是否要有相当的设备？凡是能享受言论、思想自由权的人，第一个条件，就在要能够生活。如果生活都不能够维持，便不能身受教育了。就是能够维持生活，能够身受教育，个人本身不发生别的问题，但是社会上如果没有图书馆的设备，如果没有学者指导他，或引起他研究的兴趣，或者社会上如工业制度和别的习惯等又不能便利他，使他有研究的机会，这样一来，就是宪法上冠冕堂皇的规定下来言论、思想的自由，试问教他怎样能够享受呢？

职业选择的自由，也是这样。能够自由选择职业的人，第一要有技术上的训练，既已受过技术上的训练，又要有相当的生活费，使他不致为饥寒所迫，苟且迁就。不然教一个一天不做工便要饿死的工人，去自由选择职业，岂不是一句笑话吗？比方抬轿本是不人道的职业，但是在中国现状之下，且有人抬轿而不可得的。教这种求抬轿而不可得的人去自由选择职业，岂不是教那些连饭都没得吃的小百姓去拣选上等的山珍海味来滋阴补阳吗？

所以我总以为这些政治的基本权是中产以上阶级能享受的权利，绝不是无产阶级所能享受的。宪法既然是一般人民的权利书，便不应该仅仅的保障有产阶级政治上的自由权，应该兼保障无产阶级经济上的平等权。

（C）经济基本权的重要

从前宪法的缺点就在只知道注重政治基本权，不知道注重经济基本权。结果便把一般不能够维持生活的人排除在宪法保障的范围之外，所以十八、十九两世纪的宪法只是中产以上阶级的宪法，十八、十九两世纪的政治只是中产以上阶级的政治。我们如果明白不能维持生活的人断不能享受各种自由权的道理，那么，要创造新宪法的时候，便应该把经济基本权加入宪法的保障的范围。

经济基本权的内容是什么呢？第一就是"全劳动收益权"，第二是"生存权"，第三是"劳动权"。全劳动收益权是在共产制度之下行使的，劳动权却是在私产制度之下行使的，生存权也可以在共产制度之下行使，也可以在私产制度之下行使。

什么叫做"全劳动收益权"呢？因为自马克思（Karl Marx）以来，大家都知道"富财是劳力的创造品"。既说富财是劳力创造的，那么，各人就应该把各人自己由劳力生产出来的东西，拿来供自己享用，那些不用劳力的资本家，便不应该坐收地租、利息了。因为地租、利息是不劳而得的东西——是把人家劳动的结果，拿来供自己的享用。结果劳动者每天就是做工八小时，可是自己只落得一小时的报酬，其余七小时的劳动结果，都归资本家抢劫去了。因此便有人主张："凡是劳动者生产的东西，都应该完全归劳动者自己享用"。由这个原则上发生出来的权利，就是"全劳动收益权"。

我们现在虽然未能废除私产制度，但是却断断乎不能再助长资本制度。现在不妨用法律来限制土地和资本独占的趋势，保障自己以劳力直接生出财产的财产权，限制遗产和利息等不劳而获的财产权。

什么叫做"生存权"呢？就是一切财物适应各人欲望的需要分配起来。譬如有一件东西，在甲没有什么大用处，在乙却用处大的很，便应该分配给乙去享用。全劳动收益权以劳动做分配财产的标准，生存权以欲望做分配财产的标准。但是归综一句话，人类既已生存，就该有保持生存的权利，不应该使一部分人连生命都不能维持。我们当共产制度没有采用之先，应该以法律来保障那些得不到生存资料的人。详细说来，就是法律上应该承认未成丁的人，有受教养的权利，承认衰老残疾失掉劳动能力的人，有受救济的权利。

什么叫做劳动权呢？就是凡有劳动能力的人，在私企业者之下，不能得得劳动的机会者，都有要求给与劳动机会的权利。行使全劳动收益权的人，可以要求自己生产的全体归自己享受；行使劳动权的人，仅仅要求得到卖工的工钱，不能要求享有生产物的全部。我以为在私产制度之下，如果想救济失业的弊病，法律上应该承认凡有劳动能力的人，都有要求劳动机会的权利。

＊　＊　＊

我以为，我们现在不谈宪法便罢，如果要谈宪法，便要把经济的基本权收由宪法保障。因为我们认定经济问题不解决，政治问题也万不能解决，人民不能得到经济上的平等权，便不能享受政治上的自由权。真正能保障人民经济上的平等权的宪法，可以算做全体人民的"权利书"；真正能保障人民全体权利的政治，才可以算做"全民政治"。

裁　兵

蒋百里在北大演讲/成咏笔记

我今日承蔡先生请我到这里和诸君谈一谈关于裁兵的事，现在且将我的意见，就是说明现在的军队是怎么样的状况，现在要裁兵是应当用什么样的办法，我举要说了出来，以供诸君的参考。

我在我发表意见之前，须声明一点，请诸君注意！就是：今日聚会了许多智识阶级的人，来谈裁兵的事体，此种事实——即以智识阶级之人民，而去谈裁兵的事——实在可以说是智识阶级的奇耻大辱！诸君听到下面，就会明白这件事，须要记得不可忘了。

现在中国各处，很多受了军阀的祸害，这是人人都知道的，都以为不得了的，智识阶级的人民，就起来说要推倒军阀，又以为要推倒军阀必须要大裁军队，但是诸位要知道：裁兵与倒军阀虽然是有关系，但是究竟是截然两事。

世界上的国家，如日，如德，都是有军阀的，如法，如英是没有军阀的，但是没有哪一个国没有兵。军阀的成功，有许多缘由；有的甚至于兵虽裁，而军阀仍可存在，再换言之，国家尽可以有兵，而不至于发生军阀。

至于中国，则自国体改造以来，没有哪一天不谈裁兵，而军阀却一天厉害一天。民国元年，袁世凯将南方的军队裁了无数；洪宪之役，段祺瑞的的确确是裁掉了几万兵，这毫不是假的；皖直的战争，边防军三师和徐又铮六师，吴光新等六旅完全裁汰；此次直奉之战，又解散了十万奉军；谁能说袁世凯、段祺瑞、曹锟、吴佩孚不愿意裁兵不能裁兵？但是现在呢，兵还是这样，军阀还是这样，可见此中尚有一个缘故。

前清光绪末叶宣统初年的时候，北洋军队以纪律整齐称，然而下级官长，一点儿不能管束兵士，何以呢？因为一行管束，部下的兵士就逃去了，逃了以后，那些军装，都责成该下级官长全数赔偿。一个兵，每个月吃七元钱的口粮；遇着打仗，就要死；不打仗，也天天离开家庭，又不能干别的事；所以（中国的）兵，无论什么时候，早先或现在，都是想逃的。其所以现在还有许多兵者，因为是受了军官缠挽住的缘故；军官无兵，遂没有饭碗，所以不能不缠住他们。如果中央下一道命令，准各兵自由回家，我敢说至少有三分之一散去了。所以诸位须知道现在已裁兵之兵其数已倍目下想裁而未裁的兵。民国三年，调查军队的逃兵数目大约在十分之一点五乃至十分之三，这是各师的军事代表亲口对我说的，这就是个明证。

还有一事，我们现在可以作笑话谈谈。前年边防军，因为恐怕兵士私行逃回，所以星期都不敢放假。要是老不放假，又怕兵士不耐烦。后来想出一法，费两百元在北京请一小班，每逢星期，就大吹大擂的弄起来，兵士去听戏，可以不花钱。场外面有军官守着，如若有人不听戏而走出这戏场范围以外，那就对不起。虽然如是，逃兵还是陆续不断。

再又说到军阀，到底他是怎么产生出来的？日本的军阀，德国的军阀，人人骂他不好，诚然诚然，但溯求他成立的原因，至少也有几百年的历史关系。第一，因为贵族关系养成的；第二，的确曾经和外国打过仗，替国家出过力，人民有点信仰。然而中国的军阀呢？何以能存在呢？何以贻害如是之大呢？——我并不是因为我是一个军人所以替军阀辩护——我敢说军阀并不能并不敢贻祸于国家，实在是国家请军阀亡国，再进一步说是国民请军阀亡国。一般国民没有志愿能力去担负捍卫国家的责任，不亲自去参加，且毫不去注意。国家收些钱，去买些人当兵，国民将保卫国家的责任，一概委之他们，拿饭碗来做保卫国家的工具，这是第一步的坏处。第二步一般的知识阶级总把军事当做政治范围以外的一样事情。每每组织内阁的时候，当分配事务之际，某说，我专管政事，不管军事，某说，那么我专管军事，不管政事。论起理来，哪有政治与军事相离的呢？这就是军阀站脚的第一步。

起初政治家不敢管军人，到了第二步，就是军阀进一步要来管管政治了！再说政治竞争，是各国都有的。但是中国人因为向来行为对于语言是不负责任的，所以议论主张都视为空谈。人人皆看空谈不起，都是重实力。所以政客都钻入军队去了，甲运动甲的军队，乙又运动乙的军队，从此国家就为军阀一手包办了。一般国民，个个都贪生畏死，不敢当兵，不愿与闻兵的事，所以我说：是国民自己请他们出来！国民当然包括智识阶级在内，所以我说：

以智识阶级而谈裁兵，可谓智识阶级的奇耻大辱！今且谈裁兵的办法，第一步，举个比方，如乡人过大旱之年，徒知向龙王庙求雨，在他们是唯一无二的方法，在智识阶级一定大笑，何以呢？就是笑他们不去讲求森林水利，而单单去走这条无意识的道路。咳！且慢，论到裁兵一层，素日自命智识阶级者，且连乡下人还不如，假如乡人遇诸旱魃肆虐的时候，他们就说我主张，试问主张两字有何用处。今智识阶级处此军阀横行的时候，他们也说主张裁兵；乡人从主张更进而为希望下雨，试问希望有何用处？今智识阶级也是进而为希望裁兵；但是乡人还有第三步——到龙王庙去祷求下雨，智识阶级呢？没有！连一点运动也没有！再举一例，现在这讲桌上有一壶茶，恰好我口渴了，第一步我的心理，是主张吃茶，第二步是希望吃茶，但是全凭主张吃茶，希望吃茶，那不作美的茶，偏不走到我的口里来！我要想吃茶，除非动一动手不可，裁兵亦然：智识阶级主张，希望之外，至少也须动一动手！

请愿裁兵恰如乡人在龙王庙求雨一般。不去讲求裁兵的森林水利比例，徒去请愿，岂不可笑？起初智识阶级去笑乡人，现在呢？快要效乡人的求雨了，然则又做不是可耻？

要想找裁兵及森林水利的根本办法，第一步应当先明白兵是什么东西，国家与军队军阀的关系，这些知识，至少也要具备一点，然后可以找出办法；譬诸打老虎要讲求打老虎的窝弓，至少也须明白老虎在山中走的什么道儿，怎么的走法。如果不具备虎的知识，那么，天天谈打虎，谈几百年虎也不会打死；如果没有军事学识，不明兵和军阀的关系，那么，天天谈裁兵，如同天天谈打虎一般，尽你谈几百年，军队只有有加无已。

再说到以上的话，裁兵一事，国民应当自己下手，请愿求雨是靠不住的。谁去裁——就是谁去捍卫国家？我！谁能裁——就是谁能捍卫国家？我！人人都有这个"我"，所以我希望大家都起来担任这个责任。谁能担任者，我们都可以承认他们是国民的中坚。这才是根本裁兵的办法。

上面说，裁兵须具军事的智识，我希望诸君，就是现在的智识阶级，都起来研究。

大学学府，应当立一研究军事学的机关。

裁兵！军阀谈裁兵，政客谈裁兵，这都是他们的滑头话。假如我说中国要裁兵恐怕连张作霖也不会反对，但是谁敢对军阀说，你的兵要裁？今日裁一个连兵和几个兵士，明晚又招一两师，一面明裁，一面暗招，甚至无日不招。这还裁什么？所以向政府要求裁兵，不如向政府要求停止招兵。这事办到了，只须五年的工夫，兵可全裁。何以呢？现在军队的缺额极多，甚至一师人只有一两团人都有，只须一整理，便可减了一大半；再加一命令，愿去者听，又可浮去了一大半。只要不招，只须五年就可全裁，这是我可相信的。

第二步要求政府，招兵须有合法的命令，泰西各国，每招兵若干，须经国会通过，大总统或皇帝明令，倘有国民反对，还是不能添招。现在中国呢，加一师，政府只须盖一印。各处有兵多少也无从计算。我们应当要求政府每年军队的数目，以明令宣布，只许每年递减，不许添招，那才是裁兵真正的方法。

万一政府连这两步也不能办到。我们就取再进一步的方法。我相信军阀的末路，不过三四年。诸君且听我解释，我并非毫无根据。诸位试回想三十年前的废八股谈，二十年前的推倒清政府谈，起初何尝不是与现在谈裁兵一样。还有人说那些还比这个难几倍，现在军队虽多，而中央政府无多。没有地盘的军队，现在就难以存在，将来更不能存在。中央没有饷，就没有能自由调度的军队。

这次直奉战争，倘使冯玉祥不牺牲陕西，不到洛阳镇守，直军未必能胜奉军，就是能胜，也未必有如此快。所以军队没有地盘军队就不能生存，但军队有了地盘军队的运动能力就失掉了。譬如一个人绑在架上国民就可以随便处置他。因是我们可以得着第二步的办法，就是中央无身，国民就自备资本来当兵。我们带身当兵，军阀还能存在么？什么叫做兵？就是一个人荷着一支枪。我们第一步去倒枪，第二步去抢枪。政府无钱，又不肯裁兵，我们可以不出钱给军阀去买兵，万一军阀要兵，我们自己就一齐去，军阀无多钱养我们，我们自己常带多钱养我们自己，我们自己出多，权就在我们。军阀还能存在么？这是裁兵的根本办法，也是打倒军阀的根本。

总结起来，我们第一步可以要求政府停止招兵，第二步招兵须依法通过国会，以明年宣布数目，第三步，国人自己带资本来当兵。

最后我限要补叙一层，就是裁兵要钱完全是一句骗人的话。我们千万不要上政府和军阀的当。严格地说起来，可以一个大子不花，要是体恤政府和军阀，只须二千五百万元，而这二千五百万元之中，还有一千万元可以用之于生产事业。一个兵平均每年须百元之数——每月口粮七元每年八十四元其余服装少些，算他一百元，现在裁的时候发三个月饷，计三百万元可以裁十万兵，裁二十万兵只须六百万元。明年国库就可加增二千万元。此外再一千万用于生产事业，使兵士被裁之后，可以不致流为土匪。如此继续下去，说五年裁完的话还是从宽的计算，兵士被裁之时他们的心理，第一步就是——现在国家不养我了，我须靠我自己吃饭。哪里是吃饭处所呢，必定便受有了这种心理然后各种生产机关，才能发生作用。不然，他们就当一辈子老大爷，你拿什么供给他。我再转到上面的意思，裁兵不须钱，裁兵须诸君自己出来，国民应改变从前的放弃态度，而取一种挺身负责的态度。

蒋百里先生裁兵办法的疑问

张维周

最近蒋百里先生在北京大学讲演"裁兵",提出了三个具体办法:第一步,要求政府停止招兵;第二步,招兵须依法通过国会;以明令宣布;第三步,国民自带资本当兵。蒋先生的意思,以为我们不能空空的主张裁兵,不能空空的希望裁兵,而必须想出裁兵的具备办法,这自然是很对的。但是这里面都有一个根本问题,就是这办法能不能实现?

蒋先生所拟裁兵办法的第一步,是向政府要求停止招兵;以为这一层办到了,只须五年的工夫,现在的军队就可完全裁掉。据我看来,如此办去,五年后军队是否可以裁掉,本系一个问题:即使我们承认了蒋先生的预算,但是要政府停止招兵,试问政府能不能答应我们这种要求?现在国民运动的消沉,民众势力的薄弱,政府对于民意的蔑视,可谓已达极点;那么我们要求政府停止招兵;其能否发生效果,恐怕无人担保。退一步说,假定政府答应了我们这种要求,而以明令停止招兵:但一般军阀能否遵命实行,更是一大疑问。近年以来,军阀跋扈日甚,政府号令不出国门,事实俱在,毋庸讳言。停止招兵,不啻制军阀之死命,谁敢保军阀可以牺牲其地盘与势力,以服从中央,而自甘灭亡呢?军阀既不听从中央命令,则我们的要求不又成空了吗?所以我们若不能担保在最近的将来,国民能监督政府,而政府能命令军阀,也就不能担保这第一步裁兵办法的成功。

蒋先生所拟裁兵办法的第二步,是要求招兵须依法通过国会,以明令宣布。论理,这自然是正当的办法;但是这其间仍有三个先决问题,就是国民须能命令军阀。如果这三个条件没有切实的保障,则这第二步裁兵办法又不免是空中楼阁了。

蒋先生说:"西洋各国招兵,须经国会通过,并须有大总统或皇帝的命令;倘有国民反对,还是不能添招。"在西洋各国,有能干预而且愿干预政治的国民，有健全的国会，有完备的政府，这层或可以办到，但我们中国怎能骤然与人相较呢？

蒋先生所拟裁兵办法的第三步，是国民自带资本当兵。照蒋先生的意思，我们第一要"倒枪"，就是不出钱给军阀去养兵；第二要"抢枪"，就是自己带钱去当兵：如果能如此，军阀自然不能存在了。但是这种计划能不能实行，似乎还得再磋商一番。即如不出钱给军阀养兵，诚然是国民共有的希望；但要实行这件事，在现今就有许多困难。譬如自去年来，吴佩孚在湖北大铸军饷，尽量搜括，湖北人何尝不切齿痛恨？省议会何尝不极力反对？但有没有结果，我们大家也都眼见了，其他各省督军，既把全省收入的多一半充作军饷，更借端向人民横征暴敛，驯至全省财政破产；但各省人民又何尝有积极的反抗运动？即使有之，究有多少效果呢？我以为现在的有枪阶级，也就是有钱阶级，因为有了军队，就可任意掠夺；而我们那种无能力、无胆气、无团结、无政治趣味的国民实断断不能与他们对垒。退下一步说，即使这层可以成功，但我们必须自带资本去当兵，而据我看，这层似乎更不切于事实。这里所谓带资本当兵的"我们"，当然是指确有觉悟而赞成裁兵的人；当然不是指普通一般人，因为现在当兵的是无觉悟的"普通一般人"，所以才弄得军阀猖獗到这种境地。但是有觉悟的"我们"，共计有多少？而在这"我们"中间，更有多少人肯带资本去当兵？肯这样做的若只有极少数的人，到底有什么效果？况且军阀是否收容"我们"，还是一个问题呢？

蒋先生是军事学专家，不空空主张裁兵，希望裁兵，而提出具体办法：自然很可钦佩。但我总疑惑这些办法，在现今难于实现的；因此就写了这篇文章，要请教于蒋先生和读者。我的意思，是要我们对于裁兵，不要只筹划"该实行的办法"，而要筹划"能实行的办法"。

晨报一九二二，五，二一

这一周（节录）

——十一年六月至十二年四月

胡　适

一

我们是不承认政治上有什么根本解决的。世界上两个大革命，一个是法国革命，一个是俄国革命，表面上可算是根本解决了，然而骨子里总逃不了那枝枝节节的具体问题；虽然快意一时，震动百世，而法国与俄国终不能不应付那一点一滴的问题。我们因为不信根本改造的话，只信那一点一滴的改造，所以我们不谈主义，只谈问题；不存大希望，也不至于大失望。我们观察今日的时代，恶因种的如此之多，好人如此之少，教育如此之糟，决没有使人可以充分满意的大改革。我们应该把平常对政治的大奢望暂时收起，只存一个"得尺进尺，得寸进寸"的希望，然后可以冷静地估量那现实的政治上的变迁。

二

徐世昌走了，黎元洪来了。我们不爱谈什么法统，也并不存什么"喁喁望治"的心思。我们对于这个新政府，只有下列的最低限度的要求：

一、我们希望这个政府自认为一个"事实上（De facto）的临时政府"；他的最大任务是用公开的态度，和平的手段，做到南北的统一。

二、我们对于这次在北京自行集会的旧国会，只希望他自居于临时的国会；缺额不得递补，不得取消在广州的议员的名额，免得增加统一的障碍。

总之，南北不统一，什么事都不能办：军事不能终了，兵也不能裁，财政也不能整理，教育休想发达，实业也休想安宁。南北不统一，政治决不能上轨道。

……

九、政治与计划

我们在《我们的政治主张》里曾要求一种"有计划的政治"，我们说：

我们深信中国的大病在于无计划的漂泊，我们深信计划是效率的源头，我们深信一个平庸的计划胜于无计划的瞎摸索。

计划是预先认定一个目的，推想出如何可以做到那目的的历程，然后把那推想出的历程定为进行的步骤。譬如下棋，须能预先算到几着以后；譬如造屋，须先打图样，次计算材料工程，然后动工。这是人人知道的。然而到了干那关系最重大的一件事——政治——大家便多不明白计划的重要：这岂不是墨子说的"明小物而不明大物"吗？

当熊希龄的内阁发表他们的"大政方针"的时候，国中很有许多人嫌他空谈太多，文字又太繁，所以当时很少人注意这种"大政方针"。然而这八九年来，就是那样的一个"空谈太多"的计划，也不可得了。这八九年的政治，竟全是漂泊的政治，没有计划，混到哪里是哪里。财政坏了，就随他坏下去，直坏到今天这个样子。兵多了，将骄了，也就随他们闹下去，直糟到这步田地。南北分裂了，也就由他们分裂下去，越分越远，直分到这个时候。陆放翁有诗道：

> 一年复一年，一日复一日，
> 譬如东周亡，岂复需大疾？

中国所以闹到这步田地，何尝有什么大病，只是这样"一年复一年，一日复一日"漂泊到现在这个不可收拾的情形！

计划的功效，全在分期克日，步骤分明；只要继续做下去，一点一滴的积起来，总有成效可观。我们试举一个例。自从欧战以来，全国的铁路工程都停顿了。假使当年交通部有个计划，规定京汉、京奉、津浦三条铁路每年添筑支路五十里。这是轻而易举的事，然而十年之内便可添造一千五百里的铁路了。再看京绥一条路，只因为这条路有个小计划，每年发行六百万的公债，所以这几年之内能延长那么多的路线。京绥的六百万公债每年只有一小部分卖到市面上，大部分的债券不等到市上早已被内部的人买去了。假如国有的各铁路都有这样的一个小计划，十年之中可以添多少铁路？

......

又如统一，也不是打几个电报给孙文、伍廷芳就够了的，也应该早日做一个计划，至少应该注重下列各点：

一、南方政府的问题：是不是应该承认他为事实上的一个临时南方政府？

二、和会问题：和会是无论如何不能免的。叫他做"统一会议"也好，"南北和会"也好，"联省会议"也好。如何组织？如何产生？有何权限？这都是不能不早日计划的。

三、统一的条件：统一的条件的中心必是承认联邦式的统一国家，这是无可疑的。但联邦式的国家全不是现在这种军阀割据式的国家。怎样才能使这种军阀割据式的国家变成一个真正统一的联邦国家呢？省与中央，制度上应该怎样划分呢？现在事实上应该怎样收束呢？军队怎样处置呢？财政怎样统一呢？这都是不能不筹划的。至于非常国会递补的议员的安置法，非常国会通过与取消的法令的去留等等，虽是较小的问题，但也是应该计划到的。

总之，我们已到了日暮途穷的地步，只有克期计功的法子还可以勉强使我们赶上几步；若再糊糊涂涂的妄想"挨"过日子，妄想暗中摸索着一条幸运的路子，那就是"瞎猫等着死老鼠"的无意识的行为。那种政府，我们不要！

十一年六月十二至十八日

二十

我们的朋友李剑农在《努力》第十一、十二期发表了一篇《民国统一问题》，对于这篇文章第一段的大意（第十一期）"欲废督必先裁兵；欲裁兵必先统一；欲统一必先确定联邦制"，我们是赞成的。第二段（第十二期）的大意说，"这种联省宪法的草案，须先由联省会议议定，提交国会，依合法的形式通过"；"由各省选出相当的代表，赶紧开联省会议，把联省宪法的大纲议定，交国会通过"。我们对于这一段意思，不能完全赞同。第一，在法理上这个各省代表组织的联省会议，远不如国会有正式制宪的权限。我们赞成有一个各省全权代表的会议来解决这几年发生的许多事实上的问题，但不赞成他们来做制宪的事业。第二，即使我们让一步，撇开法理的问题——正如剑农说的"一个国家，当开国之初，关于法理上的解释，总有些不圆满"——我们也还不能忽略事实上的障碍。照现在的情形看来，这个制定联邦宪法草案的会议，至多只能得南方几省的赞同；而国会制宪却是没有一省敢明白反对的：我们为什么要撇开这个很少反对的国会制宪，而另外去寻一个起草的联省会议呢？况且这种联省会议的代表，无论如何产生，在现在的形势之下，总难免各省武人的操纵。剑农怕国会议员"秉承北洋正统的思想去制宪"，难道他不怕联省会议的代表秉承"割据诸侯"的意旨去起草吗？据我们看来，北洋正统的思想，只稍有南派的议员多数出席，再加上舆论的监督，便可以打破了。倒还是那督军代表的联省会议，很容易陷入"一人一义，十人十义"的状况，不容易对付。况且现在各省的治安情形，很不一致，南北都有内乱很激烈的省份，也都有兵匪遍地的省份。剑农所主张的联省制宪会议，在一年半年之内，恐怕不容易产生，所以我们主张直截了当的责成国会从速制定省自治的制度，划分中央与地方的权限，作为各省后来制定省宪的概括标准。如果国会放弃他的责任，不能于短时期内制定宪法，那时我们再采取别种革命的举动，也不为迟。

……

二二

这一周中国的大事，并不是董康的被打，也不是内阁的总辞职，也不是四川的大战，乃是十七日北京地质调查所的博物馆与图书馆的开幕。中国学科学的人，只有地质学者在中国的科学史上可算得已经有了有价值的贡献。自从地质调查所成立以来，丁文江、翁文灏和其他的几位地质学者，用科学的精神，作互助的研究，经过种种的困难，始终不间断，所以能有现在的成绩。他们的成绩共有三个方面：第一是全国地质的调查。这是一件很大的事业，一时不容易成功。他们现在已经测量的，只有直隶、山东、山西、河南、江苏几省。第二是供给矿产的知识。在这一方面，他们的成绩最大，我们看中国矿业家这几年捐给地质调查所博物图书馆的钱的数目，就可以知道中国矿业所受的利益了。第三是科学的研究。地质调查所里的地质学者，近年很出了些有价值的科学著作。本国学者除丁文江、翁文灏、章鸿钊各位之外，还有外国学者葛拉普（Grabau）、安特森（Andersson）在所里做专门研究。我们现在虽不能说这一班中国地质学者在世界的地质研究上有什么创作的贡献，我们至少可以说，他们整理中国的地质学知识，已经能使"中国地质学"成一门科学：单这一点，已经很可以使中国学别种科学的人十分惭愧了。——这一次开幕的博物馆里有三千二百五十种矿物标本，图书馆里有八千八百多种地质学书报，在数量的方面，已很可观了。最可注意的是博物馆里的科学的排列法。中国人自办的博物馆最缺乏的是没有科学的排列法，此次山东省花了五千元办的山东历史博物馆，只可算是一个破烂的古董"堆"，远不如琉璃厂的一个大古董摊！三殿里的古物陈列所，也只可算得一个乱七八糟的古董摊，全无科学的价值。读者如要知道什么叫作科学排列的博物馆，不可不去参观丰盛胡同的地质调查所。

七月十七至二十三日

四一

我们在第十二期里曾提出一个假定的目前计划，内分政治和财政两部分。政治项下只有两条：一是由中央从速召集各省会议，一是由中央提出公开的条件，消除奉直的私斗。关于第二条，我们在前周的短评里已指出他的重要了。最近听说孙文的代表张继到京后也说孙氏主张奉直私斗应该调解，又听说黎元洪也有这种主张，这都是很好的消息。但我们要补充一句，我们说的"消除奉直战祸"，并不是姑息的调和；我们要求奉直双方裁减军备，双方克期裁兵，双方实行取消"联督割据"：这才是真正的消弭北方战祸。但这是一种"与虎谋皮"的事，非有全国舆论协力作先声，协力作后盾，这事是不容易收效的。我们很盼望全国的舆论界少费精神去替王宠惠们制造俏皮的绰号——什么"学究内阁""反串内阁"——而回转头来，向这个逼人的问题上作点有力的鼓吹！

同时我们还要盼望全国的舆论界一致督促中央早日召集一个各省会议。当直奉战争还不曾完全终了时，我们在五月十四日的报上便提议一个公开的南北和会，由和会议决召集旧国会，作为统一的一个条件。当时这个提议若实行了，现在国会里决没有什么"民八""民六"的纷争，也不致到今日还是这样四分五裂的中国了！但当日战胜的实力派自作聪明，以为"法统重光"之后，什么问题都没有了；于是他们反对和会，反对各省会议，迫不及待的就把黎元洪拥出来了，就把国会恢复了；既不问事实上统一的阻碍，又不顾南方的心理，又不顾国会内部的法律问题与感情问题；所以国会虽然开会了，黎元洪虽然做了总统了，然而国家分裂如故，统一还是遥遥无期的，国会里唱过几次的武戏还是小之又小的恶果呢！当时以为统一的障碍是孙文，孙文倒了，统一还是不能实现。当时又以为国会的障碍是广东的非常国会，现在非常国会没有了，然而国会还不能太平无事的进行。我们再三考虑现在的政治情形，只有下面的简单结论：

一、武力统一是绝对不可能的，做这种迷梦的是中国的公贼！

二、宪法是将来的政治工具，此时决不能单靠宪法来统一的。

三、大革命——民主主义的大革命——是一时不会实现的；希望用大革命来统一，也是画饼不能充饥。

四、私人的接洽，代表的往来，信使的疏通，都是不负责任的，都是鬼鬼祟祟的行为。道理上这种办法是不正当的，事实上这种办法是很困难的。分赃可用此法，卖国可用此法，谋统一不可用此法。

五、在今日的唯一正当而且便利的方法是从速召集一个各省会议，聚各省的全权代表于一堂，大家把袖子里的把戏都摊出来，公开的讨论究竟我们为什么不能统一，公开的决议一个实现统一的办法。

我们盼望全国国民仔细考虑这几条简单的结论，我们更盼全国的舆论家评判这几条结论。

一月二十九至二月四日

五八、这个国会配制宪吗？

这个国会复活以来，所行所为，无日不自绝于国人，国人也早已厌恶痛恨他了。但国内有一班人，对于这个国会还存一点顾惜之意，他们的理由是希望国会早日把宪法制成。但我们到了现在，不能不正告他们：这个国会是决不配制定宪法的。我们且不说别的理由，单说三点：

第一，宪法是国家的根本大法，至少要能引起国人的信仰与崇敬。试问这一个光园拜寿、红罗厂领冰炭敬的无耻政客团体定出的宪法，能引起谁的信仰与崇敬？"不以人废言"乃是一句强人以所难的格言。这句格言，只可为极少数人说法，决不能望多数人奉行。用现在这班国会议员去制宪，简直是中华民国的奇耻大辱。宪法的尊严一定要断送在他们的手里！

第二，这个国会制出的宪法一定不能应付中国今日的需要，一定不能满足国人的希望。例如我们希望将来的新国会人数要大大的减少，要减去现数三分之二以上：这个希望可不是与虎谋皮吗？又如我们希望将来的新宪法要打破现制国会专卖总统选举的制度：这又不是与虎谋皮吗？又如我们希望将来的新宪法要规定一种制裁国会议员自身的方法：这又不是与虎谋皮吗？总之，我们对于将来宪法上救济政治罪恶的种种希望，没有一桩不是与虎谋皮。国会制宪，本可怀疑；这个国会，尤其不配制宪。

第三，自从上月宪法起草员提出"国权"和"地方制度"两章草案以后，国会不配制宪的证据更明显了。国会中人对于这个带联邦制性质的草案，早已纷纷表示反对了。反对的议员，大约不出两派。一派是秉承那些割据的军阀的意旨，要替军阀保持割据的局面；还有一派是代表垄断式的财阀说话，因为他们老板的营业跨有几省的地面，怕省权伸张以后，他们垄断的局面就没有现在这样容易了。上星期宪法会议里的捣乱，试问是不是这两派的议员闹出来的？将来这种丑戏还多着呢！我们从这一次的纷争上，更可以证明这个国会决不配制宪。

总之，宪法是根本法律；民治国家的法律决不是那班自己不守法律的无耻政客所能制定的。我们可以预言：吴景濂、张伯烈的国会即使定出一个宪法来，将来决不会有宪法的效能，将来不过添一张废纸！

二月五日至十一日

六三、解嘲

从前王宠惠内阁下台之后，汤尔和君曾对我说："我劝你不要谈政治了罢。从前我读了你们的时评，也未尝不觉得有点道理；及至我到了政府里面去看看，原来全不是那么一回事！你们说的话，几乎没有一句搔着痒处的。你们说的是一个世界，我们走的又另是一个世界。所以我劝你还是不谈政治了罢。"

这个忠告自然是很欢迎的。但我们却也有一种妄想：我们也明知那说的和行的是两个世界，但我们总想把这两个世界拉拢一点，事实逐渐和理论接近一点。这是舆论家的信仰，也可以说是舆论家的宗教。所以我们虽相信汤君的话有理，却还不能实行他的话。

但我们近来也常常忍不住嘲笑自己道："原来全不是那么一回事！"

即如此次张绍曾内阁总辞职的事，我们虽然也认定他们的辞职决不是反抗保洛军阀的表示，但想不出他们为什么要出此一举。他们的辞呈里明明拿"僭名窃位""枕戈待旦"为理由，而这两桩又都不是一纸辞职通电就能消灭了的。所以我们曾猜想他们这一次辞职是真想下台不干了。

然而"原来全不是那么一回事"！他们又都干了，并且贴耳低头的把保洛军阀所要求的十二道命令一齐发表了。

究竟是怎么一回事呢?

我想民党议员王恒似乎得着一个答案了。他在他的《致张绍曾书》里，曾说：

稔知足下（张绍曾）富有神经病……害神经者……其犯罪也，非从其所欲而充分为之不止。

其实何止张绍曾一人！今日支配国事的人——酒狂之上将，财迷之候补总统，酒色狂之国会议长——哪一个不是"非从其所欲而充分为之不止"的神经病人！怪不得我们说的话"完全不是那么一回事"了！

三月二十六至四月一日

对于现在中国政治问题的我见

陈独秀

人类社会因治生方法不断的进步，他们经济的及政治的组织遂随之不断的进步；在这不断的进步之过程中，保守者与改革者亦即压迫者与被压迫者两方面，自然免不了不断的争斗；每个争斗的结果，后者恒战胜前者，人类社会是依这样方式进步的。照前人依据历史的事实指示我们的：人类社会不断的进步即不断的争斗中，依治生方法之大变更扩大了他们的生活意识，他们利害相冲突的分子，遂自然形成两次最大的阶级争斗，第一次是资产阶级对于封建阶级之争斗，第二次是无产阶级对于资产阶级之争斗。所以人类每一个重要的政治争斗，都有阶级争斗的意义含在里面。

今日，不但无产阶级对于资产阶级之争斗方在猛烈的进行中，即资产阶级对于封建阶级之争斗，虽在最进步的国家若德意志、若法兰西也还未曾完全终了。在产业幼稚的东方，除游牧的民族不计外，即稍进步的民族，资产阶级及无产阶级的形式及意识虽然都正在开始发展，而团结力都十分幼稚，因此国家统治权仍旧完全掌握在封建阶级之手。最进步的日本，也不过是一个半封建式半资产阶级式的国家。已战胜封建的欧美资产阶级，采用帝国主义，利用产业不发达的亚洲非洲诸国做他们的殖民地或商场，并且公然的或阴谋的运用他们政治及经济实力，钳制殖民地及商场之资产阶级及无产阶级都没有自由发展的机会，这是非亚两洲被压迫的民族之普遍的痛苦。

在这种世界政治的经济的状况之下的中国，他也是被压迫的民族之一，他的政治及经济是自然要受环境支配的。

中国经济的状况，可分为下列三种：（一）是内地乡村的家庭农业；（二）是各城市的手工工业；（三）是沿江沿海近代资本主义式的工商业：因为受了列强在中国所行帝国主义的侵略，及本国军阀的扰乱，农民被物价腾贵驱迫到都市去找工作，手工工业渐为外国机器制造品所毁灭，新兴的工商业没有保护关税及运输便利，也不能够发展起来和外资竞争。

中国政治的状况，也可分为下列三种：（一）是国际帝国主义的压迫，东交民巷公使团简直是中国太上政府，中央政府之大部分财政权不操诸财政总长之手而操诸客卿总税务司之手，领事裁判权及驻屯军横行于首都及各大通商口岸，外币流通于全国，海关邮政及大部分铁路管理权操诸外人之手。这些政治状况都是半殖民地的状况，不能算是独立的国家。（二）是国内军阀的扰乱，帝制倒了，帝制遗下来的军阀却未曾倒，大小军阀把持中央及地方之政权财权，使全国中法律无效，舆论无效，财政紊乱而国家濒于破产，又以军阀互斗之故，战祸遍于全国，金融恐慌，运输停滞，工商业莫由发展。（三）是政党之萎弱，幼稚的中国无产阶级，眼前还没有代表他的政党出现，代表资产阶级的政党也很萎弱，这就是中国的资产阶级还没有强壮的表征。孤军奋斗的国民党，虽然有民主革命的历史，但党员太少，还没有支配全国政治来代替军阀的力量；至其余的党派，都不过凑合数百个或数十个利害相同的官僚议员，依附军阀来谋一官半职，我们不敢妄说他们是有主义政策的政党。

以上所列中国经济的及政治的现状，凡是诚实不肯自欺欺人的人，都应该承认实是如此。

这样的经济及政治状况，遂使中国的阶级争斗不得不分为两段路程：第一段是大的和小的资产阶级对于封建军阀之民主主义的争斗，第二段是新起的无产阶级对于资产阶级之社会主义的争斗。因为中国劳苦群众的潜势力，虽然是无限的伟大，但是他们阶级的形式及意识方在萌芽时代，所以他们所表现的，只是组织工会和罢工运动，可以说纯粹为他们自己阶级的政治争斗时期还未成熟，资产阶级的政治争斗，已经由辛亥革命运动、爱国运动及护法运动表示他们的意志了。所以第一段争斗，是中国人对于现在的政治问题上至急切要的工作，一切劳苦群众也都应该加入：因为这第一段民主主义的争斗，乃是对内完全倾覆封建军阀得着和平与自由，对外促成中国真正的独立；这种和平自由与独立，不但能给中国资产阶级以充分发展的机会，而且在产业不发达的国家，也只有这种和平自由与独立，是解放无产阶级使他们由幼稚而到强壮的唯一道路。

因此，在中国政治的经济的现状之下，这第一段民主主义的争斗，应该以左列诸项原则为最重要的目标的：

（一）倾覆军阀及卖国党，尤其首先要惩创勾结卖国党或希图割据的军阀，以实现国内和平与本部统一。

（二）废除协定关税制，取消列强在华各种治外特权，清偿铁路借款收回管理权，反抗国际帝国主义的一切侵略，使中国成为真正独立的国家。

（三）保障人民集会、结社、言论、出版之绝对的自由权，废止治安警察条例及压迫罢工的刑律。

（四）制定保护农民工人的各种法律。

用如何制定方法达到上列各项标的，乃是一个重要的问题。真的民主政治的标的，固然不是在维持现状之下，利用敌人势力鼠窃狗偷可以达到，也不是小势的革命派可以做成的。因为一切国家都必然建设在权力之上，封建的国家建设在军阀权力之上，民主的国家建设在人民权力之上，半封建半民主的国家建设在军阀和人民两种权力之上，殖民地的国家建设在母国权力之上，无权力则无国家无政治之可言，只有力乃能代替力，这种自然法则之支配，又是我们所不能避免的，所以我们应该明白若是人民的权力不能代替军阀的权力，军阀政治是不会倒的，民主政治是不会成功的。人民的权力，必须集合在各种人民的组织里才可以表现出来，直接具体表现到政治上的只是政党，政治的隆污是人民休戚之最大关键，政党是人民干涉政治之最大工具，所以主张人民不干涉政治是发昏，主张干涉政治而不主张组织政党，更是发昏之发昏。要实现政党政治来代替武人政治，亦即是以人民权力来代替军阀权力，非有党员居全国人口百分之一强大的民主党二个以上不可，因为有这么多的党员，才可以支配中央及地方的行政，才可以支配全国各级议会的选举，才可以实施刷新政治的各项政策，才可以制裁武人，才可实现政党政治来代替武人政治。这件事若办不到，政党政治是不会成功的，民主主义是不会实现的，军阀政治是不会倒的，军阀政治不倒，他们各霸一方把持财政，法律无效，舆论无效，战乱蔓延，工商凋敝，教育废弛等现状，是要继续下去的；此等现状继续下去，国际帝国主义的侵略是要日甚一日的，是要由现在半殖民地状况变更到完全殖民地状况的。

我们知道民主主义的争斗仅是第一段争斗，不是人类最后的争斗；我们更知道资产阶级的民主主义之下的政党政治是必然包含许多腐败与罪恶的；但是我们要知道在人类阶级争斗亦即社会进步的过程上看起来，在中国政治的及经济的现状上看起来，我们是不得不希望代替更腐败、更罪恶的军阀政治之民主的政党政治能够成功。

现在有一派人主张联省自治为解决时局的办法，这种主张是未曾研究中国政治纠纷之根源在哪里。中国政治纠纷之根源，是因为封建式的大小军阀各霸一方，把持兵权、财权、政权，法律、舆论都归无效，实业、教育一概停顿，并不是因为中央权大、地方权小的问题。此时全国兵马、财政大权都操在各省督军总司令手里，连国有的铁路、盐税他们都要瓜分了，若再要扩大地方权，不知还要扩大到什么地步？说到地方自治自然是民主政治的原则，我们本不反对，但是要晓得地方自治是重在城镇乡的自治，地方自治团体扩大到中国各省这样大的范围，已经不是简单的地方自治问题，乃是采用联邦制，属于国家组织问题。

联邦制若建设在人民经济状况不同及语言宗教不同的理由上面，倒也无可非难，奈中国的状况决不是这样，他们的联省论，完全建设在武人割据的欲望上面，决不是建设在人民实际生活的需要上面，所以他们这种主张，在人民政治能力的事实上，无人敢说这样大的自治权马上就能够归到人民手里，不过联省自治其名，联督割据其实，不啻明目张胆提倡武人割据，替武人割据的现状加上一层宪法保障。武人割据是中国唯一的乱源，建设在武人割据的欲望上面之联省论，与其说是解决时局，不如说是增长乱源。增长乱源的政治主张，我希望爱国君子要慎重一点。

所以我主张解决现在的中国政治问题，只有集中全国民主主义分子组织强大的政党，对内倾覆封建的军阀，建设民主政治的全国统一政府，对外反抗国际帝国主义，使中国成为真正独立的国家，这才是目前扶危定乱的唯一方法。

原载《努力周报》十八期一九二二年九月三日

联省自治与军阀割据（节录）

——答陈独秀

胡 适

我们的朋友陈独秀是反对联省自治的。他的《对于现在中国政治问题的我见》一篇的末三段就是讨论这个问题的。他很武断的责备那主张联省自治的人，"未曾研究中国政治纠纷的根源在哪里"。他自己断定中国政治纠纷的根源在于"封建式的大小军阀各霸一方，把持兵权、财权、政权，法律、舆论都归无效，实业、教育一概停顿"。我们要很诚恳的替他指出：他所举的只是纠纷的现状，并不是纠纷的根源；只是乱，并不是乱源。试问，大小军阀各霸一方，又是从哪里来的？独秀说是"帝制遗下来的"。这又是"米是米瓮里生的"的故事了！我们如果进一步研究帝制运动的时代，就可以明白帝制的运动确可代表一种"强求统一"的迷梦。这个迷梦的来源长的很呢！自从秦始皇以来，二千多年的历史确然呈现一种"合久必分，分久必合"的大势。这二千年历史的教训是：中国太大了，不适于单一制的政治组织。所以中央的统治力一衰，全国立刻"分"了；直到大家打的筋疲力尽，都厌乱了，然后又"合"起来。明朝用极端的专制，只落得十七世纪的大乱，连一个"分"字都够不上，只是"瓦解"了。清朝承大乱之后，恩威并用，也只能支持到一百五十年；乾隆末年，匪乱已四起了；鸦片之战以后，中央的纸老虎已戳穿了，故有十九世纪中叶的大乱。洪秀全的徒党在十八个月之内，自广西直打到南京；全国也几乎"瓦解"了。后来平乱的人，不是中央的军队，都是起于保卫乡党的新军。我们看湘军的组织和长江水师的历史，可以想见当日的统一，实由于各省的自卫（长江水师与湘军的饷费，皆不出于中央）。二十年的大乱之后，中国仍归于统一，然而皇室与中央政府统治力的薄弱，早已完全暴露了。六十年来，中央的权限一天天的缩小，地方的自治一天天的增加；到了辛亥革命军起，"省的独立"遂成一件历史的事实。在袁世凯的时代，这个现状的意义已有人看出了，所以有民国二三四年间的"联邦论"。"联邦论"已起，而袁世凯还想做他的统一的迷梦。第一步是"袁家将"的分布各省；然而军阀分封之后，仍旧不能减除各省独立的趋势。袁氏误解病源，以为皇帝的名号可以维系那崩散的局面，故第二步才是帝制的运动。故从历史上看来，军阀的封建与帝制的运动都是武力统一的迷梦的结果。为强求统一而封建军阀，然而封建军阀却使各省格外分裂，遂成了独秀说的政治纠纷的现状。

我们不愿意用一两个简单的公式来解释那复杂的政治问题。但我们从历史的事实上看起来，不能不说："用集权形式的政治组织，勉强施行于这最不适于集权政治的中国"，是中国今日军阀割据的一个大原因。我们还可以进一步说：根据于省自治的联邦制，是今日打倒军阀的一个重要武器。

我们且看看历史上的事实，独秀说：

此时全国兵马、财政大权都操在各省督军总司令手里，连国有的铁路、盐税他们都要瓜分了。若再要扩大地方权，不知还要扩大到什么地步？

我们要知道，各省督军总司令的权大，是一件事；地方的权大，是另一件事。在今日的制度之下，只是督军权大，而地方权极小。

……

我们要知道，督军总司令的权力所以扩大到那么地步，正是因为他们现在处的地位，上不着天，下不着地；中央有"权"可管他们，而无"力"管他们；地方有潜势力可管他们，而无"权"管他们。试问我们今日要想裁制军阀的权力，还是希望那有权无力的中央呢？还是希望那有力无权的地方呢？我们的答案是：

增加地方的实权，使地方能充分发展他的潜势力，来和军阀作战，来推翻军阀。这是省自治的意义，这是联邦运动的作用。

地方有了权，就可以裁制军阀吗？可以的。我们试看江苏近几个月的公债案，那便是一证。因为中央把地方的大部分财政权都收去了，故"地方收支"项下列有"公债"一门。公债既属地方，地方便有权过问了。今年江苏要发行四百万公债，加上"江苏国库分金库"的字样，想只要财政部的批准，不经省议会的通过。但地方的反对究竟起来了。韩国钧只得召集本省的绅士，开一个时政会议，改四百万为七百万，总想躲过省议会的一关。但是地方的反对还是不息的。他们反对的最大理由是：

募集公债，非行政权机关所得单独行动者也。国家募集公债，须经国会之议决；省政府募集公债，须经省议会之议决。法律昭然，宁堪弁髦？我们可以预料江苏这七百万的公债是发不成的。我们再看曹锟、曹锐威权之下的直隶省议会；他们别的成绩虽不足道，但这几年中省议会始终不肯通过一个公债案。我们于此可见地方权力的范围之内，军阀的权威也不能不受限制。在今日地方权力薄弱之时，这种裁制是不都完全有效的（如奉天广东之借外债）。但将来地方权限加多，中央的掣肘全去，地方变成了可决否决的最后一关，那时候的军阀就不能再有现在的容易日子了，那时候，全省的视线都注在省议会，本省的人才也会回到省议会去努力，省议会就成了军阀与人民决斗的战场。军阀也许用金钱与武力来作最后的奋斗，如山东的现状——但这种奋斗的结果，一定是军阀失败的。

总括起来，我们的意见是：

（1）中国不适宜于单一的国家组织；军阀的割据是武力统一的迷梦的恶果。

（2）今日只是督军总司令的权大，而地方的权极小。这两件事决不可混作一件事。

（3）军阀的权限所以大到这个地步，是因为地方没有权，又因为中央虽有权而无力裁制军阀。

（4）今日决不能希望中央来裁制军阀；裁制军阀与倒军阀的一个重要武器在于增加地方权限，在于根据于省自治的联邦制。

至于独秀说的"联邦制若建设在人民经济状况不同及语言宗教不同的理由上面，倒也无可非难，奈中国的状况决不是这样"——我对于这种论调，真不懂得了。独秀在前面明明指出中国的经济状况，从家庭农业，到近代资本主义式的工商业，有三种悬决的状况。至于语言宗教的不同也有许多不可掩的事实（语言更明显）。何以他又说中国的状况"决不是"这样呢？况且稍研究联邦国家的人，也应该知道联邦制并不必建筑在经济状况及语言宗教不同的理由上面。美国不是一个例吗？独秀又说：

他们的联省论，完全建设在武人割据的欲望上面，决不是建设在人民实际生活的需要上面……不过联省自治其名，联督割据其实，不啻明目张胆提倡武人割据，替武人割据的现状加上一层宪法保障。

这也是不研究历史事实的笼统话。我们且不论辛亥以前提倡的"新湖南""新广东""新江苏""新浙江"；我们且不谈民国三四年的联邦论，即论最近三年来的联省自治运动，哪一省不是先由反对军阀、反对驻防的人提倡的？联省自治的声浪传播远了，事实上已不容易压制了，"联省自治"四个字已成为可以号召的旗帜了，于是军阀也不能不注意他了。军阀之中，对于这个运动，有两种态度。一派是投降在这个旗帜之下，想借他的招牌来苟延残喘的。湖南的赵、浙江的卢，便是这一派的代表。孤立的卢永祥甚至于不惜冒籍浙江，这是谁投降谁的表示？一派是还想做"武力统一"的迷梦的。他们的地盘大都根据在驻防异省的制度之上，联省自治便是他们的致命之伤；他们既不能学卢永祥的冒籍，自然不能不出来反对联省自治了。我们试看湖南争省长的一幕戏，便可以了解直系武人反对联省自治的心理了。明明是武人军阀最忌的一个武器，偏有人说他是"完全建设在武人割据的欲望上面"，岂非大错！我们可以大胆说：

打倒军阀割据的第一步是建设在省自治上面的联邦的统一国家。

凡反抗这个旗帜的，没有不失败的。

选自《胡适文存》二集三卷

武力统一与联省自治（节录）
——军阀专政与军阀割据

1922 年 9 月 20 日

蔡和森

二、封建残局下的政治问题

十年以来的内乱与战争，既不是"南"与"北"地域之争，又不是"护法"与"非法"之争，更不是"统一"与"分离"之争；乃是封建的旧支配阶级与新兴的革命阶级之争。这样的阶级战争，发生于一定的经济情形和国际情形之下，谁也不能否认。假使经济地位上的革命阶级早已成长，假使国际帝国主义不忌革命党统治中国成为一个独立自主的国家，那么，十年之中民主革命总可完成，把旧支配阶级解除武装而退处于无权。这样，则中国现状早已上了民主政治轨道，由新支配阶级来制定宪法，划分中央与地方的权限，都是容易解决的事体，何至酿成内乱与战争？只缘新旧支配阶级同时并立，旧势力反占优势而握得政权，所以元二年间总统制，内阁制，中央集权，地方分权，以及同意权之争，才成为北洋派与国民党爆裂的导火线。所以这些政制上的争执，不过为内乱的导火线而已，新旧势力之不能两立，才是内乱的真实根源。

所以要国体政体确定，非先确定新旧两阶级的胜负不可，要靠妥协、调和来立国定政，乃是绝对不可能的。

……

三、军阀所要的统一与联治

假使民主革命成功，民主政治有确立之可能时，政治上的单一制与联邦制，不过为宪法上一个容易解决或修订的问题；可是这个问题现在横在我们之前，则完全为另外一回事。力能进取的军阀，便倡武力统一，或主张强有力的中央政府（如曹、吴），仅能自保或希图自保的军阀，便倡联省自治或筹备制省宪，举省长（如川、滇），同一军阀，进攻时宣布武力统一，退守时宣布联省自治（如奉张），位置动摇时改称省自治（如浙）或打算取消省自治（如湘赵），又如湘赵最初之因首鼠两端而宣布省自治，粤陈之想王广东，反对北伐而主张联省自治……凡此种种，无非是封建的残局之下，军阀专政、军阀割据的必然现象和趋势。所以统一派的军阀最忌联治，联治派的军阀最忌统一，换过说，就是为帝者不愿众建为王，为王者不愿奉人为帝，或则为帝不成而思王，为王不愿而思帝，完全为军阀间一种斗剧。

可是在这样武人主倡的联省自治说之下，却激起一部分政论家和智识者"将就现状""因势利导"的赞同，认为是解决时局的唯一方针。最近胡适之先生在《努力》十九号发表一篇关于这个问题的文章，他估定联邦运动的作用为"增加地方的实权，使地方能充分发展他的潜势力，来和军阀作战，来推翻军阀"；他更找得与军阀作战和推翻军阀的工具为省议会。这不可不说是联省自治论中的大进步。

但我要明白告诉适之先生：你这种英国式的议会政策用在政治问题解决后——即封建的军阀被推翻后——是有点作用的；若用来解决政治问题乃是绝对不可能的，因为在军阀没有铲除的时代，省议会无法免掉他们的制造，强奸，蹂躏和压迫，如此而可望充分发展地方的潜势力，来和军阀作战，来推翻军阀吗？故适之先生当承认：你这种和平改良的议会政策，原先想借议会来推翻军阀，结果只有军阀推翻议会，这是武人政治下的必然律，证以过去现在的事实，没有人可以否认的。

适之先生一若承认过去为法治而不为武人政治，故将督军总司令权力扩张之原因归于地方之无"权"；又若承认今后也为法治而非武人政治，故主张赋地方潜势力以合法的"权"，使之到省议会里面去与军阀作战，并"大胆"肯定打倒军阀割据的第一步在联省自治。但我们也可以大胆告诉适之先生：打倒军阀割据的第一步在民主的革命。

四、中国唯一的出路

……

自来一班与群众隔离的政治家或政论家，他们简直不知道或者不承认有群众的势力，所以他们不谋勾结或利用旧势力便想求助于外国帝国主义者，不是发表些蔑视群众、谩骂工人兵士的怪议论，便是想出些上不靠军阀下不靠民众的智识者的纸老虎或乌托邦。所以革命数十年，议论三十载：上不能破坏旧军事组织解除军阀的武装，而反使封建残局孳乳延长；下不能将革命潮流普及于全国最深最广大的群众唤起浩大不可抵御的革命势力，而坐失了许多可以扩大兴奋的宣传运动之机会；每每失败一次又踏一次的故辙，萦情于现成的势力及不可得到的外力帮助而不能自已，致使可以膨胀的革命潮常常因而收缩；乃反蔑视群众无力，或诬群众麻木，不知真正为群众的利益而奋斗而革命，群众未有不感发兴起的。这些都是真有改革精神之政治家政论家所应急于觉悟而改变的。可是现在不然，或则仍然梦想借外力以废督裁兵，或则仍然梦想联合几派现存的势力来统一，或则梦想改变一些纸上的制度来和平改良。够了！这些过去都已试验了，现在须得觉悟起来罢！大家试想想：不要以为除革命外还有别的出路；不要以为革命没有办法，假使能将求助于外国帝国主义者的精神去求助于群众，假使能把一部分工夫去做违法的工作，破坏旧军事组织和纪律，激起兵士们的自觉心，假使能够鼓起人民武装的自卫和抵抗，使各大城市的市民全副武装或工人全副武装，那么，民主革命没有不成功，封建的武人政治，没有不崩倒的。

我们还主张召集各省会议

胡 适

我们在第二十二期上曾说，我们再三考虑现在的政治情形，只有下面的简单结论：

（1）武力统一是绝对不可能的，做这种迷梦的是中国的公贼！

（2）宪法是将来的政治工具，此时决不能单靠宪法来统一的。

（3）大革命——民主主义的大革命——是一时不会实现的；希望用大革命来统一，也是画饼不能充饥。

（4）私人的接洽，代表的往来，信使的疏通，都是不负责任的，都是鬼鬼祟祟的行为。道理上这种办法是不正当的，事实上这种办法是很困难的。分赃可用此法、卖国可用此法，谋统一不可用此法。

（5）在今日的唯一正常而且便利的方法是从速召集一个各省会议，聚各省的全权代表于一堂，大家把袖子里的把戏都摊出来，公开的讨论究竟我们为什么不能统一，公开的议决一个实现统一的办法。

我们现在还是这样主张。我们在第二十期，又曾讨论这个各省会议的组织；我们当日的主张是：每省派四人（省议会一人，省教育会与省商会各举一人，省政府派一人）。

中央政府派三人。

国会举三人。

我们当日主张这个会议的讨论并议决关于下列各项问题：

a. 裁兵与军队的安插。

b. 财政。

c. 国宪制定后统一事宜。

d. 省自治的进行计划。

e. 交通事业的发展计划。

这个主张，有这几个要点：

第一，用会议式来解决国事，是正当的办法。

第二，公开的会议，打破不负责任的推诿与买卖。

第三，这是"全权"的各省代表会议，议决的东西是有效的。

第四，他们是现在推举出来的，虽未必"代表真正公意"，比那十年前选出的代表议士的代表资格何如？

对于这个各省会议表示怀疑的人，自然不少总结起来，不出三种反对论：

第一，怕各省不来，或不能全来。

第二，怕和国会的职权相重复，或相冲突。

第三，怕讨论出的结果，各省军阀"你观我望，置诸不睬"。

但这三种反对讨论都是可解释的。第一，只须在组织法里明白规定法定开会人数，和法定表决有效的省数，那就不必各省全到了。美国的宪法制定后，十三之中，有了九邦追认了，联邦政府就成立了。第二，国会和各省会议并无冲突，我们（在二十期里）已说过了。况且现在这种国会，丑态毕露，天天做自杀的行为，天天自绝于国人；闹到将来，也许国会本身的问题也要靠各省会议来解决呢！第三，怕军阀不奉行各省会议的议决案，这一层更不必虑了。如果这个各省会议确能讨论出一些具体的办法来，如果这个各省会议确能号召舆论的注意与援助，我们可以断定军阀不敢反抗的。军阀今日已成强弩之末了。大多数的军阀是被钱神灌饱了，实在没有大志，只图一个满载而归；少数有政治野心的，究竟还有点好名之心，不敢公然冒大不韪，与舆论为敌。如果各省会议有可以号召全国舆论的人才与计划，军阀决不敢反抗的。

我们不信政治上有什么包医百病的良药。但我们深信现在这种坐而待毙的怪现状是不行的；枝枝节节的敷衍也是不行的；狭义的大复仇主义是不行的；偷偷摸摸的接洽，鬼鬼祟祟的买卖，是不行的。我们在这个沉闷可怜的空气里，回转头来，看看我们的老百姓受的痛苦，看看我们的无数同胞忍泪吞声的受痛苦，我们不能不问问自己：

究竟有什么救急的法子没有？

究竟有什么可以一试的法子没有？

我们的答案是：从速召集一个各省会议。国内反对或怀疑的人，我们希望他们也平心静气的问问自己：

究竟有什么可以一试的救急法子没有？

建造新中国的唯一的路 (节录)

公敢　寿康

……

从四千年来的君主政治跳到真正的民主政治，这确不是一件容易办到的事情。况且中华民国这块牌子，并不是大多数人民用民主式的政治奋斗堂堂地建树起来的，实在不过是少数的革命领袖和一般军人们的排满思想所副产出来的东西；那么，这一块"畸形儿"的招牌，现在代表着一个"畸形儿"的中华民国，也就不为无理了。翻民国以来的历史，国家的政权不过从皇帝的手中落到官僚和武人的掌上，实际上我们人民何尝有作主的余地？国会议员，形式上虽称我们人民的代表，但是大多数都带有"御用"的色彩，不但如是，就是对这一种有形式而无实际的国会，官僚和武人也何尝把它放在眼中？国家的约法，任他们的蹂躏；国会的集散，任他们操纵。他们对于代议政治，毫无尊重的诚意；他们对于民主主义，毫无贯彻的觉悟。唉！对这种官僚和武人，我们希望他们或是倚靠他们来建设一个真正的共和国，这岂不是一种梦想么？

就目下的局面而论，简单说来，也不过是这一种腐败政治惰性地在那儿进行。你看在南北保路的政治舞台上活动的重要人物，哪一个有真正建造新中国的希望？他们的行动，哪几种是合于真正的民治和法治？北京政府的黑暗荒唐，不成东西，人人都已知道，不必再说。就是对于现在国人所最注目的吴佩孚和孙文的前途，我们也不敢遂抱乐观。我且把他们二人来切实地批评一下。

吴佩孚从皖直、奉直两战争后，声名一时抬高，年来居然执北方的牛耳。他当奉直战争终了之后，立即以"护法"二字号召天下，恢复旧国会，驱逐徐世昌，他当时的举动颇有差强人意的地方。他的为人，据说对于国事，也极热心。那么，在现今的中国，他总算是一个极为难得的武人。只要他的行事能够遵循法律，将来对于民国，他未始不能有相当的贡献，可是他的地位，本来是个武人，而且他对于政治，实在是门外汉，他无论在理想方面，无论在实际方面，处处有极大的缺点。

就吴氏的理想而言，他从没有以整篇的文字，发表他的思想，所以我们想了解他主张的要领，颇不容易。我现在只好从他年来所发表的电报和他实际的行动上，加以推测，来论述他的理想的概略罢了。论吴氏现在的旗帜表面要在"护法"二字，但是我觉得他对于法治究竟有无信仰，却还抱有疑问……他给赵恒惕的电报说："尊电既以武力为非，则法律既所以济武力之穷。"（十一年七月七日电）又可见他对于法律不过是在武力穷了的时候，把来做个"济穷"的工具，把来做个题目罢了……其次就民治而论，则他对于"省长民选"和"联省自治"即表反对，拥护高恩洪等出来组阁，可见他还赞成由上而下的官僚政治。不赞成由下而上的民主政治。他还没有了解民主立宪的政治，非把基础建筑在民众上——国会里面的多数党上——断没有安定的日子……

再就吴氏的实际而言，他现在所日夜努力的，不外是"无言的武力统一"，他的气焰，现在确是宏大，他北则想踏平奉天，南则想征服广东，他明认孙文和张作霖为他当今的大敌，所以他拼命地想打倒他们……他为武力统一起见，他犯了共和国家的武人所不应犯的罪恶，他干涉了他自己所认为武人不应干涉的政治。他拥护王宠惠组阁的行为，和张作霖拥护梁士诒组阁的行为，其为"非立宪的"，是一样的。在这地方不论谁是好人，谁是坏人，总而言之，在理想上抱着武力政治官僚政治的理想的吴佩孚，在实际上干政的武人吴佩孚，在这共和制度的国家里，在这民治思潮郁勃澎湃的社会里，要想以一点武力，统一天下，压倒万众，实现他个人的理想政治，我们以为这是一种妄想。纵使一时能够实现，我们也只看做羊头狗肉的伪共和政罢了。

所以一部分人士，希望吴佩孚的武力统一，以为倚靠吴佩孚，是一条建造新中国的路，这种思想，实在是根本错误的……

时局的中心点，除了吴佩孚以外，当然是在孙文身上。孙文在民国历史上，曾经树了绝大的功勋，人人皆知，我对孙氏在此地谨表敬意外，余皆从略。我现在只就他的理想和实际来加以诚恳的批判。

就理想而言，孙氏的理想，可谓较为鲜明。他所标榜的，要不外三民主义和五权宪法。三民主义就是指民族主义、民权主义和民生主义。对民族主义，我们现在姑置不论。民权主义就是通常所称为"德谟克拉西"，是共和国的根本要件。民生主义与国家社会主义接近，孙氏于经济方面也知顾及，他的识见，比较地超人一等。五权宪法，是说宪法应于司法、立法、行政三权而外，更立考试权和弹劾权。司法、立法、行政三权的分立已成为立宪国家的通则，不消再说；至考试权和弹劾权，有无特别提出的必要，这非经详细讨论，我们未敢遽下赞同。以上所述，不过是孙氏理想的大纲，至于详细，请参看"建国方略"新建设的中国和本年一月一日的中国国民党宣言，此地不赘要之，孙氏的理想，在现近的中国总算是难得的了。

就实际而论……孙氏现在对于解决时局的方针不外是"武力统一"和"由我组党，以党治国"。关于"武力统一"，他在徐世昌未倒，旧国会未复以前，本有一块"护法"的招牌，可是现今这块招牌站不住了，他的举动完全与现在的吴佩孚一样，不顾兴师无名，行事违法，只求笼络武人，排斥异己，这一点我们对于孙氏未免不满。在法治的国家，以提倡法治的先觉者，来破坏法治，我不得不为孙氏惜。孙氏虽还坚持民八国会的主张，但是这种解释的合法不合法，本志已有详论，无须再辩，况且孙氏此次回粤以后，自己似也没有重行召集民八国会的意思，也可见他从前对于法统的解释的牵强了。事实如此，他以个人的资格，没有正当的名义，任意起兵，扰攘闽粤之间，这终难免是逸轨的不法行为罢。而且他最近为着自己势力的膨胀起见，于财政方面，则有开赌禁、卖公产的罪恶；于军事方面，则有滥招军队、蹂躏人民的事实。唉，孙氏自己或是专顾目的而不择手段的，但是我且怕孙氏的好目的永难达到，而我们人民先吃了恶手段的结果，就是孙氏本身也会被这种恶手段的结果牵倒啊！至于第二层呢，孙氏晓得共和政治是政党政治，他积极地从事组党，我以为这是孙氏比吴佩孚高明的地方，不过对于他组党的办法，我实在不敢恭维。孙氏对于中国国民党的党员要求对他个人"绝对服从"和"牺牲生命和自由权力"，我以为这是未免太过；孙氏的识见纵使胜人，可是共和国的国民，若是这样服从一人才能建立共和国，那么，我们何必要这共和国？我们在皇帝政治底下，也不过如此罢了。此外孙氏对入党的人们据说又有"打手印"的要求，其事更属可笑，孙氏对于一般人士的人格又未免过于蔑视了。以上种种，我以为这是孙氏"唯我独尊"的思想在那儿作祟的缘故。我们很希望孙氏对于他人不要这样地不讲自由和平等！上面是"就由我组党"而言，现在更就"以党治国"论之。共和国家应当以政党统治国家，这实是先进国的通则，但是孙氏的"以党治国"，解释稍有不同。为什么呢？共和国的政党不限于一党，那么，统治国事的当然也不限于一党，所以政党政治的政党二字是指国内的任一政党，并不指某某一党。然而孙氏的解释却不然，孙氏的"以党治国"的"党"字，是完全指他个人的私党——现在是指中国的国民党，他绝没有容纳他党暂掌国政的雅量。他以为解决中国的唯有中国国民党，将来使中国富强的也唯有中国国民党，而且他更进一层，以为叛党就是叛国，背党就是背国，——他对陈炯明就是这样。唉！这难道是提倡政党政治的人们所应取的态度么？这一点孙氏也应留意。

立宪政治的根本精神是在防止少数人的专制，所以立宪政治，与其说是注重"结果"的政治，毋宁说是注重"手段"的政治。所以假定有可以得到良好的结果，但非采用"非立宪的"手段不可的时候，我们宁可得到坏的结果而采用立宪的手段，这是对于法治抱有信仰的人们所必需的觉悟！因此我终以为民国政治的上轨道，断非武力所能够硬推进去的。武力是个"产婆"同时实在又是一个"堕胎者"。孙氏的三民和五权是一个很容易得人同意的理想，我以为甚可不必用武力来贯彻……我们很诚恳地希望孙氏此后：（一）抛弃武力统一的梦想，结束讨贼军；（二）抛弃毫无意义的民八主张；（三）用正当的政党组织，改组国民党。换言之，我们希望孙氏此后在法律轨道上，率领一派真正的民党和官僚、军阀奋斗，以徐图民治的发达，和国家社会主义的实现。我们以为孙氏有孙氏独有的历史，他将来很有为民国尽力的余地；为孙氏计，为国民计，他实在不必急于当权，倒行逆施，反招人民的怨恨，反失人民的钦仰。

……

孙文、吴佩孚两个，都是想武力统一，两不相容，日后终要闹个你死我活。但是不拘哪一个胜了，照他们那样的办法，恐怕没有达到名实相符的新中国的希望啊。怎样说呢？假定吴佩孚胜了，其结果，不外是直系一流的武人政治，官僚政治；现在河南、湖北各省，也许这就是直系政治的一个模范。孙文胜了，其结果，不外是国民党的武力政治、党人专制政治，他对于本党，也许是共和政治（但现在还是绝对服从党魁），至对于党以外的人民，恐怕未必是共和呢……

再行而言之，我们现在到底应该怎样建设呢？民国的政治，自然应由国民做主；国民不能个个直接参与政治，当然要选举议员组织国会；若内阁，若总统，都是应由国会产出的……纠合国民，澄清选举，改造国会——我们以为这是一条堂堂的大路，而且民国政治趋向正轨时所必经的坦途，除了这一条路，恐怕我们是没有应走而且能走的路了。我们的办法，极为平等；我们的手段，也极平常；我们所需要的只有国民的热诚和政治的自觉。我们的路程，似乎极为迂缓，但是根本上的改造问题是万万不应过急的，而且也是无从急起的。况且只要大家肯转换到这一方向来，成功的神速恐怕也非意料所及呢！

……

原载《孤军》一卷七期，一九二三，四

上海特别市

《现代评论》第一卷第十一期
1925 年 2 月 21 日

杨端六

　　住在上海的人，向来只有一个目的，就是发财。你看，号称中国最富足的商埠，人口有二三百万，就只关税一项每年有二千多万两，占全国的三分之一尤强，连一个公园都没有，莫说博物院图书馆等等的设备。所以我说，上海人除发财以外，差不多没有别的思想。他们——我虽也是一个住止在上海的人，却还够不上真正上海人的资格——现在恐慌起来了；六七十年没有经过战争的上海人，一旦卧榻之旁，他人要来酣睡了。生意做不成功是他们最不得了的事，所以近来也出来组织保卫团哪，打电报哪，奔走南北哪，忙得一个发昏章第一。其实他们的恐慌并不自这次战事起，这一两年以来，就是租界之内，生意最繁盛的英租界四马路、五马路，也时常发生强盗掳人劫财的把戏。不过这种抢劫，终究是小规模的运动，大多数的商人——尤其是真正的富商——总是置之不理。现在不好了，他们的生命财产也有点靠不住了。

　　战事逼近上海的时候，租界戒严令一施，立刻把华界与租界交通遮断，住在华界的人，恨不曾肋下生出两个翼翅，飞到铁丝网那边，又恨不得上海领事团立刻决议，把租界的防区推广到"我"家的后面。这种欢迎租界的思想与嫌恶租界的思想常常交战于我们的心中。我们为什么嫌恶租界呢？比方我们要买一块地，起一座房子，稍一不慎，就犯了工部局的章程，甚至于罚款或者起不成房子。又比方要赶电车，不幸碰着外国人，用力把我们一推，他公然摇摇摆摆的去了。又比方武人、政客在内地犯了弥天大罪，一到了租界，就如上了天堂一样，高房大厦住起来，甚至于工部局还要特派暗探保护他们。想到这样种种的事情，又恐怕一旦推广了租界，以后永远收不回来。推广租界的可否，我们本可以详细讨论，一条一条的列举比较起来，不过现在既然有较好的办法，也就可以搁置它。

特别市是什么东西？简单说起来，恐怕是一个政治经济上独立的区域。对于省独立，抑对于中央政府也得独立？照报上所传，大概是对于省独立，所以由中央政府任命督办会办等官，直隶中央政府。在上海人的心理，除少数人通电反对，主张不用督办而用民选市长外，大多数好像是默认中央有派督办会办之权。最近更因孙宝琦、虞和德都是浙江人，有要求添设苏人会办之说。这更是愈趋愈下的议论了。我们现在可以直截了当的说一句，上海特别市第一个要件，是市长民选，不要什么督办、会办等官僚。其理由很多，今且略说几项：

第一，中央任命督办难免不把上海转入政争的旋涡之中。听说上海特别市问题发生以后，运动做督办的有一千多人。这话果否确实，且不具论，不过垂涎此席的必不乏人。将来果真到任，难免不变成一个淞沪护军使。再若中央政府一遭变动，这督办恐怕也要换人。以上海这样紧要的地方，谁不想伸手抓一把？将来甚至于已废的兵工厂也要重兴起来，亦未可知。

第二，官督商办，官商合办的事业在中国历史上从来没有成功的希望。这班习气太深的腐败官僚，哪里晓得民间的疾苦？在执政府的意思，以为放一孙宝琦做督办，同时又任命虞和德做会办，岂不是两面文章都做到了？实则虞氏虽为上海总商会会长，将来所取的途径不外两种：一则附和孙氏以听中央政府或别有权力者之命令，如此则与地方利害关系必渐渐的疏远起来。一则离开孙氏以顺从地方人民之愿望，如此则督、会办两不相能，且间接的侵害中央政府或别有权力者之感情。我想，心里明白，且诚心替上海人谋幸福的督办，此刻总不会有的。

第三，民选市长有统治上海特别市之能力，无须乎政府越俎代谋。以特别市的区域而论，既然包括沪南、沪北、吴淞、浦东四部，要比现在的租界大了几倍，不怕没有财力维持上海的要政。只要有钱，诸事都好办的。况且上海人经过这番兵患，必能痛定思痛，发愤自雄，用不着再加上一个督办帽子。或者有人说，闸北水电厂自从改归商办以来，内容还是腐败的，所以倒不如由政府派人主持，或者反为好些。我看这些事情，都是由于半官半商的性质惹起来的，如果直截了当交给商人，决不至于如此。上海造币厂的失败，原因也不过如此。前年银行公会代兑中法实业银行钞票，就是很好的一个例子。

一四，二，一二，上海

非基督教运动

基督教与新思潮

九年二月廿二日清华学校演说词篇一

徐宝谦

新思潮发生的情形

新思潮的发源，固然很远，但是成"潮"，是从去年五四爱国运动以后才起的。在这半年多的当中，新出版物一天多似一天，书报世界充满了新思潮的出版物。什么《新青年》《新潮》《少年中国》《新中国》《新生活》《建设解放》与《改造》等等，听说已有二百六十余种。这些期刊和日报，大半是用白话文字的。因为这种文字的鼓吹，所以自由、平等、博爱、牺牲、互助进化、解放、改造等名词，成了人人的口头禅。

什么是新思潮

以下的分析，是我友胡君根据胡适先生的文所做的。

（一）新思潮的目的。是要用平民主义及科学来改造文明。因为它所拥护的是平民主义与科学，所以就要反对孔教、礼法、贞操、国粹，以及一切旧伦理、旧政治、旧艺术、旧宗教、旧文字。

（二）新思潮的态度。是一种评判的态度，就是"重新估定一切价值"。所以对于现行的风俗制度，要问还有存在的价值么；对于圣贤教训；要问在今日还是不错么；大家公认的行为和信仰，要问就不会错么，我也该这样做么，没有更好的做法么。对于旧有的学术思想，也是不肯盲从，反对调和，主张用科学的方法手术来研究整理它。

（三）新思潮所研究的问题。有女子解放、贞操、婚姻、文字、男女、教育、经济劳动、平民主义、孔教信仰、道德、文字改革等等。所介绍的新学理，威确尔斯的全民政治论，杜威的教育同政治哲学，赫格尔的宇宙之谜、生命论，詹姆士的实验主义，托尔斯泰的人生哲学、社会小说，罗塞尔的社会改造，克鲁泡特金的互助论，列宁的布尔什维克主义等等。

新思潮为什么发生　为什么发生这样快

这两个问题，是容易回答的。第一是因为现在全世界的潮流，是趋向到科学同平民主义两方面。第二是因为中国近年来，已经饱受了"军阀""政客""贫困"的害，所以对于这种新的潮流，十分倾向。新思潮的普遍，提倡新思潮的人不得居功。正如推倒满清，革命党人不得居功一样。

新思潮与基督教的关系

新思潮的学者，是反对基督教的呢？还是赞成基督教的呢？据我个人的调查，大半是反对的多，赞成的少。反对的人，以谓宗教与科学同"平民主义"，是根本的不能相容。宗教是阻碍人群进化的东西，基督教尤为最有势力的宗教，所以不能不排斥。如同去年耶稣圣诞节时，广东《民风报》出了一个特号，对于基督教，攻击的无微不至。赞成的人，说基督教的教会、仪式、信条，虽已陈腐，不能适应世界潮流，但基督的人格、精神、教义，是极可佩服的。如《新青年》中之《基督教与中国人》一篇，就不能说作者是反对基督教的人了。

我们基督徒对待新思潮应当怎样

第一层意思。我所要说的，就是无论反对和赞成，都是我们所应当欢迎的。因为反对同赞成，都是注意的代名词。真理不怕人反对，只怕人不注意。我们所信的基督教，若果是真理，有什么可怕的呢？而且新思潮这种研究的态度，实在于我们大多数的基督徒有莫大的帮助。因为大多数的基督徒，对于教会、仪节、信条，素来不肯想，不肯问。新思潮来了，使他们不得不思想、不研究。这样基督教的新思潮，也必应时发生。

新思潮对于基督教的反对和赞成，即是我们所应当欢迎的。新思潮对于一般信徒，是有益的。这样我们的态度，就容易定了。第一，我们应当研究它、批评它。譬如新思潮是什么？怎样发生？所研究的都是什么问题？所介绍的都是什么学理？他的目的、方法、态度如何？这都是我们所应当详细研究的。又譬如有一部分的人，主张废除婚姻制度、家庭制度，提倡儿童公育，自由恋爱。这种言论，我们很应当根据基督教的真理来批评它。第二，我们应当欢迎它、容纳它。譬如新思潮所提倡的自由、平等、博爱、牺牲种种主义，哪一样不是我们所主张的？所以我们应当欢迎它。第三，有许多人，以为基督教是对于科学、平民主义，是不相容的，是阻碍进化的。他们对于基督教有种种误会的地方，我们应当将基督教的真理，用种种方法，发挥出来，使他们知道基督教的真精神是什么。第四，我应当与他们通力合作。文字演说的工夫，虽属有益，到底不能尽真理的所有事，所以实行的精神，尤为可贵。我们应当用实行的精神，同一般提倡新思潮的学者，去服务社会，那就是我们对于他们最大的贡献了。

北京的基督教新思潮团

本以上四种的态度，我们新近在北京发起了一个基督教新思潮团。这个团分成四组，要举办四种事情。第一，办一种月刊。用基督教的真理，来讨论一切问题。第二，择思潮最盛之地若干处，举办公开的演说会，发挥基督教真理。第三，请新思潮学者同游西山，畅谈个人之信仰，并讨论如何共同服务社会。第四，按讨论之结果，促进共同的社会服务。现在的计划如此，至于将来的扩充，也在意中。清华居学校领袖的地位，对于这样的举动，想必能有多少贡献。

原载《生命》一卷一期，一九二〇，六，一

罗素先生的讲演（节录）

章廷许笔记

宗教问题的题目很大，并不是在短时间中匆促的就能讨论清楚，只能把著约略的来一说；先把宗教的要素寻着，再看这要素是这样的，再来讨论宗教有无存在的必要。所以只能讲宗教问题中的一部分，不能把宗教问题的全部都讲。

现在关于宗教的定义，还不能擅定，等讨论一时以后再说；现在关于宗教的分类，可说是有两种，就是：

（1）制度的宗教（Institutional Religion）。

（2）个人的宗教（Individual Religion）。

第一是为谋社会的安宁，所以是由社会方面来着想的，与社会中的制度很有影响；第二是为了个人谋福利，仅是从个体着想的；现在且开始讲"制度的宗教"。

关于个人和制度两方面的问题，也不一致；如要说它是一种社会的现象，便当看社会中需要这种宗教否？看这种宗教在社会中究竟有无用处？这是关于制度宗教的；关于个人的，看他的信仰，是不是真理的，究竟是怎样的？现在既说是要讲制度的宗教，便可去看宗教的来源是什么？关于这个也约略的可分为二：

（1）自有史以来就沿传下来的，不知所本的。

（2）可以探得本源，知为某人所创造出来的。

如要论现在世界上的宗教，大多数是属于第二种的从历史的传袭的，有创造者的；不过现在属于第一项的还很多，如日本的神道教，印度、犹太的拜物教，还有如中国的信天地——如祭天等，怕在孔子以前就有了的——这种宗教的发生，大约因为对于某事不能了解，视为惊奇，所以来尊敬它崇拜它，因此相沿的，成为风尚了。

还有种族的宗教，也是有史以来就有的，不过这种宗教的信仰，是以种族为限的，所以范围也很小，不像基督教、回教、佛教等的要来散布教旨，普及全世界的。关于这种来散布要普及的宗教，可分为四种：

（1）耶稣教；

（2）佛教；

（3）回教；

（4）马克思教。

以上所分的四大派别，关于马克思的，还有许多的人不承认；但他所创的那种社会主义，在各国的势力都非常之大，信仰的人也很多，所以他这种势力入人之深，到现在已是如此，怕到了一千年或二千年后，和现在的一些宗教，也没有差别了。因此仅可分为两类了：

（1）不普及的，范围很小；

（2）普及的，范围很大。

不普及的宗教，是很可表明各民族间的差别来，都有特别的教旨，是很不相同的；要是普遍的，性质也较为普遍些。但种族的宗教，因是一种族的，所以也只有是一个信仰的多，要遇见了他教，就斥之为异端，总是各执其是不相融洽的，因之几种宗教便不能同在一处存在。所以在西方对于一种族间同时有几个宗教存在的是很少见的，在东方却在同时有好几种存在的，如中国的佛、道、孔，在同时都能互相容认，在西方就大不然了，以为他人的信仰何以与我不同？就觉着很诧异的；且因他教的教旨和我教的不同，也就想排斥的了，都是不能互相容认的，都以为初时何以思想互异？何以各成一家？这是西方的，但东方对此却不甚理会。

中国的运气真好，所以好的地方有两点，就是：

（1）离了欧洲很远，没有受欧洲宗教战争的影响，所以不至于受了累。

（2）从有史以来，还没有发生过和欧洲一样险毒的宗教。

我想如果没有读过宗教史的人，也许不晓得宗教的险毒是什么样，但也可以领悟到的；在西方的历史下看来，被一个宗教，作了几百年的恶，所以历史上最悲惨险毒的也就是它了，因此西方人对于宗教，也比较中国的人，说起来更形沉痛，因此宗教的历史既异，也许观点是不同，但要读了西方的宗教史以后，也就可以知道了；如英字典中的"迫害"（Persecution）一个字，细味意义，是很险毒的，但这个字，仅是对反对教条者而用的。

在旧宗教中，只有犹太教对外教是没有容认的态度的，后来基督教和回教也都把这种思想吸入，都不能容认他教，这都是受了犹太教的影响。即如近世马克思的社会主义，也不能容认其他的主义，排斥得很利害，这也许是受了犹太教的影响。

制度的宗教，不特只是有宗教的习惯，是还想把它所信仰的来普及，推广到世界，想把全世界的人只信仰它的一种宗教；且以为自己的信仰总是对的，人家的便都是错的。

现在就要问宗教在社会上，究竟需要不需要？有用没有用？如社会的制度，我们无论是问什么，都于日常生活很有关系，都可保卫自身，杀灭仇敌，使不来侵害我；所以现在要问的，就是宗教能不能杀了仇敌，来护卫自己？

说到杀人的地方，自古以来，都以为能杀仇人就是好的，如一般文字家在诗文中的描摹，都夸为英雄，都来赞美他，即在教育上，也提倡鼓励他，以为能杀人，是很有用处的。我们要照了这个的来说就要问宗教是能不能杀人的了，不过我可以答"是能的"。

说起基督教中的教条来，对于杀人倒是很反对的；如教条中所说的些"爱仇如己"，"掌吾之左颊者并请掌其右"；且也很反对战争的，但看起许多战争的发生来，都是为了宗教，因为信了教条太切，不能稍微容认，且要强人来必信，因此发生了战争，所杀的人也更多了。以上所说还不是关于教条（Dogma）中的，它们还有许多的教条，要来强人以必信，所以它们一定是要叫教徒来皈依的，信了以后，才叫他为"信教徒"（Dogmatis），这字很难解释，不过是要强人必信，把人当作教条似的罢了。因为 Dogmatis 的字就是 Dogma 的一个形容词。

从前以为杀人是很有用的，宗教也是很有用的，所以很为信仰，现在是不然了。科学发达，要是说护卫自己，能杀人呢，那就宗教倒不如科学的用处大。如俄国末纪的俄皇及德国末纪的德皇，信教都是很切的，却都失败了，弄的一败涂地；所以按实际上的来说，到现在宗教杀人的用处也都没有了。

对于宗教，或者还有一个用处，说是可以增进道德；道德的定义虽很含混，但我可以约略的说一句话，世上有了道德，便能增进幸福，虽别的意思也有，不过现在且这样的说。如此我们再按事实的来说，看宗教究竟能不能为人类增进幸福？由历史上看来，宗教的功绩也存着许多是不可磨灭的，也许将来还有如此的功绩发生。它的功绩，就是能使社会的组织稳固——因为宗教的信仰，总是不破坏旧的，不来建设新的，所以对于社会中，也是主张保持现状的，守旧的，反对破坏的，故社会中要有了宗教，那破坏和革命的性质，就不能常久的存在，且也不会有这些事发生的了。这也可算是宗教的好处。

因宗教的能力，可使社会上有秩序，可使之安宁，这固然是功绩，但代价也未免太高了，仍是有些不合算，不合算的地方有二：

（1）思想坚固的组织，信教特甚，而牺牲太大，如野蛮民族之以子女供神，谄媚了他，好得福利。

（2）以宗教的手段，要保持社会的原状；但因要保持原状，所以反对新发明及新思想的输入，因此社会的改良，也就不可能了。所以因为要靠着宗教来维持社会原状，便得反对进步，牺牲了一切新文化新制度，何从增进将来的幸福呢？

在很严格守旧的宗教之下，个人的发展也很难；即其中有了出类拔萃天才异常的人，因宗教的压迫，也是不能发展的。虽有些国家，是因为有了宗教就强了，但仔细的看去，总是不会进步的，因为这些有异常天才的人，虽有很新奇精密的供献，而以在这种势力之下，发展是不可能的。一国有了宗教，欲想人人在社会有非常的贡献，那是很不容易的。

现在且讲第二种的"个人的宗教"；我们可以从个人方面来着想，怎样才能算他是宗教的态度？看是否是真理的信仰？且这信仰，是否任意的不负责任？还是必要与行为对照的？现在常听见一般人说他的信教，并不是十分死守教条的了，因要是死守了教条，是近于盲从的。不过既不是十分死信教条（Dogma），就不成了一个 Dogmatis，已是"undogma"了，照这样的就不能算他是一种真实的宗教。

……

在科学中固然有许多信仰的态度，也需要信仰的，但与宗教的不同，并不是一信不变 Dogmatis 的，是有新事实可以发明的，只要是真理的，就可去信，和信仰了宗教，就无论什么都不信是不同的。不过在科学中如马克思的社会主义，一般信仰者死守了成见，就可以说他是宗教的了。科学中信仰的态度，是因为了一种学说，是有好有坏的，如牛顿所发明的力学，一般人当时信以为真的；连他算出来的得数，在小数点以后的第十位也不能改的，信仰的程度深到如此；现在出来一个爱因斯坦的相对论，据他所测算出来的得数，也是在小数点后的第十位都不能改的，但理论却大不一致了，所以若要有人信仰牛顿的学说，如宗教一般，在科学界中就不能有了爱因斯坦的新发明，即发明了以后，也许把他"杀"（Peisecution）了呢！所以这种信仰，即使信的如此深切，也是和宗教的信仰是不同的。且如果要抱了宗教的态度来对付科学，爱因斯坦的学说，也绝对就不会发生的，也不会发生了马克思的社会主义的学说，马克思的论社会主义，是根于十八世纪时的科学和哲学，所以有"唯物史论"产生。现在科学又进步的多了，且爱因斯坦又发明物力是相辅为用的，对于"唯物史观"也就当变更了；如果持马克思主义的，还捧了他的书，保守住他的宗旨，把他的话当作了"佛音"，看成了"圣经"，那就不是科学中的态度了，我所以说他是宗教的，因为这般信仰者，没有科学的态度，竟一味的死信，学说虽是科学的，也不能承认他是科学的了，且照马克思的话和近代文明的新学说来对照，就有许多不相合的地方。

现在对于宗教，姑且下一个定义，但是很难的，我虽是这样说，却未必就是对的；且不信仰宗教的，总说宗教是不好，不当信仰，而信教的教徒，又说宗教是怎样的好，很应当崇敬，所以在这教友与非教友之间的就两歧，要总括的来下定义，是更难了，我是非教徒，也只得姑且的来说一说：

"宗教者，是有几个条件来管束人的行为的，并且规定人生行为的准则，硬要人去信仰，其输入于人心的势力和人对于他的信仰，是感情的和威迫的，并不是有理性的信仰。"

宗教的情形是不过如此，以上已经说了。现在的问题，就是宗教虽是这样的坏，有这样的罪恶，但除了它的罪恶以外，是否还有一个好的中心点来使我们保持它？我的答案敢说它是没有好处的。各宗教中我所赞成的是佛教，为了它的学说很深奥，和真理也很接近，很慈悲的毫不残忍。好虽是很好，但我也觉着没有什么积极的益处，不愿意它普及于全世界。因为它研究的只是人是怎样的？及人与宇宙怎样的？却不问宇宙是怎样的，都是主观的，并不以客观界来作标准的；即和它辩论时，虽有很精密的论证，但结果总是我以为宇宙是怎么样的就是怎样的了。

无论什么宗教，都有一种同样的短处，就是以主观的感情来代替客观的证据。我的意思，以为在日常生活上，感情是很有用处的，有了感情，才能努力的前进；但信仰也可以无须乎感情的，因具有了感情，难以求真，即使在信仰中把它收容了以后，也总会为感情受了害的。

近来有一班自命开通的人，以为宗教是很好的，且以为宗教和道德是同样的，要如果是没有宗教信仰的人就没有道德。不过我以为宗教和道德沿传下来既是分离的，不能无故如此，现在也不必把两个含混的说成一个。如墨西哥中部的野蛮民族中，信了宗教因要来敬神把儿童杀了去上供，这虽是宗教的，那莫非无故杀了没有罪恶的儿童，就能算是道德的吗？有道德很高尚的人而不信宗教，且还要来攻击宗教的，莫非就能算他是不道德的吗？因此我以为不必把两个名词来混在一处的说，倒还明白些。再如人类的爱同种，可算是一种美德，要说是基督教中的爱，那就成了一个好基督教徒了；其实爱种族的心，是人皆有之的，即不独是基督教才爱人，如佛教等也都是爱的，所以只可说这人的行为高尚，又何必来当作教中的特色，说是这教的教徒，那教的教徒呢？

道德在宗教上，不见得能得到什么益处的，因信教太深，就和机械似的了，且有时做了坏事，也不敢声张，或是有心想去做此事，因宗教的关系，也不敢去做，只好存在心里，所以都算得成了口是心非的了，但这些口是心非者，却都为了信教。

在实际来论宗教的坏处，就是守旧的态度，阻止了新进步，不能使有新发明，反对新事业的发展，都弄成一种很陈腐的现象，以为从前传下来是如此，到现在还是应当如此，这是它的第一种坏处。第二就是以人的愿望为主，无论对于什么事，也都以个人的愿望来判定，纯粹以感情用事。对于宇宙中有什么不知道的事，它只凭着主观的见解，却不问客观界是如何的，所以到结果把全宇宙中，都弄成了鬼怪神物的了，且信教愈深，神物鬼怪也更多，几至于无处不有。它们总以为宇宙是爱人的，神是代表宇宙的，所以神就能来爱你辅助你，不敢触犯了神明，是怕他降祸。如旱灾疾疫，都是为了人类的作恶。

我也不敢断定宇宙是一定来害人的，因断定了也没有根据，但也不敢断定宇宙是一定爱人的，因这话也没有什么确实可靠的根据。我想宇宙的对人，不过是冷冷淡淡的罢了。若因为了自然界与人独立的，因其不可知，来空造神话捏鬼，还不如切实的来研求真理，对自身的本心上，也可以妥帖点，对于人类也可以尽些应当的义务，那就比死守教条迷信上帝好的多了。

宗教问题（节录）

周作人

今天少年中国学会诸位叫我来讲演宗教问题，我对于宗教实在没有什么研究，只能把个人的感想略说一些，是没有什么高深的学理的。因为没有研究，所以也就无从预备；而且现在要说的也多是已经说过、写过的，现在不过综合起来重述一遍罢了。这是于未讲之先，要声明的。

现在先说他与文学的关系，及其相同之点。

……

我于宗教不大懂得，但以为文学与宗教确有关系，所以即就这一方面来看。文学的发达，大都出于宗教。就是别种艺术，亦多如此。这应该是各国都如此的，但中国的我们现在还不晓得。最明了的就是希腊。希腊文学中如史诗、抒情诗、戏曲等等，种类甚多。现在就拿最明了的戏曲来说。希腊最早的戏曲多是一些神话或传说。其原因即在求生的精神活动，文学宗教都出于此。那时的人们因为春天草木发长，牛羊肥苗，到处都有生气，觉得很乐。到了秋冬便觉得危险，要设法救护，使冬去而春能再来。其最初全是为自己的求生，并不晓得求抽象的上帝。他们只是这样心里想，觉得不够，于是将"要春回来"的情感发表出来，演成实事；以期促他们那希望的实现。上帝这概念没有以前，就是这样。所以他们最重要的，就是叫一个人扮"春"，命他出去取一个有生气的东西回来，如树枝之类，这就表示春回来了。年年这样去做；各地方的人都把春天的记号搬回本地去。他们以为扮春的人就是春，反过来说，春是有人格的，因此便抽出一个上帝的概念。可见宗教与文学都是由求生之念抽出来的。当时极简陋的歌舞音乐，也就是后来极精美的歌舞音乐的起源。

现在说文学与宗教的分离。文学与宗教本来是合一的。文学本为的是发表个人的或社会的情感；而宗教当初最重要的情感是保全生命，故发出保全生命的文学，所以当初他们本是一事，因为他们除了恐怖喜欢以外，没有别的情感。

到后来才渐渐地分开，一方面在艺术家，一方面在赏鉴家。本来那种举动在创作者纯是希望成功，并没有魔术的思想。就如中国的迎春，也是如此。他们以为这样一做，当真的能使春天来到。到后来才有一部分人觉得保生的情感是要发表的，却是不复信为真有何等效力。这是艺术的表情，能将我的情感去感动全体的别人，使他们一同晓得，却是于我自己的利益与愿望没有关系。这是艺术家一方面的态度变了，鉴赏家亦是要变。当初像迎春这种事体，本是全国加入，大家去做，都是主动，无所谓旁观的鉴赏家。后来在这些演做者的全体里边，分出一部分人在旁看着而不加入，就是有点怀疑了。做的人当作仪式去做，看的人虽然也能懂得他们的情感，但是只当作一种艺术看待。譬如信宗教的人到庙宇一类地方去礼拜神祇，一定不研究那神像雕刻的美恶，因为他当作宗教看。若是我们去，便一定要把那雕刻研究一番，因为当作艺术看。所以古代的美术多是表示宗教的情感，并没有游戏的念头；后来因为有些离开仪式，才成艺术。但是艺术虽然分了出去而它的宗教的本体仍然存在。它还是要表示它的情感，或是雕刻，或是写画，或是扮演，都只是种种的仪式的变相。因此我们可以说，宗教是一条纵流而艺术把他分开来。

这是就过去的事实而言，宗教与文学是分离了。但却不能如化学之于炼金术与天文学之于占星术那样的绝对分离。文学的出于宗教，是极自然的，不但不相反，还有相同的地方——这所谓宗教当然是泛说，不指哪一宗派。

再说文学与宗教相同的地方。文学的理想本来应该如此，就是就艺术来说，也非如此不可。宗教上的"神人合一""物我无间"其特性亦即在此。有很多的例子。基督教约翰福音说："世德，我在你中，彼等亦在你中，故我在彼等中。"这个目的物象萧伯纳称它为"生命之力"亦可，不过宗教上另换一个名称罢了，像"神""一""无限"等。不但基督教，就是印度的婆罗门，波斯的毛衣派（Sufi），其思想也差不多相同，可以作为宗教的本体思想的代表。他们就是把我们与最高神合一。这在古代文学便是如此，中间经过一次变动，现在却又有这种趋向了。上古最初文学所发表的感情，就是全社会的，因为保全生命是关系全体的。后来个人思想发达，于是注重个人的情感。这是上古到十九世纪的变动。现在觉得文学不应以个人为主，是要结合全人类的感情的。托尔斯泰说，文学不但要使别人晓得我的意思，要他受到我的同一的感触；如我向他说，即能使他发生与我同样的情感，无形中彼此就互相联络了。这自然是专指好的结合力而言，文学的作用便都在此，其与宗教相同处也在此。不过他不用凭借一个上帝，或与上帝发生关系罢了。他用另一种方法，将大家的共同情感发表出来，自然能结合全体。但如于最大全体联合有害的感情结合，像爱国主义及宗教间的攻讦，以小结合破坏大结合，却是与文学的目的相反的。

照此看来，近代文学是社会的，是与宗教相同的；不过它不必假借神的力量而可得同样的结果。这固然是显著的事实。但是近代个人的文学也并不是绝对可以排斥的，因为确有些个人的情感不是普通人都能领会的。这是例外。总之现代文学的变动确是倾向古代了。古代的艺术都是平等的，普遍的，无论何人都会的，近来就渐趋专门了。文学家说出大家没有想到的话，使个性稍不敏捷的人也可以引起同样的感想。再近一点，便全要变成社会的了。

……

将以上的话，总起来看，觉得文学与宗教确是相合的。所以觉得宗教无论如何受科学的排斥，而在文艺方面仍然是有相当的位置的。这并不是赞扬宗教，或是替宗教辩护，实在因为它们的根本精神确是相同。即便所有的教会都倒了，文艺方面一定还是有这种宗教的本质的情感。至于那些仪式当然不在我们论断之列。

这都是我个人的感想，也许于宗教的学理有不合的地方。我的意思，总觉得文学与科学是不很相合，而与宗教是相合的。你看研究科学的时候，绝不会有做诗的情感，就是文学与科学，不很相合的明证。所以已成的宗教能否继续存在还是问题，而宗教的根本精神却是与艺术的存在同其寿命。

最后我对于少年中国学会的本身问题，还要说几句不应该的批评。我以为偏狭迷信一个宗派，自然不大合适；至于不是属于某一宗派的教徒而有普泛的宗教信仰的，似乎没有什么冲突，如泛神论者或信仰一种主义之类。因为世界上没有一种统辖一切的事情，无论哪一方面都不能有这种绝对的主张，所以科学也就不能与文艺宗教相连着说。

科学与宗教（节录）

陆志韦

在少年中国学会南京分会演讲后，同学中有请更为笔述者；爰录是日立论大要如下。

一、迷信的生活。寻常人的感想行为未尝不带迷信的痕迹。试举一切近的例，我自知有我，有意识，就信在我身体以外，有若干机体也有自我，也有意识，此是科学方法决不能承认的事。信他人有意识与信犬马有灵魂，山水有神鬼，同一迷信，常人但不思耳。

科学的眼光与科学的方法都是文化社会创造出来的东西。其势力只及于一部分人。即此一部分人中，能运用科学方学之时亦仅占少数。人生的范围比科学生活的范围大。

常人对于生命问题的态度，第一不是详密的分析，第一就讲价值，就求意义。不问"怎么样"，先问"何以故"。

二、将来的危险。说到人生价值问题，人就不能单靠过去与现在。"价值"二字是对于将来而言。科学之所以不能论价值者，亦以不论将来故。此事不明科学方法的人每有误会。常人以为科学联因果，以现在的因证将来的果。其实大谬不然。科学不能以因求果，只能见果溯因。以名学言，因先果后，或可谓因果同时实现。但在吾人经验中，因之所以为因，必在结果以后，始能下一科学的断语。故因果律是对于过去世界说的；不能顾及将来。将来世界，在科学范围中，只可说或然。或然者，可以数学推测之，不能以此刻所有实在经验断定之。

三、宗教定义。生命是最危险的东西，常人不愿将一生至高至美的价值付之或然或不然。Laplace（拉普拉斯）例不能满人的欲望。自古以来，人类所以有宗教，要以此故。进言之，吾人至高之价值不易保守。有恩有仇，吾人以感情作用对待之。即此感情作用就是宗教。以后发生的事业，如宗教制度、宗教信条，都是附属品。此等附属品随时产生，随时废弃。当废不废，则有害文化，宗教与科学的冲突就此产生。

四、宗教与科学的冲突。以前的冲突，宗教、科学二者各不能辞其咎。在宗教一方面，每以价值与事实相混。信仰的附产品，如教会、教主、教书之类，得了一种不可思议的威权；因之颠倒是非，捏造事实。在科学一方面，间有喜作空泛之论者，坐井观天，抹杀全局。其始不过与哲学相冲突，终则否认希望信仰感情为人生确有之事，于是引起常人惊怪，且触怒宗教制度中人。如十八世纪的机械论，十九世纪的进化哲学（非进化论），皆越职言事以自取咎者也。但此等冲突，在今日已成陈迹。教会已失了政治上的威权，与平民的完全服从心，再不能在文化社会中擅作威福。至于研究科学的人，稍知方法，决不至妄自尊大。据历史看来，将来争执当纯粹属于理论一方面。其中最易误会者，就是信奉宗教的人不肯承认科学上的因果律。至于明白科学的人，大概知道因果律是作什么用的，其内容，其范围，又至何处为止。

五、宗教与因果律。宗教家最不满意于因果者，厥维（一）自由与（二）异迹，科学方法不能收受个人或宇宙不能以因果推断的事。故（一）不认个人有自由，（二）不认宇宙间有异迹。此种论调，宗教家必目为武断，其实在科学范围内确无自由或异迹可言。然吾人不能据此谓哲学或宗教界内，自由与异迹亦不成问题。

……

宗教家之执迷者，每斤斤于过去的异迹，现说不认过去世界已有异迹，反主将来世界或有异迹，立论似同而实反。（乙）第二种异迹是不可思议的异迹。倘此世界内特有一事发现，使我人意识不再连续，则所谓因果，所谓科学，完全扫地。此种事实，前未曾有，将来或有。宗教家讳言之，正与科学家等。人类经验中，只有一个关头或可与此狞恶的事实相伦比，则为"死"。一死，经验不再继续。将来之世界，为轮回乎？为永生乎？为涅槃乎？均不能以科学的因果断之。科学之短，正宗教之长也。倘有大意识者，在我个人意识断绝后，仍能以因果为经验，则此所谓轮回、永生、涅槃。又必与我意识未断绝前同此一律也。试以 $y = \tan x$ 书画线：我的意识只限于一曲之中，不能知此一曲经验为 $y = \tan x$ 的一部分。然我所悬拟之大意识者，则知此断续的经验为 $y = \tan x$ 的全体表示，为三世轮回。所应注意者，此大意识，非我的意识，我只能在自己经验以内寻因果。此大意识者，我或可信而不可知。

六、科学家可信何种宗教？

（一）不以宗教制度害自由思想者。

（二）不涉于因果律者。

（三）对于将来的或然，不使人过生疑忌，致碍科学的试验精神者。

现在世界，果有此宗教否？

复问：科学家有此需要否？

非基督教学生同盟宣言

我们反对"世界基督教学生同盟"。我们为拥护人们幸福而反对"世界基督教学生同盟"。我们现在把我们底真态度宣布给人们看。

我们知道：基督教及基督教会在历史上曾制造了许多罪恶。这且不要管彼。但是彼现在正在那儿制造或将制造的罪恶，凡我有血性、有良心、不甘堕落的人，决不能容忍彼、宽恕彼。

我们知道：现代的社会组织，是资本主义的社会组织。这资本主义的社会组织，一方面有不劳而食的有产阶级，他方面有劳而不得食的无产阶级。换句话说，就是：一方面有掠夺阶级、压迫阶级，他方面有被掠夺阶级、被压迫阶级。而现代的基督教及基督教会，就是"帮助前者掠夺后者，扶持前者压迫后者"的恶魔。

我们认定：这种残酷的、压迫的、悲惨的资本主义社会，是不合理的、非人道的、非另图建造不可。所以我们认定这个"助桀为虐"的恶魔，现代的基督教及基督教会，是我们底仇敌，非与彼决一死战不可。

世界的资本主义，已由发生、成熟而将崩坏了。各国资本家——不论是英、是美、是日、是法意，因而大起恐慌，用尽手段，冀延残喘于万一。于是，就先后拥入中国，实行经济的侵略主义了。而现代的基督教及基督教会，就是这经济侵略底先锋队。

各国资本家在中国设立教会，无非要诱惑中国人民欢迎资本主义；在中国设立基督教青年会，无非要养成资本家底良善走狗。简单一句，目的即在于吮吸中国人民底膏血。因此，我们反对资本主义，同时必须反对这拥护资本主义欺骗一般平民的现代基督教及基督教会。

"世界基督教学生同盟"，为现代基督教及基督教会的产物。渠们预备于本年四月四日，集合全世界基督教徒，在北京清华学校开会。所讨论者，无非是些怎样维持世界资本主义及怎样在中国发展资本主义的把戏。我们认彼为污辱我国青年，欺骗我国人民，掠夺我国经济的强盗会议，故愤然组织这个同盟，决然与彼宣战。

学生诸君！青年诸君！劳动者诸君！我们谁不知道资本主义底罪恶？我们谁不知道资本家底残酷无情？现在眼见这些资本家走狗在那里开会讨论支配我们，我们怎能不起而反对！起！起!! 起!!! 大家一同起!!!

非基督教学生同盟一九二二，三，九
原载《先驱》四号，一九二二，三，一五日本学者对

日本学者对"非宗教运动"的批评（节录）

田 汉

一 吉野作造氏

……

"若就此次反基督运动的本体论，那么恐怕不外一种翻译的社会主义之主张。因为该运动中的重要人物，有许多是我的知人，而他们都是极热心的社会主义者。并且是富于献身服务的精神的人格者。他们一面当社会主义研究没有脱幼稚的翻译时代，一面社会改造的要求又极其痛切的时候，其取反宗教的态度，不独于理不足怪，并且在历史上也不乏先例。即如我国（日本）初期的社会主义者，多主张无神无灵魂论，甚至否定道德。汲其流的自称社会主义者中，至今日还反对宗教的也不少，不过没有起像中国那样的运动罢了。

"我说中国的社会主义还在翻译时代，何以在翻译时代便要反对宗教呢？那么因为从来著名的社会主义的文献都是反宗教的。然则何以初期社会主义的思想都是反宗教的呢？那么有回顾西洋百年前事的必要。

"十八世纪的欧洲人以为但信神的指示，什么事都可以做成。耶稣教会尤强烈的以此教人。谓但能信神，能从教会的训诲，穷人也可以发富。只要能把握着灵魂，不必愁衣食。甚且以龌龊生事为罪恶。这在当时也有相当的理由，因为只要能勤俭治身，便无冻馁之忧。贫乏由于其人之心地不好，所以假令贫乏问题为社会问题之一切，那么社会问题便可由各人品性之善导完全解决之。

"然而一到十九世纪，受产业革命的大影响，社会情形为之一变。资本主义的经营，工场的大量生产中，如工钱制度把劳动者的所得降到他们所能忍的最低限度……一世莫想图社会地位之向上发展，不独他一身，就是他们的子子孙孙，也不能不安于贫乏。他们有劳动的能力，有劳动的意思，然他们虽有那种能力和意思，要想由穷人变成富人，正像女子要变成男子一样的不可能。如是，社会上便产生了一种固定的阶级，叫做 Proletariat——'就是无产阶级'。

"像这样社会情形一变，那么贫乏问题的解决方法，也不能不随之而变。如是，社会思想家和运动者便谓贫乏的责任不在个人而在社会。要使个人不穷乏，非改造社会不可。

"然社会情形和社会问题的解决策，虽是那样变迁了。十九世纪初期的人除极少数人之外，不幸都没有观察时势之明，依然把旧时代的梦反复的做着，就是依然劝穷人要向善，要勤业，当时的教会既这样对于社会问题无理解，给石块与要求面包的人，当时的社会问题研究者与耶稣教会之间，自酿成许多反感。

"这种反感，经时益烈，到后来至教会视社会运动家为宗教之敌，社会运动家也以斥教会之迷妄，为第一资格。同时教会因为反对此种社会运动家，每为资本家所利用。加上当时的耶稣教还没有受近世高等批评的试炼，没有脱中世以来烦琐的传习，其不堪近代科学的反击，也不言不知。十九世纪中期唯物思想发达以来，耶稣教遂全然为论社会问题者所不道。由是而生的社会主义的文献，其以反宗教的感情为基调自不足怪。

"然社会改造之要求，本没有在本质上非反对宗教不可之理。十九世纪后半理想主义的思想勃兴以来，一面打破唯物思想的支配，同时宗教的情操与社会改造运动也恢复了本来的关系。在这一点，教会自身的醒觉，也与有力焉。因此论究社会主义的调子，又大变了。即如日本现在于唯物倾向之外，理想主义的倾向也越发得起势来。中国的发达现在还很幼稚，没有进步到这一境，所以凡倾向社会主义的都取反宗教的态度……他们看见青年基督徒大张旗鼓而来，不能默然而止，为他们所谓改造运动的声势起见，不能不酬宗教一矢，也是有的……要之，他们大都是真挚的人，所以这次运动也是一种真挚的运动，无论他们怎样热烈的挑战，我们可以安心和他们为堂堂君子之争。我们因为不疑他们的诚意和不断的努力，所以知他们早晚知见更开，知反基督运动之无意义。"云云。

二　稻叶君山氏

……

（一）

"（前略）此次中国的反基督运动，虽以清华学校的大会为导火线，其根柢伏于义和团事件之背景——教案。当时义和团的手段方法虽拙劣，幼稚得可笑，而考教案发生的理由，实因外国的宣教权是由武力获来的，宣传之初，即以外国国家为背景。法国有名的东洋史家柯尔哲，论法国宣教保护权时有言曰：'愚以为宣教之保护权，不独无益，而且可厌，试观德人在胶州之例可知。德皇之保护教会，意不在宣教，而在其他俗界的利益，法国之于数百年前即送其使徒于中国，不独视为名誉，并视为在政策上可收丰富的结果之一要素。大体宣教师所探险的新地，时机一至，不难为宣教师所属国的领地。各国之所以与法国争……宗教保护权者，因为他们看出这种种权力底下有可以挥其活动手段之利益。'有了这一句话，可以解释万事。自鸦片战争而后，中国全国不能不为外国宣教师开放门户，提出建筑教会的地址。而教会所到的地方，外国国家的主权便开始活动！其形势之急转直下，非复利玛窦、南怀仁之昔日可比了。

"中国人对于宗教的理解如何，那是别一问题。此时不良分子投身外国教会的利益，等于以财产托之租界。利之所在，归之如市。外国宣教师中非无识者，然大势不能抗，如是，中国的不良分子利用教会，外国国家保护不良分子，而神圣的宗教遂不可问！"

（二）

"外国教会保护权之滥用，固为传教上的大害，然教会自身也不能辞责。西洋人之获得布教权，从鸦片战争后的条约起。当时白人道德非常低劣，为买卖奴隶，输入鸦片，且不惜大开战衅。彼宣教师等对于中国的固有文明，多不注意。此弊直至今日，尚为中国基督教发达史上的大累。

"……考中国的基督教会史……唐代的景教姑不论，自明末清初罗马法王派圣僧利玛窦到中国以来，基督教史上才开一新纪元。利玛窦入中国之先，尝历游非洲及南洋诸岛，及入中国，顿觉中国人与非洲南洋诸土人大异，乃发心研究中国文化，图基督教与中国文化之溶和。承利氏之后的尼古纳、隆巴尔谛，及亚当沙尔，也取同一的态度。以（第一）理解中国文化以图溶和，（第二）宣教师必德高学茂能充分得中国人的信服者两条为中国宣教的要件。此固由利氏的特识，而当时中国有康熙大帝那样名天子，国力因之大振，也是促进他们理解中国的原因。然利氏这两个条件，不幸因厄西达派之内讧而破裂。盖反对派以利氏的方法承认中国的偶像崇拜有背基督教的本旨，所以利氏的主张竟归失败。（中略）中国的基督教教会史上有这么一个经验，今日的宣教师不可不反省。

"然这是教会隶属法王时代的事。自各国分割教会保护权以来，其精神之所在，非复单纯的教义，而为国家主义，资本主义。所以宣教师等也不知不识之间成了国家主义、资本主义的傀儡爪牙乃至酿成义和团那样大的不祥事。我前年旅行中国时，关于宣教师之现在，也略有所闻，无摘发之必要。要之居中国内地的宣教师之不足以系中国人的信望，是很明白的……据教会方面的报告，目下中国全国基督教信徒之数超过六十八万人，仿佛很得意似的。然我不信这是可以表明中国人信仰基督教的唯一数字。费每年两千万元的资本金，以一世纪半的努力，所得的数字不过如此，这不能算基督教的名誉！试就中国全人口看，不只算得九牛一毛吗？内外的基督教徒不可不大加反省！"

（三）

　　"看此次中国反宗教运动的宣传，也可以知道基督教为国家主义、资本主义所牵累。莫说他们中国迷于浅薄的社会主义之空想，他们刚尝过义和团事变那样痛苦的经验，现在不还为那种疮痍苦恼着吗？

　　"这样想起来，外国基督教徒应取的方法很明白了。就是西洋各国应该各把由条约获来的布教权利退还中国，教会别无撤回之必要，可以委之于中国牧师。要之，中国人对于基督教的反感，与其说为了教义，毋宁说为了立于外国主权之下的教会。这时候最贤明的方法，便是一切丢手，让他们自由。即据基督教徒方面的报告，以中国人为牧师的运动不也到处很热烈吗？外人若有容这种要求的襟度，中国的基督教史上必划一新纪元。（下略）

　　"又对于中国人无论宣传什么宗教的时候，都要注意的，就是中国人早已由寺院中心的宗教解放了！我曾在本报《朝日》发表一文，论中国的教育离学校入私塾，更入一般家庭的径路，宗教亦然。今日旅行中国访问佛刹的外国人，见庙宇之荒凉，或内容之欠严肃等，遂叹中国佛教之堕地者，仅由于不知中国有寺院外的佛教。

　　"这个因果，因为中国佛教历来为贵族权门的护符，其结果大招人民的反感。试一考核六朝以来以迄唐代的佛教，与经济上的关系，就可以明白其中的道理。他们受特权者的皈依贪荣华之梦的时候，一般人民渐次领悟他们的教义，与儒学溶和，乃成彪炳一世的宋学。宋学发生的时候，佛教早已内面地丧失其独占的权威。加之五代骚乱，一切特权阶级磨荡殆尽，寺院的地位亦随之低落。然不能目为佛教之低落，低落者不过寺院伽兰而已。前此仅为特权阶级所利用的佛教，今则民众化，普遍化，浸润于世人思想之中。

"这从宗教史上看来，是很进步的，虽欧洲亦有不及。观此次非宗教的宣传，谓宗教桎梏人类的性灵，这因为基督教以教会为中心，其教义在中国人眼中又不免有时代错误之感。寺院中心之道德艺术，在今日欧洲已经解放，而又有拿来束缚中国人之势，这的确是一件不好的事。"

……

五　长谷川如是闲

（二）

大体说起来，对他国宣传宗教，本是野蛮时代魔术的征服之延长。其本能的动机，全然是侵略的。这样原始的动机表现得最恶形的，就是原始摩哈（穆罕）默德教。其他宗教纵不明白表示，而潜在的动机莫不皆然。在宗教与国家严密地结合了的时代，即宗教有统御国家的机能的时代，宗教便干的是帝国主义的事业。在原始时代，宗教的侵略不成立，国家的侵略殆不可能。这是由最近五十年间人类学之发达才明白的。为国家哲学及神学等意想所未到。哲学家、宗教家无意识地干了那一种侵略事实，同时受那种宗教宣传的国民也无意识地取反抗他的态度。兽类之间不必待心理的研究，可以嗅知其敌，民族亦然，也可以无自觉的嗅知其敌。从来到别国宣传宗教，最初不受反抗的，倒全然没有。

今日的宗教，或有全世界和平的企图，所以宗教和宣传的性质也很起了变化。然其本能的作用，不独没有全息，有时侵略国且明目张胆地利用宗教观中基督教宣传史，很容易看出这个关系来，被宣传的民族，本能地顾视外界的时候，只知道以野蛮的暴力表示他们的反抗心。日本的"神风连"，中国的团匪，便是好例。然被宣传的民族渐渐进化，其反抗的法子也由腕力的变为智的合理的。即于本能之上着以理智之衣，换言之，即民族精神一勃兴，合理的排外思想也随之而起。如我国（日本）维新后一时欧化主义大兴而随后国粹主义代兴，即是好例。此次中国之反基督教运动，一般盖为上述的事情所支配。这是无论何国在某时期中同有的现象。

（三）

然中国此次的运动，于一般事之外，似有种种特别的导因。如社会科学的社会主义之反宗教的动机，也确是一种。由有产阶级的生活所产生的文化，像寄食于奴隶之手的希腊市民文化一样，以与实生活相离的观念世界（即定想）为生命之法则，这是现代的社会思想所最排斥的。我们不能不认今日的中国有这种思想……即算倡者多为智识阶级的人士，而智识阶级的宣传会流入民间，这种为思想根柢的社会事实之进展，我们不能不注意。这种思想为各国社会运动的根柢，仅以有产阶级的教化，普及于多数智识之间，粗得防止，中国的反基督教运动，光景也瞄了这一点。

（四）

还有一种特别的原因，就是中国民族有很旧的文化……即如宣教师中有谓中国人在教化一点，无学欧人之必要者。谓中国人关于农业的知识，实在西洋以上者。中国人数经外侮，虽对于本国文化一时失望，然对于西洋文化之本质接触渐多，中西文化的比较研究也发达起来，自然会发生自信……而且中国人对于学问事业，态度之悠闲，根气之深厚，过于日本人，近于西洋学者，现在科学方面之发达虽然幼稚，而物质科学以外颇不少世界的学者。外国宣教师之入中国者，多无学之徒，以美国宣教师为尤甚。中国人中除一部浮浅之士外，宜其群加非笑。昔者受中国招聘的日本教员，以无文化的素养，见笑于中国人，致信用扫地。今日英美诸国宣教师于无学一点，殆不下于昔日日本教员。不过热心澹泊，深入中国内地生活于土民之中等，尚足动人而已。

然在智识阶级的眼里看来，彼宣教师等愈深入内地，愈暴露其民族之未开状态（且益张皇其词以讨捐款），其使他们不快可知。并且中国分明有高级的文化阶级存在着，而他们外国宣教师好像到了非洲似的来从事教化，这尤非中国的智识所能堪的。

（五）

大体无论哪一个民族，都有他的自尊心（日本人常笑中国人自称中华民国，他自己却自称大日本帝国）。日本人觉得日本人最伟大，中华人也当然觉得中国人最伟大，我们不能笑中国人的自尊为不当。

原载《少年中国》三卷九、十期，一九二二，四—五

评非宗教同盟（节录）

——为哲学社公开讲演

梁启超

一

一月以来，因基督教同盟在北京开会的反动，引起非宗教同盟的运动，我认为是一种好气象。为什么说他好呢？凡向来不成问题的事情，忽然成了问题，是国民思想活跃的表征，所以好。一个问题到跟前，便有一部分人打着鲜明旗帜泼剌剌的运动，是国民气力昂进的表征，所以好，要而言之，凡一切有主张的公开运动，无论他所主张和我相同或相反，我总认他的本质是好。

凡从事于公开运动的人，有一个原则必要遵守。那原则是："一面坚持自己的主张，不肯抛弃；一面容许旁面或对面有别的主张，不肯压迫"。为什么必须如此？因为凡一个问题总有多方面，又正唯有多方面，才成问题。我从这方面看，有这样的主张，你从那方面看，有那样的主张，于是乎问题成立。若只许有甲方面的主张不许有乙丙丁等方面的主张，那么结果还是不成问题四个大字完事。德谟克拉西精神存在与不存在，所争就在这一点。我想非宗教运动从怎么起呢？为的是现在所谓"教会的宗教"，只许有片面的主张，在他主张范围内，总是摆出那副"不成问题"的面孔来，所以要"非"他。那么，主张非宗教的人，自然和他相反；必定要连那"非非宗教"乃至"非非非宗教"的各种主张，都一视同仁的拿研究问题的态度欢迎他，那精神才算贯彻。我承认国中加入非宗教运动的人都应该有这种精神，在这个前提底下，很愿意提出我的主张，对他们作一回"问题的"讨论。

二

对于"非宗教"的问题表示赞否以前,有一个最要紧的先决问题,"非宗教是什么"?这个问题,古今学者所下的定义不知多少;我不是宗教学专门家,没有批评他们的学力,更不敢说我所下的定义一定对。依我所见到的,只能说:"宗教是各个人信仰的对象。"

这句话很笼统,要稍微下一番解释:

1. 对象。对象有种种色色,或人或非人,或超人,或主义,或事情。只要为某人信仰所寄,便是某人的信仰对象。

2. 信仰。信仰有两种特征:第一,信仰是情感的产物,不是理性的产物。第二,信仰是目的,不是手段;只有为信仰牺牲别的,断不肯为别的牺牲信仰。

3. 各个人信仰是一个一个人不同的,虽夫妇、父子之间,也不能相喻。因为不能相喻,所以不能相强。

照这样解释,我所认的宗教范围,大略可见了。总而言之,从最下等的崇拜无生物,崇拜动物起,直登最高等的如一神论、无神论,都是宗教。他们信仰的对象,或属"非人",如蛇、如火、如生殖器等等;或属"超人",如上帝、天堂、净土等等;或属"人",如吕祖、关公、摩诃末、耶稣基督、释迦牟尼等。不惟如此,凡对于一种主义有绝对信仰,那主义便成了这个人的宗教。例如现在欧洲信奉马克思主义的人,我们可以叫他做"马克思教徒";前清末年信奉排满主义的人,我们可以叫他做"排满教徒";因为他们的对于这个主义的精神作用,和一般教徒对于所信的教无二无别。不惟如此,凡对于一件事情有绝对信仰,那事情便成了这个人的宗教。例如赵氏遗孤,可以说是程婴、杵臼的信仰对象;睢阳城可以说是张巡、许远的信仰对象,因为他们对于这件事情的精神作用,和一般教徒对于所信的教无二无别。不惟如此,任凭一个人都可以做别人的信仰对象。例如海岛五百人,拿田横做他们的信仰对象;朱祖文、颜佩韦等,拿周顺昌做他们的信仰对象;乃至老亲是孝子的信仰对象,弱子是慈母的信仰对象,情郎是淑女的信仰对象;因为他们对于这个人的精神作用,和一般教徒对于所信的教无二无别。

说到这里,还是把信仰的特征,郑重声明一下。我刚才说过:"信仰是目的,不是手段"。倘若有人利用一种信仰的招牌来达他别种目的,我们不能承认这个人有信仰。例如罗马城外土窑里头许多被烟熏死的基督教徒,我们认他对于基督教有信仰；彼得寺里头许多穷侈极丽的教皇坟，那坟中人我们绝对的不承认他对于基督教有信仰；因为他们完全是靠基督的肉做面包，靠基督的血做红酒。和这个同类的，像满街的和尚，我们不承认他对于佛教有信仰；吃孔教会饭的人，我们不承认他对于孔子有信仰；天天上吕祖、济公乩坛，求什么妻财子禄的人，我们姑且不必问他们的信仰对象为高为下，根本就不能承认他们是有信仰，亦如靠几句剩余价值论当口头禅出风头的人，我们不能认他对于马克思有信仰；荡妇和狎客山盟海誓，我们不能认他们相互间有信仰。我所谓宗教，是要把一类"非信仰的"淘汰去了，赤裸裸的来研究信仰的本质。

三

……

有人说："宗教的起源，因为人类承认自己脆弱；因为恐怖的时候，用来做倚靠；绝望的时候，用来做安慰"。我想，下等宗教，或者是如此，高等宗教，决不是如此；受用宗教的人，或者是如此，宗教的本质，决不是如此。这类话，全是从消极方面看宗教；宗教的作用，却完全是积极的，不是消极的。

说到这里，可以提出我对于"非宗教"赞否的结论了。我对于那些靠基督肉当面包，靠基督血当红酒的人，对于那些靠释迦牟尼化缘的人，对于那些吃孔教会饭的人，对于那些膜拜吕祖、济癫的人，都深恶痛绝，从这方面看来，也可以说是个非宗教者。虽然，我本来不承认那些鬼头鬼脑的行动是宗教行动；我只认他们是宗教的蟊贼；我在我所下的宗教定义之下，认宗教是神圣，认宗教为人类社会有益且必要的物事；所以自己彻头彻尾承认自己是个非非宗教者。

四

我是个非非宗教者，然而对于非宗教的运动，却表十分敬意。为什么呢？因为非宗教运动，便是宗教。我刚才说信仰对象的时候，认主义为信仰对象之一种；"非宗教"是个主义，在这个主义旗帜底下开始运动，是表明他们对于这个主义信仰到白热度；他那精神作用，和我所谓宗教，无二无别。我既已认宗教是神圣，所以对于这种"非宗教的宗教"、当然也认他是神圣。

然则这回我们国里头的非宗教大同盟怎样呢？我对于这件事，现时还不敢下判断；但我可以先悬一个判断的标准；他果然是个"非宗教的宗教"，我便敬重他，他若不是个"非宗教的宗教"，我便不敬重他。两种的分别在哪里呢？假如他们并不是拿非宗教主义做目的，乃是拿来做达到别的目的的一种手段、就不是"非宗教的宗教"。假如他们并未尝对于这主义有什么热烈的信仰，不过趁热闹随声附和一回，越发不是"非宗教的宗教"。我希望这回主持非宗教运动的人，不是如此。

有几句枝叶的话，我还要说说：我觉得这回各处非宗教同盟团体发出来的电报，那态度有点不对。为的是火气太胜，把恳切严正的精神倒反淹没了。我们看过去，不知不觉便和两个月前看那"洛阳才子"之"驱鳄文""讨武檄"式的电报起一种联想。我以为许多"灭此朝食""划除恶魔"一类话，无益于事实，徒暴露国民虚骄的弱点，失天下人的同情。至于对于那些主张信教自由的人加以严酷的责备，越发可以不必了。我希望非宗教运动诸君，对于这两点，有一番切实的反省。

我转个方面，向基督教徒说几句话：我希望他们因这次运动唤起一种反省。他们在中国办教育事业，我是很感激的；但要尊重各个人的信仰神圣，切不可拿信不信基督教来做善恶的标准。他们若打算替人类社会教育一部分人，我认他们为神圣的宗教行动；若打算替自己所属的教会造就那徒子徒孙，我说他先自污蔑了宗教两个字。

……

要而言之，信仰是神圣，信仰在一个人为一个人的元气，在一个社会为一个社会的元气。中国人现在最大的病根，就是没有信仰：因为没有信仰——或者假借信仰来做手段，所以复辟派首领打复辟派的首领，洪宪派首领、革命派首领、胡匪首领可以聚拢在一齐干事；所以和尚庙里头会供关帝供财神，吕祖、济公的乩坛，日日有释迦牟尼、耶稣基督来降乩设法。像这样的国民，说可以在世界上站得住，我实在不能不怀疑。我说：现在想给我们国民一种防腐剂，最要紧是确立信仰。信仰怎么样才能确立呢？我再复述前头一句话："只有情感能变易情感，理性绝对的不能变易情感。"

科学与宗教果然是不两立么（节录）

——屠孝实为哲学社讲演

甄甫　品青（合记）

……

读各报所载非宗教同盟的宣言知道他们反对宗教的理由，大约都是以去年罗素在少年中国学会的讲演稿为根据。把它归纳起来，不外以下两点：

（一）宗教是杀人的利器。欧洲历史上许多战争皆与宗教有关系，即如此次欧战所以造成如此惨酷之结果，也无非是宗教推崇至尊，奖励杀人的流毒。

（二）宗教迷信神权是科学之障碍。人类史上自有宗教以来，就像烟雾弥天，洪水漫地；人类精神上的生活几乎要破产，这完全是宗教的罪过。

据我看第一点所说的只是一种感情的批评，理由很不充分，没有多大讨论的价值。第二点却可以算是哲学上一个问题，很值得研究一下。所以我今天的讲演只注重在第二点。不过第一点虽不算重要，然既有许多人这么主张，一定有许多人以为他是对的。我不妨借今天的机会，稍微说几句公平话：

现在我先讲第一点作为今天讲演的陪衬。去年罗素的讲演里有一段说：

我知道宗教有一种用途就是杀人。宗教的价值就是可以保卫己族杀戮他族。因为杀人有用，所以在历史上都崇拜它，作诗歌颂扬媚美它，教育上鼓励它，宗教的教条也是奖励这一层。从历史上看来宗教对于杀人确实有用处。基督教反对战争反对杀人，说什么"爱仇如己"、"如有人打我的左颊我便转右颊让他打"，弄得世界上杀人越厉害。因为他们信教条太苛严，不能稍微容忍他人，必强他人以同己。合于教条的算是信教，不合于教条的便不算信教。从前杀人用宗教，现在杀人用科学了。宗教杀人的手段不及科学高，如俄皇、德皇都是笃信宗教的，战争的结果仍不免一败涂地。可见宗教现在连杀人的用处也没有了。

这段话显见得是一种愤极的话。我们只要稍微平心静气地想一想就立刻可以知道他的错误。保卫己族杀戮他族的倾向在民族宗教——像犹太教——的确是有的。不过据宗教学的研究说来，排他族的性质并非从宗教影响到国民性的结果，乃是宗教受国民性的影响而发生的……凡是研究过古代文化史的人，这件事大概都晓得的。罗素倒果为因，反说宗教教人以排外，未免有些冤枉。

至于世界的宗教，如佛教、基督教等，大都是主张慈悲、博爱的。罗素既然也知道基督教中有"爱仇如己"的主张，怎么又说这种主张是世界上杀人厉害的原因呢？把劝人博爱当作杀人的原因，在论理学上恐怕有些讲不下去罢。欧洲在中古时代为了耶稣的坟墓和天方教徒打仗，死人不少，这是事实。然而仔细看来，十字军战争，也只能说是教徒误解教义的结果。耶稣分明说过愿把自己的血肉舍给别人当面包、葡萄汁的。当时教徒如果是守着耶稣的教条，何至于为了他的坟墓杀害许多人呢？照此说法可知，十字军战争是教徒背叛教条而起，并非是遵守教条而起的了。后世国际间的战争固然也有利用宗教的。但这个罪过应该加在利用宗教的政治家身上，而不应该加在宗教上。我们所认为极有价值的自然科学，在近代不是给野心家所利用，杀了许多人吗？为何不能就拿这件事实来做科学的罪状呢？自然大家要说：科学的目的本不在杀人，这是别人把它利用错了的。既然如此，宗教的目的本来也不在杀人，也只是给人利用错了的，为何我们偏偏拿杀人来做它的罪状呢？据我的意思，战争是人类兽性的发现，不能一定说是宗教造的孽。若硬要张冠李戴说它是宗教的产物，那么自然界一切弱肉强食的惨剧，也应该归之宗教了。狮虎猫犬、蚂蚁蚱蜢都有宗教，岂非笑话？

……

第二种非难，说宗教是阻碍科学的东西，这话很有注意的价值。现行诸宗教的经典里常有许多神话，这些神话和科学知识完全不对。科学重理性排迷信，那么，宗教中的迷信，也是应该排斥的。顽固的宗教家以为圣经是决没有错误的。譬如《旧约全书》的《创世记》里面说，上帝七天工夫，造了天、地、日、月、星辰、草木、鱼虫、鸟兽等许多东西，末后又照着自己样子，用泥土造了两个人，便是人类的祖先。他们奉教的看了圣经，便以为世界的确是这么个有眉有眼有手有脚的上帝创造出来的，因为圣经里这样说的。又如《新约》里说耶稣钉在十字架上死了，七日重新活过来升天去了。他们看了也以为这是真事，因为圣经里是这么写的。不惟基督教是如此，就是佛教经典里也有什么三十三天、十八层地狱等记载。这些话在科学家的眼里看来，全是瞎说，只好拿去哄小孩子。这类的迷信对于文化发展有极大的障碍，应该排斥。非宗教同盟诸君排斥迷信的态度，我绝对表示赞同，并且希望他们从事于知识的灌输，使国人晓然于自然科学的道理，永远不再迷信那些瞎说。

讲到这里，诸君或者要说："你既然赞成排斥迷信，岂不是也赞成非宗教同盟的运动吗"？不对—不对—我赞成排斥迷信，我并不以为宗教的本身毫无存在的理由。把宗教和迷信并为一谈，当他们是一而二，二而一的东西，据我看来，是很不对的。现在为避免误解的缘故，请先把宗教这个名词加上个简单的定义，借作讨论的根据。关于宗教的定义，各个学者的意见颇有出入，我们现在也没工夫来一一细论。大家都知道宗教里一定有个超然的对象，并且信仰是其中的重要作用。我现在就根据这个意思，参酌了 Max Muller（马克斯·穆勒）和 W. James（W. 詹姆斯）两氏的主张下个预备的定义。

宗教是我们信仰超然者而自己觉得和它契合时所发生的思想、感情、动作和经验。

这句子非常累赘且看来一定有点晦涩。然要知对于一种范围极广的东西下个抽象的定义，晦涩与累赘是不易免的。况在我这语体文修辞学没大研究过的人自然更不消说了。请再简单的解释一番。"信仰"是对于某种事物承认他实在的态度。"超然"是超出寻常经验以上非实在在的东西。"契合"是表明关系的，可作两种解：一是融通一致；二是依属。再把上面的定义说一遍，使它较通俗一点，便是：

宗教是我们对于超出寻常经验以上的东西，承认它实在，并且是自己觉得和这个东西发生关系的时候，所起来的种种思想、感情、动作和经验。

在解决宗教问题时候第一应注意的就是人生。人生的实际不是简单的，内容异常复杂。我们可以从种种观点去认定它，决计不是只许从一个立足点去估量它的。

……

科学知识是理智的产物，对于人生的发展极其重要。科学的精神在于抛除成见、服从客观真理。研究科学的人一定是平心静气、拿极公平的态度、极细密的眼光去处理他们所研究的对象。因为不如此便不能得很好的结果。人类经过科学的训练以后，可以养成谨慎、忠实、公正诸美德。据我个人的意见看来，科学家所发见的公理法则，与其所根据公理法则而创造出来的东西，如轮船、火车、电报之类，固然是很有价值，然而拿它和科学养成的美德去比较，还大大不如；因为这些美德，才有永久的价值，才是真正科学的精神。我也是极尊重科学的人，觉得 Science 这位先生不但是现在的中国所必需，并且是人类所永远必需的。我对于非宗教同盟诸君推崇科学的态度绝对赞同。

但是科学不能当作人生问题的唯一解答。何以呢？人生的实际不是仅仅理智一方面，感情的活动，意志的活动也很占一大部分。人生全体的发展，一定要各方面调和起来方能有望，决不能单从一方面进行的。理智的作用专重概念的推理。我晓得大家一定要说科学是以经验为根据的。这话诚然不错，可是科学的材料并不是具体经验的原状。它拿经验做材料的时候，实在已经用过一番淘汰的工夫，把主观的要素——情意——统统除去，只余下感觉的部分，这个自然是抽象的产物了。科学一步一步向前进，它的抽象性也一步一步的显著。抽象性愈大则距人生愈远。偏重科学的结果一定要把人生变成机械的、无意味的东西。这个弊病着实厉害，我们看一看欧洲近几十年来思想的变化和社会的现状就可以明白。在十九世纪的后半叶，欧美科学上的进步很快，各种重要的发明接二连三的出现，大家高兴的不得了。因此就发生了一种科学万能的思想；当时的人以为哲学是空谈，宗教是迷信，只要有科学就够了；道德艺术等也完全降到自然主义的旗帜底下去，没有独立的威权。这种思想的结果怎样呢？到了后来得着个现实暴露的悲哀。他们失去了理想的光明，觉得优胜劣败弱肉强食是人类的运命，宇宙之间只有盲目的物质势力，毫没有人类精神自由活动的余地。我们试看这种人生观里除了残酷、冷淡、凶暴、自私、悲伤、烦闷、恐怖、失望等黑暗光景以外还有什么？及乎现代欧美人多悔悟过来，很热心的主张宗教哲学之复兴。除了少数思想家像罗素几个人以外，其余第一流哲学家如 Eucken、James、Schiller、Bradley 诸人不但不反对宗教，反而很起劲的提倡宗教。就是有名的生物学大家 Haeckel 氏尚且主张创立什么一元教哩。

……

诸君或者要问宗教的对象，所谓超然者，到底是什么呢？我可以回答说就是最高的理想。理想不是天外飞来的东西。只不过是我们种种欲求的统一体。人类精神逐步自觉，精神也一天一天提高，所以野蛮人或古代的理想不见得能代表我们的理想，他们的理想所化成的宗教自然也不能使我们满足，这是一定的道理。

……

说到这个地方我们不能不把"理想"这个名词解释一下。人类一切要求多有相当的对象。要求是属于主观的，对象是属于客观的。换言之，就是我们既然有了要求，就一定有要求的对象。把要求和所要求的对象综合起来，在实践就是行为，在智识就是价值判断所构成的观念。价值判断的标准就是理想。把人生各部分的理想统一起来就是最高理想。我们也说它是绝对价值，或者说它是价值的本身，因为它是一切价值的标准。理想不是抽象的观念而是具体的观念。它是多数事物存在的理由。既然不和一切离开，同时又能把许多观念包括起来使它们成为整个……

最高理想分真善美三种。这种区别只是形式的区别、抽象的区别，而非实质的区别……人类言语本是抽象的产物，所以用来记述科学知识还可，若用以形容理想，就有许多地方不自然了。宗教里常用寓言说明一切，就是这个道理。用直观以求真理的哲学家也是如此，如庄子的寓言什九和柏拉图的诗歌式的描写，便是明证。懂了这个意思，再去看佛教或基督教经典，就可以得着许多新的解释。譬如大乘经典里常说"三千大千世界"，又说"无量阿僧只劫"。若当他个事实看，以为真是指客观的空间存在或时间存在说的，那真是迷信，是妄说，我们应该排斥。若当他个寓言看，不过用以形容绝对理想超越时间性或超越空间性的，自然就不能说它是妄语了。基督教经典有许多也可以这样看。如《旧约》里说上帝是全知全能，我们应当把它看作形容最高理想的具足性的，并不是真有个有眉有眼的大人坐在天上；这样一来，便没什么问题。又如"上帝七天里创造世界"的话，自然是很荒谬的，然我们如果把它解作理想实现，复经过人格的努力的意思，便不成问题了。再如耶稣复活，若果真当他是死过了七天又从坟墓里爬起来活了，实在是荒谬绝伦。然如果把它们当作表现贯彻生死而超越在它们对立以上的大生命，如前面所说钟馗嫁妹全图的美，超出钟馗妹子和小鬼的部分的美丑以上的意思，那就不见得是荒谬了。

总之宗教上的说法，十有八九是寓言。浅薄的宗教家不懂这个道理，竟把寓言看作事实，我们不能不说这是他们的迷信、谬妄。科学家的反对是极合理的，但是科学家排斥浅薄的宗教家的迷信与谬妄则可，却不要连理想也排斥去了。

宗教的对象——最高理想——非经验所能证明。理想不是现成的，是要人们努力去实现的。理想既非现成，故无法以经验证明，但经验是片段的，更不能证明。按实说，科学上的高深道理，也有不能以经验证明的，如 Atomic Theory（原子论）与 Electric Theory（电子论）。整理科学的知识，端赖数学，但根号下的 -2（-2）尚无人能证明。可见就能否以经验证明而论，不足以推倒宗教。

理想的信仰也是科学所必需的，宗教是先信后证，科学是先证后信。因为宗教的对象是最高的理想，故不能不后证。但科学是向真理努力的，如果科学根本不信真理，则不成其为科学。自然界是合理的有规律的东西，科学家必须把"因果永续"的信仰放在脑里，才能往前研究，不然便不能研究了。据此看来，科学最后超出经验的一部也带有宗教性。经验是新陈代谢的，有相对的价值，无绝对的价值。科学的价值，不在它求出结果，在它爱求真理的精神。科学精神就是科学的最高价值。宗教与哲学的对象虽同，而其求的方面则不同。黑格尔以为哲学是求之于形式，宗教是求之于实质；哲学是求之于知，宗教是求之于行。

依我看科学昌明，宗教也有存在的理由，宗教与科学并不冲突，而且真宗教是需要科学的。理想是人生所必不可少的；理想既为人生所必不可少，那么，对于统一一切理想的最高理想，又何能去掉呢？我对于宗教的意见，大略说过了。我晓得顽固的宗教家，听罢我的话一定要攻击我，非宗教同盟诸君，因为我主张科学与宗教是可以两立的，恐怕也要攻击我。但我自信毫不偏袒，所以虽明知道处在腹背受攻的地位，终于把我的意见发表出来，希望和对于这问题有趣味的人，大家讨论讨论。

原载《晨报副镌》，一九二二，五，七——一一

对于非宗教同盟的怀疑及
非基督教学生同盟的警告

陈独秀

在我个人的信仰，我对于孔教、佛教（大日如来宗及念佛宗）、道教及其他一切鬼神教、阴阳五行教（即九流之阴阳家，是中国最古的宗教，而且还是现在最有力、最流行的宗教）、拜物教之疾视，比疾视基督教还要加甚，所以我对于非宗教同盟并非根本反对；但是从社会上群众运动及生活内容上看起来，不无怀疑之点。

我们现在第一要问的，宗教非宗教的界说是什么？若以信神不信神为界说，那便未免过于简单了，因为信神不过是宗教性之一端，不是宗教性之全体，拿这个做宗教非宗教的界说，简直是太不逻辑。若是以一切迷信甚至于以一切信仰都是宗教（我们对于一切学说主义，信仰到极笃的时候，便多少有点宗教性），这个问题便又过于广泛；试问主张非宗教同盟的人，是否都对于一切学说主义一概取怀疑的态度而无诚笃的信仰？研究及分析这样复杂的问题，是大学校研究室之事，若拿它做群众运动的目标，实在要令人迷惑群众运动的目标；还是非基督教同盟可以使群众得着一个明了、正确的观念。

从社会进化之历史观看来，自然有人类理智性日渐发展，宗教性尤其是宗教制度及宗教仪式日渐衰微的倾向；然在这进化过程中，我们若不积极的发展理智性，单是消极的扫荡宗教性，是不是有使吾人生活内容趋于枯燥的缺点？（基督教后面挟有国际资本帝国侵略主义的大隐患，又当别论）这也是我们应该审慎讨论的。

我对于一切腐败的反动派随着时论攻击基督教，觉得很可笑；但是对于学生界非基督教运动，却十分赞同，其理由如下：

（一）因为基督教教义的缺点，如原始罪恶说与上帝全善全能说不相应。

（二）因为使徒之虚伪，当危急时彼得尚三次不认基督，可见复活前无一真信徒。

（三）因为诞生奇迹及复活均过于非科学。

（四）因为教会，尤其是天主教会仍然因袭中世纪的恶风，以残忍态度仇视压迫异己。

（五）因为教师说教以利害胁人者多，以理性教人者少，绝对迫人信，绝对不许人疑。

（六）因为新旧教在中国都有强大的组织，都挟有国际资本帝国侵略主义的后援，为中国之大隐患。

（七）因为教会尤其天主教会，仍然在农村袒护吃教的恶徒欺压良懦。

（八）因为青年会有结托权贵富豪，猎人敛钱种种卑劣行为。

（九）因为教会设种种计划想垄断中国教育权。

（十）因为教会学校对于非教会学生强迫读经祈祷及种种不平等的待遇。

以上十事迫我们不得不赞成非基督教的运动；但同时又不得不警告非基督教学生同盟诸君的是：教会学校办理虽不完善，而所以能得社会上一部分的同情，是因为教会学校的学生对于社会服务接近社会及纪律的卫生的训练这两点，实在比较中国公私立学校的学生都好得多。中国公私立学校的学生对于社会服务很少注意，学生和社会隔离甚远，学校门口高悬的"学校重地闲人免进"两块虎头牌，便是学校与社会隔离的一个明白表示；校内的卫生与师友间的礼貌，学生在校外的动作秩序，都充分表现没有受过纪律的卫生的训练。教员只知道教书，学生只知道读书，绝对不知道训练是教育上第一重要的部分，这是中国公私立学校最可悲观的缺点。所以我敢警告非基督教的学生，若没有猛勇的觉悟与改革，在优胜劣败的原则上，我恐怕不但不能战胜教会学校，还要让它的势力蔓延全中国教育界，此事宁不痛心！

为非宗教大同盟进一解

胡学诚

拿科学的方法，学者的态度，建设的精神来研究问题是我们所极端欢迎的。

科学的精神，按我所能知道的是，第一，要根据事实；第二，要破除成见；第三，要观察全体；爱尔乌德说得好，"科学若不能注重人性的全体（Whole nature of man）那就成为一种不理性的科学了"（Ellwood's Recontruction Religion）。

我们在研究和批评一个问题的时候，对于对方的人格是应表示尊重。那些"辟邪说，息异端"、"唯我独尊"的态度是违反学者的精神的。

世界基督教学生同盟在北京开会就做了非基督教学生同盟和非宗教大同盟的"导火线"。前者是专反对基督教的，后者虽说是反对一切的宗教，但按我个人从他们发表的文字中——各处非宗教同盟"快邮代电"，非宗教同盟新出版的《非宗教论》和别的报章杂志中关于反对宗教的论文——研究之所谓，觉得他们的攻击点也多注意在基督教。

非宗教者反对宗教的论点很多，今只举其最重要的也是最有研究的兴趣的两端。

他们的第一个论点：就是说宗教是反对科学、束缚人类思想的进步的。这一点在一定的范围内我们是应当承认的，因为在历史上教会是曾经迫害过创新学说的人。但是在这里我要问，所谓束缚人类思想，与科学相反对的，究竟是宗教本身呢？还是教会或一部分信宗教的人所主张的教义和信条呢？若一定要说宗教本身是和科学相反的，是束缚人的思想的，那样你必须要证明：凡有宗教信仰的人是绝对和科学无缘，是决不能成为科学家的。

教会曾迫害过创新学说的人，使科学和文化在发展的途径上受了许多的折磨，这是我们承认的。但是我要问教会是否科学和文化发展的唯一障碍物？教会在科学和文化发达史上曾否有它的贡献？这些都是历史的事实，我们可以破除成见，用学者的态度研究的。

教会与科学冲突的第一个原因是知识的问题。我们研究历史，常常看见一种新学说和新理论发明的时候，因为与当时社会的生活、习惯、遗传不合，为当时人所不能明了的缘故，就受了许多摧残迫害。教会既是社会中的一部分，当然也不免要受那种限制，也有那样的缺点。

教会与科学冲突的第二个原因，就是因为教会有时对它所信仰的过于热心，未免要"越俎代庖"，对它范围以外的事也取干涉主义。这个弱点是我们应承认的。但是现在非宗教同盟诸君那样的拿了"辟邪说""驱教毒""摇旗击鼓""大张杀伐"的态度来攻击宗教，恐怕也要陷入从前教会"唯我独尊"的覆辙罢！

以上的两种原因，都是人的弱点，在历史上这种同等的事实，也是"数见不鲜"，怎样能归罪于宗教！

非宗教者反宗教的第二个重要论点，就是说宗教是已经成为过去的问题，是可以拿别的东西来替代宗教。这是一个很复杂很待研究的问题，我不愿在这样简单的文字内发表我个人的意见。但我盼望研究这问题的人先要彻底明了了宗教的意义和人类的需求，然后再下断案。这样绝对的判断是不容易下的！

末后我愿意慎重的申明，我们研究一个问题或批评一件事实的时候，对于对方的人格必须尊重，方不失为学者。那"资本家走狗""妖孽""异端"……种种侮辱人的话，实在不应出自自视高尚的学者。

李石曾先生在他对少年中国学会演说的时候说："教会惯用'美人计'的手段"。教会中许多西国的女士，牺牲她们一生的快乐，来中国各处——城市或乡间——创设女学，教育中国的女子，这样的精神是我们所当佩服、效法的。李先生反加之以惯用"美人计"的罪名，未免太过罢！

有一位署名升庵的，在他的中国教毒图序里有一段："究之，教毒漫延之毒根，是在教堂。看一地方教堂的多寡，便可知道一地方教毒的深浅。特就各省耶稣教堂实数与所在地，作分省教毒图，共二十一幅，又附教毒总图两幅。一面摹绘，一便惊心动魄，不觉为之汗流浃背。这一百十五年来，任其滋蔓，以至如此全国各地无一片安静土，是谁之咎？"升庵先生这样的注意宗教问题，"特就各省耶教堂实数与所在地，作分省教毒图，共二十一幅，又附教毒总图一幅……"是我们所钦佩的，但是他所"特""作"的分省教毒总图二十一幅和我的编辑室墙上所挂的一九二二年四月上海中华基督教续行委办所刊行的"全国各省宣教地点分布图"和"中华归主"的插图除了西文以外完全无异。按我所知道的，续行委办为了这两种统计，曾聘请中西干事数人，经二三年之久，才得成功。今"非宗教大同盟"自发起到现在，不过十个月，即能做成这样精确可靠的调查，此教毒图若真出于非宗教大同盟诸君之手，我们不能不钦佩诸君做事的敏捷，若是借用他人著作，我以为不妨在序言申明的说："……特翻印基督教徒所刊行的……"倒不失科学家"诚实"的精神。

最后我愿提出几个问题：

（一）非宗教同盟诸君，你们这样的反对宗教，是因为你们研究科学、文化史、人类史的结果，真觉得宗教是人类的仇雠，非加以痛击不可呢，还是你们先有了反对宗教的成见，所以从历史上找了些宗教——教会的弱点来施攻击呢？

（二）非宗教同盟诸君，你们研究科学的程度是否已经"登峰造极"？

（三）非宗教同盟诸君，你们对于宗教曾否有过彻底的研究？

（四）非宗教同盟诸君，你们对于人类的需求曾否有过全体的观察？

基督教对社会改进有过什么贡献（节录）

马伦敦教授演讲/徐曼、刘昉笔记

……

耶稣不是哲学家、政治家、教育家，也不是社会改良家，乃是宗教家。他所要改进的不是政治、经济、社会或教育，乃是人类中心思想所在的宗教。他所主张的不是一种学说或制度，乃是一种原则，即"爱"的原则；因为社会的问题非常复杂，一时与一时不同，一国与一国不同，解决的方法，不能不因时因地而有差异。所以耶稣不主张一种学说或制度，只主张一种亘古不变的原则。他不但主张这个原则，并且他一生行事都本着这原则；至终竟为这原则牺牲了他的性命，使世人觉悟唯这原则有根本解决社会问题的可能。耶稣的原则，是解决社会问题唯一的方法既经证实，所以基督教对于世界的贡献实为最大。

我现在在家庭问题、奴隶制度、贫富阶级、教育、民治和国际关系上，各举一例，以说明这"爱"的原则，在历史上，曾有过什么贡献。

（一）家庭问题——家庭问题最大的，是父子和男女的关系。当时罗马是行父权制度的国家，家长对于家属操无上的威权，可以任意生杀。基督教以为这是不合乎"爱"的原则，所以主张打破这种制度。又在罗马，当时的妇女被看作男子的玩物和产业，与耶稣平等的教义又有抵触，所以也力主改革。基督教发达，孩童和妇女的地位，因之逐渐增高。家庭问题，虽至今尚未解决，但基督徒对于家庭的理想，是很清楚的。

（二）奴隶制度——奴隶制度最盛行的时候是罗马。罗马征服地中海沿岸各国掳来的人，不论男妇老幼，全数作为奴隶。奴隶的待遇，惨无人道，当时的人以为贷其一死，便已十分恩待。某次一奴隶谋杀主人，因此使六百个有关系的奴隶完全被诛。又在当时国民最好的娱乐，是迫令许多俘虏到大戏院里去决斗，叫他们自行杀伤，所以基督教起而反对。曾有一次俘虏正在决斗时，某神父跳身其中，立被残杀，当时观众殊不满意。后来这个杀身爱人的印象，到底能将这样的娱乐方法取消。又在当时奴隶脱逃，是应当受死刑的。曾有一个奴隶逃跑，受保罗的感化，皈依基督；同时他的主人也加入教会，所以保罗写信将这个奴隶送到他主人那里去。信的大意说：这个人也是你的弟兄，待他应当以爱。至于主奴的关系，你可本你自己的良心去解决。足见当时基督教对于奴隶的态度。因此态度，遂使林肯在美国不能不打破奴隶的制度。

（三）贫富阶级——基督教义的爱，应当实现到各个人的身上，尤其要到贫穷人的身上。所以西国慈善事业，多半出于基督教。耶稣主张人类平等，所以不但无贫富阶级，也无贵贱阶级。有劳工领袖认耶稣为改进社会的第一位，也是这个缘故。

（四）教育——最初基督教，本来不办教育，因为当时罗马的公立学校很多。后来罗马的政治日坏，北部野人就侵入罗马，烧毁城池，屠戮学者，所以希腊、罗马的文化，几乎全数灭绝，造成历史上所谓黑暗时代。当时的教会以为传教士应当知道古代的文明，于是设立学校，专为造就传道人才，因而希腊、罗马的文明，也就借以保存，迨至文艺复兴时代遂发扬光大。若是没有教会的保存，恐怕文艺复兴也就无自而兴了。现在美国的教育，人人都知道是很发达的，求其所以发达的原因，仍不能不归功于基督教。当英国清教徒初到美洲的时候，第一要建一个礼拜堂，第二就要建立一个学校。求其建立学校的动机，全是为自己的儿女能读圣经，能明白基督的教义，所以到现在有名的各大学还多半肇始于基督教。由此可见基督教对于教育的贡献，也实在不少。

（五）民治——基督教对于政治不是冷淡的，乃是积极的。不是主张专制的，乃是主张民治的。英国中世纪基督教徒相互间曾订立共同遵守的规约；后来英人到新大陆拓殖，也订同样的规约。这就是美国宪法的胚胎，由此可见基督教对民治的发达也有贡献。

（六）国际关系——在基督教，无国际与种族的差别，凡是国际间种种恶德和种族间种种仇视，全与基督教相反。当耶稣降生的时候，犹太国抱很深的国家主义，但耶稣认上帝为父，所以他先在犹太国布道，后来又到他族去布道。国际法学首创者格罗灵斯（Grolius）说，我们应当把耶稣的主义行之于国际间。可见现在的国际法，与耶稣的原则也有关系。基督最反对的是战争。虽自从罗马教皇用十字架为军队旗号以来，一直到欧洲大战，基督教不幸为政治家利用，有好几次卷入战争的旋涡。但是基督徒倘若真能实行耶稣的教训，是决不能受人利用，更不能发生战争的。

总括以上所述，"爱"的原则对于社会的问题，已有相当的贡献。但基督徒中仅有少数人明了而且能实行这个原则，所以这个原则在团体生活里至今未能十分表现。须知这是人的问题，并不是基督教本身的弊病。我们试想一想，倘若将来人人都能履行这个原则，如何能发生资本家与劳动家的冲突，国家与国家的纷争？更请问到那时候一切政治上、社会上的问题，岂不易于解决么？

基督教虽在西洋行了快两千年，因为教徒不能实行耶稣的教训，所以至今还不免受人批评。但我们能否以求诸西洋而未得者来求诸远东？我们能否希望将来远东的基督徒，真能了解并实行这"爱"的原则？我以为这未必是一件不可能的事。去年世界基督学生同盟大会印度代表传来一个好消息说：现在印度人对于基督教义的了解远超西洋人。印度既能如此，中国应该怎样？

原载《生命》三卷九期，一九二三，五

基督教与社会服务

——答南京民作君

代 英

我感谢你的热心。你肯因为看见我的一则短文，把你所觉得的疑难告诉我，要我发表一点意见。你以为我不应抹杀"真基督教是什么样个东西"，我亦承认你的意思不错。不过，谁知道它是什么样个东西呢？贩卖鸦片枪械的神甫，包庇土匪恶棍的牧师，伺候外国主教颜色的教士，遍布了全中国，他们都是基督教徒，他们知道真基督教是什么样个东西么？囚戮伽利略哥白尼的教皇，屠杀异教徒的十字军，为了杀两个教士攘夺我们的青岛，为了烧几所教堂勒索我们的赔款的帝国主义者，他们都是自命为基督教的拥护者，他们知道真基督教是什么样个东西吗？

"把迷信的耶教改成一种社会运动的机关"，唉，谈何容易呢？耶教所仰赖的完全是外国人送来传教的金钱，耶教的生命便系在这种金钱的上面。外国人拿钱来传教，第一件事便是要中国人"感恩"，只许中国人相信外国是中国的好朋友，无论外国人怎样待中国，中国人为了受恩深重的缘故，不容有一点反对他。所以基督教本来便是一种社会运动的机关——一所教堂要蒙惑几个教徒的心；一个学校要抵塞几百个学生的口，这样的社会运动，可以把全中国的社会，运动到甘心情愿的做洋奴。你以为我们可以利用他们已成的机关，这样的机关亦可以利用吗？倘若你说，我们不要外国的金钱，不许外国人参与在中间——能做到这样，我十分赞成。不过我很怀疑，外国人怕不容许这样的办法罢！上帝的"令牌"，是外国法师降妖伏魔最重要的工具，他们舍得放弃么？便假令他们放弃了，教会的外国接济停止了，我看教会怕要即刻萧条到古刹残寺一样，有什么可以供我们利用呢？

总而言之，基督教所以在中国还能像今天这样盛行，完全因为它是帝国主义者的工具，我们要尽力社会活动，没有可以依赖基督教的道理。我们只须看教会做事的人与教会学生永不敢反对牧师、神父们的祖国，便可知道教会是如何一个可怕的东西了。

打倒教会教育

代 英

据此次耶诞节上海方面外人声称，中国共有新旧教徒一百万人，青年会员八万人。他们办的教育可列表如下：

	学校数	学生数
小学	五千九百二十八所	十六万零九百九十一人
中学	九百六十二所	二千五百六十九人
高等以上学校	三十八所	一万一千七百九十人

这是一个如何惊人的数目呢？有一百万的民众，二十余万的青年，正在帝国主义者所遣派来的一般牧师、神父、教会教育家手中，受他们的蛊惑劫制。我们天天怕色彩、怕党派；然而帝国主义者已经借教堂、学校、青年会的帮助，在中国造成这样一个伟大的党派了。我们愿意永远这样一盘散沙地屈服于他们这种党派行动之下么？还是我们应当为反对他们而即刻组织起来？

我们现在专论教会学校罢！所谓教会学校，本不是为教育青年而办的，所以课程、设备，本不在他们计议之中。他们有时为着炫耀中国人民，或者为好对于捐款的政府资本家做报销，在通都大市中，亦未尝不可以购买广大的地皮，建造高敞的校舍，偶尔亦陈设一两间很完备的科学仪器室，但是就普通情形说，他们每做不到这样的。他们因为从节省金钱起见，除了雇用几个流氓外人教师以外，便用很少的薪金，雇请几个穷途末路的冬烘老先生，或者用几个乖顺无知的本校毕业生徒。他们的课程是用不着完备的，他们既不向教育部注册备案，亦不受中国教育团体的干涉；他们的图书馆、仪器室，或者完全不曾备办，即令曾经备办了，亦不过是"聋子的耳朵"而已。他们最认真的，是念经、做礼拜，听受外国教师辱詈中国而不许反抗。除这以外，有时他们亦专门养几个体育选手，特别用牛奶、饼干供养起来，以好在运动会，或者在足球比赛中，为他们的学校做一块招牌。从前初通商的时候，外国资本家需要在中国寻找一般

"买办""大班"等洋奴，那时候教会学生学会了几句外国文，居然亦大有发洋财的机会。外国资本家既故意专门录用教会学生，一般趋利而甘使子弟为洋奴的人们，都格外要子弟进教会学校。现在呢？半瓢水的英语人才，可以供外国资本家驱遣役使的人，车载斗量已不计其数了，发洋财的机会已经是过去的事。现在的教会学生，除了一二个原来他们的父兄在教会中很有面子，或者他们自己很乖顺得外国人的欢心，有时亦可以得着比较好的洋奴差使以外；其余至多不过被他们分发到各处做传教士或小学教员，他们给与很少的薪金，很苦的待遇，表面说这是为主做工，实际是他们很廉价的雇用了这一般青年替他们为牛为马。这样的青年，因为功课与知识的关系，想升学于非教会学校，就业于非教会事业，是不可能的，于是他们永远葬送在教会里面；既被亲戚乡里所耻笑，而自身生活亦悲惨痛苦，无可控告逃避的地方。进教会学校的青年，一方要出很大的学费、膳宿费，一方又等于投入了外人的奴籍中间；他们以后常要感受外人恫吓、牵制的痛苦，然而正如奴婢们一样，他们只有自己怨恨命运，或者更进一步，亦以"为主做工"欺骗自己；他们除了忍受鞭笞、詈骂没有别的法子。

这是如何可怜的事呢？大家起来，救救教会学校下面的青年！

现在教会学校的风潮一天天起来了。长沙雅礼大学的风潮、醴陵遵道学校的风潮、汉口博学书院的风潮、重庆广益中学的风潮、开封汴济中学的风潮……还有闻风继起的吧！还有闻风继起的吧！前不久在开封开会的各省教育会联合会已决议请教育部取缔教育学校，现在如雅各、汴济等风潮，即因要求学校向教育厅注册立案而起的。这样一种民族精神的风潮，怕要是教会教育所受的空前的大打击罢！但这还不过是反对教会教育的第一步呢！

我们要封闭一切教会学校，要驱逐一切教会教育家，但是我们决不可以抛弃了教会学校的青年。他们是受欺骗的，他们是受压迫的，我们应当去接近他们，在他们群众中间去活动，把他们联合起来，与我们里应外合的，扑灭教会教育的毒焰。

新文化与学衡及整理国故

国故和科学的精神

《新潮》第 1 卷第 5 号，1919 年 5 月 1 日

毛子水

一 什么是国故呢？

什么是国故呢？我们倘若把这个问题，问起那些讲国故的人，所得的回答，恐怕没有相同的。有些必定说国故就是"三纲五常"；有些必定说国故就是"四书五经"；有些必定说"《学海堂经解》"是国故；更有些必把"《骈体文钞》""《古文辞类纂》""钟鼎款识"……等东西当作国故。无论这些回答里面，哪些是错，哪些是不错，国故这个名词，没有很清楚很一定的意义，就可从此知道了。我们现在讲到这个题目，当然要先知道清楚什么叫得国故。章太炎先生的《国故论衡》，在近来讨论国故的书籍里面，纵未必是最精审的，亦必是最精审的一种了。这部书分为三卷：上卷论语言文字，中卷论文学，下卷论学术思想。语言文字和文学，都是发表学术思想的器具；所以《国故论衡》这部书，可以说得就是中国古代的——或固有的——学术思想的论衡。我们倘若根据章太炎先生的意思，我们就可以说"国故就是中国古代的学术思想"。但是照我的意思，中国民族过去的历史，章先生的书里虽然没有论到，亦正当的可以叫得国故。因此我们得着国故的定义如下：国故就是中国古代的学术思想和中国民族过去的历史。

二 国故在今日世界学术上的位置

国故已然是中国民族过去的学术思想和历史，我们当然可以说它像现在的何种——或等于现在的何种——学术。因为除了历史不讲外，我们倘若把中国旧有的书籍，照现在科学的分类，分配起来，带点牵强附会的手段，譬如《周

官经》里有财政学，墨翟的书里有数学、力学，诸葛亮的木牛流马就是现在的汽车和飞机，等等——国故实在可以说是包罗万有了。因为有这个缘故，许多我们中国的念书人，就生出种种的误解，最大的是：

（1）国故和"欧化"（欧洲现代的学术思想）为对等的名称，这二种就是世界上学术界里争霸争王的两个东西。

（2）国故有神秘不可思议的技能：欧洲的学术，国故里面没有不备的；而国故里面有许多东西，欧洲是没有的。

第一种的误处，在没有晓得学术的性质和历史。我们倘若单讲到学术思想，国故是过去的、已死的东西，欧化是正在生长的东西；国故是杂乱无章的零碎智识，欧化是有系统的学术。这两个东西，万万没有对等的道理。我们现在就是把国故和"国新"并列，亦觉得不伦不类，因为"国新"亦是正在生长的东西。

说到这里，必有人疑心我的"国新"两字没有来历了。其实已有国故，必有"国新"。"国新"就是现在我们中国人的学术思想——是一个正当的名称。倘若现在我们中国人的学术思想的程度，还是同数百年或数千年前的一样，这个"国新"就同国故不分——这就是我们中国人的学术思想没有进步；这就是过去的这几千年或几百年的时间，我们都让它白白过去了。倘若现在我们中国人的学术思想的程度，同欧洲人的一样，这个"国新"就和欧化一样。这个和欧化一样的"国新"，无论是我们自己创造的，或从欧化里面吸收来的，都是正当的。学术这个东西，同那太阳光一样。这个太阳，不是北京人私有的，亦不是上海人私有的。

有太阳光的地方，不能说这太阳光是他的；没有太阳光的地方——譬如在密郁郁的树林里，或在黑洞洞的房子里——亦不能说这个太阳他是没份儿的。我们倘若要这太阳光，我们不要躲在那密郁郁的树林里或那黑洞洞的房子里就得了。学术思想，并不是欧洲人专有的，所以"国新"不妨和欧化雷同。还有一层，一个人能够把别个人的东西，用合法的手续取来，这个东西就是他的。我们买来药剂师制造的补品，吃了下去，经过消化作用，长了许多筋力：这个筋力，是我们的，并不是药剂师的。一国的人吸收别国的人的文化，亦是一样。所以我们现在把欧洲人的学术思想，"买"了过来，"吃"了下去，经过"消化作用"长了许多"筋力"，这个"筋力"，亦就可以叫得我们的"国新"。

讲了许多题外的说话，不过表明学术是天下古今的公器。正当讲起来，在学术上，有什么国不国，"国新"这个名词，实在是不妥当的，却是我们现在讲到这个题目，留住它倒有点用处。下文且仍转到正题。

上文所举的第二种误解，或是因为爱国心胜过诚实所致，或是因为"夜郎人自大"的脾气所致，或是"没有读书"的结果。这个错处容易明白，我们亦就不多说了。

这二种误解已经指点清楚，我们现在且把国故的性质和功用直说出来。

（1）国故的一部分是中国一段学术思想史的材料。

（2）国故的大部分是中国民族过去的历史的材料。

但是，从前人所做的从前人的历史，我们现在不能用它；因为现在人的历史的眼光，十分之八九不应当和从前人的相同，所以我们现在的历史，大部分都应当从我们自己的历史的眼光新做出来，方能合用。因此，我们把国故的这一大部分，不看作中国民族过去的历史，看作中国民族过去历史的材料。知道这些，就可以知道国故在今日世界学术上的位置了。凡是学了一种科学的人，没有不知道学术史的重要的。凡是研究社会或政治等学的人，没有不知道一个大民族的历史是重要的。却有一层，中国的学术史，就重要的方面讲起来，不要说比不上欧洲近世的学术史，还比不上希腊、罗马的。讲数学、名学等历史的人，必定首先讲到希腊诸学者；讲民法的人，亦必研究罗马法。这样的例子，在我们的学术史里面，实在寻不出来。还有一层，因为我们中国民族，从前没有什么重要的事业：对于世界的文明，没有重大的贡献；所以我们的历史，亦就不见得有什么重要。有这些缘故，所以国故在今日世界学术上，占不了什么重要的位置。

三　国故是应当研究的吗？

讲到学术思想，我们中国人实在是一种久经痼疾、缠绵床笫，不能行动的人。欧洲近世确有价值的科学，就是我们最适当的药品。我们现在把这种药品从速服下，还怕太晚，岂有再向别处去求的道理么？况且我们曾己说起，国故在今日世界学术上，占不了什么重要的位置。似乎我们现在，不当再去研究国故！

但是照得我个人的意思，国故是应当研究的；一是因为国故特有的长处，一是因为国故偶有的长处。什么是国故特有的长处呢？上文曾经说过，国故是中国一段学术史和中国民族过去历史的材料。一国的学术史和一国民族的历史，无论重要不重要，在世界学术上，总算占了一个位置；所以我们便可以去研究它。再说我们中国向来没有什么好的学术史，亦没有什么真可以说得好的民族的历史。倘若我们从研究国故的结果，得了它们，岂不可乐么？再说，我们倘若用这样目的去研究国故，我们就可以知道中国从前的学术思想和中国民族所以不很发达的缘故；我们亦就可以知道用什么法子去救济它。譬如一个得了奇病而死的人，是很没有用处的一个东西，却是经一个学问高深的医生，把他解剖起来，就可以得了病理学上的好材料，就有很大的用处。我们中国的国故，亦同这个死人一样。这些都是国故的特长。

我们把国故当作了中国古代的学术思想和中国民族过去历史的材料，我们现在倘若不把学术史从民族的历史里分出来，我们简直可以用"中国过去历史的材料"代替国故这个名词。我知道有许多人对于我这个说话，又必生出许多疑心起来了。我们中国，不是有什么"考据之学""义理之学""辞章之学"的么？为什么能够把国故看作过去历史的材料呢？我现在要回答这个疑问，我要先问一句话；这些"什么之学"，是指着我们现在自己所有的呢，还是指着古人的呢？倘若指着古人的，"考据之学"不容说就是过去历史的材料了；"义理之学"和"辞章之学"尽可用"过去的学术思想"七个字包括它；因为它们在现在的时候，亦只可做得过去的学术史或思想史的材料，所以亦就是过去历史的一肢一体。倘若是指着我们现在自己所有的，这些"什么之学"，是我们的"国新"，并不是我们的"国故"。我们须记着，我们是我们——是现在时候的人，古人是古人——是古代的人。还有一层，古人的学术思想，是国故；我们现在研究古人的学术思想：这个学问，亦就是我们的"国新"了。这个学问，应该叫做"国故学"：它自己并不是国故。它的材料是国故。譬如乾嘉时候的经学，是乾嘉时候的"国故学"，亦就是乾嘉时候的"国新"。可惜到了春秋战国以后，我们中国研究学问的人，大多数只知道"国故学"是世上仅有的，最高尚的学问；不知道还有许多东西，亦是应当研究的。因此从前中国除了"国故学"以外，没有别样的"国新"；因此数千年来，我们中国人的学术思想，没有多大的变化，没有多大的进步！

国故还有一种偶有的长处。国故的研究，大半的事情就是疏证。三百年来，这种疏证的学问，倒是一天比一天精密。它的最大的利益，就是能够使人"生成重征"、"求是"的心习。这种心习，是研究各种科学的根本。从前希腊柏拉图开一个哲学的学校，曾宣言道，"不知道几何学的人，不要进门来"。近世欧洲教育家，如斯宾塞等，亦多把数学当作"练心"的学科。我们这种疏证的学问，亦有"练心"的长处。一个人能够"真正的"研究国故，养成一种"重征"、"求是"的心习，亦是有点好处的。说到这里，还有一句附带的话。国故虽然应当研究，但是比较起现在世人所应当研究的科学来，直是"九牛一毛"。宇宙没有限际，真理日见幽远，几段过去的历史，算得了什么东西。现在我们中国人最要紧的事情，就是吸收欧洲现代确有价值的学术，一来医治我们学术思想上的痼疾，二来造成一个能够和欧化"并驾齐驱"的"国新"。倘若要研究国故，亦必须具有"科学的精神"的人，才能和上等医生解剖尸体一样得了病理学上的好材料。不然，非但没有益处，自己恐怕还要受着传染病而死。至于究竟有几个有"科学的精神"的人，应当去研究国故，是很容易从国故在今日世界学术上的位置知道的。

四　研究国故的人所应当知道的事情

上文方才说过，必须具有"科学的精神"的人，才可以去研究国故；因为就科学二字的广义讲起来，"国故学"可以算做——而且必须算做——现在科学的一种。"科学的精神"这个名词包括许多意义，大旨就是从前人所说的"求是。"凡立一说，须有证据，证据完备，才可以下判断。对于一种事实，有一个精确的、公平的解析：不盲从他人的说话，不固守自己的意思，择善而从。这都是"科学的精神"。

研究国故的人又有应该知道的，就是国故的性质。国故的一部分，是已死的过去的学术思想古人的学术思想，不能一定的是，亦不能一定的非。所以我们现在研究它，第一须把古人自己的意思理会清楚，然后再放出我们自己的眼光，是是非非，评论个透彻，就算完事了。现在有一班研究国故的人，说他们的目的是"发扬国光"。这个意思，最是谬误。要知道，研究国故能够"发扬国光"，亦能够"发扬国丑"。章太炎先生说道："稽古之道，略如写真，修短黑白，使于肖形而止。"这个话最说得明白，我很希望研究国故的人，照这个意思做去！知道这个意思，那"古训是式""通经致用"等许多学术思想上阻碍的东西，就可不言自破了。研究过去的历史，亦应当用一样的道理。

用科学的精神去研究国故，第一件事就是用科学的精神去采取材料。凡考古的学问，和他种的学问相同，最要的事情就是有精确的材料。论断的价值，和材料有密切的关系；材料不精确，依据这个材料而立的论断就没有价值了。譬如作一部中国哲学史，引了许多洪范的话：倘若《洪范》这篇书，是后人假托的，它所证明的事理，就没有价值了。又如做一篇孔子的传，引了许多纬书的说话做证据，孔子亦就可以变成《封神传》里的人物了。这种事比引用三代鼎彝的款识来说三代的文字更不可靠。总而言之，能够用科学的精神去研究国故，便能够用科学的精神去选择材料；能够用科学的精神去选择材料，就没有这样的毛病。

五　我对于国故和国故学的感想

我们中国古代的学者，多没有科学的精神；所以国故里面，虽然含有各种科学的零碎材料，实在没有一种学术有现代科学的形式的。这并非专是因为我们中国古人的聪明才力比不上欧洲人的缘故，和我们中国古代的政治、风俗，和地理，都有很大的关系。这个关系，非是几句话说得清楚的。我们且学个"既往不咎"不去管它。近来研究国故的人，多不知道国故的性质，亦没有科学的精神。他们的研究国故，就是"抱残守缺"。试问"抱残守缺"，究竟有什么道理呢？

从秦汉以来，非特政治上有"引经折狱""禹贡治水"等等的笑话，学术思想上亦生出"道德孔孟""玄谈老庄"等等的魔鬼。有这些魔鬼，我们中国的学术思想才有今日的现象！讲起这些魔鬼的来历，实在是大家"自暴自弃"所致。因为"自暴自弃"，才把它本身忘却了，只知道崇拜古人。古人自然亦有应当崇拜的地方，但是这种人除了崇拜古人以外，便没有别的本领。因此研究学问的人，如我在上文所已说过，所研究的都是"国故学"，想不到"国故学"以外还有什么应当研究的东西。间有几个聪明的，想了几个新意思，大家就说他是异端。譬如理学家所说的二程，都有被嫌疑的地方；因为他们曾经念过佛书的。就是讲到国故学，非特大家没有科学的精神，亦只知道墨守古人的成法。譬如刘知几讲到他以前的人做史的法则，有"疑古""惑经"等篇，大家就骂他非古，你讲可笑不可笑呢？我们现在要振起学术思想，须先把这些魔鬼驱逐净尽；我们要驱逐这些魔鬼，我们切莫"自暴自弃"把本身忘却了。

近时出版的讲国故学的书籍，章太炎先生的《文始》《检论》和《国故论衡》，又他的杂文如《五朝学》《五朝法律索隐》《五朝官制索隐》等，马建忠的《马氏文通》，胡适之先生的《墨家哲学》和《中国上古哲学史大纲》，就大体而言，都是精审的著作。马、胡二君都是研究过科学的。章君少时研究经学，实在是得疏证学所发生的"重征""求是"的心习的。这个心习，就是科学的精神；所以章君虽然有许多地方，不免有些"好古"的毛病，却是我们一大部分的"国故学"，经过他的手里，才有现代科学的形式。其余如钱、沈、朱诸君所编的《文字学》和朱逖先先生所编的《中国古代文学史》等，皆是用科学的精神研究国故的结果。

所以我极盼望我们研究国故的学者，都先养成这种科学的精神，切不可空费心力！历史的研究——用现代历史的眼光去研究历史——现在还未十分发达，所以这类的书籍，觉得很少。孙仲容先生的《周礼政要》"那样的"书，自然是很好的，不过他所根据的这个《周礼》，究竟是不是周公的遗制，是一个问题，至于他做这书的原动力，亦未十分的正当。现在有些人，用明堂比附议会，根据《山海经》来讲学术史，说《太极图》是夏鼎上的东西——这等的论断，我觉得很不妥当。至于国内讲国故学的杂志，前有《国粹学报》等，最近有《国故》，用意皆很好。但是它们里面所登的，有许多亦似乎缺点科学的精神。

学术思想的进步，好像花卉的发生一样。经过许多时候的培植、许多时候的灌溉，美丽的花卉，往往一旦忽然发现。一个新鲜的意思，亦必须经过许多时候的培植，许多时候的灌溉，才能够发现出来。我们且把"文学改革"来做个例。

从章太炎先生做《文学论略》的时候到此刻大约十年了。他这篇《文学论略》里，把一切著于竹帛的文字都叫得"文"，大家因此就可以知道"文"的用处就是达意思代语言。他这篇论略里又揭出"作文取法疏证"和"修辞立诚"的两个意思，大家因此就可以觉得媚生谀死的滥作和凭空说理的妄言的讨厌。他这篇论略发表以后，过了六七年，《新青年》就载出胡适之先生的《文学改良刍议》。胡君刍议的意思和章君论略的意思，有没有一点关系，我们不能妄下断语。但是就我所知道的讲起来，现在有多数人表同情于胡君的刍议，章君的论略实在有"培植灌溉"的功劳，一个人能够知道"文"的功用就是达意思代语言，又知道时间的可贵，断没有绝对的去反对"国语的文学"的。一个人能够明白修辞立诚的意思，断没有不觉得从前中国的大部分的文学是没有文学的价值的。设使现在有一个人，他已经赞成章君的论略，但是又反对胡君的刍议，这个人就可以说得没有真的知道章君的论略，亦就可以说得没有科学的精神。

上文所说的，似乎和国故没有什么关系，却是从已有意思生出新意思来。在国故学里，亦是常有的事情。第一，我们拿《文始》来做个例。汉末的时候，有个刘熙做了一部《释名》。《释名》的立意，本是要寻求各个名字的原由。寻求一个名字的原由这个意思，亦不纯然是刘熙创造的，如"仁者人也""庠者养也"已见于春秋各国的书籍；却是在刘熙前后的人，似乎都不大明白这个意思，如《说文》载"天颠也""山宣也"等，未说明是解释字义还是解释语原，到了后来，又有"音训"的说话，遂把语原学一个很大的题目，包在什么"音训"里面，没有人去仔细研究它。直至最近，我们才有章太炎先生的《文始》。《文始》这部书，固然比《释名》博得多，比它深得多，又比它精审得多，但是寻求语原这个意思，实在是刘熙先有的。我们虽然不能妄说章先生的意思是从《释名》这部书生出来的，却亦不妨是从它生出来的。还有一层，读过《释名》的人，没有寻求语原的意思，就可以说得没有明白著这书的人的意思。第二，我们拿《马氏文通》来做个例。语言必有一定的规律，是一件很明白的道理，但是我们从前的人，都没有十分想起。有几个聪明的人，如汪中（做了《释三九》三篇，见《述学》）、王引之（做了《经传释词》，这书里实在没有几条关于语律的说话）、俞樾（做了《古书疑义举例》）等，想到这层，亦并没有仔细去研究它。马建忠见欧洲各国，都有葛郎玛（Grammar. 语法），就做了一部中国语言的葛郎玛就是《马氏文通》。[注：语律或文法的学问，本不必一定是国故学；却是《马氏文通》所讲的，都是古人的语律或文法，并不是今人的，所以是一种国故学。有人说马建忠用外国文法来讲中国文法，这种话亦似而非的。这书里面，亦许有几处受欧洲文法的影响，失于穿凿；但是就我所见的而言，并没有这种毛病。我现在却有一种感想。倘若用马君的功夫，去改良现在的语言，去编就现在的语律，益处必比他做这《文通》多得多。《文通》那样的书，固然是应当作的；但是现在语言的文通，比古代语言的文通，实在要紧得多。马君仅知道作死语言的文通，似乎亦因为受了"古文家"遗毒的缘故。]这部书的意思，不容说是从外国葛郎玛采取来的了，却实在是一种最有用的国故学。我们现在且再说一个例。从前"论诸子学起原"的人，大概受刘歆的影响，都说周秦诸子出于王官。章太炎先生作《原学》，才推论学术的建立，和"地齐""政俗""材性"有关系：胡适之先生又做了一篇《诸子不出于王官论》（《见太平洋》第一卷第七号），都是精确的议论足以补旧说的缺点。[注：我所举的《原学》系指《訄书》里所载的，和现在《国故论衡》所载的有点不同。]

　　章先生在他处讲到诸子学的起原，多未插入《原学》里面的意思，大概是因为他的意思以为这件事没有什么要紧，所以往往举《汉书·艺文志》的话以备一说。

　　胡君的论里谓"诸子之学，皆春秋战国之时势世变所产生"，确是至当的议论；但他绝对的否认诸子出于王官，亦觉得未能十分妥洽。诸子的学术和王官的学术的关系，确有踪迹可寻。诸子的学术起于春秋战国的时势，仍不妨出于王官。

水化为气，气聚成云，这变化无方的云，固然是因为空中的气候变化所致；但是一定说云起于气候不生于水，亦不妥当。王官的学术，好像水；春秋战国的时势世变，好像空中的气候；诸子的学术，好像这变化无方的云。再诸子学术的大部分是"治国平天下"的法则。各人所用的法则不同，所用的"器具"亦就不同，因此诸子的学术有各不相同的地方。这些"器具"，亦不必是诸子自己制造的：诸子——如孔墨等——多用前人遗下的"器具"——如"孝""尊天""敬鬼"等。却是这种现成的"器具"，在孔墨以前的时候，都藏在王官那里。刘歆所谓"某家者流盖出于某某之官"，大概就是指这些"器具"而言。他心里却未能觉得十分的准确，所以加个"盖"字。

八，四，十九

驳《新潮》国故和科学的精神篇订误

《新潮》第 2 卷第 1 号，1919 年 10 月 30 日

毛子水

张煊君见了我在本杂志第一卷第五号所登的《国故和科学的精神》那篇文章，做了一篇《驳新潮国故和科学的精神篇》，登在《国故》第三期。我那篇文章，意在提出一种研究国故的方法，所有说话，虽然不是十分精到的，却是很公平的。张君的文章，说来说去，不过要把"国"和"故"争一个地位，并没有讨论到我的主旨上面，我本可不要管他；但是张君对于我的意思，似乎不大明了，而且有许多说话，毛病很大。我因此再作这篇，把张君误解的地方，略加匡正，便中亦把我自己的意思，说得明白些。

张君的原文分为四节。我现在只好把他每节里面明白紧要的说话写出来，再把我的意见附在后方。

张君原文第一节："……吾谓科学者。世界各国古代学术思想所演化之物也。夫古者，过去之通称，十口相传，即成为古。科学之非创于今日今时而为古代学者递次所发明，实不可掩之事实，以此称之，适当其分……"

这些说话，是张君发表他自己对于科学的见解的，对于《国故和科学的精神》那篇文章，没有什么关系，我们本来可以不要讨论他；但是这种见解，有根本上的谬误，对于学术的进步，阻力很大，我所以不得不批评几句。张君所用的"演化"两个字是什么意思，我实在不大明白。张君在下节有"故者求新之根据"的说话，"演化"似乎和英文的"toderive"意思相同：我们暂且作这个意思解释。那么，张君所谓"科学者世界各国古代学术思想所演化之物也"那句说话，就很不对了。近几百年来，靠着个人的深思或实验创造一种科学的人很多，怎见得科学是世界各国古代学术思想所演化的东西呢？凡是宇宙间一件或多件事物的有系统有分理的解释或记载，都可以叫得科学。这种解释或记载，都应当从静室冥思或经多年试验得来的：论古如亚几默狄【阿基米德】的

液体浮力的定律，论新如近世实验派的心理学，都是实例。我们也知道，在学术上面，往往有从旧意思生出新意思的事情；如台（笛）卡儿的解析几何、达尔文的进化学说，都是近世学术界里的大发明，但是他们的意思，都是同在他以前几个学者的意思有关系的。不过我们不能因此就说科学都是古代学术思想所演化的东西。我们就把达尔文的进化学说来做一个例罢。他的进化学说，确在 HMSBeagle（小猎犬号）船上的游历以及十九年的实地考察的结果。

我们不能说他的学说是从柏芬（Buffon）、拉马克（Lamarck）等人的学说演化出来的，我们更不能说他的学说是从麦而塞（Malthus）的《人口论》（Essay on Population）演化出来的。麦而塞的《人口论》对于达尔文的进化学说，好像苹果的落地对于牛顿万有引力的定律和沸水壶对于瓦特的蒸汽机一般，不过开发一种心思或引起一种兴趣罢了，我们能够说牛顿的万有引力的定律是从苹果的落地演化出来的么？还有一层，现在的科学，我们不能说都是不错的；把现在科学来解释宇宙间一切事物的究竟，我们也知道有许多缺点。要纠正错误，固然要翻古人的成案；要补苴缺点，亦不是"温故"所能了事的。

譬如照着化学里的周期律，我们推知地球上应该还有许多元素没有经人发明的。但是我们要发明这些元素，是向故书堆里找寻呢？还是向自然界里找寻呢？大抵求学只如探险一般，从前人所走过的路程，我们固然不可不到，但是我们要发现新地，非是我们"自己"奋身前进越过前人所已到过的地方不可，并不是裴回前人所已到过的地方就能得着新地的。我们现在要研究一种学术，先要考求古人所已知道的，亦不过如探险的人要经过前人所走过的路一般，是要为我们"自己"前进的地步，并不是要想专从古人的思想演化出新思想来。至于我们研究学术所以要从古人所已知道的入手，不过是一种节省时间和脑力的方法：这是学术所以进步的道理，并不是学术所以生产的道理。所以"科学者，世界各国古代学术思想所演化之物也"那句说话没有对的地方。

很小心的读者，到了这里，必定说我也没有明白张君的意思了。张君不是引了"十口相传即成为古"的么？读者且静听我说的。张君这个诡辩，非特没有一点用处，实在能够使得他这段文章的意思不相连贯。一来，"十口为古"的定义，没有什么根据。二来，古时造文的人用"十"字的意义，未必就当大于九少于十一这个数目解。第三，所谓"十口"，果指什么？我们倘若把"十口"作十世解，那么，"十口相传"，都三百年，而现在大多数的科学，都是二三百年以内发明的，照得张君这个"古"字的定义，都不能算得古。张君的意思是这样么？实在讲起来，张君已然要耍这种诡辩，何不说"时间没有现在只有过去和未来"呢？倘若照这样说去，"过去"算得"古""现在"算得"今"：没有"现在"，所以我们现在所有的文化都是"古"的；所以我们现在所有的科学都可以说成古代的学术思想。那么，我们简直可以把科学叫做"世界故"或"欧美故"。请问诸位读者：能够承认这个称呼么？这且不管，我们单就文论文。张君在上行说科学是古代学术思想所演化的东西，在下行又说科学是古代学者递次所发明的东西，实在令人莫名其妙。科学已然是古代学者递次所发明的东西，便是古代的学术思想，为什么张君还说科学是古代学术思想所"演化"的东西呢？我们要知道，一样东西同这样东西所"演化"的东西，并不是相同的。

我说国故就是中国古代的学术思想和中国民族过去的历史，本是望文生训的。所谓"古代"，本没有一定的期间，完全靠着常识的判断和历史的事实而定的。张君要从这个地方把"故"字争地位，实在是太机巧了。我看张君这段说话，似乎又是预备作后文"东西洋文明当然处对等地位"那句说话的根据的。

所谓"东西洋文明"，能不能处于对等地位，下文再讲；张君这种对于科学的见解，实在就是把科学看作"欧美故"或"世界故"，是我们所不应当承认的。

张君原文第二节1："……而毛君乃谓国故为已死，夫生也死也，果何所准。谓有发明者为方生耶，则国故亦何尝限人发明？且国故而果无所发明者，则后人之著述，将莫之或观，但阅古人书足矣。无如前修未密，后起转精，乃为国故中之通例，方生乎抑已死乎？若谓科学为今日人类所使用？故谓之生，则我国古代学术思想所演化之国故，现方支配我国多数人之心理，于四万万人之心中，依然生存，未尝死也……"

我说中国古代的学术思想是已死的东西，一来因为它生长终止，二来因为它日就腐败。怎么见得生长终止呢？古代的学术思想，只有古人能够使它生长，古人已往，它的生长就终止乎。我们现在虽然能够知道古人所不知道的，但是这是我们的学术思想，便不是古人的了。有时我们的学术思想，虽然也从古人那边得来的，但是我们不能因此就说"古代的"学术思想还没有死。譬如子女的体中，虽然也有父母体中的细胞，但是子女的生存，算不得父母的生存。这个非特中国古代学术思想如此，倘若欧洲人倡"欧故"，那个"欧故"亦是一般已死的东西。怎么叫得日就腐败呢？时势的变迁，学术的进步，都是一天快似一天的；所以我们中国古代的学术思想，对于我们的生活，一天比一天不适用；对于我们研究学术的参考，亦一天比一天没有价值。有这些缘故，所以中国古代的学术思想，是已死的东西。

张君说，"国故亦何尝限人发明"，我实在不明白。"发明"有两个意思：一是诠释，一是创造。我们现在能够诠释国故，好像医生能够解剖尸体，是实在的情形；但是这个恐怕不是张君的意思。若说我们现在能够创造国故，好像医生能够使尸体中的细胞进行生长作用，这真是不可思议的事情。我们讲到研究国故，有"前修未密后起转精"的说话，是指着诠释国故的而言，是指着"国故学"而言，并非说国故的自身。譬如《周礼》这部书，有人说是周公设官分职的手本，我们便算它一种国故。后来有杜、马、郑、王、贾及近世孙诒让等，是解释这部书的。他们那些解释，就常理而言，自然是后来居上；但是这些解释，在各人的当时，都是诠释国故的东西，并不是国故。所以诠释得最好的，亦不过能够把周公设官分职的条理说得明白罢了，万不能够把它更改一点：这就是说，周公已死了，我们万不能杜造一种国故，说是他所遗下来的。再举一例：近世中国的周秦古音学，自顾炎武以至于黄季刚先生，自然是"后起转精"，试问他们是诠释古音呢？或是创造古音呢？至于张君的"我国古代学术思想所演化之国故"那句说话，语意未明，不知是否笔误。张君又说国故现方支配我国多数人的心理，如果有这等事情，张君有没有什么感想？

张君原文第二节2："……国故之生死，将视治之者之何如。使国人皆弃置之勿复顾，或即治之而但为陈死人之列，不求进步，不肯推故演新，则信乎其已死矣。使国人之治之者尚众，肯推已知而求未知，为之补苴罅漏，张皇幽眇，使之日新月异，以应时势之需，则国故亦方生未艾也……"

这段说话，读者很容易从我上文所说的话寻出他的谬误来，但是我想张君所以有这些话，必定是没有明白国故和"国新"的分别，亦没有明白国故和"国故学"的分别。所谓"补苴罅漏"，纯粹是国新；所谓"张皇幽眇"，纯粹是国故学，亦就是国新的一种。大概张君的胸中，横着一个他自己的"大国故主义"，所以不肯细细寻思别人的说话就妄行辩驳。

张君原文第二节3："……学者之所孜孜以求者，未知者也。新也，其所根据以求未知与新者已知也。故也……故以进化言，新者，未来之称号，故者，求新之根据，新之初得，固谓之新，及其已得，即合于故……"

这段话，就是张君"大国故主义"的注脚。已知的就叫做"故"，那么我们中国人所有的学术都是国故，欧洲人所有的学术亦都是"欧故"了。那么，"故"字就是学术思想的同义字。这个意思的谬误，我在订张君原文第一节的时候就说到了。至于"故者求新之根据"那句说话，我也在订张君原文第一节的时候就讨论过了。不过本段还有两件可疑心的事情。"故"和"新"是对待的字样：张君已以已知的为故，便不得不以未知的为新。他不知道新是一件东西的性质，东西已然没有生，出那能够就叫它为新呢！所以张君虽然说"新者未来之称号"，恐怕翻破世界各国的字书，也找不出这样一个定义来。再，"新之初得，故谓之新，及其已得，即合于故"那句说话，真可以叫得"玄之又玄"了。我想凡是具有常识的人，断没有能够分别"初得"和"已得"的。世界上有一件是"初得"的但不是"已得"的东西么？张君已然要弄诡辩，正可以说世界上没有新的东西，这种说话，非但对于他的"大国故主义"有照顾，而且在理论上亦较有根据。

张君原文第二节 4："……哲【詹】姆斯之言曰：实验主义者，旧思想之以新形色表出之者也。旧学术思想之更易形色而为更新之学术思想者，岂唯实验主义为然哉？各著名哲学学说，类同然也，故可弃乎。"

我于实验主义及各著名哲学学说，都没有什么研究，不敢妄议张君的说话。

不过我在这里，要抄下一段胡适之先生的《实验主义》（《新青年》六卷四号）来，以供读者参考。

"从前崇拜科学的人，大概有一种迷信，以为科学的律例都是一定不变的天经地义。他们以为天地万物都有永久不变的'天理'，这些天理发现之后，便成了科学的律例。但是这种'天经地义'的态度，近几十年来渐渐的更变了。

"科学家渐渐的觉得这种天经地义的迷信态度很可以阻碍科学的进步；况且他们研究科学的历史，知道科学上许多发明都是运用'假设'的效果；因此他们渐渐的觉悟，知道现在所有的科学律例，不过是一些最适用的假设，不过现在公认为解释自然现象最方便的假设……

这种态度的变迁涵有三种意义：（一）科学律例是人造的，（二）是假定的——是全靠他解释事实能不能满意，方才可定他是不是适用的，（三）并不是永永不变的天理——天地间也许有永永不变的天理，但我们不能说我们所拟的律例就是天理：我们所假设的律例不过是记载我们所知道的一切自然变化的'速记法'。这种对于科学律例的新态度，是实验主义一个最重要的根本学理。实验主义绝不承认我们所谓真理就是永永不变的'天理'；它只承认一切'真理'都是应用的假设，假设的真不真，全靠它能不能发生它所应该发生的效果。这就是'科学试验室的态度。'"

照着胡君的说话，似乎实验主义并不是奖励人家"尊故"的。张君所引的哲姆斯的说话，我固然没有明白；张君对于哲姆斯的话的解释，我实在觉得十分的疑心。

张君原文第二节5：“……今之论学者，莫不分东西洋文明为二，且谓将来世界之文明，必为二者配合而产生者。国故，东洋文明之代表也；欧化，西洋文明之代表也。今日东西洋之文明，当然处对等地位。”

这几句话，颇觉“圆通”，可惜没有证据。将来世界的文明，是否为东西洋文明配合而产生的，非等到将来不好说。国故为东洋文明代表的话，我不敢承认。我以为国故还不够代表中国的文明——因为国故只是中国古代文明的一部分——怎样能够代表东洋的文明呢！欧化为西洋文明代表的话，亦有语病。“欧化”的广义，就是全副的西洋文明，有什么代表不代表。至于“今日之东西洋文明当然处对等地位”的话，真可以叫得武断。我们用“当然”、“自然”等等的字样，万万不应该这样草率。东洋文明和西洋文明，怎样能够处于对等地位呢？照我的意思，东洋文明和西洋文明，无论在程度上面或在分量上面，都不是立于对等地位的。就算将来世界的文明是从东西洋文明配合而产生的，我们亦不能就说它们立于对等的地位。一两和十五两成为一斤：这个一两和这个十五两，除同为加法中的一个相加的数目外，并没有对等的道理。现在西洋文明和东洋文明的比，何止十五和一的比呢！再退一步说，就算东西洋文明处于对等的地位，我们亦不能用此证明国故和欧化是处于对等地位的；因为国故并没有代表东洋文明的资格。

将来世界的文明，不能骤然完全除去东洋文明的痕迹，是可以瞎猜的。若说中国古代的文明能够有什么大影响在将来世界的文明上面，我实在不敢妄忖。

一个民族的文明，必定要适应那个民族的生活，方能存在。中国古代的学术思想里面，有什么东西是适应现在中国民族的生活的？有什么东西能够适应将来世界人类的生活的？这不是我们自己短气的说话：我们要空泛泛说几句夸言，是很容易的事情，不过在事实上没有什么益处。我们要是从今以后，奋力精进，将来世界的文明，亦何尝不可完全由我们手中造出。倘若只知道向国故里面找寻什么将来世界文明的材料，恐怕孟二爷要笑我们“缘木求鱼”呢！

张君原文第三节1：“……今日之所谓欧化者，与所谓国故者，在学者视之，不过供吾人参考，备吾人改造之材，二者皆未有当于绝对之真理。譬诸造纸，将来之新文明为新纸；国故犹败布，欧化犹破纸。破纸固不可弃，败布亦所当宝。败布与破纸，其能改造为新纸则一也……”

这段文章，仍是上段文章的余波，我本可不再讨论它。但是败布和破纸的比喻，亦很动听，我所以不能不再讲几句。今日欧洲科学的程度去究竟的真理还是很远，是大家所公认的。但是欧洲现代的学术思想和中国古代的学术思想对于这个究竟的真理，地位完全不能相同。凡世界古今的学者要寻求这个真理，好像一群人要走到一个地方一般。但是欧洲近代的学者，是已经动身的，那个地方虽然辽远，行行不止，总有一天走得到；中国古代的学者，是还靡有动身的，兀自在梦乡里，梦梦不已，万辈子还不能到那个地方。简单说起来，就是要达到究竟的真理，须照着正当的轨道；但是中国过去的学者，就全体讲起来，还没有走入这个正当的轨道。这也不是我蔑视国故，我且说出一个例来。根据解剖学、组织学、生理学、病理学、细菌学及分析化学等而谈治病的，就是医学的正轨。虽然现今欧洲的医术不能说已经达到究竟，但是设使医术果有一个究竟的地方，必定是从这个正轨走去的。倘若一定要迷信五脏属五行的原理，靠着寸关尺脉息的分别，恐怕一万年也达不到医术的究竟。从医术的例以推到别的学术思想上面，我们可以知道国故和欧化差别的地方；所以国故和欧化对于究竟的真理，有阶级的区别。将来的新文明，应以这个究竟的真理——或离开这个真理最近的"真理"——为根据：所以国故和欧化对于将来的新文明，并不是败布和破纸对于新纸可比。

张君原文第三节2："……吾人之研究国故，非为保存败布，实欲制造新纸……譬之研究声韵，其目的非为得声韵学史也，亦非欲得重征求是之心习也。为欲知声音变化之通例，知将来之声音究应如何也……非特声韵为然也。其余各学，莫不皆然。但整理之使为学术史之材料，实未足以满吾人研究斯学之望也，实未足以得研究斯学之最后果也……"

国故和将来世界文明的关系，同国故和欧化对于究竟真理地位的比较，我在上文两节已经说明。我们如果在现在的时候要造什么新纸，我们就应该用上好的材料，最灵巧的机器，才能够不折损本钱。所以我们如果要在将来世界新文明上面立一点功劳，我们就应当赶快动手，向最要紧、最正当的事情做去。这个最要紧、最正当的事情的第一步，就是研究近世的科学。倘若要从国故里面求什么将来的新文明，要"缘木求鱼"，恐怕枉费心机，"折损本钱"呢！

张君所谓"声韵"，照上下文推起来，大概是指着古代声韵说，当即寻常所谓"古音"。若泛指声韵，乃是语言学的一部，并不是国故，亦并不是声韵学史的材料。所以张君的意思，以为研究古音，并不是因为要得古音史，实在是因为要知道声音变化的通例，和将来的声音究竟应该怎样。这个意思，亦是不对的。设使声音的变化果有通例，设使这种通例都是要从研究古音得来的，那么一部古音史里面，必然记着这些通例和这些通例的证据。现在张君已然要从研究古音得着声音变化的通例，但是单不要古音史，我实在想不通这个道理。我想张君提笔作文的时候，还没有仔细想想古音史到底是一件什么东西呢！亦没有想想学术史是一件什么东西呢！张君是研究声韵的，但是不知道寻常声韵学和古代声韵学的分别，又不明了声韵史的作用，实在令人疑心得很。至张君所谓"其余各学莫不皆然"：这些"各学"，指国故呢？还是指国故以外的学术呢？

张君原文第三节3："……凡学无论其属于国故抑属于欧化，皆有研究之价值，皆当尽力发挥……"

国故有研究的价值，我在《国故和科学的精神》篇里已说得十分透彻了。国故已然有研究的价值，而且我们倘若要去研究它，自然应当尽力去研究。但是我想研究国故，好像解剖尸体：科学的精神，就是解剖尸体最适用的器具。没有这个器具，虽然用尽九牛二虎的气力，也是没用的。

张君原文第三节4："……在世界学术方面观之，与其得一抄拾欧化之人，毋宁得一整理国故之人。抄拾欧化，欧化之本身不加长也。整理国故以贡诸世界学术界，世界反多有所得。吾故曰：蔑视国故者，无世界眼光……"

我们现在要研究欧洲的科学，有二种意味：一是救荒，"如饥之求食，渴之求饮"，无论如何，得着一点便好。我们在黑暗里面多年了。欧洲的科学，就是光明；我们倘若要用我们的视觉，自然不能不要它。第二是经济的意味：我们的研究学术所以要从欧洲人所已知道的入手，是要把时间和脑力节省下来以寻求更高深的。本来欧洲人的一切科学，也可从我们自己发明出来的；但是我们便从此刻做起，亦不知道要几百年才能够赶上欧洲现在的科学程度。这是极不经济的事情。所以无论世界学术方面是怎样，欧化的本身是怎样，单就我们自己说，我们实在不能够不快快抄拾欧化。倘若我们把国故整理起来，世界的学术界亦许得着一点益处，不过一定是没有多大的，但是怎样的人，用什么方法，才可以整理国故呢？我现在敢说，不是曾经抄拾过欧化的人，不是用科学的方法，一定不能整理国故，就是整理起来，对于世界的学术界，也是没有什么益处的。至于蔑视国故的人，我们应当说他没有"方隅的眼光"，不应当说他没有世界的眼光。就世界所有的学术看起来，比国故更有用的有许多，比国故更要紧的亦有许多；因此有人蔑视国故，亦是在情理中的事情。但是国故也有国故的好处，我们当然不可绝对的蔑视它。凡是绝对的蔑视国故的人，就是没有方隅的眼光。我们要评论一种学术的价值，要具世界的眼光，亦要具方隅的眼光。

张君原文第三节5："……欧洲之物质文明，实东亚所最缺乏者。楚材晋用，分所当然。至于精神学术，各国类有历史地理上之关系。英之哲学多含实际主义之色彩，德之哲学恒带理想主义之臭味，美国欧洲大陆与英伦三岛皆有移民，故遂成理想主义而佐以实验主义之新说。而此种新说，又与美之历史有不可离之关系。是数国者，非不研究他国之学说，特因历史上有特别关系，终不去己说之根株，不过借外说以补己说之不足耳。主尽弃其旧而拾人之余者，直可谓之无历史上之眼光。"

一国的学术，有时固然和这个国度的地理、政俗有关系；但是这样的情形，到了现在的时候，也渐渐泯灭了。现在各国学问高深的人，都有"为真理而寻求真理"的态度，还能够受着什么历史、地理的拘束么？就算如张君所说，英、德、美各国的学者，"非不研究他国的学说，特因历史上有特别关系，终不去己说之根株"。他们所以"终不去己说之根株"，是不应该去呢？是不能够去呢？还是不必去呢？哲学家所研究的事情，当然不应当受历史上特别关系的束缚；自己的学说应不应该弃去，应以自己学说的对不对为准：倘若自己已经知道自己的学说不对了，断没有不应该弃去的道理。倘若自己已经知道自己的学说是应该弃去的，但是因为历史上特殊的关系不能够把它弃去：这就是没有寻求真理的精神，这就不能算得真正的学者。英、德、美的学者如果有这样的脾气，我们万不可再去学他。倘若各国的学说，表面上虽然有点不同，实际却是一样——就是说，有一样的价值而且能够发生一样价值的结果——那么，他们正可以不必"舍己从人"。我现在要问问读者：我们中国现在的学者如果"终不去己说之根株"，是不应该去呢？是不能够去呢？还是不必去呢？

张君原文第四节1："……非难国故者，每谓国故无科学之精神。其所谓科学之精神者何？即从善服义是也。夫能从善服义与否，属于人之天性，使其人而为刚愎自用者，则虽为科学家，亦不肯从善服义，使其人本谦谨。则研究国故，亦每肯取诸人以为善，未必科学家便能从善服义也。科学之精神云乎哉……与其称谓科学之精神。不如称谓问学之正道之为当。"

"科学的精神"这个名词，包括许多意义，并非专指从善服义，读者请参考《国故和科学的精神》篇。从倍【培】根、台【笛】卡儿以后，近世科学的发达，都是因为这个精神的发现。因此叫得科学的精神（Scie ntific spirit）和"科学试验室的态度"那个名词有相近的意思。凡研究科学的人，应当个个都具这种精神，但是未必个个都能够具这种精神，细想张君的文意，似乎有误解名词的毛病。

我在《国故和科学的精神》篇里曾说道，"我们中国古代学者，多没有科学的精神"；却并没有张君所举的"国故无科学之精神"的话。中国古代学者多没有科学的精神，是一件事实。实在何止中国古代学者，便是希腊、罗马的学者，亦是大都没有这种精神的。至于我们中国，自皇帝和儒术的权力盛大以后，更不容有这等精神的发现。譬如宋世的读书人，何尝没有胜过前人的见解，但是他们不是把孔门的招牌拿出来，就不敢开口讲话。我们知道，欧洲经过教会蔽锢聪明以后，学术停止进步；甚至卡里来（Galilei）、哥白尼（Copernicus）、克白勒（Keppler）等传布地动学说的书籍，到了一八一九年，还是在禁书目录里面，等到一八二二年，罗马才有应许人家印行地动学说书籍的文告。这样的事情，从此刻想起来，真是可笑得很，但是中国的皇帝和孔夫子在学术上的权力，实在比欧洲中世纪教会的大得多。中国古来的念书人里面，有几个桓谭呢？有几个王充呢？

说到这里，我有几句批评《国故》月刊的话。我想《国故》月刊里面，通论一门，尽可除去。万一要它，亦只应该登载关于研究国故的方法的文章，如张煊君的《驳新潮国故和科学的精神篇》便是；不应该登载《春秋经世微讲学救时议》（都在《国故》第三期）和那种论调的文章。宋育仁的《春秋经世微》里面所有的话，实在是和街上测字先生所说的一样荒唐：凡所征引，东拉西扯，没有几句合式的——引用外国国名和人名的地方，尤为可笑。他说，"六合之万形万物化分化合，人之所以有生有死，佛说如首楞严经，道书如黄帝内经、素问、灵枢、参同契等，皆剖析微芒，是即声、光、电、热诸科学之所从出"。这等见解，就是我在《国故和科学的精神》篇第二节里所举的中国念书人的第二种误解。张君说国故和欧化当然处于对等的地位，是我在那篇文章里所举的中国念书人的第一种误解；现在我们又有宋育仁的这段说话：难道研究国故，便要一定抱住这种见解么？薛祥绥君《讲学救时议》的开口两句便是"功利倡而廉耻丧，科学尊而礼义亡"。薛君要讲学以张礼义廉耻，我们何尝不欢喜。但不知功利的学说和科学有什么害于礼义廉耻的地方，使得薛君做出这等矫健的偶句来！我们中国，就坏在没于功利的学说，所以人尚虚伪，廉耻丧尽。倘若要增高国民的道德，除却极力振兴科学的教育外，实在没有别的法子。"科学尊而礼义亡"那种话，非特是学术的蟊贼，实在是国民道德的蟊贼！"君子一言以为知，一言以为不知"：薛君要挽救人心，意思自然很好，但是"言不可不慎也"！

张君原文第四节2："夫从善服义，固问学之正道。假令其所谓善者非善，而所谓义者非义，而责人从责人服，是谓纳人于邪，非正道也。盲从他人之说，好作偏激之论，蔑视历史上有根之学说，善乎义乎？抑不善不义者乎？当从服之乎否乎？明者自能知之。"

张君这一段文章，"笔锋纵横，意在言外，兼有一唱三叹之致"。

张君原文第四节3："至于谓国故无条理无统系，则旧籍具在，可勿辩。"

国故和科学的精神篇曾说道，"我们倘若单讲到学术思想，国故是杂乱无章的零碎智识，欧化是有系统的学术"。这几句话，本是根据"旧籍"讲出来的，而张君在上文，也曾说过好几回的"整理国故"，所以我想张君应当承认中国古代学术思想是杂乱无章的零碎智识的。但是张君的意思必定不是这样。我所以不能不把我自己的说话解释一番。要解释那句说话，我且先把胡适之先生《中国哲学史大纲》卷上抄下一段：

"《墨辩》六篇乃是中国古代第一奇书。里面除了论'知'论'辩'的许多材料之外，还有无数有价值的材料。今把这些材料分类约举如下：

（一）论算学。如'一少于二而多于五'诸条。

（二）论形学（几何）。如'平，同高也'；'中，同长也'；'圆，一中同长也'；'方，柱隅四灌也'诸条。

（三）论光学。如'二，临鉴而立，景到，多而若少，说在寡区'；'景之大小，说在地缶远近'诸条。

（四）论力学。如'力，形之所以奋也'；'力，重之谓，下，舆，重奋也'诸条。

（五）论心理学。如'生，形与知处也'；'卧，知无知也'；'梦，卧而以为然也'诸条。

（六）论人生哲学。如'仁，体爱也'；'义，利也'；'礼，敬也'；'孝，利亲也'；'利，所得而喜也'；'害，所得而恶也'诸条。

（七）论政治学。如'君，臣萌（同氓）通约也'；'功，利民也'；'罪，犯禁也'诸条。

（八）论经济学。如'买无贵，说在仮其贾'。说曰，'买，刀籴相为贾。刀轻则籴不贵，刀重则籴不易。王刀无变，籴有变岁变籴，则岁变刀'。又如'贾宜在仇，说在尽'。说曰，'贾尽也者，尽去其所以不仇也。其所以不仇去，则仇，正贾也'。这都是中国古经济学最精采的学说。"

照这个例推去，我们知道国故里面尽有许多科学的和哲学的智识。但是就从《墨辩》看起来，无论论"知"，论"辩"，或论其余的科学，所有界说和解释，都是零碎的，并不是整齐的；都是杂乱的，并不是有始终条理的。我们且单论名学。学过印度的因明和欧洲的逻辑的人，再去读《墨子》里面《经》上下和《经说》上下，自然能够见得墨家也曾有过一种很完备的论理学。不是知道因明知逻辑的人，去读这些东西，那能有什么结果。从鲁胜以后，到了张惠言、孙诒让的时候，并不是没有好学深思的人，但是谁是曾得着墨家名学的用处的呢？这都是因为墨家并没有——实在是不能够——把他们名学的条理齐齐整整写出来的缘故。

名学是这样，别的学术也是这样。墨家的学说是这样，别家的学说也是这样。《孙子》的兵法、《内经伤寒论》的医术、《本草》的药物、《齐民要术》的农艺，都并不是没有经验的说话，但是哪一种是有近世科学的形式和方法的呢？哪一种是有系统的学术？就说政治的学术——这是中国古代大多数读书人心力所荟萃的地方——我们能够在中国古书里面寻出一种像现在欧洲学者讨论政治的书籍的么？《群书治要》《资治通鉴》等，何等的庞然大物，但是就条理而言，还要比《小戴记》里面的《大学》低几等，不过《大学》亦只是一种古代国王教育的课程单，并不能算得有系统的政治学。至于周秦诸子，大多数只讲一种政治的手段，也不能算得有系统的学术。"旧籍具在"，张君果以为何如？

还有一句话：我们虽然说中国古代的学术思想是杂乱无章的零碎智识，我们并没有轻视中国古代学者的意思。因为人类有传授思想的技能，所以一切学术，都应当跟着时代进步。所以后人的智识，都应当比前人的精密。英吉利文人麦珂里在他的《密尔顿论》里说道，"无论哪一个女孩子，只要是念过马尔色特先生《经济学谈话》那本小册子的，都可以教孟陶或华波尔（两人都是英国著名的理财家）许多财政学的功课。无论哪一个伶俐的人，专心致志用上几年数学的工夫，都应该得着比牛顿从半世纪的冥思默想所得着的更多"。有这个缘故，后人不能因为比前人知道多一点就看不起前人。不过我们中国古来的学术，除出几种疏证学——如声均学训故学等——以外，都没有什么显著的进步：这是可叹的事情！但是我们亦不会因此就看不起古人；因为这个事情，和我们中国从前的政治、风俗、地理，都有关系，并非都是古人的过失。

张君的说话，大概都讨论过了。至于作者对于国故的态度，亦已在《国故和科学的精神》篇的第二和第三两节说得很明白了，不再烦絮，我且说一段闲话，作我这篇文章的结尾。

我们在现在的时候要研究学术，应当研究合法的学术。因为研究学术的最正当的方法就是科学的方法，所以科学——广义的科学——就是合法的学术。因此，我们现在要研究学术，便应当从研究现代的科学入手。我们就是把哲学从科学里分出来，但是哲学所用的材料，必是从科学里取来的才能合式，所以若要专治哲学，亦不能不预先研究科学。至于研究希腊的学术或我们的国故，本不是研究学术的最正当的法门：我们所以要做这种事情，也不过想得着一种研究现代科学的参考品。因为希腊学术的大部分和我们的国故，都不是从用科学的方法所得的结果，所以都不能算得合法的学术——只可以算得未成形的科学。因这个缘故，不是知道现代科学的人，要去研究希腊的学术或我们的国故，一定不能得着什么有用的结果。我们的国故学者，多存一种国故和科学并立的意思，实在是很不对的。我写出《国故和科学的精神》那篇文章，就是要向那班梦梦的国故学者说法。至于我们的青年学者，自然应以拼命研究现代的科学为最要紧的事情：万一要研究国故，也应该先知道一点现代的科学。

八，八，十五

论新文化运动（节录）

——节录留美学生季报

吴 宓

近年国内有所谓新文化运动者焉，其持论则务为诡激，专图破坏，然粗浅谬误，与古今东西圣贤之所教导，通人哲士之所述作，历史之实迹，典章制度之精神，以及凡人之良知与常识，悉悖逆抵触而不相合。其取材则唯选西洋晚近一家之思想，一派之文章，在西洋已视为糟粕为毒鸩者，举以代表西洋文化全体。其行文则妄事更张，自立体裁，非马非牛，不中不西，使读者不能领悟其初。为此主张者本系极少数人，唯以政客之手段到处鼓吹宣布，又握教育之权柄，值今日中国诸凡变动之秋，群情激扰，少年学子，热心西学，而苦不得研究之地传授之人，遂误以此一派之宗师，为唯一之泰山北斗不暇审辨，无从抉择，尽成盲从，实大可哀矣。唯若吾国上下，果能认真研究西洋学问，则西学大成之日，此一派人之谬误偏浅不攻而自破，不析而自明。但所虑者，今中国适当存亡绝续之交，忧患危疑之际，苟一国之人，皆醉心于大同之幻梦，不更为保国保种之计，沉溺于淫污之小说，弃德慧智于不顾，又国粹丧失则异世之后不能反复，文字破灭则全国之人不能喻意，长此以往国将不国，凡百改革建设皆不能收效。譬犹久病之人，专庸医，日服砒霜，不知世中更有菽粟，更有参耳。父母兄弟，苟爱此人，焉能坐视不救？呜呼，此其关系甚大，非仅一人之私好学理之空谈。故吾今欲指驳新文化之运动缺失谬误，以求改良补救之方。孟子曰：予岂好辩哉？予不得已也。

……

孔子曰：必也正名乎。苏格拉底辩论之时，先确定词语之义。新文化运动其名甚美，然其实则当另行研究。故今有不赞成该运动之所主张者，其人非必反对新学也，非必不欢迎欧美之文化也。若遂以反对该运动之所主张者，而即斥为顽固守旧，此实率尔不察之谈。譬如不用牛黄而用当归，此亦用药也，此亦治病也。盖药中不止牛黄，而医亦得选用他药也。今诚欲大兴新学，今诚欲输入欧美之真文化，则彼新文化运动之所主张，不可不审查，不可不辨证也。

何者为新，何者为旧，此至难判定者也。原夫天理、人情、物象，古今不变，东西皆同。盖其显于外者形形色色，千百异状，瞬息之顷，毫厘之差，均未有同者，然其根本定律则固若一。譬如天上云彩，朝暮异形，然水蒸发而成云，凝降而为雨，物理无殊。故百变之中自有不变者，存变与不变，二者应兼识之。不可执一而昧其他。天理、人情、物象，既有不变者存，则世中事事物物，新者绝少。所谓新者，多系旧者改头换面，重出再见。常人以为新，识者不以为新也。俗语云：少见多怪。故凡论学应辨是非精粗，论人应辨善恶短长，论事应辨利害得失，以此类推，而不应拘泥于新旧。旧者不必是，新者未必非，然反是则尤不可。且夫新旧乃对待之称，昨以为新，今日则旧，旧有之物，增之损之，修之琢之，改之补之，乃成新器。举凡典章文物，理论学术，均就已有者，层层改变递嬗而为新，未有无因而至者。故若，不知旧物，则决不能言新。凡论学论事，当究其终始，明其沿革，就已知以求未知，就过去以测未来。人能记忆既往而利用之，禽兽则不能，故人有历史而禽兽无历史，禽兽不知有新，亦不知有旧也。更以学问言之，物质科学以积累而成，故其发达也循直线以进，愈久愈详，愈晚出愈精妙。然人事之学，如历史、政治、文章、美术等，则或系于社会之实境，或由于个人之天才，其发达也无一定之规则。故后来者不必居上，晚出者不必胜前。因之，若论人事之学，则尤当分别研究，不能以新夺理也。总之，学问之道，应博极群书，并览古今，夫然后始能通底彻悟，比较异同。如只见一端，何从辨证？势必以己意为之，不能言其所以然，而仅以新称，遂不免党同伐异之见。则其所谓新者，何足重哉？而况又未必新耶。语云：城中好高髻，四方高一尺。当群俗喜新之时，虽非新者，亦趋时阿好，以新炫人而求售，故新亦有真伪之辨焉。今新文化运动，其于西洋之文明之学问，殊未深究，但取一时一家之说以相号召，故既不免舛误迷离，而尤不足当新之名也。

……

又如浪漫派文学，其流弊甚大，已经前人驳诘无遗。而十九世纪下半叶之写实派及 Naturalism，脱胎于浪漫派，而每况愈下，在今日已成陈迹。盖西方之哲士通人，业已早下评判。今法国如 E. Seillierre、P. Lasserre，美国如 Irving Babbitt、Paul E. More、Stuart P. Sherman、W. C. Brownell Frank Jewett Mather、Jr. 诸先生，其学识文章，为士林所崇仰，文人所遵依者，均论究浪漫派以下之弊病，至详确而允当。昔齐人以祭之余，归骄妾妇，妾妇耻之。又如刘邕嗜疮痂，贺兰进明嗜狗粪，其味可谓特别，然初未强人以必从。夫西洋之文化，譬犹宝山，珠玉璀璨，恣我取拾，贵在审查之能精，与选择之得当而已。今新文化运功之流，乃专取外国吐弃之余屑，以饷我国之人。闻美国业电影者，近将其有伤风化之影片，经此邦吏员查禁不许出演者，均送至吾国演示。又商人以劣货不能行市者，远售之异国，且获重利，谓之 Dumping（倾倒）。呜呼，今新文化运动，其所贩入之文章、哲理、美术，也皆类此，又何新之足云哉？

文化二字，其义渺茫，难为确定。今姑不论此二字应为狭义广义，但就吾国今日通用之意言之，则所谓新文化者，似即西洋之文化之别名，简称之曰欧化。自光绪末年以还，国人动忧国粹与欧化之冲突，以为欧化盛则国粹亡。言新学者，则又谓须先灭绝国粹而后始可输入欧化。其实二说均非是。盖吾国言新学者，于西洋文明之精要，鲜有贯通而彻悟者。苟虚心多读书籍，深入幽探，则知西洋真正之文化与吾国之国粹，实多互相发明互相裨益之处，甚可兼蓄并收相得益彰，诚能保存国粹，而又昌明欧化。融会贯通则学艺文章必多奇光异彩。然此极不易致，其关系全在选择之得当与否。西洋文化中，究以何者为上材，此当以西洋古今博学名高者之定论为准。不当依据一二市侩、流氓之说，偏浅、卑俗之论，尽反成例，自我作古也。然按之实事，则凡素昔尊崇孔孟之道者，必肆力于柏拉图、亚里士多德之哲理。已信服杜威之实验主义（Pragmatism—Instrumentalism）者，则必谓墨独优于诸子。其他有韵、无韵之诗，益世、害世之文，其取舍之相关亦类此。凡读西洋之名圣杰作者，则日见国粹之可爱。而于西洋文化专取糟粕，采卑下一派之俗论者，则必反而痛攻中国之礼教、典章、文物矣。

此篇篇幅有限，只言大体。至于陈义述词，引证详释，容俟异日（一九二〇年正月号之中国留美学生月报 The Chinese Students Monthly 所载拙作 Old and New in China 一文实与此篇互有详略而义旨则同）。唯所欲亟解国人之惑者，即彼新文化运动之所主张，实专取一家之邪说，于西洋之文化，未示其涯略，未取其精髓，万不足代表西洋文化全体之真相。故私心所祷祝者，今国内之学子首宜虚心，苟能不卷入一时潮流，不妄采门户之见，多读西文佳书，旁征博览，精研深造。如于西洋之哲理文章等洞明熟习，以其上者为标准，则得知西方学问之真际。而今新文化运动一派人所倡导厉行者，其偏浅谬误自能见之明审矣。

……

原载《学衡》四期，一九二二

主客答问

浩　徐

（客）民国十五年又快到尽头了。在这迎新送旧的时候，你有什么感想呢？或把问题缩小些，你对中国的知识阶级有什么希望呢？

（主）希望多着哪！第一，希望大家别忙着整顿国故……

（客）对不起，让我插说一句，那"整顿国故"的工作，是近来一重要部分知识阶级的重要工作哪！

（主）但是整顿出来的结果呢？整顿了四五年之后，他们的结论仍然是："这样受物质环境的拘束与支配，不能跳出来，不能运用人的心思智力来改造环境改造现状的文明，是懒惰不长进的民族的文明，是真正唯物的文明。这种文明只可以过抑而决不能满足人类精神上的要求。"这是整顿国故的首功胡适之的结论。又比如唐擘黄虽然不昌言整顿国故，也是在国故里下过工夫的，他的结论是："可惜太聪明了！"倒是成长期中的白话文倒受了国故的影响，弄出来了现今这种"文言为体白话为用"的非驴非马的白话文，无怪乎章行严说白话文看不下去，现在这种白话文是古人读不通，今人看不懂的。

（客）这话不错。整顿国故的工作，真是白费劲儿；要把那些优秀的知识分子的有为的光阴，去认真输入西洋的各种科学艺术，那是多么有益，想起来真是可惜。

（主）国故整理运动倒也不是完全无益。说功劳它也是有功劳的。因为民国七八年那时候是中国人初次对于西洋文明开了眼睛的时候，那时候中国人虽然赞美西洋文明，但是还不曾从西洋文明的立脚点来勘察过中国文明。就好像一个嫁了人的娘们，虽然对于夫妻生活觉得满足，总还对于娘家多少有点留恋。等到回到娘家过了一些日子之后，才能够觉到娘家的生活只是过去的生活，那新生活才是她真正应该生活的生活。要是没有那些人去干一阵整顿国故的工作，中国人一定对于他们的国故，还抱着多大的幻想，还以为那国故海上，一定还有虚无缥缈的仙山。要等那国故整顿舰队开进那海里去搜讨一番，然后大家才能相信那里头真正是空虚。所以国故整理家对国故所下的结论，才是在那半生不死的国故动物的喉咙里杀进去的最后一刀，使以后的青年们能够毫无牵挂地一心一意地去寻求新道德、新知识、新艺术。这就是国故整顿运动的功劳，不过在文化那建筑物上它不曾积极地加上一砖一瓦罢了。我们早知道在那方面做工夫是弄不出好结果来的。（下略）

整理国故与"打鬼"

——给浩徐先生的信

胡适之

浩徐先生：

今天看见一〇六期的《现代》，读了你的"主客"，忍不住要写几句话寄给你批评。

你说整理国故的一种恶影响是造成一种"非驴非马"的白话文。此话却不尽然。今日的半文半白的白话文，有三种来源。

第一是做惯古文的人，改做白话，往往不能脱胎换骨，所以弄成半古半今的文体。梁任公先生的白话文属于这一类；我的白话文有时候也不能免这种现状。缠小了的脚，骨头断了，不容易改成天足，只好塞点棉花，总算是"提倡"大脚的一番苦心，这是大家应该原谅的。

第二是有意夹点古文调子，添点风趣，加点滑稽意味。吴稚晖先生的文章（有时因为前一种原因）有时是有意开玩笑的。鲁迅先生的文章，有时是故意学日本人做汉文的文体，大概是打趣"顺天时报派"的；如他的《小说史》自序。钱玄同先生是这两方面都有一点的：他极赏识吴稚晖的文章，又极赏识鲁迅弟兄，所以他做的文章也往往走上这一条路。

第三是学时髦的不长进的少年。他们本没有什么自觉的主张，又没有文学的感觉，随笔乱写，既可省做文章的功力，又可以借吴老先生作幌子。这种懒鬼，本来不会走上文学的路去，由他们去自生自灭罢。

这三种来源都和"整理国故"无关。你看是吗？

平心说来，我们这一辈人都是从古文里滚出来的，一二十年的死工夫或二三十年的死工夫究竟还留下一点子鬼影，不容易完全脱胎换骨。即如我自己，必须全副精神贯注在修词造句上，方才可以做纯粹的白话文；偶一松懈（例如做"述学"的文字，如《章实斋年谱》之类），便成了"非驴非马"的文章了。

大概我们这一辈"半途出身"的作者都不是做纯粹国语文的人，但文学的创造者应该出在我们的儿女的一辈里。他们是"正途出身"的，国语是他们的第一语言，他们大概可以避免我们这一辈人的缺点了。

但是我总想对国内有志做好文章的少年们说两句忠告的话。第一，做文章是要用力气的。第二，在现时的作品里，应该拣选那些用气力做的文章做样子，不可挑那些一时游戏的作品。

其次，你说国故整理的运动总算有功劳，因为国故学者判断旧文化无用的结论，可以使少年人一心一意地去寻求新知识与新道德。你这个结论，我也不敢承认。

国故整理的事业还在刚开始的时候，决不能说已到了"最后一刀"。我们这时候说东方文明是"懒惰不长进的文明"，这种断语未必能服人之心。六十岁上下的老少年如吴稚晖、高梦旦也许能赞成我的话。但是一班黑头老辈如曾慕韩、康洪章等诸位先生一定不肯表同意。

那"最后一刀"究竟还得让国故学者来下手。等他们用点真工夫，充分采用科学方法，把那几千年的烂账算清楚了，报告出来，叫人们知道儒是什么，墨是什么，道家与道教是什么，释迦、达摩又是什么，理学是什么，骈文律诗是什么，那时候才是"最后的一刀"收效的日子。

近来想想，还得双管齐下。输入新知识与新思想固是要，然而"打鬼"更是要紧。

宗杲和尚说的好：

我这里无法与人，只是据款结案。恰如将个琉璃瓶子来，护惜如什么，我一见便为你打破。你又将得摩尼珠来，我又夺了。见你怎地来时，我又和你两手截了。所以临济和尚道，"逢佛杀佛，逢祖杀祖，逢罗汉杀罗汉"。你且道："既称善识，为什么却要杀人？你且看他是什么道理？"

浩徐先生，你且道，清醒白醒的胡适之却为什么要钻到烂纸堆里去"白费劲儿"？为什么他到了巴黎不去参观柏斯德研究所，却在那敦煌烂纸堆里混了十六天的工夫？

我披肝沥胆地奉告人们：只为了我十分相信"烂纸堆"里有无数无数的老鬼，能吃人，能迷人，害人的厉害胜过柏斯德（Pasteur）发现的种种病菌。只为了我自己自信，虽然不能杀菌，却颇能"捉妖""打鬼"。

这回到巴黎、伦敦跑了一趟，搜得不少"据款结案"的证据，可以把达摩、慧能，以至"西天二十八祖"的原形都给打出来。据款结案，即是"打鬼"。打出原形，即是"捉妖"。

这是整理国故的目的与功用。这是整理国故的好结果。

你说，"我们早知道在那方面做工夫是弄不出好结果来的"。那是你这聪明人的一时懵懂。这里面有绝好的结果。用精密的方法，考出古文化的真相；用明白晓畅的文字报告出来，叫有眼的都可以看见，有脑筋的都可以明白。这是化黑暗为光明，化神奇为臭腐，化玄妙为平常，化神圣为凡庸：这才是"重新估定一切价值"。它的功用可以解放人心，可以保护人们不受鬼怪迷惑。

西滢先生批评我的作品，单取我的《文存》，不取我的《哲学史》。西滢究竟是一个文人，以文章论，《文存》自然远胜《哲学史》。但我自信，中国治哲学史，我是开山的人，这一件事要算是中国一件大幸事。这一部书的功用能使中国哲学史变色。以后无论国内国外研究这一门学问的人都躲不了这一部书的影响。凡不能用这种方法和态度的，我可以断言，休想站得住。

梁漱溟先生在他的书里曾说，依胡先生的说法，中国哲学也不过如此而已（原文记不起了，大意如此）。老实说来，这正是我的大成绩。我所以要整理国故，只是要人明白这些东西原来"也不过如此"！本来"不过如此"，我所以还它一个"不过如此"。这叫做"化神奇为臭腐，化玄妙为平常"。

禅宗的大师说："某甲只将花插香炉上，是和尚自疑别有什么事。"把戏千万般，说破了"也不过如此"。（下略）

适之十六，二，七

再谈"五四运动"

胡 适

　　五月五日《大公报》的《星期论文》是张熙若先生的《国民人格之修养》。这篇文字也是纪念"五四"的,我读了很受感动,所以转载在这一期。我读了张先生的文章,也有一些有感想,写在这里作今年五四纪念的尾声。

　　这年头是"五四运动"最不时髦的年头。前天五四,除了北京大学依惯例还承认这个北大纠集日之外,全国的人都不注意这个日子了。张熙若先生"雪中送炭"的文章使人颇吃一惊。他是政治哲学的教授,说话不离本行,他指出"五四运动"的意义是思想解放,思想解放使得个人解放,个人解放产出的政治哲学是所谓个人主义的政治哲学。

　　他充分承认个人主义在理论上和事实上都有缺点和流弊,尤其在经济方面。但他指出个人主义自有它的优点:最基本的是它承认个人是一切社会组织的来源。他又指出个人主义的政治理论的神髓是承认个人的思想自由和言论自由。他说:个人主义在理论上及事实上都有许多缺陷流弊,但以个人的良心为判断政治上是非之最终标准,却毫无疑义是它的最大优点,是它的最高价值……至少,它还有养成忠诚勇敢的人格的用处。此种人格在任何政制下(除过与此种人格根本冲突的政制)都是有无上价值的,都应该大量的增加的……今日若能多多培养此种人才,国事不怕没有人担负。救国是一种伟大的事业,伟大的事业唯有伟大人格者才能胜任。

　　张先生的这段议论,我大致赞同。他把"五四运动"一个名词包括"五四"(民国八年)前后的机关报思潮运动,所以他的文章里有"民国六七年的五四运动"一句话。这是"五四运动"的广义,我们也不妨沿用这个广义的说法。张先生所谓"个人主义",其实就是"自由主义"(Liberalism)。我们在民国八九年之间,就感觉到当时的"新思潮""新文化""新生活"有仔细说明意义的必要。无疑的,民国六七年北京大学所提倡的新运动,无论形式上如何五花八门，意义上只是思想的解放与个人的解放。蔡元培先生在民国元年就提出"循思想自由言论自由之公例，不以一流派之哲学一宗门之教义梏其心"的原则了。他后来办北京大学，主张思想自由，学术独立，百家平等。在北京大学里，辜鸿铭、刘师培、黄侃、陈独秀和钱玄同等时时教书讲学。别人颇以为奇怪。蔡先生只说："此思想自由之通则，而大学之所以为大也。"（《言行录》页二二九）这样的百家平等，最可以引起青年人的思想解放。我们在当时提倡的思想，当然很显出个人主义的色彩。但我们当时曾引杜威先生的话，指出个人主义有两种：

（1）假的个人主义就是为我主义（Egoism），他的性质是只顾自己的利益，不管群众的利益。

（2）真的个人主义就是个性主义（Indi viduality），他的特性有两种：一是独立思想，不肯把别人的耳朵当耳朵，不肯把别人的眼睛当眼睛，不肯把别人的脑力当自己的脑力。二是个人对于自己思想信仰的结果要负完全责任，不怕权威，不怕监禁杀身，只认得真理，不认得个人的利害。

这后一种就是我们当时提倡的"健全的个人主义"。我们当日介绍易卜生（Ibsen）的著作，也正是因为易卜生的思想最可以代表那种健全的个人主义。这种思想有两个中心见解：第一是充分发展个人的才能，就是易卜生说的："你要想有益于社会，最好的法子莫如把你自己这块材料铸造成器。"第二是要造成自由独立的人格，像易卜生的《国民公敌》戏剧里的斯铎曼医生那样"贫贱不能移，富贵不能淫，威武不能屈"。这就是张熙若先生说的"养成忠诚勇敢的人格"。

近几年来，"五四运动"颇受一班论者的批评，也正是为了这种个人主义的人生观。平心说来，这种批评是不公道的，是根据于一种误解的。他们说个人主义的人生观是资本主义社会的人生观，这是滥用名望的大笑话。难道在社会主义的国家里就可以不用充分发展个人的才能了吗？难道社会主义的国家里就用不着有独立自由思想的个人了吗？难道当时辛苦奋斗创立社会主义共产主义的志士仁人都是资本主义社会的奴才吗？我们试看苏俄现在怎样用种种方法来提倡个人的努力（参看《独立》第一二九号西滢的《苏俄的青年》和蒋廷黻的《苏俄的英雄》），就可以明白这种人生观不是资本主义社会所独有的了。

还有一些人嘲笑这种个人主义，笑它是十九世纪维多利亚时代的过时思想。这种人根本就不懂得维多利亚时代是多么光华灿烂的一个伟人时代。马克思、恩格斯都生死在这个时代里，都是这个时代的自由思想、独立精神的产儿。他们都是终身为自由奋斗的人。我们去维多利亚时代还老远哩。我们如何配嘲笑维多利亚时代呢！

所以我完全赞同张熙若先生说的"这种忠诚勇敢的人格在任何政治下都是有无上价值的，都应该大量的培养的"。因为这种人格是社会进步的最大动力。欧洲十八九世纪的个人主义造出了无数爱自由过于面包，爱真理过于生命的特立独行之士，方才有今日的文明世界。我们现在看见苏俄的压迫个人自由思想，但我们应该想想，当日在西伯利亚冰天雪地里受监禁拘囚的十万革命志士，是不是新俄国的先锋？我们到莫斯科去看了那个很感动人的"革命博物馆"，尤其是其中展览列宁一生革命历史的部分，我们不能不深信：一个新社会、新国家，总是一些爱自由爱真理的人造成的，决不是一班奴才造成的。

张熙若先生很大胆的把"五四运动"和民国十五六年的国民革命运动相提并论，并且很大胆的说这两个运动走的方向是相同的。这种议论在今日必定要受不少的批评，因为有许多人决不肯承认这个看法。平心说来，张先生的看法也不能说是完全正确。民国十五六年的国民革命运动至少有两点是和民国六七八年的新运动不同的：一是苏俄输入的党纪律，一是那几年的极端民族主义。苏俄输入的铁纪律含有绝大的"不容忍"（Intoleration）的态度，不容许异己的思想，这种态度是和我们在五四前后提倡的自由主义很相反的。民国十六年的国共分离，在历史上看来，可以说是国民党对于这种不容异己的专制态度的反抗。可惜清党以来，六七年中，这种"不容忍"的态度养成的专制习惯还存在不少人的身上。刚推翻了布尔什维克的不容异己，又学会了法西斯的不容异己，这是很不幸的事。

"五四运动"虽然是一个很纯粹的爱国运动，但当时的文艺思想运动却不是狭义的民族主义运动。蔡元培先生的教育主张是显然带有"世界观"的色彩的。（《言行录》页一九七）《新青年》的同人也都很严厉地批评指斥中国旧文化。其实孙中山先生也是抱着大同主义的，他是信仰"天下为公"的理想的。但中山先生晚年屡次说起鲍洛庭同志劝他特别注重民族主义的策略，而民国十四五年的远东局势又逼我们中国人不得不走上民族主义的路。十四年到十六年的国民革命的大胜利，不能不说是民族主义的旗帜的大成功。可是民族主义有三个方面：最浅的是排外，其次是拥护本国固有的文化，最高又最艰难的是努力建立一个民族的国家。因为最后一步是最艰难的，所以一切民族主义运动往往最容易先走上前面的两步。济南惨案以后、九一八以后，极端的叫嚣的排外主义稍稍减低了，然而拥护旧文化的喊声又四面八方的热闹起来了。这里面容易包藏守旧、开倒车的趋势，所以也是很不幸的。

在这两点上，我们可以说，民国十五六年的国民革命运动是不完全和五四运动同一个方向的。但就大体上说，张熙若先生的看法也有不小的正确性。孙中山先生是受了很深的盎格鲁撒克逊民族的自由主义的影响的，他无疑的是民治主义的信徒，又是大同主义的信徒。他一生奋斗的历史都可以证明他是一个爱自由、爱独立的理想主义者。我们看他在民国九年一月《与海外同志书》（引见上期《独立》）里那样赞扬五四运动，那样承认"思想之转变"为革命成功的条件；我们更看他在民国十三年改组国民党时那样容纳异己思想的宽大精神，我们不能不承认，至少孙中山先生理想中的国民革命是和五四运动走同一方向的。因为中山先生相信革命之成功必有赖于"思想之转变"，所以他能承认五四运动前后的"新文化运动实为最有价值的事"。思想的转变是在思想自由言论自由的条件之下个人不断努力的产儿。个人没有自由，思想又何从转变，社会又何从进步，革命又何从成功呢？

二四，五，六

国民党的意识形态与国家主义

革命成功个人不能有自由团体要有自由

——十三年十一月三日对黄埔军官学校告别词

孙中山

　　近二三十年以来，革命风潮是从什么地方发生呢？是从什么地方传进中国来的呢？中国感受这种风潮，是些什么人呢？革命的这种风潮，是欧美近来传进中国来的。中国人感受这种风潮，都是爱国志士，有悲天悯人的心理，不忍国亡种灭，所以感受欧美的革命思想，要在中国来革命。但是欧美的革命思想，一传到中国来，便把中国的旧思想打破。试看近二三十年来，中国革命党在各地奋斗，成功的机会，该有多少？而每次成功之后，又再失败，原因是在什么地方呢？我们的革命失败，是被什么东西打破的呢？大家知不知道呢？是不是敌人的大武力打破的呢？是不是旧官僚的预谋打破的呢？又是不是中国的旧思想打破的呢？这都不是的。究竟是什么东西打破的呢？大家做学生的人，大概都不知道。依我看起来，就是欧美的新思想打破的——中国的革命思想，本来是由欧美的新思想发生的。为什么欧美的新思想，发生了中国的革命，又能够打破中国的革命呢？这个理由，非常幽微奥妙，不是详细研究，很难得明白。欧美的革命思想是什么呢？这就是大家所知道的自由、平等。自由、平等，是欧美近一百多年来最大的两个革命思想。在法国革命的时候，另外加了一个口号，叫做博爱。由于自由、平等与博爱的思想，便发生法国革命。中国近来也感受了自由、平等的思想，所以也起了革命。革命成了事实之后，又被这种思想打破，故革命常常失败。我们革命之失败，并不是被官僚武人打破的，完全是被平等、自由这两个思想打破的。革命思想既是由于平等、自由才发生，何以又再被平等、自由来打破呢？这个道理，从前毫不明白，由于近十几年来所发生的事实，便可以证明，人家知道革命本是政治的变动。说到政治究竟是做些什么事呢？就政治两个字讲，政者，众人之事也；治者，管理众人之事也。管理众人的事，就是政治。换而言之，管理众人的事，就是管理国家的事，这个道理，许多军人多不明白。譬如这次北方发生事变，本是少数军人的举动。这种事变，本来就是革命，他们发动了革命，就是发生了政治变动。他们在事前备着得有这种大动力，能够发生政治变动，政治变动已经发生了，而他们通电，还是说不懂政治。这好比是一架发电机，能够发生大电力的部分，就是磨打。如果一个大磨打能发生几万匹马力的电，用这样大的电力去行船，每小时便可走几十英里。用这样大的电力去做工，便可运动很多机器，制造很多货物。用这样大的电力去发光，便可装成无数电灯，照耀很大的城市。像这样的磨打，如果能够知道它所发生电力的用处，又用之得当，便可以做种种有利益的事业。若是不知道它所发生的电力的用处，或者是用之失当，便要杀人，到处都是很危险。现在北京有政治原动力的军人，已经发生了政治变动，尚且说不懂政治。这好比是磨打自己发生了电力之后，不知道用处，当然是有极大的危险。至于有大原动力的军人，日日在政治范围中活动，而没有政治的知识。那种对于众人的危险，比较磨打，当然是更大，又更厉害。大家现在如果还不明白这个道理，可以读我的民权主义，便能够了解。

中国革命之所以失败，是误于错解平等、自由，革命本来是政治事业，如果当军人的说不懂政治，就好比是常人不懂食饭、穿衣、睡觉一样。食饭、穿衣、睡觉，都是做人的常事，是人人应该懂的事，试问一个人可不可以不知道做人的常事呢？无论哪一个人，都是应该要知道这做人的常事的。大家都能够知道这做人的常事，就是政治。大家能够公共团结起来做人，便是在政治上有本领的人民。有本领的人民，组织成强有力的国家，便是列强。没有本领的人民所组织成的国家，便是弱小。弱小都是被列强压迫的。无论哪一个国家，不管他是不是强有力，只要号称国家，都是政治团体。有了国家，没有政治，国家便不能运用。有了政治，没有国家，政治便无从实行。政治是运用国家的，国家是实行政治的，可说国家是体，政治是用。根据这个解释，便知这政治的道理，道理易明，并非是很奥妙的东西。大家结合起来，改革公共的事业，便是革命。所以说革命，就是政治事业。中国近来何以要革命呢？就是因为从前的政治团体不好，国家处在贫弱的地位，爱国之士，总想要改良不好的旧团体，变成富强的地位。这种改良，要在短时间或者是一朝一夕之内成功，便是革命。我们发生了革命，为什么又被平等、自由的思想打破呢？因为做人的事，在普通社会中有平等、自由，在政治团体中便不能有平等、自由。政治团体中的分子有平等、自由，便打破政治的力量，分散了政治团体。所以民国十三年来，革命不能成功，就是由于平等、自由的思想，冲破了政治团体。就政治团体的范围讲，或者是国家，或者是政党。就平等、自由的界限说，或者是本国与外国相竞争，或者是本党与他党相竞争，都应该有平等、自由。不能说在本国之内，或者是在本党之内，人人都要有平等、自由。我们中国人讲平等、自由，恰恰是相反。无论什么人在哪一种团体之中，不管团体先有没有平等、自由，总是要自己个人有平等、自由。这种念头，最初是由学生发动。在现成事实之初，不知道拿到别的地方去用，先便拿到自己家内去用，发生家庭革命，反对父兄，脱离家庭。再拿到学校内去用，闹起学潮来。这种事实，在大家当然是见得很多，做得也很多。大家要闹学潮，或者自以为很有理由，所持的理由，总不外乎说先生管理不好，侵犯学生的平等、自由。学生要自己的平等、自由，不被先生侵犯，要争回来归自己保留；所以才开会演说，通电罢课，驱逐先生。拿这个理由来闹风潮，口口声声总是说革命，实在不知道革命究竟是一回什么事。不过拿学校做自己的试验场，用先生供自己的试验品罢了。我们革命党内的情形，也是这一样。革命的始意，本是为人民在政治上争平等、自由。殊不知所争的是团体和外界的平等、自由；不是个人自己的平等、自由。中国现在革命，都是争个人的平等、自由，不是争团体的平等、自由。所以每次革命，总是失败。中国革命风潮发生最早的地方，是在日本东京，当时都是以留学生为基础。留学生最盛的时代，有两万多人。那些留学生，都是初由中国各县到日本东京，头脑极新鲜、很容易感受革命的思想。一感受了革命思想之后，便集会结社，要争平等、自由。但是他们那种争平等、自由的目的，都不知道为团体去用，只知道为自己个人来用。所以当时结成的团体，虽然是风起云涌，有百十之多。但是不久，所有的团体，便烟消云散。团体存在最久的，不过是一两年；短时间的，都只有几个月，便无形消灭。那些团体为什么那样容易消灭呢？我以为很奇怪，便过细考查那些团体的内容，始知道那些团体在当初集合，并没有什么特别主张，只知道争个人的平等、自由，甚至于在团体之中，并没有什么详细章程，凡事都是杂乱无章，由各人自己意气用事，想要怎样做，便是怎样去做，所谓人自为战。真是强有力的人，或者能够做成一两件事。大多数都是一事无成，只开一个成立会，大家到会说些争平等、自由的空话，便已了事。因为大家都是为个人争自由、平等，不为团体去争自由、平等，只有个人的行动，没有团体的行动，所以团体便为思想所打破，不久就无形消灭。学生在求学的时代，便是这种行动。到了后来为国家做事，一切行动，不问可知。更有许多无路可走的学生，毫不知道政治、社会的道理及中国的国情，又想在社会上出风头，便出奇立异，采欧美没有根据的新学说，主张革命，要无政府，自称为无政府党。殊不知道革命的目的，就是要造成一个好政府。他们这种主张，在政治原理上自相矛盾，真是可笑已极。推到无政府的学说之来源，是发生于俄国。俄国学者之所以要主张无政府，就是因为从前俄国的旧政府太专制，为万恶之源，人民痛苦难堪，所以社会上便发生无政府学说的反抗。俄国创造无政府学说的祖宗，就是大家所知道的巴枯宁，其后又有一个王子，叫做克鲁泡特金，用科学的道理，把无政的学说，推到极端，这种无政府的学说，在俄国可算是极发达。从前俄国应用这种学说来革命，许久都不能成功。俄国发生这种革命，是继法国革命之后，有了一百多年，都不能成功。到七年之前，再发生一种革命，一经发动，便大功告成。我们中国革命，以前的不讲，只说最近的，到今日也有了十三年，这十三年的革命，还是不成功。讲到俄国，从前一百多年的革命，不能成功。我们中国，近十三年的革命，也是不成功。俄国七年前的革命，便彻底成功。这个原因，是在什么地方呢？简而言之，俄国近来革命之所以成功的道理，就是由于打消无政府的主张，把极端平等、自由的学说，完全消灭。因为俄国有这种好主张，所以他们近来革命的效果，比较美国、法国一百多年以前的革命之效力，还要宏大，成绩还要圆满。他们之所以能够有这样美满成绩的原因，就是由于俄国出了一个革命圣人，这个圣人，便是大家所知道的列宁。他组织了一个革命党，主张要革命党有自由，不要革命党员有自由。各位革命党员都赞成他的主张，便把各位个人的自由，都贡献到党内，绝对服从革命党的命令。革命因为集合许多党员的力量，能够全体一致，自由行动，所以发生的力便极大，俄国革命的成功便极快，俄国的这种革命方法，就是我们的好模范。中国革命，十三年来都是不成功，你们黄埔的武学生，都是从各省不远数百里或数千里而来，到这个革命学校来求知识，对于革命，都是有很大希望，很大抱负的。广大的文学生，今日也是不远数十里到黄埔来听革命的演说，研究革命的方法，对于革命前途，也当然是很希望成功的。大家要希望革命成功，便先要牺牲个人的自由、个人的平等，把各人的自由、平等，都贡献到革命党内来。凡是党内的纪律，大家都要遵守；党内的命令，大家都要服从。全党运动，一致进行。只全党有自由，个人不能自由，然后我们的革命，才可以有望成功。如果不然，像这次北京发生事变之后，有了好机会，当初我以为少数同志发动，便可以成功。但是他们不知道革命的道理和方法，所以虽得机会，亦恐白白错过了。假若在这次北京事变发生以前，大家早向北方去活动，或者可以做成功。到现在已经成了没有希望，以后要革命成功，还要另外研究方法。从前革命之失败，是由于各位同志，讲错了平等、自由。从今而后，要革命成功，便要各位同志，改正从前的错误，结成一个大团体，牺牲个人的平等、自由，才能够达到目的。现在要造成这种团体，便要有好党员。诸位文学生同武学生，都是有知识的阶级，都应该明白这个道理。

　　旧中国把社会上的人，分作士、农、工、商四大类，商人居于最末级地位。知识极简单，他们独一无二的欲望，总是唯利是图，想组织大公司，多赚钱。但是股东一投资之后，不能就说要分红利。商人在当初组织公司，参加合股的时候，就想要分红利，要达到赚钱的目的，是决计没有的事。无论怎么愚的商人，先也知道要拿本钱去附股，附股之后，究竟可以分多少钱，也不能预先决定，不过希望要将来能够赚钱，现在就不能不投资。我们革命党都是有知识的阶级，都聪明过商人，结成一个团体来革命，是不是应该先就要把本钱拿出来呢？这个道理，不必详细讲，诸君当然可以明白。商人做生意的资本是钱，我们革命的资本，是什么东西呢？商人附股是拿出钱来，我们参加革命党，要贡献什么东西呢？我们参加革命党，要贡献的东西，就是自己的平等、自由。把自己所有的平等、自由，都贡献到党内，让党中有全权处理，然后全党革命，才有成功的希望。全党革命成功之后，自己便可以享自由、平等的权利。中国发大财的实业，有汉冶萍公司，有开滦公司，有招商局。它们那些公司，在组织之初，各股东都是有很大的牺牲，投了很大资本的，好像革命党要先拿出个人的平等、自由一样。假若那些资本家不先拿出多本钱，现在何以能够多分红利呢？他们因为想到了要现在多分红利，所以从前便多投资本，牺牲一切。革命的道理，不管大家知道不知道，只要能够学商人，便能够成功。商人本是多财善贾，根本上还是要有本钱才成；没有本钱，什么生意都不能做。许多革命党，不肯牺牲个人的平等、自由，就是没有本钱。他们以为一参加革命，就是为争自己眼前的平等、自由。商人要分红利，必须有时间问题。以商人的思想简单，尚知道有时间问题，尚知道要等候；难道我们有知识的阶级，尚且不如商人吗？党员在党内不能任意平等、自由，好像股东在公司之内，不能任意收回本钱一样。大家要来参加革命，头一步的方法，就是要学商人，拿出大本钱来。我今天到此地讲话，是要离开广东北上，临别赠言。没有别的话，就是要大家拿出本钱来牺牲自己的平等、自由，更把自己的聪明才力，都贡献到党内来革命，来为全党奋斗。大家能够不负我的希望，革命便可指日成功。

关于民生主义之说明

——在中国国民党第一次全国代表大会演说

孙中山

此次开会所定本党全国代表大会宣言，关系于本党改组前途者至为重要。由宣言审查委员会所审查之结果，对于民生主义一项尚有问题，故今日不能即时讨论，即付表决。在未表决宣言之前，尚有一重大问题为本党之基础问题，必须彻底了解，然后宣言便易表决。此重大问题即为民生主义。本党多数同志对于此重要主义，向不甚留心研究，故近日因此主义而生误会，因误会而生怀疑，因怀疑而生暗潮，刻既有此现象，恐兆将来分裂，发生不良结果，故本总理对于此主义，必须再行剖解，庶几本党同志因此主义所发生之误会、怀疑、暗潮，可以完全打破，而成一最有力量之国民党。本总理现在十分信任本党党员，每百人中决无一人不服从本总理者。唯各位党员对于本党主义，尚不无多少怀疑。须知政党以主义而成立，党中主义，无论是总理与党员，均须绝对服从，不能稍有一点怀疑。本党全体同志现在思想可分两种：一属于老同志，一属于新同志。老同志为稳健思想，新同志为猛进思想；稳健者可说是不及，猛进者可说是太过。其实过与不及之两种思想，均未明白民生主义之真谛。

本总理前闻北京一班新青年非常崇拜新思想。及闻俄国共产之主义，便以此为世界极新鲜之主义，遂派代表往俄，拟与之联合，并代俄宣传主义，认定"共产主义"与"民生主义"为不同之二种主义。我们老同志亦认定"民生"与"共产"为绝对不同之二种主义，于是群起排斥，暗潮便因之而生。然揆诸民生主义之真谛，双方均属误解。譬如在新青年一方面者，各代表抵俄后，俄人对之，便极力称赞国民党新主张之三民主义，故彼党遂悉心研究三民主义，认定救国大计，非此不可，于是诚心悦服本党三民主义，改共产党员为国民党员。本党旧同志骤闻共产党员纷纷加入本党消息，顿起怀疑，盖恐本党名义被彼利用也。对于此事，怀疑尤甚者为海外同志。本总理曾接到海外华侨数次函电，询问此次改组，是否改国民党为共产党？如为改成共产党，则华侨同志决不赞成。盖华侨处于帝国主义政府管辖之下，深受帝国主义国家宣传破坏俄国革命论调之毒，故发生种种怀疑，不能自释。世界上从前对于俄国革命之怀疑，本不独华侨为然，即各国人士亦莫不皆然。不过彼一时也，此又一时也。多数华侨不谙外国文字，不能依外国舆论之进步为转移，三四年前传于外国人士者，至今犹以为是。不知外国人士之舆论亦依俄国内政之进步而变迁。近来俄国内政进步之神速，与前大不相同，故英、美、法、日等国之国会，均欲提议承认新俄罗斯。至于意大利则已议决承认，其他各国在此一二年后亦必相继承认。俄国既为各国所承认，故就利害而言，本党与之联合，将来必能得中俄互助之益，决无大害，此为海外同志所宜放心者也。即就是非而言，本党既服从民生主义，则所谓"社会主义"、"共产主义"与"集产主义"，均包括其中。

"民生"二字，为数千年已有之名词。至用之于政治经济上，则本总理始，非独中国向无所闻，即在外国亦属罕见。数年前，有一服从马克思主义之学者，研究社会问题，发现社会上之生计问题，与马克思学说有不符合之点，于是提出疑义，逐条并举，征求同党解答，历时一年之久，而应征者无一人，乃将其著作公之于世，名曰《历史之社会观》。其要点之大意有云："在今日社会进化中，其经济问题之生产与分配，悉当以解决民生问题为依归"云云。由此可见本总理所创民生主义之名词，至今已有学者赞同矣。由此亦可知"民生"二字，实已包括一切经济主义。

至共产主义之实行，并非创自俄国，我国数十年前，洪秀全在太平天国已经实行，且其功效较俄国尤大；后为英国戈登所破坏，故今日无从考证。若俄国今日所行之政策，实非纯粹共产主义，不过为解决民生问题之政策而已。本党同志于此便可十分了解共产主义与民生主义毫无冲突，不过范围有大小耳。诸君既能明白民生主义之真义，则新旧同志因误会、怀疑而生之暗潮，从此便可打消。

民生主义尚须慎重审查，现指派宣言审查委员会委员、临时中央执行委员会委员及原起草员共同再行审查，俟详细审查之后，明日再付议表决。此刻时间已晚，宣告散会。

据《国父全集》本校正，一九二四，一，二一

国家主义者误解（节录）

代 英

　　有什么理由主张国家主义呢？我看一般自命主张国家主义的人所说的理由，都是不成其为理由的。

　　第一，以为一国的文明可以为主张国家主义的理由吗？中国固有的文明，确实只有古代埃及、希腊可以比得上，这因为中国的文明与埃及、希腊的文明，同样是已经失了时效的小生产制度下的文化的缘故。小生产制度既破坏而不可恢复，这样的文化自然亦破坏而不可恢复……我们再看满清初入关时，汉人还有很多顽梗不服的，自从满清把中国固有的文明演为圣谕十六条，大提倡尊稽古右文的风气，于是一般汉人中的士大夫，都歌颂满清的深仁厚泽，再亦没有一点反抗精神了。提倡中国固有的文明，可以使人爱国吗？我以为这只足以转移人民爱国的精神，使他们为了文明而忘却国家而已。

　　第二，以为一国的历史可以为主张国家主义的理由吗？统治阶级的历史确实可以引起被它所欺骗的国民共同的回忆，以产生一种爱国的感情；但试一考察这些历史所引起的共同回忆，内容是些什么东西。历史所包含的，第一件便是一个民族的祖先如何克服土著人民的光荣，例如黄帝开疆拓土的史迹，是"黄帝子孙"的汉人所常时共同回忆的，而且有些被征服同化的异族混种亦是常时共同回忆。这真是光荣的事吗？若这是光荣的事，那便列强加于我们的横暴侮辱，亦将为他们子孙的光荣的事，而且为我们子孙被他们征服同化者的光荣的事了。其次，被压迫者的奴隶道德行为，如忠臣、孝子、节妇、义仆的故事，这亦是历史所最赞美的，由这种故事所引起的共同回忆，可以为主张国家主义的理由吗？亦许还有已经失了时效的古代文化。偶然流传下来的思想与发明，由夸大狂所描述的本国的人物山水，都是有些偏见的人所引为爱国理由的，然而只要是头脑清醒的人，都不能因为这些事情来主张什么国家主义吧！

　　第三，以为国民自有一种与物质生活无关的爱国精神，可以为主张国家主义的理由吗？若说国民会有与物质生活无关的爱国精神，那便除非是如上述的受了统治阶级历史欺骗的结果，这不足成为国家主义理论的根据。让一步说，我们试一研究另一种与物质生活有关的爱国精神，却更可见在中国今天主张国家主义，是不会有功效的事了。就经济的进化说，游牧时代需要结伴移徙的部落生活，人类易于爱部落；农业时代需要聚处井耕的家庭生活，人类易于爱家庭；工商业即兴，需要贸迁有无的都市生活，人类易于爱都市；交通发达而经济关系频繁，都市不复能独立而自给，于是全国成一共存互助的经济单位，人类亦进于爱国家。由此以进，经济的发展，使各国都彼此相需相赖，国家亦渐不复能独立而自给，于是必须全世界成一共存互助的经济单位，人类将更进于爱世界。凡此之所爱，皆由于人类经济之需要，并没有什么先天神秘的关系。国家主义者亦知人类社会由部落而进于国家，然因不明此等进化之原因，故不免发生社会进化到了国家这一阶段，便再不会有进化的误解，因而不信人类会有超于爱国的爱情。他们亦因此不了解中国今天无法更能成为一个独立自给的国家，所以亦便无法能实现他们的国家主义。中国的经济情形，有些地方，还未出都市自给经济的地位，它们与别的部分不生关系，这所以中国人还有很浓厚的爱省、爱乡的感情；同时有些地方，固然已经脱离了都市自给的地位，它们与外国发生经济关系，又与国内他处更为密切，这所以中国人又有些依附外人的心理。像这样情形的中国，有什么方法能成为一个独立自给的经济单位呢？中国今天应当打倒帝国主义的压迫，发达国内的产业，以加密国内各都市间的关系，但决不能复反于闭关之局，断绝一切国际间的经济关系。国家主义在国际间关系还未发达的国家，是可以提倡而收效的；但是，现在已经不是时候了。

第四，以为被压迫者的自卫可以为主张国家主义的理由吗？"自卫"两个字，本来每易为侵略者所借口，欧战时德奥之兴兵，欧战后法国之占领德境，无不以"自卫"为说辞；国家主义的"自卫"只是扰乱和平之工具而已。在今天真正要为被压迫者谋自卫之法，最要是考察压迫者的性质，而研究被压迫者有什么有把握的切实自卫的力量。今天居于压迫者地位的，本来只是产业进步国家少数资本家同他们的走狗，他们在国内压迫工人与一般平民，在国外压迫殖民地的弱小民族。所以压迫弱小民族的，并不是英国、美国或日本，只不过少数英、美、日本的资本家同他们的走狗；要反对他们，不是讲国家主义，拿一国去敌对一国，因为他们国中的工人、平民，与我们并没有什么仇怨。反过来说，今天被压迫者要反对他们的仇敌，还应当使殖民地弱小民族与产业进步国家工人、平民联合起来，以共同向那些资本家同他们的走狗进攻。为什么倡国家主义，把殖民地的被压迫者与产业进步国家的被压迫者分开呢？为什么倡国家主义，把经济利害绝对不同的产业进步国家的资本阶级、劳动阶级合作一块，而把经济利害上同样要反对那少数资本阶级的人反分作几块呢？

我们对于所谓国家主义，第一以为不合理，第二以为不合用。人没有按着国界的区分而妄生分别的道理；在今天经济进化的世界，亦不容许再实现所谓独立自给的国家，所以提倡国家主义一定等于二三十年来富国强兵的空谈。至于为中国解放的前途呢，我们以为宁是要顺应国际主义的潮流，联合世界革命势力，以共同打倒帝国主义。我们要揭破国家主义乃是资本阶级用以愚弄人民，驱使一般受压迫的工人、平民，以蹂躏同运命的殖民地弱小民族的口号。怎样反而在这个时候，大鼓吹其国家主义呢？

孙文主义之哲学的基础（节录）

戴季陶

……

我们知道了孙先生的三民主义是在救国，便晓得这三民主义是孙先生思想之中具体的实际的部分。但是孙先生的思想当中，有没有作他这种具体的实际的主义之最高概念呢？这一点是研究孙先生思想的人所最要注意的。要知道这一点，便要把孙先生的全部著作，作一个总研究，还要把孙先生的一生言行，作一个总观察，然后才可以看得出来。孙先生曾自己著了许多书，遗留了许多重要的讲演记录，给我们国民，现在我且把几种最重要的书分别叙述，然后再详论他全体的思想。

（一）"民权初步"。我们要达救国的目的，是要全国的民众，一致团结起来；要全国民众一致团结，必须要民众自身成为有组织有纪律的民众……要有训练、有组织的国民，才能够在国际的政治斗争上得胜利，才能够得到真正的民权，才能够运用真正的民权，建设民生主义的安乐幸福的社会。

（二）"孙文学说"。……先生在受了辛亥革命的假成功和癸丑革命的真失败两次大教训之后，认定弥漫中国当时人心的知易行难的思想是阻碍革命的大障碍物，于是创为"行易知难"的学说。在民国六七年的中间，努力著成这一部书，作为改变中国人心理的基础。这行易知难的话，有两层意义：一层是能知必能行；一层是不知亦能行。前一层的意义是要革命的同志，认识求知为了解革命意义的基础，要全国的国民，了解求科学的发达，为国家社会进步的基础。后一层的意义，是要革命的同志了解国家和社会革命的建设是要合全国大多数国民的力量，才可以做得成功。但是大多数的民众，不必个个都要明白了革命的建设之所以然，才懂得做。即使不能有精密的了解，也可以跟着做；因为行并不是一件很难的事情，好像建设一个房子，绘图和设计的人，是要有建筑的科学知识，但是大多数从事实际工作的工人，不是个个都要有科学知识……

（三）“军人精神教育”……我们看了先生这一部书，明白先生全部的思想，可以用几句简单的话来完全表明它，就是“天下之达道三：民族也、民权也、民生也，所以行之者三：智也、仁也、勇也，智仁勇三者，天下之达德也，所以行之者一也；一者何？诚也，诚也者，择善而固执之者也”。在这一个理论的系统上面，我们更可以看出一个要点来，就是先生的思想，可以分为“能做”与“所做”的两个部分。能做的部分，是先生关于道德的主张；所做的部分，是先生政治的主张。能做的部分，是继承古代中国正统的伦理思想；所做的部分，是由现代世界的经济组织、国家组织、国际关系种种制度上面着眼，创制出的新理论……

（四）“三民主义”。这就是孙先生一生伟大创作的本体了。前面已经叙述过，孙先生自身，说明三民主义，就是救国主义；又说明必须要先达到救国的目的，才能够说得到人群进化、世界大同。现在所讲的要点，不是在分析三民主义的自身，是在研究三民主义之理论的基础……我们就三民主义的关系上来说，民族主义是三民主义革命的第一步工作，也可以说是实行民生主义的基础。就是要达解决民生问题的目的，便要先排除障碍民生的恶势力；要排斥障碍民生的恶势力，第一便先要民族自身具备一种伟大的能力，把国家和民族的地位扶植起来，脱离帝国主义的压迫，造成完全自由独立的国家。民族主义的重要，完全是在这一点。民权主义是为什么呢？就是要解决民生问题，必定要人民自身来解决，才是切实，才是正确，所以为了解决民生问题，就非建设人民的权力不可，尤其非建设起在政治上经济地位上立于被压迫地位的农工阶级的权力不可。所以三民主义中的民权主义是主张全体人民男女的普通直接民权，如此看来，我们就可以晓得，先生所领导的国民革命，最初的动因，最后的目的，都是在于民生……可惜当时一般党人，完全不明白民生主义的重要，而且许多人，简直可以说是没有为民生而革命的良心；并且因为智识浅薄的缘故，把民族主义的真实意义也不曾认识明白，把全世界民族问题的事实也不曾看得清楚。所以满清政府一倒，便以为了结了民族革命的责任，这真是可惜、可叹极了。实际上负党务重责的宋钝初，就是第一个不明白民生主义的人！把先生的三民主义，连名称都从政纲当中剔除了去。当时宋钝初的政治活动，第一个工作，就是排去革命同盟会的革命性；第二个工作，就是排除了三民主义的名实，仅仅采用民生政策一句不明不白的话，来骗一般青年同志，避免青年同志们的反对；第三个工作，就是用丢了革命性和主义的一群政治势力集团为基础，去与反革命的官僚妥协，以图在短时期内，掌握政权。公平的批判起来，革命党的第一个罪人，实在是桃源渔父。自此以后，我们可以看出来，革命党的分化，每次都是以关于民生主义的意见为最要的区分。直到现在，依然如此。去年先生对一般国民党的党员说："我是为了实行民生主义而革命的，如果不要民生主义，就不是革命！"我们就这一个意义上，也可以看得出，民生主义实在是三民主义的本体。三民主义并不是三个部分，就本体上看，只有一个民生主义，就方法上看，才有民族民权民生三个主义。先生定民生主义的性质说："民生主义，就是社会主义，又名共产主义，即大同主义"；又说，"共产主义是民生主义的理想，民生主义是共产主义的实行"。就此看来，我们可以看出先生所主张的民生主义有几个要点：

一、民生主义在目的上与共产主义完全相同，因为共产主义与民生主义所要解决的问题是相同的。

二、民生主义在性质上与共产主义完全相同，因为共产主义与民生主义都是突破了国界，以全世界为实行主义的对象。

三、民生主义与共产主义在哲学基础上完全不同。共产主义是很单纯的以马克思的唯物史观为理论的基础，而民生主义，是以中国固有之伦理哲学的和政治哲学的思想为基础。

四、民生主义与共产主义在实行的方法上完全不同。共产主义以无产阶级之直接的革命行动为实行方法，所以主张用阶级专政，打破阶级；民生主义是以国民革命的形式，在政治的建设工作上，以国家的权力，达实行的目的，所以主张革命专政，以各阶级的革命势力，阻止阶级势力的扩大，而渐进的消灭阶级。

⋯⋯

（五）"实业计划"。此书是孙先生积数十年之研究而成的专门著作。

⋯⋯

中山先生创立三民主义是在二十余年前，那时中国国内，还没有资本主义发生，以近代产业组织的眼光看来，除了受外国的压迫而外，中国实在是一张白纸，所谓染于苍则苍，染于黄则黄。阻碍发展的恶势力，只有两个，一个是帝国主义的列强，一个是专制中国的满洲政府及满洲政府下的专制阶级。所以孙先生所主张的民生主义，如果当时由强有力的革命政府来行，可以说只有建设而无破坏，因为并没有经济上破坏的对象存在。及到辛亥革命颠覆满廷的时代，在国内的通商口岸地方，已经稍稍有近代的工商业发生，但是生产的能力实在细微得很，并且它们还并没形成一种资本家的阶级意识。及到欧战发生以后，新式的工业方才渐渐发达起来。到五四运动之后，一方面发生出"运动劳动运动的运动"，一方面才引起了一部分资本家的阶级意识：同时中国的工业，受着拒绝外货的良好影响，方才如春笋一般的发生出来；就目前的实业状况来说，比起二十五年，虽然有了不少的进步，可是要和欧美比起来，依然还是中山先生所说"大贫小贫"的程度。求改造中国的经济组织，第一要紧的，是要增加中国的生产能力，同时防止由生产能力发达而生的社会病。所以中国的经济问题，是以生产问题为主要部分，而及于分配问题，不是像生产已经过量发达的国家，以分配问题为主要部分，而后及于生产问题。在此刻这个时候，只要革命党的训练充分，能够建设得起内力充实的革命政府，由革命政府来解决土地问题和资本家问题，实在依旧和二十五年前相差很有限。试就中山先生的实业计划来看，现在要建设国内这些重要实业，都是新起炉灶，并不是对资本主义宣战，实在只是把一个刚刚受孕的资本主义胎儿堕了胎罢了。所以在这时候在资产阶级里面的反对革命党的三民主义的人，是最没良心的人和最没知识之人，占百分之九十九，真正站在利害敌对地位的人，实在不过百分之一。一年以来，所以反革命运动如此之张皇的缘故，大都是受帝国主义者的教唆和欺骗。至于研究中山先生思想的人，关于研究先生的著作，往往也犯一个毛病，就是关于理论的一部分，很有兴趣，而关于实际问题的部分，很少留心研究，不晓得要真正明了一种理论，非把实际的问题了解之后不行。中山先生说，"要解决民生问题，是要用事实做基础"，这是很正确的科学的方法。因为空洞的学理做基础去求解决实际问题，就很容易落演绎论理的毛病，不能够得到"学理的再证明"。如果用事实做基础，我们时时刻刻，都能够充分的得到再证明的保证，可以少了许多错误。先生的民生主义目的，我以为就是要在经济生活平等的基础上，使人民的"食、衣、住、行、育、乐"六个生活的要求，得到满足。而满足这六个生活要求的前提条件，在心理上，是要改变人民的思想，在物质上，是要建设由国家计划、组织、管理的重要机关。物质的建设，从目的上说，是要把全世界造成民生主义的新社会，就是完全民有民治民享的社会，而这一个伟大的工作，我们先要从自己的国家做起。论到最后的目的，不只共产，国家是人民所共有，政治是人民所共管，利益是人民所共享。从运用上说，就是要使"人尽其才，地尽其利，物尽其用，货畅其流"，这四句话，本是先生在三十余年前的主张。当时先生还没有组织成他的三民主义理论，但是他所主张的建国方法至今看来，仍旧是完全一贯，以国计民生为建国之大本。一般人研究先生的民生主义，只从目的论上去寻理由，不晓得从方法论上去求实际。俄国的人，要到了条件不具备、理论行不通的时候，才会懂得回到基本工作的新经济政策去，先生却是最初的规划，便以具备主要的生产条件，为实行民生主义的发足点。看到这里，我们就可以晓得，空想病之害，不但是中国人受得很深，外国人亦一样是不免的。大家知道现代马克思的共产主义，叫作科学的社会主义，但是如果不研究实际的事实，而仅奉理论去求实现，这便与空想的社会主义，犯了同一种的幼稚病。至于说到如何实现先生的实业计划，先生在欧战终结之时，本来对于世界，有一个提案，现在情移势迁，以后应该如何实现，是要负继承先生主义责任的人从事实上去求解决的。国民党所主张的打倒帝国主义、打倒军阀和废除不平等条约，这些口号，都是实行道途上，由事实产生的方法。我们必须把方针认清楚，向着我们的主义努力前进，时时刻刻不忘"事实是解决问题的方法"这一个遗教，这是我们信奉三民主义从事于国民革命的人所负的重大责任……

就以上五种重要的著书，细细的研究起来，中山先生的建设经论，已经可以完全了然……先生是以"世界大同，人群进化"为终结目的的爱国者，所以先生的三民主义，不但不是大亚洲主义并且也不是大中国主义……因为先生是真实的革命家，是注重实行不驰骛空想的，所以是真正的博爱主义，大同主义，而同时是一个真正的爱国者，所以常常注意于全亚洲被压迫民族联合的缘故，也是为此。这是事实一方面。在思想方面，先生是最热烈的主张中国文化复兴的人，先生认为中国古代的伦理哲学和政治哲学，是全世界文明史上最有价值的人类精神文明的结晶！要求全人类的真正解放，必须要以中国固有的仁爱思想为道德基础，把一切科学的文化，都建设在这一种仁爱的道德基础上面，然后世界人类，才能得真正的平和，而文明的进化，也才有真实的意义……先生的眼看的是中国的危亡和中国人痛苦的事实，耳朵听的是中国人民叫苦的声音，心里想的是如何救国的事。而最受痛苦又为最大多数的中国的农夫、工人，更是先生所要救的人。"民生是历史中心"这一原则的应用，就是由此而生，也是以此为最后的目的。先生反对西方文化的意义，从这一点分析开来，我们更看得出：一方面是反对资本主义和由资本主义发展开来的帝国主义与为资本主义基础的个人主义；一方面对于欧洲纯粹以物质问题为历史中心、以阶级斗争为绝对的手段之社会革命思想也从人类生存的出发点去纠正他的错误，而付与社会革命以民生哲学的伦理性，完成"以化彼族竞争之性而达我大同之治"的目的……中国的社会，就全国来说，既不是很清楚的两阶级对立，就不能完全取两阶级对立的革命方式，更不能等到有了很清楚的两阶级对立才来革命。中国的革命与反革命势力的对立，是觉悟者与不觉悟者的对立，不是阶级的对立，所以我们是要促起国民全体的觉悟，不是促起一个阶级的觉悟。"知难行易"说在革命运动上的意义，便是如此。并且就事实上看，我们中国数十年来的革命者，并不出于被支配的阶级，而大多数却出于支配阶级。因为在中国这样的国家里面，除了生活能够自如的人而外，实不易得到革命的智识，所以结果只是由知识上得到革命觉悟的人，为大多数不能觉悟的人去革命。所以中山先生又说，"世界的人，可以分为三种：一种是先知先觉，一种是后知后觉，一种是不知不觉：先知先觉是发明者，后知后觉是宣传者，不知不觉是实行者"。革命是由先知先觉的人发明，后知后觉的人宣传，大多数不知不觉的人实行，才能成功的。并且革命的利益，全是为不知不觉的人的利益，如果先知先觉或后知后觉的人，要为自己的利益，那就不是革命，而是反革命，立刻就站到被革命的地位去了。因为革命的意义，是利他的不是利己的；革命的动机，是由一种利他的道德心，不是由于利己心，利己心的作用，是反革命的不是革命的。因为利己的动机，是个体的不是社会的，利己的动机，一旦转到利人的上面，这就已经是利他不是利己，在社会的缺陷暴露的时代，利他的性格越是充分，革命的价值越是伟大，所以仁爱是革命道德的基础……在这一点，中山先生的思想，根本与卡尔·马克思及罗利亚等唯物的革命论者完全不同，而应用的方向却完全相同。在现代这样以利己的个人主义为中心的资本主义跋扈的世界中，我们的仁爱，要如何应用才是真的呢？就是处处要以爱最受痛苦的农夫、工人和没有工作的失业者为目的，要能够爱他们才是仁爱；不能够爱最大多数受痛苦的平民，就是不仁；不仁就是反革命！所以说"既不能反对帝国主义，又不能为农夫、工人谋利益，在革命的中国国民党里，就可以纪律来制裁他。这一个制裁的纪律，是从仁爱的道德律产生出来，并不是从阶级的道德律产生出来。

就前面所述中山先生革命理论的系统分析，我们可以看出两个要点来：

一、中山先生的思想，完全是中国的正统思想，就是继承尧舜以至孔孟而中绝的仁义道德的思想。在这一点，我们可以承认中山先生是二千年以来中绝的中国道德文化的复活……先生的国民革命，是立脚在中国国民文化的复兴上面，是中国国民创造力的复活，是要把中国文化之世界的价值，高调起来，为世界大同的基础。

二、先生所主张的国民革命，在事实上，是联合各阶级的革命。但是这一个联合各阶级的革命，一方面是要治者阶级的人觉悟了为被治者阶级的利益来革命，在资本阶级的人觉悟了，为劳工阶级的利益来革命，要地主阶级的人觉悟了，为农民阶级的利益来革命，所谓"成物智也"。一方面是要被治者阶级工人阶级、农民阶级也起来为自己的利益而革命，所谓"成己仁也"。先生认为阶级的差别，并不是绝对能够消灭人类的仁爱性的，那些不来革命的人，只是不知，如果能知，他的仁爱性依然能够发现，依然能够为受痛苦的农夫、工人努力，所以先生在这一点，是主张各阶级的人，要抛弃了他的阶级性，恢复他的国民性，抛弃了他的兽性，恢复他的人性。换句话说，就是要支配阶级的人，抛弃他自己特殊的阶级地位，回到平民的地位来。所以先生虽是主张各阶级的联合，但是这个联合，是为最受痛苦的人民而起，并且是要联合各阶级的革命分子，不是拉拢反革命的分子。所以先生常说"革命是为最受痛苦的贫民而奋斗"，又说，"我的革命，是为民生主义而革命。"

讲到这一点，我就想把中国古代两个最伟大的思想家，作一个比较的批评，来结束我这一篇讲演。同时可以在这一个比较批评上面，看出中国二千多年来，所以文化衰颓的原因。这两个伟大的思想家是什么人呢？一个是孔子，一个是老子。大家都晓得自汉以来，孔子的思想完全是统一中国的基本势力。自从欧洲文化输入中国以来，中国的思想界起了一个很大的变化，这一个大变化，每次都是把孔子作为反对的目标。在革命的思想里面，总是极端反对孔子的势力占大多数；在反革命的思想里面，虽然不尽是标榜尊崇孔子，但是至少总对孔子不加反对。就这一点，我们看出，只有中山先生这一个伟大的革命领袖，他不单不是反对孔子的人，并且他自己说：他的思想是中国的正统思想，是直接继承孔子的思想来发扬光大的。这岂不是一个很奇异的现象吗？我以为看明了尊崇孔子的人都是反革命的，才可以看得出中国国民文化所以堕落的原因；看明了反孔子思想的都是革命的，也就可以看出中国革命思想所以不能成熟，不能恢复国民的创造力的缘故。中山先生说："中国国民自信力消失了！"……如果中国的一切真是毫无价值，中国的文化在世界文化史上毫无存在的意义，中国的民族也没有创造文化的能力，那么中国人只好束手待毙就算完了，还要做什么革命呢？我们所以要革命的缘故，第一是有革命的需要，第二也是自己承认有革命的能力，而革命能力之所以从出，一定由于固有民族能力的发展，是以"所做"的虽然不同，而"能做"的基础是一样的……先生在所做方向，以求知的精神，尽量吸收近代的科学知识，应用科学的方法，并且认为"后来居上"是科学建设的原则。中国虽然是一个科学落后的国家，只要把求知的精神恢复起来，对于现代的科学文明，迎头赶上去，一定是后来居上，不但是可以和欧美的文明国民并驾齐驱，并且还可以超过他们之上，恢复世界文化中心的地位，所以先生对于中国固有文化，在创造的能力上，是很能认识它的真价值。而对于腐败了的中国民族习惯和思想，则尽量的排斥。更从思想的内容上看，就是把中国以发展民生为目的的正统思想，完全继承起来，发扬光大，而对于破坏中国社会道德和国家道德的个人主义的思想，则攻击不遗余力。我们要能够把中国过去两千多年来思想界的倾向，看得明白，然后才能够了解中山先生所以成为孔子以后第一个继往开来的大圣的意义。

……孔子的理论是什么呢？我们可以从两部书看见他的系统：一部是《中庸》，是他的原理论；一部是《大学》，是他的方法论。他在《大学》方面，说明"大学"的系统，是在格物致知，诚意正心，修身齐家，治国平天下。可以晓得孔子对于一切事物，是以客观的认识为基础的主知主义，意、心、身、家、国、天下，是格致的体，是所格之物；诚、正、修、齐、治、平，是格致的用，是所致的知；再就修、齐、治、平来看，我们可以晓得，孔子的思想，注意全在民生，就他所说的性质来说，可以叫它作"社会连带责任主义"。单就修、齐、治、平的关系来说，它有三重的连带责任，试把它列举出来。

一、个人对家和家对个人，个人对国、国对个人，个人对世界、世界对个人；

二、家对国、国对家，家对世界、世界对家；

三、国对世界、世界对国。

在这三重的连带责任上面，显出一切民生的意义，只为个人利益而不顾家国天下的利益只顾一家的利益，而不顾国与天下的利益和只顾一国的利益，而不顾天下的利益；这一种自私自利的行为，都是反乎人类共存的真义的。所以孔子说："大道之行也，天下为公。"……

孔子的主义是如此的，何以自汉朝以来，完全统一在孔子的思想之下的中国，会衰颓腐败至于如此呢？我们且先把老子的思想讲一讲……他的思想的特征，就是把个人的精神和宇宙的精神混为一气，把个人和世界来对立起来，除我的个体之外就是世界，世界之内就是我的个体，更不承认有第二个组织介乎其中，把一切人类的关系、社会的组织、国家的组织一概抹杀，把一切维持社会国家关系的道德责任，完全否认得干干净净，建设出一个纯个人主义的世界。但是这一种极端的个人主义，在人与人相处的世界里面，如何可以行得通呢？所以他才又发明一个以忍耐、退守、清净为宗旨的道德，以"将欲取之，必故与之；将欲弱之，必故强之；将欲发之，必故兴之"的阴贼险狠的手段作维持个人利益窃取社会供养的手段。他的最后目的，是在个人的永久享乐，福寿康宁。做皇帝的人，贵为天子，富有四海，最大的欲望不过是永久保持他的享乐。但是要达到这一个目的，节欲却是万不能已的，所以老子的个人节欲主义，正是他个人主义的最高潮。后来他的思想，一面派生出个人浪漫享乐的庄周，一面派生出残酷寡恩的申韩。秦皇统一了六国以后，国家主义被始皇的专制打灭干净，于是老子个人主义的思想更乘势猖獗起来。直到汉代，狡猾的帝王表面上竖起尊孔的招牌，而内容却完全用老子的将取予与的方法，把孔子以智、仁、勇为基础的社会连带责任主义打得粉碎。百家的思想，既完全压抑了下去，格致的主知主义自然失了效用。绝对的尊孔，事实上就是老子愚民政策最巧妙的手段。且看没有一个尊孔的帝王，自己不迷信黄老，就可以知道他们尊孔的目的所在了。自是而后，科学文化发展的可能性，既被以放任为专制极点的老子政策和普通的个人主义压伏干净，于是全国国民，无智愚贤不肖，都在四个趋向的当中，一个是离世独立的虚无主义，一个是权谋术数的纵横主义，一个是迷信命运神鬼的宿命主义，一个是烧炼采补的纵欲主义。这四个趋向，不是渊源于老子的个人主义，便是以老子的个人主义为依归。而为他们所宗的老子，只是把个人主义的颓败性尽量发挥出来，并不是在学术思想的内容上和老子有什么关系。后来再加上印度传来的佛教，以绝灭为解脱，更把人类社会的活动能力和向上精神，消灭净尽。两千余年来，大家挂起尊孔的招牌，其实何尝是孔子的信徒，原来都是中了个人主义流毒的游魂浪鬼。在社会组织上，科学既没有进步，以发明和工作为中心的文化，再也发达不起来。农业制度下面所生出的宗法社会，既没有科学的文化、扩张物质的效用，它的本身当然变更不了。一般人民，已经被老子和佛教灭却了活动力和责任心；一方面却又脱不了现实的责任；而且宗法社会的束缚，再把它一重又一重的缠起来，于是一切社会进化便完全停止了……由孔子和老子两家思想在中国国家的关系上比较看来，我们便可以晓得，阻碍中国国家势力发展，民族文化进步的，并非以发达民生为目的，以智、仁、勇为道德基础的社会连带责任主义的孔子的政治思想，而是以极端放任为手段，极端专制为目的的老子个人主义的政治思想……如果说中国汉代以后的衰微，是孔子思想的罪过，这正是把历史事实完全抹杀了的盲论。所以我们可以完全承认中山先生这一个继承中国正统思想，复兴中国固有道德文化的觉悟，的确是二千年来中国文化创造史上的异彩。二千年来许多咬文嚼字的腐儒，一切似是而非的尊孔的论辩，争道统的混战，在中山先生创国的青天白日朗照之下，完全失去了存在的意义，他们那些没有建国经验的空谈性理，没有实际效用的偷闲文学，那才真是失去了创造文化能力的中国人的供状，离却发明和工作，没有文化的发生；离却食衣住行育乐的民生享受，没有文化的本体；离却社会的连带责任，没有文化的组织；离却智、仁、勇的德性和贯彻智、仁、勇德性的至诚，没有创造文化的能力。中山先生所以为中国正统思想的继承者的意义在此，所以为新国民文化的创造者的意义也是在此。中国是有五千年文化历史的古国，但是中国国民的文化创造力，却是消失了二千年，中山先生的诞生，是中国国民文化创造史的新纪元，中华民国的创立，就是新国民文化创造的证据，要真实地承认国民革命的意义，先要把中山先生在中国文化史的地位认清楚。

　　……

新生命之创造（节录）

范 锜

......

　　生命之为生命，原具有活动性，存续性，统一性，创造性等要素，活动性，为有生物最易见的东西。无论如何微小的动物，都向着一定的方向而活动，直至它死亡后，始有停止之一日。人类亦然，不过于求生活动外，更期最高的理想之实现，远大的目的之遂行。所谓"一息尚存，此志不容少解"，很能表示人生向上发展之活动性。存续性为有生物之必然要求的东西，不过人类于自己保存，种族保存外，更苦心积虑，而求他的生命之永续，不然，"人生七十古来稀"，何苦刻苦奋励为？是知欲求精灵之不朽，实为人心深远无限的要求。统一性为生命不可分析的明证，个人不能统一其生命，则人亡，国家不能统一其生命，则国灭，实为很明白的事实。此外，我们能统驭我们的思想、行为、意识、情感，也不过生命的统一性之使然。至于创造性，实为生命伟大的能力之表现，人类自有生以来，无日不继续奋斗，无日不求生命之发展，社会上一切生活，无论其有形无形，或为政治，经济，或为宗教，道德，或为科学，艺术，都为生命所创造，自人类全体而言之，生命是永远向着无穷的究竟而进行，我们不知其将至于何极。

三、怎样才能创造新生命？

　　生命之本身，虽然是有上述的四要素，可是有外的压迫，或有外的障害时，则生命失去它本来的性质，已不会活动起来，也不能存续下去，已无统一的作用，也无创造的能力，终至消灭于无形，不独个人生命然，即国家生命亦然，不独国家生命然，即种族生命也莫不然。故欲使个人生命，而能发挥其固有的特质，非打破个人的外的压迫障害不为功；欲使国家生命，而能发挥其固有的特质，非打破国家的外的压迫障害不为功；欲使种族生命而能发挥其固有的特质，也非打破种族的外的压迫障害不为功。

可是不幸的很，我们的生命，处处皆受压迫，处处皆遇障害：自国内而言之，则盗匪猖獗，军阀横行，常兢兢于枪弹刀斧之下，救死且不瞻，还有什么生命之发展呢？自国际而言之，则不平条约，连篇累牍，关税已不能自立，法权也未能独立，动辄为强权所掣肘，启口便受使团之干涉，近且调兵遣将，侵我领土主权之独立，扼我重要商门户，我们虽拼命挣脱，尚不足以逃其虎口，又有什么生命之发展呢？且自俄国式共产主义侵入后，我国共产党，即俯首听命第三国际之指挥，不辨国情，不审时势，极力破坏，致中国社会，骚然而不宁。我们在此种种压迫下，求死而不得，求生而不能，已不知生命之可贵，更不知生命如何能发展，辗转思维，俯首鸣咽，至最后，始奋然投袂而起曰：打破不死不活的状态，而创造将来的新生命！创造将来的新生命！

但是要怎样才能够创造新生命呢？曰，唯有信仰三民主义，遵循建国方略，按部就班，而期一一实现于事实。中山先生三民主义，实包括全世界革命历史的进程，其悠远博大，任何社会主义，莫能与之竟，在中国今日穷困的现状下，舍三民主义，无以救危亡，无以创造新生命。国家主义，只能反抗强权的压迫，而要求民族之独立，且其范围也甚狭；共产主义，又只能解决经济生活之问题，而不问国家民族之存灭，实不合于现在中国之要求；而英美民本主义，则仅限于中等阶级之自由与平等，未能顾忌经济上、工业上德莫克拉西，致酿成今日劳资阶级之战争。各有所长，各有所短，唯中山先生三民主义，则能兼三者之长，而无三者之短，且极适合于中国现在之要求。故我们苟欲扫荡军阀，打倒帝国主义，或免除将来阶级战争，唯有团结一致，努力而求三民主义之实现。及中国内乱已平，政治统一，完全齐于国际平等的地位，然后再以敬爱同情，援助被压迫民族国家，使齐立于平等的国际的水平线上。盖我们新生命之要求，不限于我国，更要进一步，使全人类的生命，都能向上而发展。

……

四、打破生命压迫之方法及本党之使命

那么，怎样才能打破帝国主义之迷梦，而创造人类的新的生命呢？曰，此事所涉范围极广，非根据三民主义伟大的革命原理，不足以实现世界的革命。世界各民族、各国家，各有特殊的形态，各有特殊的要求，不能执一阶级战争

而论，厥理甚明。且各国民族中，有已进而为工业国的，如英、美、德、法、日本是，有尚为农业生活的，如中国、墨西哥及俄国（大部分）是；有尚在部落生活的，如中亚澳洲及中部亚非利加是。在此复杂的情形下，唯根据三民主义，才能解决各国家民族的特殊要求。如高丽、印度、埃及、菲律宾、摩洛哥等所要解决的，为民族独立的问题；如先进工业国内无产阶级所要解决的，为经济平等的问题；如爱尔兰、美国移民，及中国内政所要解决的，为实际生活与自由平等的问题。设三民主义，无此博大的原理，则无以适应这种种的要求了。

可是欲打倒帝国主义，以求人类之解放，不可不联合战线，而为最后之奋斗。据我们思虑所得：第一，宜应用中山先生农工政策，唤醒资本主义、帝国主义国家内农民、职工及其他无产阶级，起而推倒他们的侵略的政府及资本阶级，而实行平民政治。第二，宜根据民族主义原则，唤醒被压迫民族国家，起而反抗帝国主义侵略的政策，而要求自决与独立。第三，因帝国主义者无厌之欲求，可从中引起帝国主义者同仇敌忾之情感，使帝国主义的战争，再破发于世界。及战争已发，则帝国主义国内的社会主义者，必乘隙而革命，如前次帝国主义者大战时，俄、德、奥社会主义者，即乘此而颠覆其帝室，而建设新国家，且无论何方战败，他们所征服兼并的国家民族，也必起而革命，如波兰、芬兰、南斯拉夫及捷克斯拉夫等，即乘此机会而独立。第四，宜有国际的武力之援助，或联合世界小国家民族而抗之，使帝国主义者，不能复用殖民地民，为其生产的手段，殖民地方，为其工业品销费之商场。但欲实行斯四者，我们中国人尤负有莫大的责任。怎么说呢？就因为中国人口最多，占了世界人口四分之一，倘能脱却了强权的羁绊，自由而发展其人格，则人类生命，已解放了大半。并且中国民族，素尚文德，宽待异族。三代无论了，即汉唐强盛的时候，对于侵略的异族，不过防止其为患，从未掠其君，而奴隶其民，较诸现代帝国主义，待遇异族，必灭其文字，禁其方言，限其置产，绝其生育等，真有霄壤之别了。故我们不敢信西欧、北美、东亚诸帝国，能自发的解放其所压迫利用诸民族，而信中国有一匡天下的使命。但我为此说，非效西班牙人，在他们强盛时，欲团结他们的拉丁民族，来统驭世界各国，也非效英吉兰（利）人，欲以安格罗撒克逊民族而支配世界；实基于中山先生最高的博爱大同思想，欲存绝起废，以期人类生命，各能向上发展罢了。

……

讨论国家主义并质马复先生（节录）

曾 琦　砍 石

无论德国的兴登堡，意大利的墨索里尼，以至于中国的康圣人，没有一个肯说他抱有强盗的雄心，没有一个不想把"祖国"两字压倒一切；同时也没有一个不反对他们所说的"过激派"。国家主义青年党，不过是反动队伍中的一个比较漂亮的支队罢了！

封建阶级，资产阶级，每每利用"君主""祖国"来扰乱阶级争斗的阵线，来保护他们自身的特权。这是不足怪的。而一般纯洁的青年，抱定狭义的爱国主义，为他利用而不自知，那就太冤枉了！

君王的迷信已打破了！我们请说说国家是什么东西？国家不过是统治阶级利用之以掠夺别人的工具罢了！我们被压迫的人们，是否值得死心塌地的去爱它？

是的，我们也主张爱国。不过我们爱的是无产阶级的国家，不是资本的国家；是以国家为过渡到世界主义的工具，不是把它看做终极的偶像；是为了要反抗帝国主义压迫中国的无产阶级才爱国，不是想抱"大中华"的传统观念，步帝国主义者的后尘。可是国家主义者和我们相去太远了！

中国国家主义的机关报说，要反对不合国情的共产主义，这句话最幼稚得可怜！世界的保守党反动派，试问哪一个不说革命派是"不合国情"？法国的国家主义者，不是喊着"共产主义不合法国国情吗"？

究竟怎么样是合乎国情，这是很值得讨论的。

讨论这个问题，我们要明白，所谓适合国情，就是适合本国物质的需要。中国不是一个闭关自守的绝域，讨论中国的问题，要顾到世界的大势。国家主义者闭着眼睛不管世界的大势，要想以一国的单独的力量，不与世界的革命势力联合，推倒帝国主义和军阀，而欲建设一个大中华的帝国主义，这虽适合于资产阶级小资产阶级的幻想，却完全不懂世界的情形和国内物质的需要！难道中国单独的革命，兵不精，粮不足，器不利，能够成功吗？难道中国的农工没有地主资本家，便不能生产，不能消费吗？国际资本主义的最后一段，已经到了最后一步而成帝国主义，行将崩坏，中国难道不要蹈前车之覆辙吗？

共产主义是否适合于中国？这是不值得多讨论的。要是中国不能独外于世界，要是资本主义的确到了末日，要是共产主义是一个活的理论而不是死的条文，要是苏俄工业不及英美而的确可向共产主义走：那么这个疑问，马上便可释然。中国的工业无论如何不发达，中国的民智无论如何不开通，难道就不能用新的"新经济政策"去过渡，新的"共产教育"去开导吗？唉！真是"杞人忧天""蜀犬吠日"！

现在我们丢开理论，再看看他们实际的行动，自可看出他的真相。

一、登载国民会议促成会的文章；二、颂扬广州商团；三、骂中山顽强；四、攻击共产党（各国的）及苏俄；五、反对国民党与苏俄提携；六、颂扬拥护唐继尧的李烈钧；七、译登帝国主义的国歌；八、鼓吹精神文明东方文化；九、误解孙中山为国家主义者；十、诬骂国民党左派之陈其美、陈独秀；十一、主张革命党应与买办、绅士、政客……合作。够了，够了，我们且等着看他以后所玩的把戏。

……

无产阶级与民族运动

独　秀

国家主义者说："共产党……以为……帝国主义之国家有其无产阶级同情于被压迫之中国人民，可以牵制其本国政府之行动……此种思想又何殊于梦呓……英工党领袖前相麦克唐纳尔在工党机关报《前进报》论汉口案一文……共产党人读此言论，不知能醒其迷梦否"？

毫无世界知识的中国国家主义者，他们"一点也不知道现在世界无产阶级运动已经到了什么状况，他们更不知道麦克唐纳尔在世界无产阶级运动中居何地位"，一见麦氏反动的言论，他们便大喊其各国无产阶级同情于被压迫之中国人民是共产党的梦呓。果然是梦呓么？请看下列事实。

电通社五日东京电：日本之劳动农民党发表对华声明书，将努力于国民政府之承认。

路透社六日伦敦电：英海军大臣白里志曼演说：工党在事不干己之中国内战中择仇英之领袖而拥护之。

路透社六日伦敦电：英国全国工党联合行政会发起，在爱而白特厅开要求对华和平之大会，到者甚众。

世界新闻社加拿大电：加拿大劳动党主席杜慕牟亚氏于一月二十六日声明：关于中国问题，加拿大劳动者愿与脱离被英国等榨取之中国为友，排斥英国之对华出兵，英国虽有劝诱加拿大出兵之形迹，而加拿大劳动党极力反对出兵云云。

本社六日北京电：据伦敦报告，柯克（CooK 英国矿工会书记）提议成立"勿侵犯中国会"，并开会讨论援助中国问题。又奥斯露【陆】消息，工人大会在该地举行，一致通过挪威工人与中国民族独立斗争休戚相关。又英国共产党机关报《工人生活》提议工人应为反对战争而奋斗，并在各城市成立"勿侵犯中国会"。

世界新闻社墨而邦（本）电：澳洲海员工会驻维多利亚分会已决定通告各会员，对于凡载兵或运军火至中国之船，一律罢工，不予驾驶。

国闻社七日汉口电：英工党复陈友仁电，极反对英舰来华。

电通社七日北京电：据伦敦电告，苏格兰独立工党机关报《前进报》唤起群众反对英国在华政策。又德国共产党在柏林发起几次大会决议对英国之武力干涉中国提出严重抗议。

路透社七日汉口电：陈友仁续接英国工党反对英国集兵中国之来电两通，一系伦敦全国工党联合行政会所发者，重行声明其已详于前电之态度，一系纽西伦惠灵吞工党发来者，赞同英国工党之地位。

电通社九日北京电：伦敦消息，上周内英伦工人举行百数十次大会，提出"和平对待中国"之口号，兰斯勃利（工党重要首领之一）在伦敦工人大会上宣布："中国向英国无从让步，乃当然事；反之，中国则应向英国要求补赎其当年在华所作之罪案。"

路透社九日伦敦电：工党修正致英皇之答词，明日将由特莱夫良在下院提出，该修正文惋惜政府应付中国形势之迟缓，并指陈派兵远东之失望，谓不仅增在华各处英人之危险，且妨碍以爽直承认中国国家独立为根据，与中国人民谋取平等与永久友好的谅解之进行，请下院促成立即之变计，而召回已在途开赴中国之军队。

这些事实，完全可以证明共产党所认为"帝国主义之国家有其无产阶级同情于被压迫之中国人民，可以牵制其本国政府之行动"，这件事并非梦呓；反而可以证明国家主义者认为各国工人都应爱其祖国，不能希望他们同情于中国民族运动，这才是梦呓。

国家主义者见了上述的这些事实，或者要大骂加拿大工人、澳洲工人、纽西伦工人、苏格兰工人、英伦工人、英国工党尤其是英国共产党不爱祖国！可是他们如果也要爱祖国，便不能同情于被压迫之中国人民了，中国国家主义者到底希望他们怎样？

英国若是一个被压迫的国家像中国这样，我们知道英国工人必不能躲在"工人无祖国"的名义之下，一任外国帝国主义宰制而不起来反抗，必不能像中国国家主义者那样提倡容忍。这因为英国也是一个侵略别人之帝国主义的国家，全世界的无产阶级，是要不分国界的打破整个的帝国主义，所以英国工人还不能站在"爱祖国"的名义之下，帮助本国的帝国主义压迫中国人民。全世界的无产阶级，正因要打破整个的帝国主义，所以自然而然的要同情于任何被压迫民族反抗帝国主义的革命运动，因此形成了整个的世界革命。在此世界革命运动中，一边是各帝国主义及其走狗，一边是无产阶级及被压迫民族，因此形成了全世界无产阶级及革命的民族主义者（反革命的民族主义者可以做帝国主义的走狗，他们当然不能和本国的及世界的无产阶级合作）之间相互的同情与援助，因此形成了每个国家的各种革命都是整个的世界革命运动之一部分。无论何国工人，如果他们不同情于被压迫的民族运动，便是不随意参加打破帝国主义的世界；无论何国民族主义者，如果他们不同情于工人运动，如果他们反对阶级争斗，便是不愿意成就打破帝国主义的民族革命。

我这些话是对还在参加民族革命运动的人们说的，不是对国家主义者说的。中国的国家主义者，已经分明站在帝国主义和军阀那边，已经公然在上海法庭拿出孙传芳密令他们在小沙渡屠杀工人的公文，他们已经是反革命者，我们用不着对反革命者谈什么革命的理论！

对时局宣言（节录）

中国国家主义青年团全国代表大会

……

中国国事纠纷到如此地步，根本原因皆由于无明白直捷之政治纲领以为之号召的缘故。近年以来，国内政党渐知以主义号召群众，化军阀之私斗，为主义之公争，在政治运动的进线上看来，不能不认为较有进步。唯所贵乎政党者，乃在有具体的政治纲领以解决当前之困难问题，收对症施药之效，同时又须有诚意拥护其主张政策，使之见诸实行。证诸国内政党所标主张，或违背国情，解纷而反以增纷，或仅托空言，口惠而实则不至，似此情形，国事艰难，何日可了？本团负革命救国之使命，对此问题久已熟思深虑，制订方案。用将本团主张，提出要点，与国人共同讨论，以期救国归于一途，这是本团重要的希望。

全民政治，为近世政治试验最良之方式，举凡政治学家，无人敢说专制政体较民治更好的。自俄国革命以后，列宁之徒谋以暴力维持政权，乃创为一党专政，一阶级专政之说，竭力鼓吹，以为胜于民治，共产党徒以之推行于中国，国民不察，漫然随声附和者亦不乏人，不知俄之现行政体乃旧专制政体之反动，积怨求伸，本属一时变态，俄人在此种新式专制之下，所受苦痛，不下于帝政时代，较之欧美民治国家，谁优谁劣，不争已明。我们建国设政，当为全民福利着想，自由，平等，博爱之三大精神，为近世文明之母，革命之是否进步，当以其是否充分发挥此三大精神为断。专制政体，无论何种属性，何人当权，根本阻碍自由思想，违背平等原则，破坏博爱精神，使人民失自动的能力，文化受无理的阻碍，国家因之衰落，社会因之凝滞，利害显然，常识所知。民治政体虽非绝对无疵，但利害相权，利多害少，吾人但有本其原则，加以修正。实行普通选举，撤废一切财产、智识、男女等区别，则政权自不能为少数所操纵；采用职业代表制，代表有不称职，职业团体可以随时撤换，则代表与选民之关系自加密切；主张联省自治，实行人民自主，排斥军阀割据，则过分之中央集权，武力政治自可避免。凡此三端，皆经近世政治学家研究，认为可以补救民治政体之缺点，促成真正全民政治之实现。本团以为改造中国的途径，也只有这一条光明的大道，倘舍民治之正道趋专制之歧途，是无异于国民自杀。至于有假借种种巧妙的名词以为一时施行专制之护符者，其危险与提倡一阶级专政等，我们也决不能加以赞同。本团鉴于现在一般国民的政治思想大有开倒车之势，所以不得不提出这个问题来郑重说明。盼望爱护全民政治的人，一致起来防止这个专制思想的复活运动。

自产业革命以来，劳资分化日益显著，欧美哲人，鉴于资本主义之膨胀，劳动阶级之痛苦，乃有种种社会运动出现，共产主义不过其中一支流而已。在欧美方面，社会运动之主潮，并非俄国式之共产主义，而为德国式之社会民主主义。就中国现状而论，近代工业发达较迟，劳资阶级并未分化。以工人而论，都市之机器工业下之工人不过数十万，此数十万中尚有一半系国有交通机关所雇佣者，与私人雇佣性质不同。其余内地大多数工人，均在手工业的状态下。手工业中半系家庭工业性质，其无劳资界限已甚易知。他一半虽有雇佣性质，但劳资之间亦无截然之区划。况手工业中之雇主，均系小资产者，绝无大资本家在内，决无可以受反对之资格。再就农民而言，大多数自耕自食，各有相当之资产，少数佃户，亦系自由民，与俄国之佃奴性质绝对不同。此种情形，即证明中国现状并无造成共产革命之相当理由，无共产之需要而强欲共产，实违背社会之自然原则。本团以为中国现在之苦痛，不在国内之劳资冲突，而在国外资本势力对我全国民众所下之经济总压迫。在外国经济总压迫下，我全体国民尽为被压迫者，尽属于准无产阶级。吾人此刻首先应努力者，乃在设法解除此项国外的压迫，万不可自行强分阶级，从事内哄，以减杀对外的势力。解除国外经济压迫势力之步骤，第一，实行全民革命以求国内之统一。第二，以国家政府之力量采保护贸易政策。对外改订商约，取缔外人在华工业，统一税则，奖励国外贸易，以巩固本国之经济基础。倘对外经济得以发展，则本国种种社会问题皆迎刃而解，盖我国此刻所患在寡不在不均，已为一般人所公认也。至于本国实业开发以后，劳资问题，自随之而起，但此时未雨绸缪，尚非已晚。本团根据欧美各国之经验，参酌本国之现状，主张采用社会政策：将大企业收归公营，减少劳动时间，增加工资，规定工人分红制，以保护工人之利益；限制大地主，没收无主荒地，扶助小农户，奖励协作社，以保护农人之利益；限制遗产，以累进法课所得税，规定女子承继权，取缔高利借贷，以防制大资本家之出现。此政策实行之后，劳资分化自可预先防止，不必倡阶级斗争之惨说而阶级自然消灭，何必削足适履定须破坏经济组织而后为快呢？

一国民族之发展，与其文化之程度成正比例，未有文化不兴，而国家能富强的。本团以为救国途径多端，而提高文化普及教育为其总枢纽。共产党徒为贯彻其愚民专制之政策之故，乃有"打倒智识阶级"之谬论出现，以俄国之往事论之，革命之初也尝排斥一切智识阶级，不许活动，其后乃处处感觉困难，结果不得不将各种专门家召回本国，俾以事权，以辅助政府的进行。中国现在人才缺乏，正患智识的不足，何来打倒智识阶级之谬论。本团主张思想自由，教育独立，并提高教育地位，以教育为国家事业，不许以一党一派一宗教之学说主张强迫侵入教育，以维持教育之独立系统。对于现今党化教育，统一言论，干涉信仰自由等行动，认为足以障碍文化之进步，危及民族之发展，不能不加以反对。

以上三端，我们认为是解决中国国事纠纷正当的途径，舍此不由，必贻后悔，我们愿以全力拥护这种主张的实现，防止他种邪说的流行。同时也希望热心国事的国民，本个人的见地，就实际的国情，参泰西的成法，权将来的利害，平心静气，采用一种救国最适当的方案，来解决当前的困难问题。本团谨以至诚之意，欢迎同情于以上主张的人民，不分左右，不分南北，不分贫富，不分男女，不分老少，只要是：

救国的走向这边来。

革命的走向这边来。

集中我们的力量。加入国家主义青年团的旗帜之下。

内除国贼。

外抗强权。

内求统一。

外求独立。

《醒狮》第一四一期

醒狮运动发端

陈启天

　　我们的旗帜，是"醒狮运动"。什么叫做"醒狮运动"？我们中国绰号"睡狮"，我们中国四万万人就是四万万个睡狮。这四万万个睡狮当中，有的睡足醒了，大声叫喊一齐醒来，却已声嘶力竭，渐渐死去。而全国大多数的睡狮虽从梦中惊醒，听着一声中华民国，然仍在半醒半眠状态中，不解中华民国是什么！甚至又昏睡下去，完全不问中华民国了。于是中华民国的招牌虽然存在，而家内却有小窃大盗暗偷明抢，家外又有面似平和、心实不测的强盗争图侵略，使得睡狮也睡不安宁了，睡狮要求安睡，须得个个睡狮一齐醒来，合力扫清一切家内家外的小窃大盗。这件事情，我们就叫它"醒狮运动"。换句话说，醒狮运动，就是中国国家主义的运动。

　　原来国家主义在中国历史上并不是从外国贩进来的。从来儒家的忠孝思想就是一种中国式的国家主义的结晶。后来忠孝思想被私人利用误解，虽不免起了动摇，然国家主义却仍是脱胎换骨，依旧存在。义和团的扶清灭洋固是国家主义的表现，而革命党的排满兴汉也是国家主义的表现。推而到张之洞的中学为体西学为用也是一种国家主义的表现。表现国家主义的方法，虽有当有不当，而一点国家主义的精神却是中国生死存亡的关键，不可不急于扶植起来。这话怎讲？且待我分别说来：

　　第一，我们深信现在的世界虽异说横流，而主要的思潮仍为国家主义。英、法、日三国固是国家主义弥漫全国。即美国的国际主义和俄国的共产主义也都是国家主义在背后做主。我们若是误听人言，乱唱高调，就是自己撤销自己立国的基础而乞怜于人，怎能与人抗衡？

　　第二，我们深信一个国家要拨乱反治，须得先有一种思想，为全国人所信从，然后可以通力合作。中国现在还是一个国家。我们要使这个国家成为一个独立统一的国家，只有以国家主义相号召，才适合当前的事实而易得各种人民的信从。若是以超国家的任何主义相标榜，我总觉得高远不切实情，立意虽在救国，而结果恐益增乱国的种子。中国人民将越发不得安居乐业，恐非聪明才智的国民所忍出罢！

第三，我们深信振作国民的精神。激励国民的感情，团结国民的意志，以求洗刷国民的耻辱，在当今只有国家主义才能做到。在国家主义的旗帜下，无论何种职业的国民均可一致趋赴，协力图强。否则阶级划分，争斗益烈，国内混乱的局面无由廓清，而国际干涉的惨祸终难幸免。

我们本着以上的三种信念，断定国家主义是目前中国拨乱救亡的唯一良药。其他任何高尚的主义，皆应认为不切时宜，不合实用，暂置不论，或待他日缓图。

至若国家主义如何实现，首在建立各种信条为国民言行的标准，兹略举其概要如下：

第一，关于体育应以魁梧雄健为标准，而立国民一切活动的基础。力戒没精打采，死气沉沉的亡国气象。提倡国民体育以锻炼国民的好身手。

第二，关于道德应以忠实贞坚为标准，而厚国民一切活动的意味。力戒狡诈、圆滑、唯利是视，而毁社会组织的纲纽。

第三，关于教育应以爱国卫国为标准，而定为教育的宗旨。力戒徒重知识技能的修养，而忘却人格气节的修养，只成功所谓职业教育。

第四，关于政治应以对外能独立对内能统一为标准。对外要独立则须抗强权，对内要统一则须除国贼。而其根本则在全国国民觉悟预备实力，一致进行。

第五，关于经济应以增加生产、调剂分配为标准。国民自动开发实业固属紧要，而通筹全国的经济政策也属紧要。无论发展国内实业或增进国际贸易，均须依据相当的经济政策，全国切实推行才易收效。而其入手方法在早日裁撤厘金，改正关税，使内国实业得有保障，平衡发展，不致为外商所压倒。

总说一句，我们应认定国家主义为中国目前起死回生的唯一法门，无论何种事业，应以国家主义的精神一以贯之。

国家主义与国际主义（节录）

瞿世英

一

谁也不能否认国家主义是近代国际政治的大动力。推其起源不过是部族主义的变相，起先仅仅是人类自卫本能和侵略本能的表现，渐渐成为一种共同的观念，再进而成为一种原则，终乃成为宗教的信条一般，竟是不能动摇的了。就全部历史看，究竟是为功为罪，我们不愿意现在就下最终的判断。然而近三四百年来的历史，既和国家主义发生了不可离的关系，便不可不研究一下看国家主义究竟有如何稳固的基础，前三四百年的历史所走的路是否是最合宜的，如其是不合宜的，便应当换走哪条路？再问现今国际政治生活的新路，是否是比较合宜的路？

……

国家主义完全是西方的产物，如其要问是从哪时起的，便可直截了当的答复道，是文艺复兴时代起的。最初不过是一种情绪，不过是极强的情绪，直到拿破仑时代，竟成了各国的政策，成了各国政府对付别国政府欺骗本国人民的一种巫咒，半催眠的鼓动了三百年的国际政潮，到如今还不曾清醒。

西方的国家主义是完全以冲突和征服的精神为起源，其本质亦是如此。社会生活应当以相爱为基础，不应以相杀为基础。但国家主义的基础竟是相杀，决不是相爱。不但是违反社会生活之自然发展，侵犯人们的相爱的本性，更造成一种以力为基础的社会，这真是人类的大不幸事。既然知道这条路是走错的，为什么自己还竭力要往这条路上走呢？未免有些不智！

二

近三百年历史上的大战争没有一件不是国家主义作祟，至少也有国家主义的成分在内。国家主义所鼓动而成的战争最无意义，为国家主义而战死的亦最无价值。一方面竭力鼓吹说某国人应当为某国死，某国是统一的民族，应当有其独立的主权，但是每次大战争后的和平会议，如一八一五年之维也纳会议，一八五六年之巴黎会议，一八七八年之柏林会议，乃至此次欧战后的凡尔塞会议却毫不顾忌的破坏人家的国家，这岂是不极矛盾的现象？可见国家主义竟是骗人的话。

就国家主义的涵养说，至少要将非我族类赶出去；而要保持一民族之统一性与纯粹性。但是我却要问历史上有没有纯粹的民族？只要不是闭着眼睛说话的，大概不至于说历史上真有统一的纯粹的民族。古代的国家不必论，就近代的说：比利时是否是纯粹一民族呢？如其说是的，便请他解释 Wallong 与 Fleniugs 是否是同系统的。俄国有四十八种不同的民族，美国更不必说。天之骄子的英国，苏格兰人和威尔士人且不说，请问爱尔兰人是怎样？与真正英国人是同血系的么？只怕未必，如是的，爱尔兰人何至于要革命呢？但是爱尔兰人却也为英国死！法国、德国也是一样，绝对不是纯粹的法国，纯粹的德国。

……

至于因社会环境的影响而发生不同之点的，尤其不过是心理的关系。麦克都格尔说：各民族之不同不过是各种不同的因袭的表现，而不是天生的。各种因袭因模仿而遗存下来的，因地域的关系各自造成许多习惯制度，一代代的传下去逐渐的硬化便发生了不同之点。

可见各民族之不同，不是天生的。人类既然是应当过和谐的生活，求全体的进步，便不应当容引起纠纷阻碍和平的国家主义存在。何况国家主义就上面所研究的，并没有什么强固的根据呢！因此我们反对主张国家主义，因为国家主义之结果是"阻挠人类间善意与仁爱的自然发展"（E. A. Ross 语）。

三

在前面已经说过现代的国家主义与文艺复兴时代的主权的观念之发生有极重要的关系。主权的观念可以说是国家主义的很有力的理论的基础。我们既然研究国家主义，对于它似不能置诸不问。

罗马帝国时代的政治理想是统一，在罗马衰败之余，一般人的政治希望已不是统一的欧洲。在从前罗马的疆域内，或者竟说是欧洲，在英国、法国、西班牙等国早已有了独立的政府。渐渐的产生了一种政治上的理想，这便是布丹所宣传的主权论。主权论至少含有两种意义：一是独立的政府，在一国内赋有至高无上之权；一则每一独立的团体应予以自由之发展，这种观念实在是后来国家主义的萌芽。至少此时已具有国家主义的情绪。

主权论的根本出发点是与罗马帝国之统一的政治理想不相容的。必同时有若干之独立政府，然后才用得着说各国各有其绝对之主权。各国都立在平面上，无高低等级之可言，但各国间或者有相持不决的事，其势非诉一公共认可之法则不可，此即国际法之所由生。在这种互相猜疑忌嫉的状态下，各国的外交政策即是暂时维持所谓"均势"的工具，因为大家都很怕有一国强盛起来，本国吃亏，又明知这种办法不稳当，所以不得不各修战备，结果就是三百年的西洋历史，无日不在猜疑忌嫉之中，几国的大战争都是这样发生的。我们先不要问别的，只要问这种生活是否合宜？人类的生活是否应当如此？这是不是理想的政治？

主权论实在是就政治组织出发的，不过其中实在包含了现代的国家主义、人类爱国的情绪，在社会心理上为一种对于团体的忠心（Group Loyalty）与主权的观念相合就造成了国家主义。

主权论的发生是受当时时代的影响的。那时的政治受宗教的束缚太深，大家都想解脱这宗教的束缚。罗马式的政治已经衰歇，不足以维系全欧。一般人所要求的是一种有力量的中央政府。不但是要求强有力的政府，更希望这政府的权力是绝对的，不要受他方面的牵制，因此就发生了许多独立的国家。宗教方面的改革运动亦足以促进这种政治希望之实现。主权论即于此时代发生，代神权论而为政治组织的理论的基础。

布丹的意见以为主权是绝对的永久的权力。在那时的情形差不多是在一人手中的，虽然他亦有主权在民众议会的话，但这不过是理论上的。其结果主权皆入于所谓君主手中。有时固然要征求国民的意见，但是于必要时，君主可以自由处置，用不着去等候国民的许可。布丹的主权论大部分是着眼于内政的，后来格鲁脱（Hugo de Groot）却注意于国与国间的关系。格鲁脱承认主权国家之存在，以为各国应当维持并发展其主权。不但为他国所不能侵犯，即本国国民对于本国政府之处置亦不容置喙。同精神同"习惯"之民族结果即为最完全之结合，即赋有主权。

主权论大倡之后，神权说予以消灭，欧洲即分裂为若干主权国家。恶影响之所至，即成为各主权国家互相反对，争雄长之状态。因主权论而各国可以有独立主权的政府，进一步各国国民因国家自觉之发达而有革命的运动，国家主义就此成功。换一句比较明了的话说，各主权国家之独立，这种观念中包含着那一区域的人民有选择政府的自由。结果以为本国确与他国有不同之点在，应当有各自发展的权利。在本团体之内的应当团结起来，非我族类当然在排斥之列。一般人民之心理态度如此，文学家所表现的精神亦如此，思想家的论调亦如此，乃至于政治家亦利用此种弱点以行使其政策，国家于是竟成为历史上一大动力了。

四

我们是反对国家主义的，因为我们从上面所研究的知道，国家主义并没有什么强有力的基础，它的理论基础——主权论，因近代法律哲学进步之结果，已没有多少可以再拥护的理由。不但如此，我们认为人类不应当容引起战争阻挠社会进步的国家主义存在。不必说本来没有什么根据，即使有根据，在伦理的立足点上也应当绝对排斥。

我们既然反对国家主义当然赞成国际主义；我们就社会进化的行历上看国际主义绝对可能。家族在国家里可以不起冲突，为什么国家在世界上必不能避免冲突？这一句话骤看似乎强词夺理，其实是一件事实。家族将许多职能交给国家，自然不起冲突了。所以国际主义决不是不可能，只要国家将应当让出来的职权让给"国际的政府"，当然是可以实现大同的理想的。

国际政府如其不能行使政治权，终于是空的。如何而能行使政治权呢？必定要现在的国家让出些权来。在未曾提出我们对于"国际的政府"的大纲以前，我们先要问我们为什么主张国际主义。我们主张国际主义的理由，没有别的，我们认为人类的政治生活，应当如此。唯如此乃可以入于和平之域。

战争真是人类的大仇敌。因战争而经济上不知浪费多少，社会上不知损失多少。不但如此，因战争而牺牲的生命更不知多少，人世间不人道的事情无过于此。最坏的结果是人类社会本来是建筑在善意上的，因战争而社会组织的基础反是力了，这是绝对不应当的。

……

国家主义者之四大论据（节录）

——在无锡第三师范学校讲演

曾琦讲演/黄根源、徐宝善笔记

就世界大势论——就本国情形论——就社会道德论——就人类本性论

吾人何为而提倡"国家主义"？偏激乎？抑盲从乎？曰不然。吾人之提倡国家主义，实根据各方之理由与原因，非偏激非盲从。

夫"国家主义思潮"，乃缘国家本体而发生。世界上先有国家而后有国家主义，苟国家组织存在之理由一日不废，则国家主义之思潮一日不能遏止，此征诸古今中外之历史而可信者。吾国在海通以前，误以为宇宙只限于中土，四海早化为一家，故国家观念渐次消灭，士大夫但言天下而不言国家。及至海通以后，列强各挟其武力以东临，吾国备受其侵略，乃知九州之外，尚有九洲。世界并未大同，国家犹应存在。于是"国家观念"渐次回复，"国家主义"于焉诞生。许多先辈断头流血以求脱满洲之羁绊而御列强之侵略。皆不外乎"保种救国"之一念。换言之，即"国家主义"之信仰使然也。故国家主义之在中国已有数十年之历史，吾人本应只求其实现而无需乎提倡。其所以特别揭橥以为号召者，一则因国人对于国家观念尚未普遍明了，二则因共产党人时复发为"反国家"之谬论，以惑青年之视听，不能不有以纠正之耳。

吾国之有"反国家"论调，盖始于"五四运动"以后。"五四运动"之起因，本为反对曹、章、陆卖国亲日，固犹是"内除国贼外抗强权"之"国家主义运动"也。顾何以"反国家"之谬论忽随之而发生？此则由于欧洲大战以后，西方一二学者因厌恶战争而诅咒国家，偶发大同之议论，适中国人之惰性，耳食者流，闻而色喜，以为西方学者尚且趋向大同，吾国何不即时打破国界。于是"世界主义"、"国际主义"之论调，充满于报章杂志。当其时予由日本归国，习闻此种论调，虽未敢随声附和，然亦未始不疑国家主义或者真成过去，吾人无再事提倡之必要。为证明"时代之真相"及求学问之补充计，遂决然赴欧留学。在欧五年虚心考察研究之结果，无一不与国内之所闻者相反。盖予向习政治外交之学，加以上海《新闻报》复以驻法通信之事相约，每日必搜集材料，分析研究，举凡各国之军备、教育各种设施，靡不加以考察，乃知其无一不本于"国家主义"。"国家主义"之在欧洲，正如"旭日中天"。过去之说，完全无据，由是益信欲救今日之中国，非国家主义不为功矣。今请简述国家主义者之四大论据如下：

（甲）就世界大势论

"国家主义"潮流，既蓬勃于世界。自强国观之：若法，若英，若美，若日，若战败之德，若改制之俄，均汲汲焉整其"国防"，固其"国土"，保其"国权"，扬其"国威"……

……

英、日、法、美、意此天下所称五大强国也。其服膺国家主义之狂热为何如！德国，共和新建国也；苏俄，"共产主义"之国家也；其服膺国家主义之热烈何如！然此犹可谓强国志在侵略，故多未能打破国界。试观弱国复何如？彼被瓜分于德、奥、俄之波兰独立党人既因信仰国家主义而恢复其国土矣。被压迫于英伦之爱尔兰独立党人亦获建"自由邦"矣。久被人视为亡国奴之犹太独立党人亦信仰国家主义而获独立建国矣。久被人指为病夫之土耳其青年党人，亦因信仰国家主义而耀然兴起矣。他若印度之"独立运动"，朝鲜之独立运动，虽尚未达目的，而其受国家主义之支配则一也。夫强国之"图扩国权"也既如彼，弱国之"图复国土"也又如此。然则打破国界，趋向大同之事，岂所语于今日哉？美前总统威尔逊有见于"国家主义"潮流之盛也，尝欲以民族自决，为缓冲之计。然民族自决之目的在于"独立建国"。苟不承认国家存在之理由，则方打破国界之不暇，尚有何建国之必要。故吾人无论从何方面观察，皆不能不承认"二十世纪之世界，为国家主义极盛时代"。彼欧洲少数学者若英之罗素，法之巴尔比士、罗曼劳兰诸人，虽驰情大同，亦终成梦想，何尝得其国大多数人之同情哉？凡此皆予在欧所亲见之世界情势也。

（乙）就本国情形论

今日我国之情形，一言以蔽之曰："内不统一，外不独立"而已。国内不统一之故，于是各省督军据地称雄，拥兵作乱，形同藩镇，势等寇盗！因外不独立之故，于是关税不能自主，司法不能完全，财政频遭干涉，外交亦受牵制。北京之所谓中央政府悉唯东交民巷之命令是听。如此受制外人，安能尚称独立国哉？然欲吾国贯激独立自主之真精神，并非绝无希望。其法在使国民明了国家根本立足点之所在，使全国国民尽能透切了解国家主义之真意而信仰之，使尽人都有为国效力之爱国观念。对内则具铲锄国贼之决心；对外则有一致抵抗之勇气，夫然后可以永保我国之独立与自由。不观法人之见攻于德乎？当是时普军直趋巴黎，法人不得已而为城下之盟。德人科以巨额之赔款，且声言"一个马克不交完，决不退兵"。法人忍气吞声，立即发行临时公债，不终朝而满其额。德相俾斯麦闻而恐惧，虑法人之报德仇也，但思有以再挫之，使其一蹶不振。然法人忍辱含垢，卧薪尝胆，历数十年，卒雪国耻，岂非信仰国家主义使然哉。使我国人亦如法人国家观念之强，则国事虽坏，亦何难合全民之力以谋内部之统一。一面铲除国贼，一面整理财政，争回关税自主权，厉行保护工商政策，奖励国外贸易，使国民经济，日臻发达，则转弱为强，直反掌耳。土耳其最近之成功，即吾人极好之先例。然此非以"国家主义"为"中心思想"，殆无以合群力而奏大功。于此有人焉，以"共产主义"为时代之救星，谓中国亦必由共产之路。不知世界之言"共产主义"者，自马克思始。马氏尝谓"共产主义"，恒随"资本主义而发达"。循是说也，则"资本主义"程度最高国，当盛行共产主义矣。然而英、美两国，"共产主义"，何以不甚发达？而俄国资本程度尚不及日本，何以独先实行"共产"？马氏学说之武断，于此已得一明证。且即以马氏之说而论，欲行共产主义，必须资本与工人集中。因资本集中，然后有产可共。因工人集中，然后有人革命。今我国大规模工业，均为外人所经营。国内资本根本缺乏，遑云集中！所谓工人阶级，又大半佣于洋行，寄人篱下，为糊口计耳。团结革命，谈何容易。虽然，我国必欲"共产"，厥唯土地。当俄国革命之际，农民均赞成土地分配，以彼等可得地主之农田也。及政府令其缴纳谷物以资分配，农民乃大反对。政府派兵征收谷物，农民乃以怠业为抵制。政府终无可奈何，遂大减其生产力，又值天旱，全国大饥，不得已而请账于"资本主义"之美国。即极贫弱之中国，亦尝出巨万以拯俄灾。俄之所以陷于此境者无他，条件不具备而强行共产之过也。欲行共产，须具有精神物质两方面之条件。物质方面之条件：（一）须工业发达；（二）须交通发达。精神方面之条件：（一）须共产观念普遍；（二）须公共道德发达。盖共产主义之要旨在于平均分配，若工业不兴，则无产可共；交通不便，则配达维艰；共产之观念不明，则占有之冲动仍在；公共之道德不强，则分配之舞弊难免。试观中国国有铁路路权，完全操于交通系梁士诒掌中。数十年来，唯剩一本糊涂账，不可究诘。梁氏之拥巨资，非其祖父遗产也，中饱所得，不问可知。夫中国生产事业，几等于零，共产之事，何从下手？

（丙）就社会道德论

一国之社会能秩然有序而日趋进步，全赖有最高道德以维系之。法儒孟德斯鸠之言曰："共和国家最要者，为道德。"在昔君主国家以忠为教，忠君即其最高之道德也。民主国家之最高道德在爱国，实则爱国即爱己，即爱其祖宗所创之业，更从而发扬光大之所谓"国家主义"之精神。亦即在是今日中国社会之所以陷于混乱者，即由专制而入共和，守法之观念已失，爱国之信条未成，无最高道德以范围一切，而一般卖国贼乃敢于横行无忌耳。如梁士诒、曹汝霖辈之窃权弄柄，作奸犯科，未始非打破国家一念有以致之，彼等但知自私自利，以为国家于我何关。国即亡，吾亦可栖息他邦，入他国之国籍。彼等不知国家之可爱，不识道德为何物，故于祖国之存亡，不特不以为意，且从而卖之害之，略无顾恤。中国今日一般祸国殃民之军阀官僚，其心理状态大率类是。故吾人非讲"国家主义"不足以救中国之亡。自消极言：凡破坏国家者，国民应群而诛之；自积极言：凡为国建设者，国民应群起而助之，使不肖者有所恐，而贤者有所劝，此就社会道德论，吾人不可不提倡"国家主义"者也。

（丁）就人类本性论

爱国为人之良能，合乎人心，顺乎自然，人类唯以自爱其群，是以能驱虎豹、犀象而远之，导洪水而注之海，驱龙蛇而放之沮，然后人得安居而乐业，故荀子曰："人之所以异于禽兽者，以其能群也。"盖团体不存，个体即不能自保。人之爱群，天性然也。如五卅案起。沪锡相隔数百里，诸君闻之，莫不痛愤，有如身受奔走援助，唯力是视。诸君之所以为此，非要誉于乡党朋友也，非资本家有以赂诸君也，又非军阀官僚威胁所致也，亦爱国之天性使然耳。彼共产党提倡第二国际，然而战起，各工党肉搏于疆场，其党员之列席议院者，类皆赞成宣战，曾不少恤其主义。是"共产主义"不能打破人类自爱其群之明证也；是"国家主义"合乎天理，顺乎人性之明证也。虽然，世界为进步的，所谓"大同主义"非无实现之可能，唯此乃吾人理想之企图，非所望于今日者。夫人类社会组织，悉本过去之经验而损益之，绝对不可躐等。"国家主义"本由经验而产生，并非何人所发明。不若无政府主义与共产主义仅为老子、克鲁巴特金，马克斯等一二人之空想。盖空想难于实行，经验不可磨灭。人类之有今日，均由"国家主义"御外治内之功，故授"国家主义"之本义，原极和平而无弊。人苟自爱其国，推而至于亦爱人之国。则"国家主义"未始非达"大同主义"之阶梯，此孔子所以有国治而后天下平之论也。综上所陈四大理由，吾人可得一结论曰："国家主义者，合国情顺潮流之主义也。国家主义者，救中国唯一之良方也。"欲中国政治上轨道，外交占胜利，社会得安宁，当以"国家主义"为宗旨，以全民革命为手段。合四万万人之力。内除国贼，外抗强权。立定大计，以实践国民天职，贯彻民主精神。彼"共产主义"主张"劳工革命"而忽视其他各界，吾人认为减少革命之势力，延长军阀之寿命。而其所倡之"阶级斗争"，尤足以内启国民之分裂，外促列强之结合。不若"国家主义"之兼顾各方，易收实效也。

……

原载《醒狮》

知难行亦不易（节录）

胡　适

……

（三）"行易知难"的真意义

中山先生自己说：

予之所以不惮其烦，连篇累牍，以求发明行易知难之理者，盖以此为救中国必由之道也。（页五五）

他指出中国的大病是暮气太深，畏难太甚。

中国近代之积弱不振奄奄待毙者，实为知之非艰行之唯艰一说误之也。此说深中于学者之心理，由学者而传于群众，则以难为易，以易为难，遂使暮气畏难之中国，畏其所不当畏，而不畏其所当畏。由是易者则避而远之，而难者又趋而近之。始则欲求知而后行，及其知之不可得也，则唯有望洋兴叹而放弃一切而已。间有不屈不挠之士，费尽生平之力以求得一知者，而又以行之为尤难，则虽知之而仍不敢行。如是不知固不欲行，而知之又不敢行，则天下事无可为者矣。此中国积弱衰败之原因也。夫畏难本无害也。正以有畏难之心，乃适足导人于节劳省事，以取效呈功。此为经济之原理，亦人生之利便也。唯有难易倒置，使欲趋避者无所适从，斯为害矣。（页五五）

他要人问曰："不知亦能行之，知之则必能行之，知之则更易行之。"他考察人类进化的历史，看出三个时期：

第一，由草昧进文明，为不知而行之时期。

第二，由文明再进文明，为行而后知之时期。

第三，自科学发明后，为知而后行之时期。

凡物类与人类，为需要所逼迫，都会创造发明。鸟能筑巢，又能高飞。这都是不知而能行的明证。我们的老祖宗制造豆腐，制造瓷器，建筑长城，开辟运河，都是不知而行的明证。西洋人行的越多，知的也越多；知多了，行的也更多。他们越行越知，越知越行。我们却受了暮气的毒，事事畏难，越不行，越不知，越不知，便越不行。

救济之法，只有一条路，就是力行。但力行却也有一个先决的条件，就是要服从领袖，要服从先知先觉者的指导。中山先生说人群进化可分三时期，人的性质也可分做三系：

其一，先知先觉者，为创造发明。

其二，后知后觉者，为仿效进行。

其三，不知不觉者，为竭力乐成。

第一系为发明家，第二系为鼓吹家，第三系为实行家，其中最有关系的是那第二系的后知后觉者。他们知识不够，偏要妄想做先知先觉者；他们不配做领袖，偏要自居于领袖；他们不肯服从发明家的理想计划，偏爱作消极的批评。他们对于先知先觉者的计划，不是说他们思想不彻底，便是说他们理想太高，不切实用。所以中山先生说：

行之之道为何？即全在后觉者之不自惑以惑人而已。

力行之道不是轻理想而重实行，却正是十分看重理想知识。"行易知难"的真意义只是要我们知道行是人人能做的，而知却是极少数先知先觉者的责任。大多数的人应该崇拜知识学问，服从领袖，奉行计划。那中级的后知后觉者也只应该服从先知先觉者的理想计划，替他鼓吹宣传，使多数人明白他的理想，使那种种理想容易实行。所以中山先生说：

中国不患无实行家，盖林林总总者皆是也。乃吾党之士有言曰："某也理想家也，某也实行家也。"其以二三人可为改革国事之实行家，真谬误之甚也。不观今之外人在上海所建设之宏大工厂，繁盛市街，崇伟楼阁，其实行家皆中国之工人也。而外人不过为理想家计划家而已，并未有躬亲实行其建设之事也。故为一国之经营建设，所难得者非实行家也，乃理想家计划家也。而中国之后知后觉者，皆重实行而轻理想矣。是犹治化学而崇拜三家村之豆腐公，而忽于裴在辂、巴斯德等宿学也。是犹治医学而崇拜蜂虫之蝼蠃，而忽于发明蒙药之名医。盖豆腐公为生物化学之实行家，而蝼蠃为蒙药之实行家也。有是理乎！乃今之后知后觉者，悉中此病，所以不能鼓吹舆论，倡导文明，而反足混乱是非，阻碍进化也。是故革命以来建设事业不能进行者，此也。予于是乎不得不彻底详辟，欲使后知后觉者，了然于向来之迷误，而翻然改图，不再为似是而

非之说以惑世，而阻挠吾林林总总之实行家，则建设前途大有希望矣。（页六一
一六二）

所以"行易知难"的学说的真意义只是要使人信仰先觉，服从领袖，奉行
不悖。中山先生著书的本意只是要说："服从我，奉行我的《建国方略》。"他
虽然没有这样明说，然而他在本书的第六章之后，附录《陈英士致黄克强书》
（页七九一八七），此书便是明明白白地要人信仰孙中山，奉行不悖。英士先生
在此书里痛哭流涕地指出国民党第五次重大之失败都是因为他们"认中山之理
想为误而反对之，致于失败"。他说："惟其前日认中山先生之理想为误，皆致
失败，则于今日中山先生之所主张，不宜轻以为理想而不从，再贻他日之悔。"

"夫人之才识与时并进，知昨非而今日未必是，能取善斯不厌从人。鄙见以
为理想者事实之母也。中山先生之提倡革命，播因于二十年前。当时反对之者，
举国士夫，殆将一致。乃经二十年后，卒能见诸实行者，理想之结果也。使吾
人于二十年前即赞成其说，安见所悬理想必迟至二十年之久始得收效？抑使吾
人于二十年后犹反对之，则中山先生之理想不知何时始克形诸事实，或且终不
成效果至于靡有穷期者，亦难逆料也。故中山先生之理想能否证实，全在吾人
之视察能否了解，能否赞同，以奉行不悖是已。"

"孙文学说"的真意义只是要人信仰"孙文学说"，奉行不悖。此意似甚
浅，但我们细读此书，不能不认这是唯一可能的解释。

……

（四）批评

行易知难的学说是一种很有力的革命哲学。一面要人知道"行易"，可以鼓
舞人勇往进取。一面更要人知道"知难"，可以提倡多数人对于先知先觉者的信
仰与服从。信仰领袖，服从命令，一致进取，不怕艰难，这便是革命成功的条
件。所以中山说这是必要的心理建设。

孙中山死后三四年中，国民党继续奉他做领袖，把他的遗教奉作一党的共
同信条，极力宣传。"共信"既立，旗帜便鲜明了，壁垒也便整齐了。故三四年
中，国民革命军的先声夺人，所向都占胜利。北伐的成功，可说是建立"共信"
的功效。其间稍有分裂，也只为这个共信上发生了动摇的危险。但反共分共所
以能成功，也都还靠着这一点点"共信"做个号召的旗帜。

故这三年的革命历史可说是中山先生的学说添了一重证据，证明了服从领

袖奉行计划的重要，证明了建立共同信仰的重要，证明了只要能奉行一个共同的信仰，革命的一切困难都可以征服。

但政治上的一点好成绩不应该使我们完全忽视了这个学说本身的一些错误。所以我想指出这个学说的错误之点和从这些错误上连带发生的恶影响。

行易知难说的根本错误在于把"知""行"分的太分明。中山的本意只要教人尊重先知先觉，教人服从领袖者，但他的说话很多语病，不知不觉地把"知""行"分作两件事，分作两种人做的两类的事。这是很不幸的。因为绝大部分的知识是不能同"行"分离的，尤其是社会科学的知识。这绝大部分的知识都是从实际经验（行）上得来：知一点，行一点；行一点，更知一点——越行越知，越知越行，方才有这点子知识。三家村的豆腐公也不是完全没有知识；他做豆腐的知识比我们大学博士高明的多多。建筑高大洋房的工人也不是完全没有知识；他们的本事也是越知越行，越行越知，所以才有巧工巧匠出来。至于社会科学的知识，更是知行分不开的。五权与九权的宪法，都不是学者的抽象理想，都只是某国某民族的实行的经验的结果。政治学者研究的对象只是历史、制度、事实——都是"行"的成绩。行的成绩便是知，知的作用便是帮助行，指导行，改善行。政治家虽然重在实行，但一个制度或政策的施行，都应该服从专家的指示，根据实际的利弊，随时修正改革，这修正补救便是越行越知，越知越行，便是知行不能分开。

中山先生志在领导革命，故倡知难行易之说，自任知难而勉人以行易。他不曾料到这样分别知行的结果有两大危险：

第一，许多青年同志便只认得行易，而不觉得知难。于是有打倒知识阶级的喊声，有轻视学问的风气。这是很自然的：既然行易，何必问知难呢？

第二，一班当权执政的人也就借"行易知难"的招牌，以为知识之事已有先总理担任做了，政治社会的精义都已包罗在《三民主义》《建国方略》等书之中，中国人民只有服从，更无疑义，更无批评辩论的余地了。于是他们揭着"训政"的招牌，背着"共信"的名义，钳制一切言论出版的自由，不容有丝毫异己的议论。知难既有先总理任之，行易又有党国大同志任之，舆论自然可以取消了。

行易知难说是一时救弊之计，目的在于矫正"知之非艰，行之维艰"的旧说，故为"林林总总"之实行家说法，教人知道实行甚易。但老实说来，知固是难，行也不易，这便是行易知难说的第二个根本错误。

中山先生举了十项证据来证明行易知难，我们忍不住要问他："中山先生，你是学医的人，为什么你不举医学做证据呢？"中山先生做过医学的工夫，故不肯举医学做证据，因为医学最可以推翻行易知难的学说。医学是最难的事，人命所关，故西洋的医科大学毕业年限比别科都长二年以上。但读了许多生理学、解剖学、化学、微菌学、药学……还算不得医生。医学一面是学，一面又是术，一面是知，一面又是行。一切书本的学问都要能用在临床的经验上；只有从临床的经验上得来的学问与技术方才算是真正的知识。一个医生的造成，全靠知行的合一，即行即知，即知即行，越行越知，越知越行的工巧精妙。熟读了六七年的书，拿着羊皮纸的文凭，而不能诊断，不能施手术，不能疗治，才知道知固然难，行也大不易也！

岂但医生如此？做豆腐又何尝不如此？书画弹琴又何尝不如此？打球，游水，开汽车，又何尝不如此？建屋造船也何尝不如此？做文章，打算盘，也何尝不如此？一切技术、一切工艺，哪一件不如此？

治国是一件最复杂最繁难又最重要的技术，知与行都很重要，纸上的空谈算不得知，鲁莽糊涂也算不得行。虽有良法美意，而行之不得其法，也会祸民误国，行的不错，而朝令夕更，也不会得到好结果。政治的设施往往关系几千万人或几万万人的利害，兴一利可以造福于一县一省，生一弊可害无数人的生命财产。这是何等繁难的事！古人把"良医"和"良相"相提并论，其实一个庸医害人有限，而一个坏政策可以造孽无穷。医生以人命为重，故应该小心翼翼地开刀开方；政府以人民为重，故应该小心翼翼的治国。古人所以说"知之非艰，行之维艰"，正是为政治说的，不是叫人不行，只是叫人不要把行字看的太容易，叫人不可鲁莽糊涂地胡作胡为害人误国。

民生国计是最复杂的问题，利弊不是一人一时看得出的，故政治是无止境的学问，处处是行，刻刻是知，越行方才越知，越知方才可以行的越好。"考试"是容易谈的，但实行考试制度是很难的事。"裁兵"是容易谈的，但怎样裁兵是很难的事。现在的人都把这些事看的太容易了，故纨绔子弟可以办交通，顽固书生可以办考试，当火头出身的可以办一省的财政，旧式的官僚可以管一国的卫生。

今日最大的危险是当国的人不明白他们干的事是一件绝大繁难的事。以一班没有现代学术训练的人，统治一个没有现代物质基础的大国家，天下的事有比这个更繁难的吗？要把这件大事办的好，没有别的法子，只有充分请教专家，充分运用科学。然而"行易"之说可以作一班不学无术的军人政客的护身符！此说不修正，专家政治决不会实现。

十八年五月改定稿

妇女解放和国民教育

新教育意见

《教育杂志》，第3卷第11号，1912年2月10日

蔡元培

近日在教育部与诸同人新草学校法令，以为征集高等教育会议之预备，颇承同志饷以谠论，顾关于教育方针者殊寡，辄先述鄙见以为嚆引，幸海内教育家是正之。

教育有二大别，曰：隶属于政治者。曰：超轶乎政治者。专制时代（兼立宪而含专制性质者言之）教育家循政府之方针，以标准教育常为纯粹之隶属政治者；共和时代教育家得立于人民之地位以定标准，乃得有超轶政治之教育。

清之季世，隶属政治之教育，腾于教育家之口者，曰：军国民教育。夫军国民教育者，与社会主义瞬驰，在他国已有道消之兆，然在我国，则强邻逼处，亟图自卫，而历年丧失之国权，非凭借武力，势难恢复。且军人革命以后，难保无军人执政之一时期，非行举国皆兵之制，将使军人社会，永为全国中特别之阶级，而无以平均其势力，则如所谓军国民教育者，诚今日所不能不采者也。

虽然，今之世界所恃以竞争者，不仅在武力，而尤在财力；且武力之半亦由财力而孳乳。于是有第二之隶属政治者，曰：实利主义之教育，以人民生计为普通教育之中坚，其主张最力者，至以普通学术悉寓于树艺、烹饪、裁缝及金、木、土、工之中。此其说创于美洲，而近亦盛行于欧陆。我国地宝不发，实业界之组织尚幼稚，人民失业者至多，而国甚贫，实利主义之教育，固亦当务之急者也。

是二者，所谓强兵富国之主义也。顾兵可强也，然或溢而为私斗、为侵略，则奈何？国可富也，然或不免知欺愚，强欺弱，演而为贫富悬绝，资本家与劳动家血战之惨剧，则奈何？曰：教之以公民道德。何为公民道德？曰：法兰西之革命也。所标揭者曰：自由、平等、亲爱，道德之要旨尽于是矣。孔子曰：

匹夫不可夺志。孟子曰：大丈夫者，富贵不能淫，贫贱不能移，威武不能屈。自由之谓也。古者盖谓之义。孔子曰：己所不欲，勿施于人。子贡曰：我不欲人之加诸我也，吾亦欲毋加诸人。《礼·大学记》曰：所恶于前，毋以先后，所恶于后，毋以从前，所恶于右，毋以交于左，所恶于左，毋以交于右。平等之谓也。古者盖谓之恕。自由者，就主观而言之也。然我欲自由，则亦当尊人之自由，故通于客观。平等者，就客观而言之也。然我不以不平等遇人，则亦不容人之以不平等遇我，故通于主观。二者相对而实相成，要皆由消极一方面言之。苟不进之以积极之道德，则夫吾同胞中，固有因生禀之不齐，境遇之所迫，企自由而不遂，求与人平等而不能者，将一切恝置之，而所谓自由若平等之量，仍不能无缺陷。孟子曰：鳏寡孤独，天下之穷民而无告者也。张子曰：凡天下疲癃残疾茕独鳏寡，皆吾兄弟之颠连而无告者也。禹思天下有溺者，由己溺之。稷思天下有饥者，由己饥之。伊尹思天下之人，匹夫匹妇有不与被尧舜之泽者，若己推而纳之沟中。孔子曰：己欲立而立人，己欲达而达人。亲爱之谓也。古者盖谓之仁。三者诚一切道德之根原，而公民道德教育之所有事者也。

教育而至于公民道德，宜若可为最终之鹄的矣。曰：未也。公民道德之教育，犹未能超轶乎政治者也。世所谓最良政治者，不外乎以最大多数之最大幸福为鹄的，最大多数者，积最少数之一人而成者也。一人之幸福，丰衣足食也，无灾无害也，不外乎现世之幸福。积一人幸福而为最大多数，其鹄的犹是。立法部之所评议，行政部之所执行，司法部之所保护，如是而已矣。即进而达《礼运》之所谓大道为公，社会主义家所谓未来之黄金时代，人各尽其所能，而各得其所需要，亦不外乎现世之幸福。盖政治之鹄的，如是而已矣，一切隶属政治之教育，充其量亦如是而已矣。

虽然，人不能有生而无死。现世之幸福，临死而消灭；人而仅仅以临死消灭之幸福为鹄的，则所谓人生者有何等价值乎？国不能有存而无亡，世界不能有成而无毁，全国之民、全世界之人类，世世相传，以此不能不消灭之幸福为鹄的，则所谓国民若人类者，有何等价值乎？且如是，则就一人而言之，杀身成仁也，舍身取义也，舍己而为群也，有何等意义乎？就一社会而言之，与我以自由乎，否则与我以死。争一民族之自由，不至沥全民族最后之一滴血不已，不合全国为一大家不已，有何等意义乎？且人既无一死生破利害之观念，则必无冒险之精神，无远大之计划，见小利，急近功，则又能保其不为失节堕行身败名裂之人乎？谚曰：当局者迷，旁观者清。非有出世间之思想者，不能善处世间事。吾人即仅仅以现世幸福为鹄的，犹不可无超轶现世之观念，况鹄的不止于此者乎？

以现世幸福为鹄的者，政治家也，教育家则否。盖世界有二方面，如一纸之有表里，一为现象，一为实体。现象世界之事为政治，故以造成现世幸福为鹄的；实体世界之事为宗教，故以摆脱现世幸福为作用。而教育者，则立于现象世界，而有事于实体世界者也。故以实体世界之观念为其究竟之大目的，而以现象世界之幸福，为其达到于实体观念之作用。

然则，现象世界与实体世界之区别何在耶？曰：前者相对，而后者绝对；前者范围于因果律，而后者超轶乎因果律；前者与空间、时间有不可离之关系，而后者无空间、时间之可言；前者可以经验，而后者全恃直观。故实体世界者，不可名言者也。然而，既以是为观念之一种矣，则不得不强为之名，是以或谓之道，或谓之太极，或谓之神，或谓之黑暗之意识，或谓之无识之意志，其名可以万殊，而观念则一。虽哲学之流派不同，宗教家之仪式不同，而其所到达之最高观念皆如是（最浅薄之唯物论哲学，及最幼稚之宗教祈长生求福利者，不在此例）。

然则，教育家何以不结合于宗教，而必以现象世界之幸福为作用？曰：世固有厌世派之宗教若哲学，以提撕实体世界观念之故，而排斥现象世界。因以现象世界之文明为罪恶之源，而一切排斥之者，吾以为不然。现象实体，仅一世界之两方面，非截然为互相冲突之两世界。吾人之感觉，既托于现象世界，则所谓实体者，即在现象之中，而非必灭乙而后生甲。其现象世界间所以为实体世界之障碍者，不外二种意识：一、人我之差别；二、幸福之营求是也。人以自卫力不平等而生强弱，人以自存力不平等而生贫富，有强弱贫富而彼我差别之意识起。弱者贫者苦于幸福之不足，而营求之意识起。有人我，则于现象中为种种之界画，而与实体违；有营求，则当其未遂，为无已之苦痛，及其既遂，为过量之要索。循环于现象之中，而与实体隔，能剂其平，则肉体之享受纯任自然，而意识界之营求泯，人我之见亦化。合现象世界各别之意识为浑同，而得与实体吻合焉。故现世幸福，为不幸福之人类到达于实体世界之一种作用，盖无可疑者。军国民、实利两主义，所以补自卫自存之力之不足，道德教育，则所以使之互相卫互相存，皆所以泯营求而忘人我者也。由是，而进以提撕实体观念之教育。

提撕实体观念之方法如何？曰：消极方面，使对于现象世界，无厌弃而亦无执著；积极方面，使对于实体世界，非常渴慕而渐进于领悟。循思想自由、言论自由之公例，不以一流派之哲学、一宗门之教义梏其心，而惟时时悬一无方体无终始之世界观以为鹄。如是之教育，吾无以名之，名之曰世界观教育。

虽然，世界观教育非可以旦旦而聒之也，且其与现象世界之关系，又非可以枯槁单简之言说袭而取之也。然则，何道之由？曰：由美感之教育。美感者，含美丽与尊严而言之，介乎现象世界与实体世界之间，而为之津梁。此为康德所创通，而嗣后哲学家未有反对之者也。在现象世界，凡人皆有爱、恶、惊、惧、喜、怒、悲、乐之情，随离、合、生、死、祸、福、利、害之现象而流转。至美术，则即以此等现象为资料，而能使对之者，自美感以外，一无杂念。例如采莲煮豆，饮食之事也，而一入诗歌，则别成兴趣；火山赤舌、大风破舟，可骇可怖之景也，而一入图画，则转堪展玩。是则对于现象世界，无厌弃，而亦无执著也。人既脱离一切现象界相对之感情，而为浑然之美感，则即所谓与造物为友，而已接触于实体世界之观念矣。故教育家欲由现象世界而引以到达于实体世界之观念，不可不用美感之教育。

五者，皆今日之教育所不可偏废者也。军国民主义、实利主义、德育主义三者，为隶属于政治之教育（吾国古代之道德教育，则间有兼涉世界观者，当分别观之）；世界观、美育主义二者，为超轶政治之教育。

以中国古代之教育证之。虞之时，夔典乐而教胄子以九德，德育与美育之教育也；《周官》以乡三物教万民，六德六行，德育也；六艺之射、御，军国民主义也；书、数，实利主义也。礼为德育，而乐为美育。以西洋之教育证之，希腊人之教育为体操与美术，即军国民主义与美育也。欧洲近世教育家，如海尔巴脱氏纯持美育主义，今日美洲之德弗伊派，则纯持实利主义者也。

以心理学各方面衡之，军国民主义毗于意志，实利主义毗于知识，德育兼意志、情感二方面，美育毗于情感，而世界观则统三者而一之。

以教育界之分言三育者衡之，军国民主义为体育，实利主义为智育，公民道德及美育皆毗于德育，而世界观则统三者而一之。

以教育家之方法衡之，军国民主义、世界观、美育皆为形式主义，实利主义为实质主义，德育则二者兼之。

譬之人身，军国民主义者，筋骨也，用以自卫；实利主义者，胃肠也，用以营养；公民道德者，呼吸机循环机也，周贯全体；美育者，神经系也，所以传导；世界观者，心理作用也，附丽于神经系，而无迹象之可求。此即五者不可偏废之理也。

本此五主义，而分配于各教科，则视各教科性质之不同，而各主义所占之分数，亦随之以异。

国语国文之形式，其依准文法者，属于实利；而依准美词学者，属于美感；其内容，则军国民主义当占百分之十，实利主义当占其四十，德育当占其二十，美育当占其二十五，而世界观则占其五。

修身，德育也，而以美育及世界观参之。

历史、地理，实利主义也，其所叙述，得并存各主义。历史之英雄，地理之险要及战迹，军国民主义也；记美术家及美术沿革，写各地风景及所出美术品，美育也；记圣贤，述风俗，德育也；因历史之有时期，而推之于无终始，因地理之有涯涘，而推之于无方体，及夫烈士、哲人、宗教家之故事及遗迹，皆可以为世界观之道线也。

算学，实利主义也，而数为纯然抽象者。希腊哲人毕达哥拉士以数为万物之原，是亦世界观之一方面；而几何学各种线体可以资美育。

物理、化学，实利主义也。原子、电子，小莫能破；爱耐而几，范围万有，而莫知其所由来，莫穷其所究竟，皆世界观之道线也；视官、听官之所触，可以资美感者尤多。

博物学，在应用一方面为实利主义，而在观感一方面多为美感。研究进化之阶段，可以养道德；体验造物之万能，可以导世界观。

图画，美育也，而其内容得包含各种主义。如实物画之于实利主义、历史画之于德育是也；其至美丽、至尊严之对象，则可以得世界观。

唱歌，美育也，而其内容亦可以包含种种主义。

手工，实利主义也，亦可以兴美感。

游戏，美育也；兵式体操，军国民主义也；普通体操，兼美育与军国民主义二者。

右之所著，仅具辜较，神而明之，在心知其意者。

满清时代，有所谓钦定教育宗旨者，曰忠君，曰尊孔，曰尚公，曰尚武，曰尚实。忠君与共和政体不合，尊孔与信教自由相违（孔子之学术，与后世所谓儒教、孔教，当分别观之。嗣后教育界何以处孔子，及何以处孔教，当特别讨论之，兹不赘），可以不论。尚武，即军国民主义也。尚实，即实利主义也。尚公，与吾所谓公民道德，其范围或不免有广狭之异，而要为同意。惟世界观及美育则为彼所不道，而鄙人尤所注重，故特疏通而证明之，以质于当代教育家，幸教育家平心而讨论焉。

今日之教育方针

《新青年》，第 1 卷第 2 期，1915 年 10 月 15 日

陈独秀

　　居今日之中国而谈教育，无贤不肖将共非之。上方百计仆此以为弭乱之计，下亦以非生事所需。一言教育，贤者叹为空谈，不肖者詈为多事。吾则以为皆非也。多事之说，良以教育非能致富求官也，然则教育之所以急需，正为此辈而设。空谈之说，亦志行薄弱，随俗进退者之用心，吾无取也，何以言之？盖教育有广狭二义：自狭义言之，乃学校师弟之所授受；自广义言之，凡伟人大哲之所遗传，书籍报章之所论列，家庭之所教导，交游娱乐之所观感，皆教育也。以执政之摧残学校，遂谓无教育之可言。执政倘焚书坑儒，将更谓识字之迂阔乎。以如斯志行薄弱之人主持教育，虽学校遍乎域中，岁费增至亿万，兴国作民之事，必无望也。反乎此者，虽执政尽废全国学校，而广义教育非其力所能除，悉强毅之士不为所挠，填海移山行见教育精神，终有救国新民之一日。发空谈之长叹，煽消极之恶风，其罪殆与摧残教育之执政相等。即以狭义之教育言之，二、三年来，学校破坏，诚可痛心，然就此孑遗，非绝无振作精神之余地。乃必欲委心任运，因循敷衍，致此残败之余，亦归残败。青年学子，用以自放，绝无进取向上之心，呜呼！是谁之罪欤。吾以为已破坏之学校，罪在执政；未破坏之学校，其腐败堕落等于破坏者，则罪在教育家。

　　教育家之整理教育，其术至广，而大别为三：一曰教育之对象，一曰教育之方针，一曰教育之方法。教育之对象者，即受教育者之生理的及心理的性质也。教育之方针者，应采何主义以为归宿也。教育之方法者，应若何教授陶冶以实施此方针也。三者之中，以教育之方针为最要，如矢之的，如舟之柁，不此是图，其他设施，悉无意识。第所谓教育方针者，中外古今，举无一致。欧洲中世，教育之权，操之僧侣，其所持教育方针，乃以养成近似神子（即耶稣）之人物。近世政教分离，国民普通教育，恒属于国家之经营，施教方针，于焉

大异。斯巴达（Sparta，Laconia 古代希腊州之首府）人之教育，期以好勇善斗，此所谓军国民教育主义也。此主义已为近世教育家所不取（德意志及日本虽以军国主义闻于天下，然其国之隆盛，盖不独在兵强，其国民教育方针，德、智、力三者未尝偏废），以其戕贼人间个性之自由，失设教之正鹄也。法兰西哲学者卢梭，以人生本乎自治，为立教之则。此哲家之偏见，未可施诸国民普通教育者也。德意志之哲学者赫尔巴特（Herbart），近世教育家之泰斗也，其说以品行之陶冶，为教育之极则。十九世纪言教育者，多以赫氏为宗。所谓赫尔巴特派教育学与康德派哲学，殆如并世之双峰。然晚进学者多非之，至称为雕刻师而非教育家。盖以其徒事表象之庄严，陷于漠视体育与心灵二大缺点也。现今欧、美各国之教育，罔不智、德、力三者并重而不偏倚，此其共通之原理也。而各国特有之教育精神，英吉利所重者，个人自由之私权也；德意志所重者，军国主义，举国一致之精神也；法兰西者，理想高尚，艺术优美之国也；亚美利加者，兴产殖业，金钱万能主义之国也。稽此列强教育之成功，均有以矜式宇内者。吾国今日之教育方针，将何所取法乎？窃以理无绝对之是非，事以适时为兴废，吾人所需于教育者，亦去其不适以求其适而已。盖教育之道无他，乃以发展人间身心之所长而去其短。长与短，即适与不适也。以吾昏惰积弱之民，谋教育之方针，计唯去短择长，弃不适以求其适，易词言之，即补偏救弊以求适世界之生存而已。外览列强之大势，内鉴国势之要求，今日教学相期者，第一当了解人生之真相，第二当了解国家之意义，第三当了解个人与社会经济之关系，第四当了解未来责任之艰巨。准此以定今日教育之方针，教于斯，学于斯，吾国庶有起死回生之望乎。依此方针，说其义于左方。

（一）现实主义。人生之真相，果如何乎？此哲学上之大问题也。欲解决此问题，似尚非今世人智之所能。征诸百家已成之说，神秘宗教，诉之理性，决其立言之不诚，定命之说，不得初因，难言后果。印度诸师，悉以现象世界为妄觉，以梵天真如为本体（唯一切有部之说微异斯旨），唯征之近世科学，官能妄觉，现象无常，其说不误。然觉官有妄而物体自真，现象无常而实质常住，森罗万象，瞬刻变迁，此无常之象也。原子种性相续不灭，此常之象也。原子种性不灭，则世界无尽，世界无尽则众生无尽，众生无尽则历史无尽，尔我一身，不过人间生命一部分之过程，勿见此身无常，遂谓世间一切无常，尔之种性及历史，乃与此现在实有之世界相永续也。以现象之变迁，疑真常之存在于物质世界之外，假定梵天真如以为本体，薄现实而趣空观，厌倦偷安，人治退化，印度民族之衰微，古教宗风不能无罪也。耶稣之教以为人造于神，复归于神，善者予以死后之生命，恶者夺之，以人生为神之事业。其说虽诞，然谓天国永生，而不指斥人世生存为妄幻，故信奉其教之民，受祸尚不若印度之烈。加之近世科学大兴，人治与教宗并立，群知古说迷信，不足解决人生问题矣。总之，人生真相如何，求之古说，恒觉其难通。征之科学，差谓其近是。近世科学家之解释人生也，个人之于世界，犹细胞之于人身，新陈代谢，死生相续，理无可逃，唯物质遗之子孙（原子不灭），精神传之历史（种性不灭）。个体之生命无连续，全体之生命无断灭，以了解生死，故既不厌生，复不畏死。知吾身现实之生存，为人类永久生命可贵之一隙，非常非暂，益非幻非空，现实世界之内有事功，现实世界之外无希望，惟其尊现实也，则人治兴焉，迷信斩焉。此近世欧洲之时代精神也。此精神磅礴，无所不至，见之伦理道德者，为乐利主义；见之政治者，为最大多数幸福主义；见之哲学者，曰经验论，曰唯物论；见之宗教者，曰无神论；见之文学美术者，曰写实主义，曰自然主义。一切思想行为，莫不植基于现实生活之上，古之所谓理想的道德的黄金时代，已无价值之可言。德意志诗人海雷（Heine，生于一七九七年，卒于一八五六年）有言曰："海之帝国，属于英吉利；陆之帝国，属于法兰西；空之帝国，属于德意志。"斯言也，意在讽劝其国人，一变其理想主义而为现实主义也。现实主义，诚今世贫弱国民教育之第一方针矣。

（二）唯民主义。封建时代、君主专制时代，人民唯统治者之命是从，无互相连络之机缘。团体思想，因以薄弱，此种散沙之国民，投诸国际生存竞争之漩涡，国家之衰亡，不待著卜。是以世界优越之民族，由家族团体，进而为地方团体，更进而为国家团体。近世欧洲文明进于中古者，国家主义，亦一特异之征也。第国家主义既盛，渐趋过当，遂不免侵害人民之权利。是以英、法革命以还，唯民主义已为政治之原则。美、法等共和国家无论矣，即君主国，若英吉利、若比利时，亦称主权在民，实行共和政治。欧洲各国，俄罗斯、土耳其之外，未有敢蹂躏宪章，反抗民意者也。十八世纪以来之欧洲，绝异于前者，唯民主义之赐也。吾人非崇拜国家主义而作绝对之主张，良以国家之罪恶，已发现于欧洲，且料此物之终毁。第衡之吾国国情，国民犹在散沙时代，因时制宜，国家主义实为吾人目前自救之良方。唯国人欲采用此主义，必先了解此主义之内容。内容维何？欧、美政治学者诠释近世国家之通义曰：国家者，乃人民集合之团体，辑内御外，以拥护全体人民之福利，非执政之私产也。易词言之，近世国家主义，乃民主的国家，非民奴的国家。民主国家，真国家也，国民之公产也；以人民为主人，以执政为公仆者也。民奴国家，伪国家也，执政之私产也;以执政为主人,以国民为奴隶者也。真国家者,牺牲个人一部分之权利,以保全体国民之权利也;伪国家者,牺牲全体国民之权利,以奉一人也。民主而非国家,吾不欲青年耽此过高之理想;国家而非民主,则将与民为邦本之说背道而驰。若唯民主义之国家,固吾人财产身家之所托,人民应有自觉自重之精神,毋徒事责难于政府,若期期唯共和国体是争,非根本之计也。

(三)职业主义。现实之世界,即经济之世界也。举凡国家社会之组织,无不为经济所转移,所支配。古今社会状态之变迁,与经济状态之变迁,同一步度。此社会学者、经济学者所同认也。今日之社会,植产兴业之社会也,分卫合作之社会也,尊重个人生产力,以谋公共安宁幸福之社会也。一人失其生产力,则社会失其一部分之安宁幸福;生产之力弱于消费,于社会、于个人,皆属衰亡之兆。征之吾国经济现象,果如何乎?功利货殖,自古为羞;养子孝亲,为毕生之义务,此道德之害于经济者也;债权无效,游惰无惩,此法律之害于经济者也;官吏苛求,上下无信,姬妾仆从,漫无限制,此政治之害于经济者也。并此数因,全国之人,习为游惰,君子以闲散鸣高,遗累于戚友;小人以骗盗糊口,为害于闾阎。生寡食众,用急为舒,于此经济竞争剧烈之秋,欲以三等流氓(政治家为高等流氓,士人为中等流氓,流氓为下等流氓,以其均无生产力也)立国,不其难乎?今之教育,倘不以尊重职业为方针,不独为俗见所非,亦经世家所不取。盖个人以此失其独立自营之美德,社会经济以此陷于不克自存之悲境也。

(四)兽性主义。日本福泽谕吉有言曰:教育儿童,十岁以前,当以兽性主义;十岁以后,方以人性主义。进化论者之言曰:吾人之心,乃动物的感觉之继续,人间道德之活动,乃无道德的冲动之继续。良以人类为他种动物之进化,其本能与他动物初无异致。所不同者,吾人独有自动的发展力耳。强大之族,人性兽性,同时发展,其他或仅保兽性,或独尊人性,而兽性全失,是皆堕落衰弱之民也。兽性之特长谓何?曰意志顽狠,善斗不屈也;曰体魄强健,力抗自然也;曰信赖本能,不依他为活也;曰顺性率真,不饰伪自文也。皙种之人,殖民事业遍于大地,唯此兽性故;日本称霸亚洲,唯此兽性故。彼之文明教育,粲然大备,而烛远之士,恒期期以丧失此性为忧,良有以也。余每见吾国曾受教育之青年,手无缚鸡之力,心无一夫之雄,白面纤腰,妩媚若处子,畏寒怯热,柔弱若病夫。以如此心身薄弱之国民,将何以任重而致远乎!他日而为政治家,焉能百折不回,冀其主张之贯彻也;他日而为军人,焉能戮力疆场,百战不屈也;他日而为宗教家,焉能投迹穷荒,守死善道也;他日而为实业家,焉能思穷百艺，排万难，冒万险，乘风破浪，制胜万里外也。纨绔子弟，遍于国中；朴茂青年，等诸麟凤。欲以此角胜世界文明之猛兽，岂有济乎？茫茫禹域，来日大难。吾人倘不以劣败自甘，司教育者与夫受教育者，其速自觉觉人，慎毋河汉吾言，以常见虚文自蔽也。

女子人格问题

《新潮》第 1 卷第 2 号，1919 年 2 月 1 日

叶绍钧

人类历史上种种事实，脱不了时间空间互为因果的关系，从没有突然发现，无始无终的事实。但是这件事实，并不一定就是真理所在，那能够参透其中因果，下一个理性的评判的人，就上了进化的轨道。那弄错了的人，迷信着历史事实就是真理，这等"泥古不化"，就不免自绝于进化之路了。

偏是我国人民，富有那凡物同具的惰情；对于历史事实的观念，偏走了"自绝于进化"一途。他们推究事理，用个妙不可言的方法，道："自古如是，当然如是。"这分明承认那历世相传的世故，就是上下古今不可更改的真理。我今日提出这个"女子人格问题"，他们还未必承认这问题有成立的价值。他们必将说道："女子有没有人格，不必讨论，但看历史的事实，便可知道。原来历史上早已解决了。"果然如此，我也再不想同他们讲话。但是我平日对于这个问题，很有些思想；近来读了几个先觉的言论，又很有些感触，不把它写出来，良心上很不舒服。所以我就随手写出，成了这一篇文字。

我今讨论这个问题，请先将"人格"两字，下个定义："人格是个人在大群里头应具的一种精神。"换语说来，就是"做大群里独立健全的分子的一种精神。"为要独立，所以要使本能充分发展；为要健全，所以不肯盲从，爱好真理——这都是完成人格必要的条件。因时代地位的不同，那人格的"量"很没一定范围。然而同时代同地位的人，却应同具平等的人格。为什么呢？因为同是大群里头一分子故。

既将"人格"两字，下了定义，就有以下的讨论：

第一，女子应否具人格？这一问题，可以不假思索地答道："女子应具人格，因为她定是大群里头一分子的'人'故。"

第二，自来女子果否具有人格？除了最近时代，受有教育，有自立能力的

少数女子，余外就难说了。她们没有真实确定的"人生观"。她们的作为，不出一家以外。她们的生活，都靠着别人。既不健全，又不独立；岂特人格不完；竟可说"没有人格"。

第三，女子不幸的原因。女子人格不完——或是没有人格，若说是女子的罪恶，这便错了。当初民分工治事的时候，女子不幸，为有那生育的事情，就只得留在家里，抚育儿女，带做些家里杂务。后来人智渐进，社会制度，也渐渐完备；一切生产的事业，没有不和社会有关系。其时和社会交接的，自然是那身无挂碍的男子。女子所做的家里杂务，却又不幸，不是那可以生财致富的。即或在家做些生产的事业，也不过做男子的帮助；有时仍要男子出面，始可贡献于社会。因此历世相传，就把那独立自营的本能，渐渐退化下来。

女子在家里，专做那零碎、卑陋、无味的家事，一个人心力，已消磨够了。还有什么机会和工夫去接触外界的事实和思想？还有什么机会和工夫去研究学问？历世相传，积非成是，便成了风尚。仿佛那些德性问学的事情，只有男子是专利的。从此那真实确定的"人生观"，不复涌现于女子的精神界。原来她们爱好真理的理性，已渐渐淘汰无余了。

以上所说，就是女子不幸之处。然而还不止此。女子又受得男子的种种熏陶，于是更加把自己的人格，看得无关轻重。非特不想完成它，竟至不想要它，以为"女子本和男子是异致的"。

男子对于女子，只有两种主义。一是设为种种美名，叫女子去上当，自己废弃她的人格；叫做"诱惑主义"。一是看了女子较自己庸懦一些，就看不起她，不承认她是和己同等的，"人"因此就不承认她的人格；叫做"势利主义"。

诱惑主义中最有势力的，就是一种"名分"。什么"纲常"什么"三从四德"……都是诱惑女子的一种利器。好在这等名分，都是从"不合真理的历史事实"演绎出来。利用着大众"世故即真理"的弱点，可以使身受的受之而不疑。是故可以说"夫妇之义，犹君臣也"。据此推论，因"君为臣纲"，故"夫为妻纲"。"汉代以后，能够开口说话的，差不多单是那业儒的男子。那儒家又最是不要人格的——他专想做一姓的忠臣，一家的令子。以己例人，自然有这等教训定出来了。这是第一原因；人类中思想界不很清澈的，往往有一种自私心。女子庸弱可欺，男子压制了她，觉得很有许多利益。因此就不顾公理，定出许多教训来。有人说的好，"周婆制礼，定可补偏救弊"，就可证明这等教训，是男子自私心的结晶体。这是第二原因。

"良母贤妻"又是女子的大教训。近时开了女学校。至标这四字做施教的主旨。这岂不是说，女子只应做某某的妻，某某的母，除了以外，没有别的可做了。母为什么要良？因为要抚养男子的儿女。妻为什么要贤？因为要帮助着男子立家业。试问一个人活在世间，单单对于个人有关系，这种人生，不是同"阿黑""阿黄"一样的没价值么？对于大群，不是毫无关系，可有可无的一个赘瘤么？

这层意义，还可从反面证明。女子既只消做良母贤妻，男子便只该做"良父贤夫"，何以男子研究他专利的学问，讨论人生观的时候，答案纵不一致，却没把这四字来作答的？可见人格完全的人，他总不把"做某人的某人"算究竟，他总要做社会上一个独立健全的分子。女子被人把"母""妻"两字笼罩住，就轻轻把人格取消了。

更有一种很有势力的诱惑主义，就是什么"贞操问题""节烈问题"……这等问题，是说"女子对男子一有夫妻关系——或但有名分——就永远不得离贰；仿佛卖给人家做奴隶一样，只应一世做奴隶到底。就是没有丈夫的女子，倘遇着强暴，能够贞烈自守，就也称赞她。甚而并不是赞她不见屈于强权，能保持一己自由；乃赞她能抵抗'非礼'；仿佛女子只有做男子妻的义务，一经聘定之礼，就是以'国士相待'；虽以身报，也甘心了。"其实这等问题，原是个不成立的名词，因为男女结合最正当的条件，就是"恋爱"。两相恋爱，便结合起来。这时间的态度，强要名它，就是"贞操"。倘有一方不复恋爱，那一方虽仍恋爱，也无可奈何，便应当分离开来。这等说法，果真实现决没有"贞操"的名词发生。因为爱深必专，专了哪有分注之理？不必说贞，贞的意思自具足了。所以男女对待的态度，应只问恋爱不恋爱。那时两方都是主动的，自由的，两方果是恋爱深时，彼此互对，觉一种美感，以为是精神所托，灵魂所寄的；便是"生死以之"，也不算奴性，无谓。但不可把来作教训，做诱惑女子的利器。无奈男女结合，很有不恋爱而不分开的。男子根据了他的自私心，以为倘不巧立名目，就不能维系彼此的关系。于是"贞操"两字，就"应运而生"了。好在这等表彰赞美的手段，比谆谆告诫还凶。一般有些意识的，一样也有虚荣心，就不顾实际，不顾真理，忍心害理去迁就那贞操节烈的一途。那辈无意识的，也"依样画葫芦"，情愿上这条路去。如今也不说什么大道理，但请他们平心静气说一声。"到底情愿不情愿？"我想除了几个男女间有真挚高尚爱情的以外，就不免"有所为而然"了。试问做一个人，不把人生当做的做，不向幸福方面去做，这人格可完全不完全？但是这件事实，举世以为"天经地义"，大家不说他不公平，不合理。其实女子已上了男子的当了。

男子势利主义的表现，只要随时随地留心，差不多刻刻可以寻到些证据。我如今随便写几则出来：我会听见人家说，女子仿佛是一架机器：（一）她是可以听凭选择，出了彩礼，搬到家里来的。（二）取得之后，供男子自由玩弄，供男子自由使用。（三）她能制造货品——儿女——越是制造得出，越是这样机器的优点。（四）购机器玩弄使用，不嫌其多，所以不妨多备几架。（五）这机器不合我意，或是不能出货，尽可抛在一旁，另换别的。机器是件死东西，没有自由的意志和情绪。如今把来比女子，是直截了当不承认女子是一个"人"。

自从孔丘说了"女子与小人为难养"这句话，历代的男子，就众口同声说"女子与小人为难养"。于是"勿耽女色""勿谋及妇女"就成男子修身的大教训。犯了这教训，便是终身之玷。原来他们认定男子和女子，只有个"淫"的关系。所以看女子和毒蛇猛兽一般，是不可与亲处的。其中更可见一层意思，就是身为女子，便是罪恶。那罪恶的判定，不在她的意志和行为，就在她不和男子同样的形。

有时有几个能力较强的女子，做了些有价值的事业——大半还未必真有价值，男子就摇起笔来批评，或是替她做那"留名千古"的传记，其中一定有"巾帼须眉""可愧须眉"一派话头。亏他抱着一种"激励风尚""勖勉男子"的苦心，算是不可辜负。然而从反面想去。就是说"有功有德的事业，是男子专利的。今竟被女子做了去，我辈高贵的华胄'须眉'快当自奋才是"。这个意思是承认女子不配那什么事业。所以虽是极端主张"天赋人权"的"民权论"，却同时不承认女子有参政权。参政是善是恶，是别一问题。然而可见那"人权"两字，不过是"男权"的变相罢了。

最文明的所谓"文明结婚"，这时男的道，"吾愿保护我妻"；女的道，"吾愿敬事我夫"。保护两字，原是成人对于稚子，强的对于弱的，一种侵夺主权的名词。女子的主权，为什么要给男子侵夺？女子又为什么有这天赋的敬事男子的义务？有一天，我的许多朋友聚谈一室。一个朋友说："某君生了病，他的夫人服侍他，衣不解带，面不舒眉，却不以为苦楚。"众人听到这里，便众口同声称赞起来，却并不是称赞他们夫妻间爱情的真挚。不过是为她能尽她天赋的义务！能服侍男子！为什么呢？因为还有一件事实可以证明。当时又有一个朋友道："某君新丧偶，常独行踽踽，凄苦非常。当他夫人未死时，本是衣履翩翩，夫妻两个，一同挽臂出游的。"众人听到那里，就"诽笑"杂作起来；有人还作"雅谑"，说："某君可谓孝夫。"我从此便知道了男子的心理了。原来女子死了，还不配受男子的伤悼！那里有相对的爱情可言！那某君竟违反了男子的普通心理，众人所以要笑他。从此反证就可知以前的称赞的用意了。

女子既是服侍男子的，受男子保护的，所以女子嫁了，连她的名字都取消了，单称她"某某夫人"。倘若"反其道而行"，称男子为"某某丈夫"，男子可就不答应了。他以为"只有女子是附属品，在社会上没有她的地位"。

以上种种，就是女子不幸的原因。今把种种意思，简括提出来：女子为事实所迫，自己的本能和理性，渐渐退化。男子乘此机会，根据着自己的"迷信"和"自私心"，把诱惑主义来骗女子，把势利主义来欺女子。女子受惯了欺骗，只觉得自己地位，当然如此——他人也觉她当然如此，于是专在"事实所迫"的范围里寻生活。因果循环，无有休歇，女子人格遂丧失了。

女子的不幸，既是事实。酿成这等事实的情势和思想，都根据于"世故即真理"的观念。若要把这缺憾弥补起来，得个完美幸福的解决，不可不先有一种自觉。女子自身应知道自己是个"人"，所以要把能力充分发展，做凡是"人"当做的事。又应知道"人"但当服从真理，那荒谬的"名分"伪"道德"，便该唾弃它，破坏它。至于她和男子不同的地方，单单在生理方面，这是天然的，光明的，绝不应牵涉善恶问题，优劣问题。她那生育的事实，应知道并不是替男子生儿女，乃是替社会增新分子。这也是一种很重要很神圣的事业。在这个当儿。她不能从事独立自营的生活，社会就有报答她的义务。为了这一层，所以一方面又要把社会上经济制度，从根本上改革一番。这一事虽是历史所未有，然而将来必定要做到——而且为期不远。她那做妻的事实，应知道是顺自然之理，和男子做女子的夫一样。并不是去做男子的财产、奴隶，替他管家事，长财产。

男子也应知道，不尊重他人的人格，就是贬损自己的人格。他那"世故即真理"的"迷信"，他那"自私"的"谬见"，已害了上下古今无数的女子，已阻了不知若干级的人群进化。果是要想大群共上进化的轨道，而且巴望他进行得快，还是要把"诱惑""势利"的主义，快快抛掉。

男女大家应该有个共同的概念：我们"人"，个个是进化历程中一个队员，个个要做到独立健全的地步，个个应当享光明、高洁、自由的幸福。

圈套：解放

《少年中国》第 1 卷第 4 期，1919 年 10 月

王会吾

中国数千年的习惯说：什么"夫为妻纲"、什么"男尊女卑"、什么"将夫比天"、什么"柔顺卑弱"、什么"三从四德"父母用以告诫、师傅用以教训、道学先生们用着去劝诱奖励、都说："这是做女子的天经地义。"唉！什么天经地义呢、不过是一个欺人的圈套罢了！

我们大多数的女同胞倒还是老老实实、安心愿意去尽力于人类最重要的生育义务。中下人家主持家政、尽劳尽瘁，有时能干的女子还能撑着门面、一家都仰她生活，而且女子没有参政做官的权，那饭桶的议员、卖国的官僚、一般国贼的勾当尽着他们男子做去，我们女同胞倒不会产生一个。可恨社会待我们忘恩负义，把一个万恶欺人的圈套，算我们尽了人类重大义务所应得的权利。二万万女同胞的心目中，受了千百年圈套环境的支配，个个没有正确的人生观，自由独立的人格是和我们没有份儿了。等我从大家闺阁一直讲至娼妓下贱，并不是存心暴扬我们女界的耻恶，我不过警醒同胞姊妹的睡梦，使个个脱了社会加于我们的圈套啊。

从来我国的名门闺媛知书识字的很多，她们的心思也很想上进，但是父母的告诫，圣哲的格言："三从四德"、"名教礼法"把她们的思想不知不觉的束缚住。还有姑嫂姊妹做的好榜样，可怜她们的瞳孔也一齐染了奴隶的色彩，她们的行事也自然而然的照着她们所见所闻的路上走了。什么"兰闺深锁"、什么"金屋藏娇"都是些阻止个人社交的牢狱！我们很有希望的女青年个个变成了承欢承悦的器械，供着男人的玩耍，金珠的饰品、绮罗的衣裳、美味的饮食、伶俐的婢仆，一半算是她们的报酬，一半却为着玩物的装饰和豢养！我们女同胞既然没有机会去受完全教育，自然没有决心去自拔，落得安安逸逸随着环境的驱使，一毫没有抵抗，性格也变了，颐指气使着婢仆，骄惰得了不得，有时候

性欲和环境两力的合成,造成了一个合力,"中冓之耻""濮上桑间"。不幸的女子,这是社会造成你的罪恶!到了现在,总算开通些了,可怜的女子虽则受了些教育,但是那些教育仍旧是依着陈旧的名分主义、礼法主义——圈套主义——毫没有变换,学堂里面"服从啊""柔顺啊"仍旧是说得天花乱坠,然而我们的同胞因为受着社会的影响,都侈靡奢华,钻石啊、外国花缎啊、汽车啊、公园啊、游戏场啊,弄得做丈夫的疲于供给或者因此而失了职业。很富的人家有时也变了穷苦。不幸的女子,这是谁的罪恶?欺骗的圈套、万恶社会的环境!

上面不过是中上人家,贫苦的还没有说呢。我国现在的社会下级的最占多数,他们辛苦做工,经济非常有限,生了女孩就想换钱。普通婚嫁虽然也照着旧时礼制,其实与买卖无异,像货物一样。在家的时候,父兄是她的主,出嫁后丈夫就继承父母的所有权。有时夫家穷了,亦许转卖给别个。唉!不幸的女子,你为人类生育事业尽了力,若许你做工也能自赡自己了,为什么像货物一般被人买卖呢?还有一班更觉可痛的同胞,有了个不慈的父母或是个不仁的丈夫,因为要多得些忍心害理的钱,卖她们去做娼妓。或有受着社会环境的支配、或有被那衣食装饰的虚荣心所诱感不得不去做那下贱的勾当——行尸走肉的供欲工具——姨太太、女戏子供人家玩弄、供人家淫乐,虽则肉体上的享受——鲜衣、美食、汽车、婢仆,好像可骄、可傲,然而她们的手段——献媚、卑鄙,实在可耻可怜!我听得北京有数千小妹妹因为目击着那女戏子的阔绰,个个的心中都藏着名伶名优的色彩,大家都去学唱戏了!唉!那万恶的圈套、社会的环境,我们不问老的、少的、富的、贫的都是驱着走漆黑的路,没有半些儿光明!

我们担负了人类最重大的义务,何以到此田地?有的说:"女子是没有人生观不配有人格。"这真是混账极了。女子的人生观是谁给她掩蔽的——男子的自私心、欺骗心造成了这个圈套,把我们多圈在那里,经得远了好像这个圈套是女子做人绝对的范围,女子自己也承认它们为天经地义。更有恶社会的环境驱使着我们可怜的同胞去做那下贱的勾当。我们现在个个受着羁绊、牵着向黑地里走,社会遗传的习惯在旁督着,一手执着鞭策、一手执着奖物——防范着我们越出、诱惑着我们前进,唉!不幸的女子,我们被驱着、我们束缚着!

现在我们要解脱环境的羁绊、跳出万恶的圈套第一就要想个法子。要想法子之前,必须明白这两样东西的来源和它们所仗的势力,因为我们在经济上仰托男人,男人就乘着这个机会欺骗着、压迫着、无所不用其极了。这经济两个字是我们的大缺点、圈套的来源和它所仰仗的势力全是从这两个字上生的。为何我们在经济上仰托他人呢？上古的时候，茹毛饮血全没有经济上的关系，到了开化时代，有了夫妇，妇人因为生产的时期身体既弱，而且还须育婴，自然不得不仰托男子分他们所生的利益。其实我们在生育期间受男子的供养是应该有的相当权利。男子在此时期供给妇女正是他们绝对的义务，这是两性在经济上的公平关系。可恨男子把我们的权利和他们的义务一齐埋灭不提，单说"女子是他们所养的"。他们欺骗、压迫的狠心胡诌出什么"乾坤""阴阳""尊卑"。又说，"夫为妻纲"。无形之间就把女子的人格取消。又恐怕女子的反抗，把那衣食装饰供给女子，恩威并施，要去服女子的心。女子因经济的关系，起初不得不勉强服从，到了后来，男子视若当然，全然忘了欺骗负义的勾当。什么圣贤、什么道德、什么经传、都是牢牢守着这圈套主义。一般女子浸润了许久，并学了些糟蹋人家人格的道德，就觉着他们的天经地义了。而且男子恐怕女子勤劳做工生利大了有了储蓄、打破了经济的界限，与他们的圈套主义有妨害了。便把"缝纫""烹调"许多家事都委女子去做。使女子没有生利的机会。还有育蚕织布的事体，生了利是男子执了，把女子的一生永永羁束着。在这个时候，地利是全然没有发泄，人口不多，一个人的工作足以养着别个而有余，所以男子担了养家，倒也没有什么苦处。女子虽则安然坐享，可是一人的本能许久不用是要衰退的，女子既不做工，到了近来，体力日弱，那重要的工程女子是休想掺入。

男子的自私心是达极点了，恐怕女子干涉政权有妨他们的事业，好在他们横竖有"道德""圣贤""书传"为护符，就可以胡诌些神鬼的话来限制妇女的干政了。男子又因嫉妒心的结果，生出什么"内外之防"，断绝了女子的社交。到这个时候，女子才完完全全的入了圈套，永没有解脱的时候了。到了现在，虽则解放的呼声越唱越高，但是办女子教育的教育家和关于女子的出版物仍旧是牢牢守着这圈套主义。我从前在嘉兴女子师范里修身一科的结晶体是"服从"和"敬顺"，又有什么"贤母良妻"、什么"三从四德"，时时总要接触着我的耳鼓。商务印书馆的妇女杂志也是脱不了这个主义，还有夏天出版的日用百科全书，其中家庭这一篇，竟是把曹大家的女诫来填充，还加上些什么——"惩骄惰于未萌、严礼法于不堕、于是以为百代女师可也"的话头。哪里晓得骄惰也是圈套的结果，侈靡奢华是社会构成呢？你们不去弃除圈套，改良社会做那拔木塞源的事体，必要弄许多没有理性的格言来硬屈人家。唉！我不料在这个新潮澎湃、解放高唱的时候，最新出版物中还夹着这些东西。唉！你们男子的狠心，我不想这万恶的圈套竟会由竹制变成铁制！

人家说："女子的问题要由女子自己解的。"我们现在是知道这圈套了，我们要求独立的人格必须脱离它。脱离的法子，第一要求我们经济的独立，我们姊姊妹妹要个个有自己生活的职业，那就不怕男子的压迫了。然而话虽如此说，中国女子千个之中倒有九百九十九个不受教育，谋生很不容易，而且还在睡梦里，没有觉着圈套环境的边际。就是受过教育的少数女子，还受着财产、学问、名誉、势力的诱惑，不能解脱圈套。前见几个出洋的女学生，她们的志向并不是个个有了正确的人生观，不过存着"一出洋就可以嫁一个有钱有势、有学问、有名誉的男人了"。唉！铁圈套，受了高等教育的姊妹们还是出不来，你真好厉害！

现在我们既然晓得社会忘恩负义的欺骗手段，并且明白了解脱它们欺骗的方法，我们应该尽力传播我们的思想、去醒悟我们的姊姊妹妹，而且要对于一般未受教育的负开化的职任，要使二万万的同胞个个要在经济上独立，那时候我们的人格自然也个个会自由独立了——然而铁制的圈套、社会的环境、层层的束缚着，把我们周身重重缠住——我们要尽力！——奋斗！我们是觉悟了，和这——铁制的圈套、万恶的社会、狠心的男子——哀的美敦书（最后通牒）的限期已过，动员是下了。我们在战线的前哨是少数的先锋。受着教育而无正确人生观的姊妹是我们大本营里好梦将残的弟兄。还有大多数的同胞，都正在预着加入——觉悟的少年中国是守他们的中立。

敌军是行近了，轰然大炮的声音振作了我们好些精神，现在就是快快地警醒大本营的弟兄，即速搭入前线，鼓励着大多数的预备兵，立刻整备赶上战场，还要求那中立国为着人道主义加入我们，合为联军。而且将内部财政大大的整顿，使不致因为经济受着敌人的牵制——阵前书着"解放"的大旗，一步一步的向前进行。枪炮和军乐的响声都是悲壮、愤激、沉毅、坚决的喊着"解放！……解放！……"

我这篇文字是依着"中国妇女的情形及如何弄到这样呢"？所作的答案。不道做到临末，觉着我的耳旁二万万女同胞都同声喊着"我们受着圈套……我们要解放……"我就把这两个名词加在原题的下面了。可是我并不清清楚楚说些解放的理由和方法。我看了少年中国的告白，晓得第四期是妇女号。我想把这篇登出来，也算发表我的意思，好在我们有学问的姊妹多，解放的问题横竖要研究的。

妇女解放

《新潮》第 2 卷第 1 号，1919 年 10 月 30 日

罗家伦

什么叫做"妇女解放"？就是因为世界上可怜的妇女，受了历史上、社会上种种的束缚，变成了男子的附属品——奴隶——现在要打开这种束缚，使她们从"附属品"的地位，变成"人"的地位；使她们做人，做她们自己的人。我有朋友赞成妇女解放，而不赞成"妇女解放"这个名词的，他主张用"妇女独立"；他的意思以为"解放"还是妇女处于被动的地位。我以为解放的意思就是打开束缚，人家可以为她打开束缚，她自己也可以为自己打开束缚。换一句话说，解放不仅是被动的，也是自动的，因为自己解放自己，也是解放。就是女子地位较高的欧美各国，也都用 Woman Emancipation 这个名词；所以我们只问这件事的实际好了，名词之争，实在没有多大关系。

妇女解放运动在欧美已经发生许久了！十九世纪之初，女子参政运动已经有了萌蘖。至于现在，则女权发达的潮流，更弥漫澎湃于全世界之上。

……

世界各国的妇女解放，已经实行，也不必我们鼓吹了！但是我们中国的妇女到现在究竟怎样呢？说到这个问题，我们睁开眼睛一望国内，实在一阵一阵的心酸，因为我们看不见几个妇女，只望见奴隶。中国妇女早已变成——现在还是——奴隶！原来中国男子对待女子，实在有两种极高妙的政策：

（1）压制主义；

（2）引诱主义。

压制主义的起源最久不过了！误人的圣经贤传，说些什么"妇人，服于人也"的话，不但是主张压制妇女，并且主张压制的时候，不以妇女当人待的；你看他把"妇人"摒诸"人"外，不是最明显的例吗？至于什么"婚仪"呀！"内则"呀！简直把妇女当作监狱里的囚犯，变把戏的猴子一样；"无才是德"

的主张，更是女子蔽明塞聪的灵符，愚弄政策的利器。然而物极必反，压制久了总要生抵抗力的，于是他们更进一层，发明引诱主义，用了许多文字上的虚誉去引诱还不够，更定了许多什么"名节""旌表""石牌坊"种种典制上的虚荣，以为陷阱。这些东西成立之日，正是"天下女子入其彀中"的第一天呵！宋伯姬为旧礼教缚束而死于火，有人还要在历史上大书特书的恭维她，以示提倡，简直可以算是以女子的生命为儿戏。至于节妇牌坊的发现，更不知为多少"非人性"的生活所造成。以人的生活，换一块无灵的石头，那也值得吗？可怜的妇女以为得此之后可以名留千古了。于是历尽多少孤寂、恐怖、非人性的生活而不悔，哪知道就算牌坊成立，而坊上所写的不过是"某氏女"、"某氏妇"，连她自己的名字也不敢写，那更值得吗？就是列女传里的人物，除有称妻称母之外，有自己名字的有几个人？这种不以女子为人，不以女子的人生为人生的事实，我实在不知道中国女子自己想起来，作何感慨？从这两种政策所发生的效果，于是女子完全处于被征服的地位，而她们的生涯，遂变作极无聊的生涯；她们的精神生活，只是崇拜丈夫；她们的物质生活，只是依靠男子。高的受一点奢侈品的教育，为作几句诗，写几块斗方，供丈夫的娱乐，而人家已尊之为"才女""名媛"；低的只是"算命烧香笑，女婿外孙鸡"几件事昏昏沉沉的度过一生。

中国四万万的人，其中有二万万的生活如此，社会已成半身不遂的现象了，哪还有进化的希望呢？所以我劝我们中国人不要夸耀什么四千年的文明，若是真有文明，也不能不承认这是半身不遂的文明！到这个地步，这个时代，苟有心思的，能够不速谋妇女解放吗？

妇女解放已成现在中国不可免的事实。但是妇女解放从什么地方做起呢？这个问题，实在经过现在多少人的研究。有主张改革婚制的，也有主张实行参政运动的，我以为这些问题，虽然也有一部分的重要，但是还不是根本的办法。我所谓根本办法，最急而最适宜的有三个步骤，都是有相互密切的关系而相离不了的。今请提出来同大家研究研究。

我根本办法的第一步，当然是教育了！大家不要笑我作老生的常谈，我所主张的女子教育，不是现在的女子教育。现在这种的女子教育。同妇女解放不发生关系，因为这种教育的元素里，并不是教女子独立做人的。我所主张的女子教育，乃是：

（1）超于良妻贤母的教育；

（2）男女共同的教育。

老实说，以良妻贤母为女子教育的目的，实在是讲不通的。男女都是人类。女子的教育既然是良妻贤母主义，为什么男子的教育不抱良夫贤父主义呢？再进一步说，设如有位女子嫁了丈夫而不生儿子，则她的贤母做不成了。再设如同近代西洋的女子一样，有许多终身不嫁丈夫而从事于社会事业的，则她的良妻也做不成了。岂不是女子教育的目的完全丧失，而女子教育可以不办吗？大家不要误会，我并不是说做妻的不要良，做母的不要贤——若是这样主张，也同教男子做夫的不要良，做父的不要贤的主张，同样不对——乃是说良妻贤母不过是有夫有子的妇女一部分当然的责任，而决不是女子人生的目的。胡适之先生借"美国的妇人"口里说得对："做一个良妻贤母，何尝不好。但我是堂堂的一个人，有许多该尽的责任，有许多可做的事业，何必定须做人家的良妻贤母，才算尽我的天职，才算做我的事业呢？"〔参看《言治》第三号胡适之先生著《美国的妇人》〕这才真是超于良妻贤母的人生观了！现在世界文明的发达，实在有许多女子的贡献。

文学家如 Jane Austen、George Eliot、MadameAugustus，科学家如 MariaGaetana Agnesi、Caroline Lucretia Herschel、Eleanor An ne Ormerod，美术家如 Rosa Bonheur、Marianne North、Cecilia Beau 等几乎不能悉举。女子难道只可以做良妻贤母吗？中国办女学的人到现在却开口还只是谈良妻贤母主义，并不愿意女子做独立的人；这种奴隶教育有什么用处呢？所以现在中国女子精神上最重要的解放，就是打破良妻贤母的教育，而换以一种"人"的教育，女子知道自己是"人"，才能自己去解放！

至于说到男女共同教育，实行男女同校，实在是妇女解放的一个极重要问题。大家听了不要害怕，其实在西洋早已实行，并不算一件奇事。西洋的男女，在初等小学即男女同校起，一直至大学，也是男女受共同的教育。即以美国的高等教育而论，除了少数的几处女子大学而外，其余邦立的大学，全是男女同校的。大战以后，一班守旧的私立大学，也几乎全体开放了！就是专制的日本，有好几个大学已收女生。我现在提出这个问题来，并不是无的放矢，实在觉得中国要妇女解放，则非实行男女的共同教育不可。我所主张有五层理由：（一）要谋人类的平均发展，就有实行男女共同教育的必要。教育是改变人类生活之条件，是不能有差别的；况且男女的生活，是共同的生活，则教育更不应有差别的。若是均衡失当，则其结果必致造成半身不遂的民族，半身不遂的文明。（二）男女共同教育，可以增高女子的地位。女子地位因历史上的关系，往往受社会的轻视，实在是女子解放的障碍，因为习惯的影响，也是很深的。今男女受共同的教育，可以养成双方互相尊敬的心理；况且男女同学，据各国的经验，则女子的成绩往往优于男子。这种情形，在女子方面固可以更加上一层觉悟，在男子方面当然也要可以将以前不合理的观念，一律扫除。（三）为谋男女间正当的交际起见，不能不实行男女共同教育。我常说中国人对于男女之间，实在有一种神秘观念，因为他们认男女除肉欲以外，没有正当的交际！就是男女多谈几句话，也要生他们种种无聊的揣测。他们于是设了种种"礼教大防"来作防范。不知两性相爱，本是人类的天性；天性可以防范得了的吗？防范愈严，横溃愈甚。中国所谓"一见魂销"、"四顾目成"正是他们防范的成绩；不然《阅微草堂笔记》等书里的笑话，何以专出于"道学先生"呢？要救正这种流弊，要免除两性间干燥无谓的生活，而成立男女正当的关系，则非实行男女公开的交际不可。男女若是能受共同的教育，这个障碍当然不打自破了。（四）要谋成立真正良好的婚姻，也非实行男女共同教育不可。婚姻是一种男女共同的生活，所以必先有双方人格上的了解。中国旧式的婚姻牵两个素不相识的男女相合，不必说了；就是现在根据"一面爱"或"照片爱"的所谓"自由结婚"，难道有人格上的了解吗？双方本来没有交际，要求人格上的了解，当然是不可能的事。若是男女能受共同的教育，则大家相知甚深，于人格上的了解而外，还可加上一层知识上的了解。将来在家庭和社会上发生的影响，当然是好的了！（五）按照中国的情形，谋中国妇女的解放，更非实行男女共同教育不可。男女不平等，对于知识相差，也大有关系。男女有同等的智力，同等的向上心，为什么女子的知识会低下到如此呢？此中虽有社会的压制，但是就把社会的压制去了，中国的女子，实在没有地方去求学。据最近全国的教育统计，则女学生在国民小学者仅一四九五〇五人，在国民小学者一八七二九人，其他初级学校者三二五四人。在中学者九四八人。师范学校者六六八五人，其他中学者一八二八人，统共只一八〇九四九人。则学校之多寡，也就可以推见了。［参看《新教育》第一号，二一至二八页。］凡中国女子想求学的，就只这几个吗？还是学校不够容她们呢？至于说到高等教育，则今年七月前一个学校没有，七月后北京才有一个新扩充的女子高等师范；其余如大学教育更不必说了！现在中国的财政，既然如此困难，目前要添办许多女学校几乎成为不可能的事；而现在大学及专门各学校还不开放，我实在不知中华民国的那条约法，剥夺女子的教育权（就是中学目前不能开放，大学及专门学校的开放是刻不可缓的）。综观以上的理由，大家对于男女共同教育的观念当然明白了。至于在设教的时候有几件事须略略注意的，然在西洋的成例很多，自不必论。而现在中国还有人以为男女程度不够来反对的，我却想请问他到什么时候，程度就够了？就算不够，难道可以"因噎废食"吗？

以上各种教育问题，实在是女子解放的第一步，因为必须打破良妻贤母主义，才可以使女子做人；必须有和男子共同的教育，求得同等的地位和同等的知识，才可以进一步谈到妇女职业问题。

我以为妇女解放的第二步，就是妇女的职业解放。妇女有了人格，有了知识，不是坐在家里为附属品的，所以职业问题当然跟着生出来。现代文明的国家，没有一处女子的职业不发达。此处所谓"职业"，正如胡适之在《美国的妇人》一文里所说："专指得酬报的工作而言，母亲替儿子缝补衣裳，妻子替丈夫备饭，都不算是职业。"据一九一○年美国的统计，美国全体的妇女，百分之二十一是有职业的；自大战以来，男子从军的日多，据《畅观周报》Outlook 之调查，妇女有职业的，已增至百分之六七十！至于德国的妇女职业，也是很发达的。据一九○七年的统计，已经可观：

从事者妇女从事者

职业名称	已嫁妇女	未嫁或独身	孀妇	从事者总人数
工业	615,301 人	1,377,787 人	486,329 人	2,479,419 人
农业	250,666 人	943,805 人	221,634 人	1,416,105 人
商业	129,176 人	298,391 人	126,466 人	544,033 人
贷赁	28,595 人	106,768 人	83,004 人	218,367 人
家务	11,214 人	1079,609 人	339,308 人	1,130,131 人
杂职	22,643 人	134,351 人	18,190 人	175,184 人

看以上的统计则五、九七三、二三七全数之中，从事家务的仅一、一三○、一三一人。至于大战以后，则交通运输机关及中小学教员，几乎全属女子，那更不必数了！这种妇女职业发达的缘故，虽亦由于经济情形的变更，也未始不由于女子自立精神的发展。像我们中国"破布政策"的女子，真要惭愧无地呢！中国女子因为没有人生正当的知识，所以没有人生正当的职业；因为没有人生正当的职业，所以只能作寄生生活，靠男子供养，自然降而为男子的奴隶了。现在中国要谋妇女解放，则除妇女教育而外，妇女的职业当然要发展的。然而

怎样去为她们发展，实在是一件极可研究的事；我想了许多，也只得了三种观念。

（一）要谋。中国妇女的职业的发展，首先就要打破贞操的迷信。中国妇女职业不发达的原因，大半是贞操迷信的遗害。中国的社会，还没有脱离宗法的遗迹，而且偏重男统，所以贞操一事，经过多少年的陶养，已成了中国妇女的宗教了！这种的习惯迷信，在男子方面硬把女子关在家里，情愿负经济上无限的负担，而不愿意她出去谋职业；在女子方面因为也有这种迷信，而且在家里舒服，所以也不愿意到社会上去。一误再误，于是妇女职业全失，造成今日的现象。二万万女同胞，成了二万万的寄生虫，岂不是世界上最可伤心的一件事吗？请大家不要神经过敏，以为打破贞操的迷信，就是以为凡男女都应当有外遇，个人能保全贞操是一件事，贞操成为普遍的迷信又是一件事。个人能保持专一的爱情而有贞操，是很好的；因迷信贞操而令女子百事不能做，那就成为罪恶了！请看中国圣贤束缚女子的礼节条文，什么"内言不出于阃，外言不入于阃"；"饿死事小。失节事大"；哪一件不是贞操迷信的罪恶？哪一件不是令女子失业的原因？所以我有两件事要请大家明白的：（一）贞操不过是异性恋爱的纯一，苟有这种的纯一恋爱，则何用其防；若是没有，则岂防所能止的吗？至于论到贞操本身及利害，则《新青年》里胡适之、唐俟、周作人几位先生，已有很精辟的文章，我也不用多说了！（二）人类的道德观念，不能不与社会生活相适应；我们对于贞操的观念，也何尝不当如此。西洋的妇女不是不会在家享福的，而不辞劳苦去寻职业，正是在社会生活变更第四个时代上不能免的情形。（参看《新青年》第六卷第五号陈启修先生著《马克思的唯物史观与贞操问题》及 Todds' Theories of Social Progress 一书中之 Economic Interpretation of History 章 P. 202—213. ）"男女授受不亲"的习惯，不适应于生活复杂的社会了！大家有这种基旨的觉悟，才可以有妇女职业可言。

（二）妇女尝要求政府及社会将妇女所能做的职业一律公开，现在世界上职业，大都是男女公开的。从前女子的职业，大都是限于小学教员、书记、看护妇种种，而尤以作小学教员的最多。如美国一九一五年的调查，则小学教员一项，男子只一一四八五一人，而女子多至四六五二〇七人；中学教员男子只三二七二六人，女子则四三八一九人。女子的势力实在比较男子大。其后慢慢的开拓，凡是女子体力所能胜任的职业里，都有妇女的踪迹了。至于大战一开，各国的男子，都被征调，于是女子皆起而承其缺。邮政、铁路、警察，以及其他种种职业，从前以为女子一定不能做的，现在女子也居然能做。不但女子开拓了许多职业的新殖民地,并且打破许多男女能力不平均的许多怀疑思想。至于我们中国女子的职业,则除了家庭工业而外,其余绝无可言。最近小学校中虽然有女教员,但是全国恐怕还不到一百人。我不解中国的女子,为什么不起来要求政府和社会将各种职业为女子开放呢?这种运动,在十九世纪的末叶德国妇女有个很大的结社,叫做"妇女改革运动"已经实行过的,这种的运动比参政运动紧急多了!女子有职业,能为社会生产分子,参政权当然会跟着的,又何必着急呢!

(三)就算把各种职业都开放了;但是以初次解放的女子,遽来求职业,实在有无从着手之概。而且以新进的女子,来同职业界根深蒂固的男子相争,一定是拼不过的。其结果必致发生三种危险:(一)女子流而做苦工;(二)群趋一二途,人浮于事无从安插;(三)所学非所用。有此三层,反引女子无限的痛苦;志气薄弱的,至于意懒心灰,不是可怕的现象吗?要免除这种危险,请介绍美国女子大学毕业同学会的事业。因为美国当时也曾经发生过这种现象,而幸赖这个会来救济的。"这个会最初的办法,就是调查美国全国受过高等教育女子的姓名、住址和所学的科目种种,以为代她们介绍职业的预备;不但为她们介绍教员的职业,并且为她们介绍教员以外的职业。"

"再进一步就是将美国所有的女子职业或女子所能做的职业调查清楚;把一切详情记下来成一本调查录,分送各处已毕业的女子,以唤起她们对于职业的兴趣及预备。再进一步就是设立一种女子职业介绍所,一方面仍详细考察各曾受高等教育女子的成绩和家庭生活种种情形,一方面极力为她们介绍相当的职业。凡有需要任职者,皆可来函聘请。以后这种职业介绍所渐渐增加,到现在已有二十处之多。这二十处不是分的,是相关连的。若是这处有相当的职业而无相当的人,则可向那处聘请;若是那处有相当的人而无相当的职业,则可请这处介绍。这些介绍所至公无私,系纯粹义务性质,所以成绩极好。成立以后,美国曾受高等教育的女子,都有相当的职业。而且这种介绍所的办法,非常周密,不但顾全职业介绍,而且顾全人才分配问题,以免人浮于事的流弊,致发生工价低落,女子生计难堪种种现象。从他处未有职业而来的女子,该所极力辅助,使她们得职业;既得职业以后的女子,则仍旧辅助她们,使她们有相当的待遇。这种介绍所真同女子的好亲属一样。"(参看七月初二日后北京《晨报》上我所记的司密士夫人演讲《美国近来受高等教育女子的情形》)这是美国曰林毛女子大学 Bryn Maur College 教授司密士夫人介绍给我们的话。听过之后,胡适之先生同我谈起,也认为极要紧而极不可少的事。当时司密士夫人所说的是美国近来受高等教育女子的情形，所以仅及美国女子大学毕业同学会的事业，其实曾受较低级教育的女子，又何常不可以这样办呢？中国真要解决妇女职业问题，我敢断定说这是绝对少不了的制度！

职业问题，既有相当的筹备，于是进而为第三步彻底的办法，就是儿童公育这个问题，实在是同妇女解放有分不开的关系，我可以将这件事的基本观念说一说：

（一）儿童不公育，妇女的职业问题，就不能解决妇女不同男子一样，是要生育的；生产以前，固要受怀孕的种种苦痛，生育以后，有了孩子，一天到晚就忙得不得了，如何有时间有力量去就职业呢！我知道许多在西洋曾经留过学的女子，虽然造了许多学问，而结婚生育以后，一点事也不能做，岂不是最可惜的事吗？其余的女子，更不必说了。所以欧美各国都有保护母权的运动，而以德国母权保障会（Bund für Mutterschut）的成效和势力为最大。这个会用尽种种的手腕，卒能立一条法，使女子当生产前后六个星期之间，都可以有一定的经费可支；十二星期之内，虽不能做工，而支全工的经费；产期内医药费完全豁免；而半年之内，还有相当的津贴。[参看 The American Jou rnal of Sociology Vol. XX1. 中之 The Mobility of The German Wo man。] 其实将来文明的国家，哪一国不应当定"产母优待条例"呢！而儿童生出来之后，该会复有许多儿童公育院（Crèches）可以供这班有职业的女子送儿童进去抚育，免得同自己的职务相冲突。后来这种公育院愈推愈广，成效极佳。大战开后，各国的妇女，都到工厂做工，或到局所办事去了，于是儿童的公育院，更有了大大发展的机会。据最近社会学者的观察，则这种制度，当然保存；不但保存，还须扩大。

将来如果真要各处的妇女问题解决，非各处都实行儿童公育制度不可！罗素说得好："儿童生出来种种费用都应当全部由社会担任，将来的衣食教育也应当由社会筹备，这并不是仅给穷的人当慈善事业的；各种阶级，都应当如此，因为这是公共的利益。"

（二）为改革婚制，谋男女间真正圆满的幸福起见，儿童不能不公育。婚姻制度的不良，令男女双方都感受痛苦；这种现象，在中国当然尤甚，而在西洋也是不能免的。所以在西洋现在抨击婚制的也很多。

如德国大教育家爱伦凯（Ellen Key）则认现在法律上的婚姻制度，不但是使人群退化，并且是绝对的不道德。他所举的理由，如只使女子保节全贞，而男子则否；使女子在经济方面附属于男子，且摧残女子的个性；使已成了不快乐的配偶，还要强合在一处；使男女只能做父母，而没有真爱情；使父母对于子女不负责任。凡此种种，都是举世所公认的。（参看 Ellen Keys' Love and Marriage 与 Love and Ethics 二书，其中数欧洲现代婚制罪恶最痛快的有十一条。）所以他们都主张"两性道德的改造"；主张婚姻是男女双方绝对自由的结合，不受形式的限制，才有真正的爱情，才有真正良好的人类。如罗素也说，"若是儿童一切用费，归国家担任，照优生学（Eugenics）上说起来，男女的结合也应该巩固，使小孩子知道父亲是谁，但是夫妇一结合就要巩固到一生，或是在双方同意而外，还要他种理由才可离婚，实在是没有理由可说。"（参看 Russells' Principles of Social Reconstruct ion p. 185。）何以现在的婚制还有许多不自然的地方呢？这都是由于各处的婚制，都是不脱宗法社会的遗传，多半还有家族的血统观念，而以儿童的关系为最深。他们起初原是为儿童的好；哪知道据近代教育家的研究，则不特有害儿童，而且害及男女的幸福；那也真所谓"出乎意表之外"了！今儿童公育的制度实行，则此间障碍至少也可以去掉大半，以待两性道德的改造；因为这可以减除男女间无限的痛苦，解放男女间无限的束缚！

（三）妇女职业既然发达无碍了；而因为职业的关系，如工厂工作等类，终日营营扰扰，一身的精力，总难各方面都能应付，所以往往她做母的能力，发不出来。况且教育的原理，一天发达一天，教养儿童不是没有研究可以成功的，孟子"未有学养子而后嫁"的学说，不适用了！女子苟欲多有一个健全的儿童，为社会多添一个健全的分子，为什么不把所生的儿童，给有研究、有兴趣的人去抚养呢！

……

我一气写到此地，豪兴勃发，但是忽然心里有一种很深的感想。

就是觉得为什么要我们男子来谈妇女解放？男子自己现在还有种种思想的束缚、知识的束缚、社会的束缚、生活的束缚，自己都解放不了，还配为人家解放吗？也正如《星期评论》记者所谓我们作"楚囚对泣"罢了！我念至此，不禁欲泣。但是我对面的泣声呢？我念至此，更不禁加上一层伤感。中国二万万的女子，也有喉舌，为什么不响？也有手指，为什么不动？也有心思，为什么不用？不然何以不见她们有点表现，而任商务印书馆的《妇女杂志》去登"大学不宜男女同学"论；更听《时报》的《新妇女》去登咏女学生的"洛浦灵妃乍见之，神光离合费凝思"的轻薄诗呢？她们切肤的利害问题，为什么自己不来讨论？何以我没有看见她们有一种出版品？她们难道就以此为满足吗？这几个疑问，实在扰了我半天，而不得一个回答。所以非常望女界中赶快有人出来作种种组织，切实研究一切关系重要的问题：以女子研究女子问题，当然有比男子真切的地方，因为唯自己能知道自己的要求。研究有得，一面有种种机关批露出来，一面能够自己有组织的实行去，方才可以有补；不然专靠他人来提倡，就是万分好的理想也是没有用的。所以我最后想说的一句话就是：妇女固然应当解放，而妇女解放尤赖妇女自己解放起！

妇女与职业（妇女问题之一）（节录）

《现代评论》二周年增刊，1927 年 1 月 1 日

陈衡哲

……

（二）结婚与家庭服务在妇女生命中的位置

我们现在讨论的第一点是，为什么家庭的服务可以算为一种职业。据我个人的意见，家庭既是一个女子所不能避免的世界，那么，无论她有什么旁的野心，她是总应当把家庭作为终身努力的基础的。我说这句话，却并没有半分轻侮女子的意思。我的理由是，其一，家庭的事业，也是一件可敬的职业；其二，虽然大多数男子是从事职业的，而大多数女子却是以结婚为唯一目的的，虽然在表面上看来，一是志气甚高，一是志气卑微，但在实际上，他们的目的，却是差不多的。现在且请申说我两层意思。

第一，假使一个女子在结婚之后，能把她的心思才力，都放在她的家庭里去，把整理家务，教育子女，作为她的终身事业，那么，我以为即使她不直接的做生利的事业，她却不能算是社会上的一个分利之人。她对于社会的贡献虽比不上那少数超类拔萃的男子及女子，但至少总抵得过那大多数平庸无奇的男子对于社会的贡献了。但劬劳家务是一件牺牲很大的事业，知道的人既少，名誉的报酬也是等于零。换句话说，做贤母良妻的人，都是一种无名英雄。她们的努力常在暗中，而她们的成绩却又是许多男子努力的一个大凭藉。她们是文化的重要基础，但正像一个塔或其他建筑的基础一样，她们承受的压力是很大的，她们的牺牲是埋藏于地下的，她们不能像那塔尖的上矗云霄，为万目所瞻，为万口所赞，但她们却是那颤巍巍与天相接者的重要根基。我们明白了这一层，便不敢因为女子从事家务以外职业者的少，即否认她们在文化上的贡献了。但

在这一类女子的中间，爱情与职业却亦是绝对可以不发生冲突的，因为她们在家庭中的职业，即是她们爱情的表示。因此，他们的事业与爱情，也就不但不相冲突，并且反是相需相助的了。

我的第二层意思，是说大多数的女子，虽以结婚为终身的目的，而不像男子一样，去从事其他的职业，但在实际上，她们的志愿、欲望，却也并不一定比男子的为卑下。我的理由是无全属于物质的，它是一个经济的解释。原来吃饭、穿衣和住室，本是人类的一个大问题，而达到这个目的的道路，男子与女子却很不相同。男子若欲解决他的这个生活问题，必须从职业方面入手。试问全世界从事职业的男子，有多少不是为着谋生的？有多少是不愿意忽然承袭巨产，去过那饱食暖衣的生活的？而女子解决生活问题的道路，却尽可与男子不同。除去极少数的志高才大的女子之外，结婚差不多是女子求得衣、食、住的唯一道路。除非遇有意外的变故，两个志不甚高，才能学识刚在水平线以上的青年男女所走的生命大道，是很可以预测出来的：男的必是去择一种足以养家糊口的职业，女的却是去择一个足以养活她的丈夫。然她们又何足责呢？假使社会上对于倚靠妻子为生的男子，不加非笑与轻视，我想，一定也有许多男子是愿意把找妻子的一件事，作为终身的大事业的。社会与法律既予女子以倚靠丈夫的特权，那么，她们的以嫁人为生命的唯一目的，亦不过是一种最天然的结果，又有什么可怪呢？不但如此，假使女子的倚靠丈夫，是出有代价的，假使她的衣、食、住，是以家庭任务换来的，那么，她也就不愧为一个有职业的女子了。

但我并不是说人们从事职业的动力，是没有超出于物质之上的。除了经济动力之外，他们也有是为着名誉而努力的，也有是为着比名誉更高尚的创作欲望而努力的。然这是一种例外。在以名誉为努力动机的人中，女子的数目亦不见得比男子为少，但做一位名人的夫人，岂不正等于自己做一位名人？并且比了自己去做，更为省事，更为取巧，更可以不出代价。读者不信，且请看看现在的中国女子中，最出风头的究竟是哪一种人，当可恍然大悟了。至于创作欲望与能力甚高的人，那都是人类中的少数的少数。她们的创作成绩，有偏于智识方面的，如大学问家、大发明家之类；有偏于情感方面的，如大诗人及大艺术家之类；也有偏于行为方面的，如大教主之类。在这类人中，我承认女子的数目，在历史上确是少于男子。但这亦并不足以证明女子天赋创作力的不及男子，因为那个遍临女子的母职，是于研究学问及其他创作事业极不利的。我们如不信可看一看现在世界上的名女子，如美国的亚丹女士、法国的居利（里）

夫人，便可以知道，历史上有多少女子的天才，是埋没于那个母职的重担之下的了。我们便也不敢再说女子的创作能力，是天然的不及男子了。假使教育和社会的制度，能不断的改良，假使男女发展天才的机会，能真正达到平等的地位，那么，将来女子在创作方面的事业和成绩，也一定不会落在男子之后的。

……

（三）职业与爱情的冲突

但是，假使全体的女子都像大多数的女子一样，那么，我们便不妨干脆的去赞成那"男主外女主内"的主张，事情不就很简单吗？但不幸女子之中，仍有许多是才高学富、志气超越，而又不肯牺牲爱情的人，又不幸"女主内"的所谓"内"，范围又太狭窄了一点，以致这一群少数的女子，便像俗语所说的蛟龙困在泥潭一样，辗转不能得志，而我们对于她们的为难，也就不能袖手不管了。

这一群少数女子的第一个困难，是因为结婚的结果，是要与其她职业冲突的。结婚的影响在男子方面，是很微弱的，但在女子方面，却是十分严重的。男子决不会因为做了父亲或是丈夫之后，在他的事业上发生根本上的问题，但女子做了母妻之后，对于她从前的志愿和事业，却是绝对不能一无阻碍的照旧进行了。固然，靠了金钱及势位，她尽可以把管家的任务，卸到他人的肩上去，但协助丈夫与抚育子女，是没有旁人可以代替的，而二者之中，尤以抚育子女为最不能避免。因为我们须知道，家庭的米盐琐事是一件事，神圣的母职又是一件事，前者可以找人代替的，而后者却是绝对无人能代的。但是，母职是一件神圣的事业了了，而同时，它也是一件最专制的事业。你尽可以雇人代你抚育和教养你的子女，但你的心是仍旧不能自由的。即使你的丈夫愿意牺牲他自己的事业，来替你抚育小孩，你也是不愿意的。这个志愿的母职，是女子与其他职业发生冲突的第一个原因。因为除非你去做"两重职业"，你是只能抛弃你在社会上的野心。令人做两重职业本是一件残酷的事，男子很少能做两重职业的，为什么女子必要去做这个苦工呢？

"谁叫她们去做这个苦工呢？"你说，"她们好好的去做她们的贤母良妻好了，谁又叫她们离开了她们的天然任务，来做男子的事业呢？"这话很不错，我也是承认女子与男子的天赋，有不同的地方的，我也是不主张女子去做她们本分以外的事的。但是，难道除了家庭之外，女子在这个广大的世界中，便没有容身之地吗？我们不能说，男子的职业，应当以贤父良夫为限，难道女子的职业，便当以贤母良妻为限吗？难道这世界上除了贤母良妻之外，女子便没有第二种的任务吗？

或者有人听了我这一番话，以为它是意气的说话，因为它将说，家庭与社会，是立于同等的地位的，所以"男主外女主内"的主张，并没有什么重男轻女的地方。是的，"内外"的一个名词，并不含有什么尊卑贵贱的意义，那是不错的，但他们在数量上，可能称为平等吗？一个小池沼的水，未必贱于太平洋的水，但我们能说他们是中等的吗？在太平洋中，水族繁生，岛屿罗列，巨舰大船出没往来于其间，气象何等雄伟，局势何等开阔，他又岂是那个小池所能比拟呢？同样，假使我们把家庭以内，归诸妇女，家庭以外，归诸男子，看上去，似乎是很公平了；但在实际上，则男子有一个伟大的世界，任他们的翱翔与选择，而女子呢，却只有一方天井，数间狭室，来供她们天才的发展。一方天井和数间狭室，固然也是伟大世界的一部分，犹之一个小小的池沼，也可以成为太平洋的一部分。但你把他作为女子的世界之一，是一件事，你把他作为女子的唯一世界，而使她没有选择其他世界的余地，却又是一件事。那个"男主外女主内"的教训，又何异于以太平洋派给男子，而以一个小池派给女子呢？

但是，不幸得很，虽然才高志大的女子，不愿以家庭为她的唯一世界，但除非她能牺牲人类生命中很可宝贵的一部分——家庭和儿女、家庭的责任，是不容她不尽的。假使有两个小池和两个大洋，在两个青年男女的面前，任他们自己的选择，那么，男的一定可以很不迟疑的去选择那个大洋，而女的却须很费一番踌躇了。假如她是一个安分守己，或是母性十分发达的女子，她便可以择定那个小池，作为她终身努力的范围。假如她是一个不愿结婚的女子，她也就可以像那个男子一样，鄙弃了小池，而到大洋中去觅取她的生命的意义。但是，假使她是一个才高学富，而又不肯牺牲爱情的女子，那么，她又当怎样办呢？男子既不曾因为努力他的事业的缘故，而牺牲他在生命中应得到的爱情，也不曾因为结婚的缘故，即须牺牲他的事业，为什么女子偏偏非牺牲爱情，即须牺牲她对于事业的兴趣和志愿呢？这是我们第一个问题。

除了这些才智超越的女子之外，尚有那些纯粹为着经济而从事职业的姊妹们，我们也不应把她们遗忘了。我在上面已经说过，她们是女子中最可怜的，而她们所从事的职业，也是比较卑小的为多。她们中固然也有教书或从事其他智力上的工作的，但佣工和类似的苦工，却占据了她们的大多数。她们中间虽也有享乐她们的工作的，但她们的大多数却是不能领略那"职业的尊贵"（Dignity of profession）的意义的。她们怨命、怨天、怨丈夫、怨社会，但她们却又不能不服从她们的命运。她们的问题，实在不是一个属于内心的生命与职业的冲突问题，乃是一个属于外境的社会和经济的问题。所以我们解决这个问题的方法，当然又与上条不同了。

（四）补救的方法

我们讨论的最后一点，是怎样可以靠了教育以及其他社会上的建设，俾那少数才智超越的女子，可以在同时得到发展天才和享乐人生的机会；俾那一群为着经济的压迫而从事职业的女子，又可以回到她们的家里去，做她们所能做而又所喜欢做的家庭事业。换句话说，即是我们怎么可以靠了教育和建设，去为许多女子免除，或是减少，那个内心或是外境的大冲突。

我以为我们第一件可做的事，是从根本上去整顿女子的教育，俾一般青年的女子，将来都可以有应付环境的能力，发展天才的机会和维持生命的职业。应付环境的能力，是属于人文教育的范围之内的，谋生的能力，是属于职业教育范围之内的，但发展天才的机会，却是人文与职业两种教育的共同责任。现在且请简要说一说此两种不同的教育。

人文教育或是职业教育的侧重，本是现在教育界的一个未决问题，但本题既非讨论教育之文，现在但须说明我个人的意见便够了。据我个人的意见，人文教育即是所谓才识学的训练，靠了它，我们的才能方会扩大，识见方会增高，学问方会加深。它是人生的基础，所以也是人人必不可少的教育。职业教育是偏重谋生能力的训练的，它虽也是人人所不能少，但它与人文教育却又有些不同。因为我们若是只有人文教育而没有职业教育，我们的谋生能力容许薄弱些，但我们对于做人的道理却是能懂得的了，我们对于外物也总有些驾驭的能力的了。但假使我们只有职业教育，而没有人文教育，那么，无论我们谋生能力是怎样的大，我们都是永不会高飞远瞻役使万物的，我们只不过能做做我们职业的奴役罢了。所以我以为女子的人文教育，是应该先于她们的职业教育的。但这并不是说，我们应该忽视女子的职业教育，因为它不但是女子谋生的一个重要工具，并且也是助她们发展天才的一个要素。

无论是人文教育或是职业教育，有一件事却是每个教育家所不可忽视的，那便是教育方策的不能一律。人才比如是水，教育比如是治河。人才有奇庸的不同，犹之河有天然河和人造河——所谓运河——的不同，所以教育家也须像河工一样，因才而异其政策的。一个天才甚高的女子，比如是一条源远流长的大河，她是不怕险峡，不避危道的，虽然有时她也免不了要冲堤决岸，予两岸的田畴以灾害。教育家对于这类女子的责任，是与河工一样的。他的重要格言，便是"因势利导"。他既不应一味壅遏水流，致违水性；也不应专事放纵，一任怒水的狂奔乱流，以致一个有用的物质，反为人民社稷之害。他是应当默观水性、静审地形，然后因地制宜，顺水之性，去把那一支浪涌奔腾的急流，导入于河道之内的。这样，在一方面，那个得性的水流，既可汪洋澎湃，直趋大海，在他方面，那个河流又可以润泽两岸，使成肥土，使生百谷，使育奇花异草，为当地之人造福。真的，要使我们的女界真能有这样的一个教育家，那么，我们女子的前途，还愁没有灿烂美丽的一日吗？我们女子在职业上的地位和成绩，还怕不及男子吗？

但这是关于那少数的奇才异能的女子的说话，至于一般普通的女子，她们却是与运河一样的。她们只能安命，或是怨命，她们是绝对不能自己造命的。她们的命运，犹之运河的河床一样，是须他人先给她们造好的。所以教育家对于这类女子的责任，就非单单靠那"因势利导"的四个字所能尽了。他们在已经以人文教育施授她们之后，还须为她们选择一个相当的职业而予以相当的训练了。

此类应受训练的职业中，最重要的当然是母职了。此话初看上去，似乎是很顽旧，似乎是又回到那个陈旧不堪的贤母良妻的路上去。但我是从来不曾鄙弃过这条路的，虽然我不承认那是妇女生命的唯一道路。因为我深信，女子不做母妻则已，既做了母妻，是必不可以不尽力去做一个贤母、一个良妻的。世上岂有自己有子女而不能教，反能去教育他人的子女的呢？又岂有不能整理自己的家庭，而能整理社会的人呢？易子而教，是可以的，请一位家庭教师或保姆来分工，也是可以的，但精微的母职，却是无人能代替。儿童的智识，你尽可以请人来代授，而儿童的人格，却是必须由你做模范的。这是我对于贤母一个名词的解释。假使一个女子在结婚之后，连这一层也做不到，那么，我想她还不如把对于其他一切事业的野心都放弃了，干脆去做一个社会上的装饰品罢。所以我说，母职是大多数女子的基本职业。

教育家对于这个运河派的女子的第二件责任，是为她们去选择一两种相当的职业，再予以充分的训练，俾她们将来可以有独立的能力，俾她们对于任何境遇，都可以不致受冻馁的困迫，俾她们在不得已时，（如丈夫不给养，或是丈夫无力给养，或是丈夫已死之类）不但可以有谋生的能力，并且还能得到一个较丰的报酬，以便延请一位家庭的助手，来代她们抚育子女，管理家务。这样，她们的兼父做母的艰难辛苦，自然就可以减少一点，而我们上面的两个大问题，至少也有一大半是可以算得到一个解决的方法了。

"你这一句话又未免太偏见了"，有一个朋友这样的驳我，"你似乎是说，唯有运河派的女子，是须受职业教育的训练的，而大江派的女子，却是无须的。难道女子有了天才，便可以不待训练即能从事专门的职业吗？"我的回答是："唯唯，否否。""唯唯"，是因为有天才的女子，当然也是应受职业教育的训练的，所以我承认这位朋友的话为不错。"否否"，则因为有天才的女子所需求的训练，根本上是与普通女子所需求的不同。第一，因为她们是能靠了她们内心的暗示和天才的倾向，自己去择定一种职业的。第二，她们既是有天才的人，她们学习的能力，一定是较普通女子的为高。她们一定是能做一件事像一件事的。她们不像普通的女子一样，必待学校和社会的督责与奖励，才能向上走的。简单说来，她们是自动教育的材料，犹之大河的水是自流向海的材料。她们所需的外助，只有那一点轻细微妙的引导。她们是不须他人的督责，奖励，或是代造什么命运格式的。所以我对我的朋友的驳语，又说，"否否"。

在女子本身的教育上，除了上面所说的一层外，当有一件事，为现今的教育家所不可忽视的，那便是青年女子身体的改良。我不希望我们的青年姊妹们，个个都能到运动场上去夺锦标，我只希望她们能个个禁得起雨淋日炙，受得住饥饿寒冷，支得住辛苦与折磨。我们中国的女子，是向来以"多愁多病"为做才女的代价的。试问以一个弱不禁风的女子，来负两重职业的责任，她的结果应当如何？健全的身体，是健全人母和健全人才的基础。所以我想，假如我们现在能把一般青年女子的体育改良，那么，我想将来女子任事的能力，是一定能胜过我们这一辈人的，而两重职业的担负，也就将不易把她们压倒，像他的把我们压倒了。

减轻女子两重职业的担负的方法，除了从积极方面去改良她们的身体之外，还可以从消极方面去设法分除她们的责任。这个方法从女子的本身看来，虽是消极的，但在社会及教育方面看来，却是很积极的，因为它乃是一个属于儿童教育的问题，那即是专门保姆人才的培植和小学与幼稚园教育的改良。

保姆虽不能完全代替母职——最精微的母职本来是无人能代替的——然至少总能替做母亲的人省出一部分的时间和自由来，俾她可以专心一意的去做她的专门事业。现在许多有职业而又有子女的妇女，大抵是把她们的小孩交给在佣妇手中的。这实是一件很危险的事。她们所作的事，于社会究有多少益处，尚在不可知之数，然她们为社会所造的孽，却已是十分明显的了。因为在佣妇教养下所长大的孩子，将来是一定要成为社会上的一个大担负的。所以为女子的本身及她们的家庭设想，为社会设想，我一方面既希望保姆人才的快快产生，而同时，又希望一般女子们，能不去做那害多于利的笨事。

改良现在的幼稚园和小学教育的目的，是在使每个幼稚园和小学，都可以像一个大家庭，俾每个母亲都敢于把她的子女送到幼稚园或是学校里去，而腾出她的时间和心情来，去做于她更相宜的事业。固然，即在幼稚的时代，儿童所需的母爱和注意，也仍是不减于婴儿时代的，所以在此时期中，那个精微的母职，也不是什么幼稚园及学校所能代替的。但假使一般小学及幼稚教师，能得到为母者的敬仰与信任，那么，他们对于那身任二重职业的女子的恩惠，已是很大了。

上面所举的三个方法，即是（一）从根本上去整顿女子的人文教育和职业教育，（二）改良女子的体育，（三）改良幼稚教育及培植保姆人才。在我的意中，这几个方法虽然不是解决目下女子职业问题的唯一道路，然总要算是各方法中最切实、最根本，而又最易实行的了。此外自然尚有各种因事，因地或因时的补救方法，然它们或乏普遍的性质，或非目下所急需，所以我也不再去讨论它们。

……

大学开女禁的问题

《少年中国》第 1 卷第 4 期，1919 年 10 月

胡 适

《少年中国》的朋友要我讨论这个问题，我且随便把我的一点意思发表在此，只可算作讨论这个的引子，算不得一篇文章。

我是主张大学开女禁的。我理想中的进行次序，大略如下。

第一步，大学当延聘有学问的女教授，不论是中国女子还是外国女子，这是养成男女同校的大学生活的最容易的第一步。

第二步，大学当先收女子旁听生。大学现行修正的旁听生规则虽不曾明说可适用于女子，但将来如有程度相当的女子，应该可以请求适用这种规则。为什么要先收女子旁听生呢？

因为旁听生不限定预科毕业，只须有确能在本科听讲的程度，就可请求旁听。现在女子学制没有大学预科一级，女子中学同女子师范的课程又不与大学预科相衔接，故最方便的法子是先预备能在大学本科旁听。有志求大学教育的人本不必一定要得学位。况且修正的旁听规则明说旁听生若能将正科生的学科习完，并能随同考试及格，修业期满时，得请求补行预科必修科目的考试。此项考试如及格，得请求与改为正科生，并授予学位。将来女子若能做得这一步，已比英国几个旧式大学只许女子听讲不给学位的办法更公平了。

第三步，女学界的人应该研究现行的女子学制，把课程大加改革，总得使女子中学的课程与大学预科的入学程度相衔接，使高等女子师范预科的课程与大学预科相等，若能添办女子的大学预科便更好了。这几层是今日必不可缓的预备。现在的女子中学程度太浅了，外国语一层更不注意。各省的女子师范多把部章的每年每周三时的外国语废了。即使不废，那每周三时的随意科能教得一点什么外国语？北京的女子高等师范预科去年只有每周二时的外国语今年本科始加至每周五时。高等师范本科的学生竟有不曾学过外国语的。

这是女子学校自己断绝进大学的路。至于那些教会的女学校，外国语固然很注意，但是国文与科学又多不注重。这也是断绝入大学的路。依现在的情形看来，即使大学开女禁、收女学生，简直没有合格的女学生能享受这种权利！这不是很可怪的现状吗？前两个月，有一位邓女士在报上发表她给大学蔡校长请求大学开女禁的信。我初见了这信，以为这是可喜的消息。不料我读下去，原来邓女士是要求大学准女子进补习班的！补习班是为那些不能进预科的人设的。一个破天荒请求大学开女禁的女子，连大学预科都不敢希望，岂不令人大失望吗？这个虽不能怪邓女士，但是我们主张大学开女禁的人应该注意这一点，赶紧先把现在的女子学校彻底研究一番，应改革的赶紧改革，方才可以使中国女子有进入大学的资格。有进大学资格的女子多了，大学还能闭门不纳女子吗？

以上三层是我对于这个问题的意见。我虽是主张大学开女禁的，但我现在不能热心提倡这事。我的希望是要先有许多能直接入大学的女子。现在空谈大学开女禁，是没有用的。

八年九月二十五夜

从艺术发展上企图社会的改造

《新潮》第 2 卷第 4 号，1920 年 5 月 1 日

郭绍虞

现在一辈持社会改造论的，大都注重于物质方面的福利；本来从唯物史观的眼光看来，固是处处不能脱离经济的关系，但是真欲企图全社会的改造，决不是单从物质一方面着想，把人类看得和许多动物一样，没有向上发展的。艺术的发展，单不过精神方面的一种，现在我单从这一点上，说明企图社会改造的理由。

于社会主义不十分注意的人，每易起一种误解的心理，以为提倡社会主义的人，决不是艺术家，而艺术家决不会提倡社会主义的，一方面是倾向于物质的改进，一方面是注重于精神的发展，决不会同时融合的；实在以我个人的见解：彻底的社会主义，决不会阻止个性的发展，决不会轻视精神的生活，而真正的艺术家，亦决不会满足于资本制度下面拜金主义的社会。他要自由发展他真正的艺术，决不是为金钱报酬所可以役使的，固然于现在工资制度的社会，一辈艺术家难免不掀动于金钱的势力，但是因顾到金钱报酬，才去研究艺术，便不能说完全是自然的冲动，便不能不投时好，便不能不为富人的心思嗜好来支配，要求他个性的充分发展是很难的了。然而现在一辈自命为艺术家的，还不自知他自己早已牺牲个性，投降于金钱势力下面，服服帖帖听人家的指挥，受庸众的暗示，他却还自鸣得意，称赞他艺术的高尚，真是可怜！所以要是真正的艺术家，要是真想自由发展他的艺术，总觉现在社会制度，是他这种思想很有力的障碍，于不知不觉之间，自会有社会改造的倾向。

以前报纸上似曾载过布尔塞维克党戕杀艺术家的事实，日本石川六郎所著的《过激派》一书中间，亦有叙述关于这些的情形——如托尔斯泰邸宅的被毁，画家列蒲的饿死等事——本来当时俄国情形，同外边很为隔膜，布尔塞维克党设施的真相，外边很不容易窥测，而所传布的消息，大都是从西欧电讯中得来，

颂声谤语，同时并起，究竟真相若何——有无戕杀艺术家的事实——还是不能断定。吾人从社会主义的许多派别来看，其中单认社会主义为增进俸给阶级的福利的方法，而因注意于物质的福利的缘故，遂以为艺术和思想——精神方面——是无补于文明的进步。这些浅近的目标，只注重于物质安全的方面，固然亦是有的；即如列宁是纯正的马克思派，他以劳动者为中心，而要铲除劳动者以外的寄食阶级，那么不承认艺术家为社会的需要，或亦是当然的事；不过我以为凡是彻底的主张社会主义的人，恐总未必能承认这些主张，以为社会改造的计划，便以是为满足罢了。

罗素是主张精神生活的人，他的批评社会主义，以为于物质的安全以外，同时应发展创造的冲动；于他所著《到自由的途径》第七章《社会主义下的科学与艺术》，他说：

"社会主义倘然只想将这些人所喜欢的物质的安全分配给一般人，那就简直阻住了人的上进心，埋没了天才。"

他便是这般主张——不仅仅以物质的安全为满足的主张，不过他所说的，是包括科学与艺术，现在我却单从艺术方面着想罢了。

我并不是不主张物质方面的改善，不承认社会的应当改造，不过觉得所谓社会改造，是决不仅仅限于物质一方面，必须兼顾到精神一方面，而于精神一方面要谋充分的改造，尤非先从物质方面改造不可，因为精神方面的改造和物质方面的改造，处处生密切的关系，所以从艺术的发展上看，亦是社会应当改造的一种趋势。

讲到艺术，不论是依附艺术与自由艺术，总不外以美为标准，吾人可以先略讲美的价值是怎样——美对于人生的需要是怎样？明了美于人生的位置，然后可以知道社会改制以后，艺术这件事，是无用还是有用，是废弃还是提倡？

大凡人生实际的需要，只知道感官的快感，而不知道所谓美。美的欲望，都属于理想上面，而于实际上的需要，是没甚关系的，有时所以觉得有关于实际的，都由感官的快感与美感相混视的结果；但是实际的需要满足以后，那理想的需要，自会发生，这是人类精神活动自然的趋势。有一辈生活安全的人，他自会无事中找出事来，去满足他创造的本能；譬如野蛮人民起初造兵器的时候，不过供实际的需要，后来再加以雕琢，这便是因为理想上的需要，所以这种创造的精神活动，于社会改造以后，物质的安全，既已成功，精神的生活，亦一定发展，便使要限制亦限制不来，要摧残亦摧残不成！

克伊孟说："美是实体的形象，而形象是不具的实体。人类何以要费他劳力时间去制作不具的实体，而不能以实体为满足呢？这全由人类要做造化者的缘故。"他所谓要做造化者，即是一种创造的冲动。社会文化的增进，全赖有这种冲动，全在求精神生活的进步！罗素以为："有些生得聪明的人，他能明白前人的思想和学问，还可以研究发明，有些聪明人，他能够创造美；前者是自得精神上的快乐，后者是将不可得见的快乐，做成形体，使人看了快乐。这两种人都比普通人更值钱，在群居生活中亦更为重要。"这些人在列宁一辈，或者看作寄食阶级，以为不甚重要，但因此若限制艺术，不使精神有充分的发展，那么和现在资本制度的社会，戕贼艺术，真是同一的弊病了。

这一点，无强权主义派的主张，便要强一些，他们不论做工与否，都可使人人得到生活的必需品，足够他简易的生活；一般艺术冲动很强的人，便可以充分发展他艺术的天才了。

于次吾人再说何以艺术发展，必须企图社会的改造？一辈持艺术独立论的，如蓝逊岳，如哈德孟，都以为艺术的目的，在艺术本身，于艺术以外，并没有其他目的，所以不能为其他事物所拘牵，所羁绊，若为宗教、道德、政治等而使用艺术，便不啻褫夺艺术的特性；这种唯美派极端的独立论，和现在的社会制度，显见得是冲突，所以哈德孟说："艺术的发达，须在自由的世界。"这是从艺术本身上着想要维持艺术的独立，不可不废除拘牵、羁束艺术的桎梏。至于从艺术发展上企图社会的改造，也有二种理由：

一、经济的关系；

二、阶级的关系。

经济的关系，用唯物史观的眼光看来，是很容易明了的。于竞争的产业制度所生的境遇，不论对于那种艺术——美术或文学——都是很不利的。艺术的发展，与社会的境遇——情形——恰成正比；社会的境遇是适当，艺术的发展亦便利，否则假使多数者贫，少数者富，于这种境遇下面，要得到高尚的艺术便很为障碍了。社会的境遇，必须能使各个人的生活都安全，有适当衣食的供给，公共的生活，又有十二分的设备，而后艺术始得十分发达的境遇。吾人若回顾过去的历史，可以见得膨胀时代——国民经济充实时代——便容易生出伟大的美术，表示当时国民的精神：吾人可以举几个实例，有三个时代，很可以作证据的：

一、希腊美术及文学大发展的斐利克莱斯（伯里克利）时代；

二、称为"黄金时代"的渥额斯泰时代；

三、产生莎士比亚的英国的伊丽莎白时代。

这三个时代，国民的生活都很充实，所以发表他的思想，可以成其伟大的事业；若使国民的生活卑陋，国民的精神，亦决不能达到思想的高潮。所以吾人为艺术所实际要求的，是为谋多数者的闲暇，得衣食充足的资料，对于劳动而感愉快，及纯粹的国民的精神之复兴。而所谓纯粹的国民的精神之复兴，又决不是把这基础置于少数者的天才上面；不论是画家、雕刻家或音乐家，他技俩达于高潮的时候，社会中的美术，决不是单成于少数者的天才，他发展的基础，不可不说是筑于多数者的美术心上。对于美的本能与所以认识美的修养，要先普及于一般，使人人都有批判的能力，才能产出大规模的美术；因为艺术的产生，系在于深肥的土地，若于荒芜的土地，虽或亦间有发生，但不与许多国民的刺激受同情，决不会产出大规模来。吾人要怎样改良艺术的土地，使荒瘠变成肥沃？便不可不打破现时的社会制度，改造完善的社会，使人人没有衣食的忧虑，才可充分发展精神的生活；这个意思，很近于无强权主义派的主张了。威廉穆礼斯，是英国有名的艺术家，他便是这般主张——他不仅仅是信奉社会主义，还且是信奉极端的社会主义。

至于阶级的关系，艺术家中抱平等观念的，益发没有不图改造社会的思想；因为美术的目的，是公共的，不是个人的，若得成功，是为社会而成功，不应为富人而成功，这是社会主义者的意见，实亦为艺术家的意见。本来美的需要，是属于理想上的，起初人类未分阶级的时候，群居相处，其实际的需要及理想的需要，一切都是共同享受，例如集众而行祭仪，这理想上的需要，亦是不分畛域，没有限制的；迨到有阶级——不论贵贱阶级或贫富阶级——产生，那二种需要——实际的与理想的——渐有私的倾向，这便是罗素所谓占有的冲动，有了这种冲动，在上的阶级，不论理想上、实际上的需要，都据为己有，在人类知识低微时代，易于为人利用、驱使，那么低的阶级对于高的阶级实际上的需要，还认为正当，还情愿"为人作嫁"，而于理想上的需要，在低的阶级看来，便要认为奢侈了。由贵贱阶级而移到贫富阶级，这理想上的需要，遂屈伏于拜金主义下面，为富人所独占了。老练的工人被雇于富人所指定的职务，不得不为他们做奢华精巧的东西；纤巧的女工，亦不得不为他们制美丽的札花。艺术上的劳动，完全为富人所支配，又哪里可望他发展！英国惠斯托谷脱，是个很有学识的宗教家。他著作中间，亦有一节讲到美术，表同一的精神。他说："美术的目的，不在单独的快乐，在社会共同的快乐；其所希望，在使美术有精神的价值——若此见解为正当，则美术的目的，不在个人而在公众，其极致在崇拜伟大的绘画，伟大的诗，决不是应为一个人所专有。于不论何时代，达于美术的高潮之时，决无属于一个人的。希腊美术极隆盛的时候，美术是供公众的使用。至于近世社会，个人的富，逐渐增加，最高尚的美术家，从公众的劳动，引离而为一私人而劳动，这真是一个主要的危险。"

所以富人的金本位，决不是艺术的本位。艺术的本身，是独立的；艺术的目的，是公众的。于自望竞争所生的境遇——其结果所表现的富人政治，决不是所以发达美术的原因；而富人借助金钱的势力，来戕贼艺术，来滥用个人的特权，来破灭世界的美，来害社会一般的幸福，是应得禁止的；但是于现在的社会制度，是资本家的保障，是富人的护符，何曾顾到艺术！更何曾顾到人类的精神生活！所以不得不谋改造，从艺术发展上，不得不企图社会的改造。

九，三，二五夜十一时

谈理想教育

《现代评论》第 1 卷第 5 期，1925 年 1 月 10 日

林玉堂

　　凡世界上做事最无聊、最难受的就是遇着一种不进不退、半生不死的情境。如做生意发财也痛快，破产也痛快，最可怕的是不得利又不尽至于破产，使一人将半世的精神与一种无聊的小生意纠缠不开。如生病，爽爽快快的死也好，痊愈也好，只不要遇着延长十年将死未死的老病。凡遇着此种境地，外国人叫做 bored，中国人就叫做"无聊"。今日教育就是陷入此种沉寂无聊，半生不死的状况。我们在睡余梦足或在孤窗听雨的时候，扪心自问，难免感觉得一种精神上的不安——好像天天做着事，又好像到底中国无一事可做，好像天天忙，又好像是忙无结果。倘是教育果陷入完全停滞之境，我们心里倒可觉得痛快些。因为至少可不至于到处被人家称为"教授"、"教育家"——这是多么难为情的境地。一个人，无论持何职业，对该业的产品，至少须有多少得意的感想。譬如一位厨子在一顿饭菜烧得或焦或烂之后，被主人当客人面前称呼几声"大师父"，他虽不能不答应，心里实愿意当作听差的，或当作车夫混过去。教育家在社交上常遇着难为情的境地，便是如此。教育永远不陷入停滞状况，我们与人交游或通信上永远免不了要听人家口口声声的称呼"教授"、"大学教授"。稍有良心的教授听这种称呼将难免觉得一条冷气从脊骨中冷战的由上而下的侵下去。我不是说一个人受了四年的大学教育尚可以懂得学问，尚可以懂得人情事理是绝对不可能的事。我不过说：倘是一个人受过四年中学、二年预科、四年大学教育之后，而尚可以懂得人情事理，甚至于懂得学问，那真是千幸万幸的事了。

　　这并不是我说的笑话，今日教育之实情如此。"人情事理"根本不存在于我们的教育范围里，倘是有这种方针，那是我没有看见过。我们的目的是教书而不是教人，我们是教人念书，不是教人做人，倘是一个学生于念书之余尚记得

做人的道理，那完全用不着我们的代他负责。我们听见过某某学生因为心理学五十九分或是逻辑四十八分而不能毕业（虽然如何断定一个人的逻辑是四十八分我未明白），然而我们的确未尝听见过有某学堂要使学生毕业先考一考"人情事理你懂吗"？所以如郁达夫先生曾经做文章，劝一位青年别想去进大学，因为恐怕他白费了几年的光阴及一二千块钱，变出一个当兵无勇气，做苦力没礼貌，做鼠窃没胆量，除去教书外，一技无能，软化了的寒酸穷士，若是出于爱护那位的本心，便是极好的议论，若是要以此责当代之大学教育，恐怕就骂的不对劲儿。因为今日的大学教育根本以书为主体，非以人为主体，责之以不能养出社会上活泼有为的人格，岂非等于问和尚借木梳，问尼姑借篦子一样无理的要求吗？无论如何把一个正经长大的青年送进学堂里头去十几年，使他完全与外边的社会隔开，与天然的人群生活分离，既没有师长的切磋，又没有父兄的训导，只瞪着眼早念书，午念书，晚上又念书，是使此青年不懂人群生活的绝顶妙法的。结果是满肚子的什么主义，什么派哲学，而做事的经验阅历等于零，知道恩（爱因）斯坦的相对论而不知道母鸡不要公鸡是否可以生鸡子儿。有人说德国的大学教育教人学问，德国的大学教育教人审美，英国的大学教育教人人格，美国的大学教育教他们的老祖母们吸鸡子儿，"teachtheirgr and mother to suck eggs"我很怀疑中国的大学教育教人连鸡子儿都不知道怎么吸法。

虽然，不但我们的方针不对，就我们所用的教育方式也很可怀疑。倘是"学问"是我们大学教育的方针，就所以达此方针的教育方式也不可不考量。我们现此之所谓学问有趣极了。不但是有体质的，并且是可以拿秤称的。今日谈大学教育者之心理，以为若设一种"非八十单位不能毕业"的条例，严格的执行，严格的考试，绝不通融，绝不废弛，这样一来，四年级八十单位，每年级二十单位，倘是一学生三学年只得五十八个单位，那么第四年请他补习两单位，凑成二十二单位，八十单位补足，那他必定逃不了做有学问的人，出去必定是大学的荣耀了。原来掩耳盗铃的本领并不限于军阀与官僚。倘是我们的逻辑不错，有八十二立方寸学问的人，若愿意借两立方寸学问给他一位只有七十八立方寸学问的同学，我们当然没有什么理由可以阻挡这两人一同毕业（但对这一点，尚不免怀疑，很愿意得各学堂注册部的声明，是不是可以借的？），不但此也，如以上所谓每立方寸的学问每寸里头的页数也有一定的，比方近代历史一立方寸即丁先生讲义二百七十五页，二百七十五页读完便是近代历史的学问一立方寸；文字学学问一立方寸是徐先生讲义一百五十三页，限定一学年读完，不许早，不要迟，若是徐先生特许八页免试，便是实数一百四十五页，一学年分两学期，每学期十八个星期，通共三十六星期，四三一百二，四六二十四，通共一百四十六，每星期限定念四页正好，不许多，不许少。如此积页数而得几许立方寸，积立方寸而得一张文凭，虽曰未学，注册部亦必谓之学矣。原来此种以数页数及数单位而衡量学问的方法，的确定是纯粹由西方发明，于吾国书院制度未之前闻也。记得杜威曾经说过，现代的教育好像农夫要赶鹅到城里去卖，必先饱喂之以谷类，使颈下胸前的食囊高高的凸出来，然后称称其轻重，鹅愈重即其价额愈高。其实杜威先生说错了话，他忘记在本问题上称者与被称者原来是同类的动物。他若明白说这是大鹅教小鹅的教育，实在较直截了当些。

以上既谈到现代教育之根本乖谬，此地可略谈我们所谓理想教育。这教育理想当然于现代无实现之可能，然实现与不实现都不相干，我们在此沉寂无聊的教育生活中所能求的安慰是一种画饼充饥、望梅止渴之办法而已。且既不希望其立刻实现，我们可不为环境之逼迫，来限制我们理想的计划，又可不必派代表奔走于一些无信义的官僚之门，以求得一涓滴之赐，岂非快事？我们可以尽量的发挥我们理想大学的计划，基金等问题尽可不顾。我们可以尽量梦想如何一个理想大学可以给我们的子弟理想上最完备的教育；怎么一个理想大学可为学者优游永日，寝食不离，终身寄托之所；怎么一个山水幽丽水木清华，气候佳宜，人也理想，地也理想，环境也理想的大学，可以当作教育界的普陀山。我们可以梦如何一个设备完善的大学可以使我们忘记现代教育界之沉寂无聊。

我们的理想大学最重要基件，就是学堂应该贯满一种讲学谈学的空气。此空气制造之成功与否，是大学教育成功与否的夤缘。讲学空气之由来最重要的即在于学堂之房屋外观，学堂外观之的大门，其余一切学堂的房屋、树木、场所周围亦必有一种森严古朴的气象，使人一跨进大门如置身别一天地，忘记我们一切的俗虑俗冗，好像在此周围内唯一要紧的事件是学问，是思想。因为我们都明白物质的环境与吾人思想生活密切的关系，在上海南京路念经念一百年也不能成佛。佛家最明白这条情理，教育家若不懂，只须游东海之普陀与西山之檀柘便可不待我的斤斤多辩。大凡世界的宗教家都明白这条道理，西方罗马天主教的教堂便是很好的例子。我们一进那高耸巍立深邃黑暗的礼堂，看见那一线黯淡和平的阳光从极高的染色玻璃窗上射到那简朴的、寂寞的座位上，闻见那满屋的香味，又听见那雄壮清嘹的琴声，虽素不相信天主教的人也可以几分领略信天主教的好处，它给我们精神上的安慰。宗教如此，学问何独不然？一人的学问非从书上得来，乃从一种讲学好学的空气中得来，使一青年浸染于此种空气中三年之久，天天受此环境之熏陶，必可天然的、顺序的、快乐的于不觉中传染着好学的习气，就使未必即得如何鸿博的学力，也至少得一副鸿博的脸孔，至少跟他谈学问时不至于他每每来问你要讲义。最怕的是一个像清华学校这样崭新白亮的一个大门，除去一个苍茵满布、字迹模糊、将倾未倾的大门及围墙，使人自远望之若一片空谷荒野或宫园故墟外，墙围内应该这里有一座三百年的古阁，那里有一片五百年的颓垣，甚至于无一屋顶，无一窗户，无一树干，无一爬墙虎的叶尖不带着一种鸿博古雅的气象。有一种的学堂有这种的空气环境，然后可以讲学。像我们北大第一院工厂似的所谓沙滩儿大楼，无论如何讲学是讲不下去。

物质的环境而外，我们可以说师生在课外自然的接触乃理想大学最重要的特色。最重要的教育乃注册部无法子记分数的教育，真正的学问乃注册部无法升级留级的学问。在理想大学中，上课的手续乃一种形式上的程序而已（且通常绝无考试，与德国大学例同），教员学生不上课则可（非强迫的），在课外无相当的接触则绝对不可。因为倘是我们的推测不错，教育二字应解做一种人与人的关系，不应当解做一种人与书的关系。一个没学问的人因为得与有学问的人天天的接触，受了他的切磋砥砺，传染着他对学问的趣味，学习他治学的方法，明白地对事理的见解——这是我所谓教育。伟（威）尔逊说的好，看书不一定使人成为有思想的人，但是与思想者交游普通可以使人成为有思想的人。课堂中的学问常是死的，机械式的，在课堂外闲谈时论到的学问才是活的，生动的，与人生有关系的。课堂内的学问大都是专门的学问，课堂外的学问，出之偶语私谈之间乃是"自由的"学问（liberal education）。古人有楹联曰"常思先辈寻常语，愿读人间未见书"之"寻常语"三字即同此义。读王阳明的传习录（虽他是寻常语之一部）无论如何不及亲聆王阳明教诲之为愈。以今日视课堂为教育中心的教育方式，师生上课相见，下课相忘，学生孜孜以讲义页数为生命，不用说没有贤者可为学生的师资，就是有贤者，学生也决没有机会听到他们的"寻常语"。理想大学中的生活，必使师生在课外有充量的交游与谈学机会，使学生这里可与一位生物学家谈树叶的历史，那里可以同一位心理学家谈梦的心理分析，在第三处可以听一位音乐专家讲 Hoffmann 的笑史——使学生无处不感觉到学问的生动有趣。

所以理想大学应该是一大班瑰异不凡人格的吃饭所，是中国贤才荟萃之区，思想家科学家麋集之处。使学生日日与这些思想家科学家的交游接触，朝夕谈笑，起坐之间，能自然的受他们的诱化陶养引导鼓励。理想大学应该不但是这里有一座三百年的古阁，那里有一片五百年的颓垣，并且是这里可以碰见一位牛顿，那里可以碰见一位佛罗特，东屋住了一位罗素，西屋住了一位吴稚晖，前院是惠定宇的书房，后院是戴东原的住所。这些人物固不必尽是为教书而来，直以学堂为其永远住所而已。故以上所谓"吃饭所"非比方的而已，乃真正指吃饭而言。他们除了吃饭之外，对学堂绝无何等的义务，在学堂方面即所以借这些人以造成一种浓厚的讲学的空气。因为一个学堂，没有这些人的存在，而徒靠三数十个教员，决不足以掩蔽几百个喁喁待学青年的乌烟瘴气，故一面必力限定学生的人数（多则不能个个人得与师长亲密的接触），一面必增加鸿博师儒之数额。此则略近于英国大学 fellows 的制度，在本篇中可暂译以"翰林"二字。如这回由庚子赔款委员被撤退之罗素与狄根生（G. Lowes Dickinson）就是剑桥大学单吃饭不教书的翰林之一。他们除去有终身永远在学校之居住权利及每年得薪俸二百五十金镑为杂费及旅费外，对于学堂绝无规定的义务，且出入旅行有充分的自由。英国大学之有这种设备，一方面是替国家保护天才之意，使他们得永远脱离物质外境的压力，专心致志于学问、思想、生活上面，可以从从容容的增进他们的学业，培养他们德性。一方面是使大学成为一个很有趣味的社会团体，大学里头的社会生活是一种优异可爱的生活。

所以理想大学不但是一些青年学者读书之处，乃一些老成学者读书之处。大学里头不但有缴学费才许念书的小学生，并且有一些送薪俸请他念书的大学生（即所谓翰林）。缴学费念书的学生虽常有很可造就的天才，送薪俸请他念书的学生才能对对于学术思想上有重大的贡献。

最后关于学生毕业问题，即今日教育界所公认为最重要问题，我也不能不说几句。我说这是教育界所公认为最重要问题，因为我们公认读者的目的是要毕业。理想教育所最怕谈的是"毕业"二字，不必说学业之于学者本没有告毕之时，命名之根本不通，就说要想出一种量学生的学问程度的好法子也绝想不出来。理想的教育并不是不愿意想找出一法，把某甲与某乙的学问比较一下，变成亚【阿】拉伯字码可以写出来的准确的、精密的、不误的分数，但是理想教育始终不承认自有史以来有这种法子已经被人发明。就实际方面着想，毕业二字也不过是说一人的学问已经达到"比较可以"程度而已。此所谓"比较可以"的感慨只有与该学生最相近的教员或导师能够感觉得。所以依理想教育计划，我们应该实行"导师制"（tutor system），每个学生可以自由请一位教员做他个人的导师，一切关于学问上进行方针及秩序之指导专托于此一人之手。此导师取之于教授也可，取之于翰林院中人也可，只须得他们的同意。导师应知道该学生学问之兴趣与缺点随时加之指导，且时与以相与谈学之机会。倘是一学生的程度可以使他的导师觉得已达到"可以"程度，于必要时就请他的导师给个凭据也可以，认此学生为该导师之门人。故毕业之事全与学校无关，而为导师个人的私事。同一学院毕业，或为梁任公的门人，或为章炳麟的门人，梁任公或章炳麟之所认为什么是"可以"程度，则全由梁任公、章炳麟以私人资格而定。各导师的门人的程度，或高或低，本不相干，因为这可由各导师自己负责。至于此文凭之程式，也由各人自定，印的也成，写的也成，写在连史纸上也成，写在茅厕里用的粗纸或信封上面也成。因为这文凭是最不紧要的事。我们理想教育完全实行的时候，应该完全用不着文凭，应该一看那学生的脸孔，便已明白他是某某大学毕业的。倘由一学生的脸孔及谈笑之间看不出那人的大学教育，那个大学教育也就值不得给什么文凭了。

谈谈理想教育

《现代评论》第 1 卷第 13 期，1925 年 3 月 7 日

胡寄南

林玉堂先生在现代评论第五期内做了一篇"谈理想教育"的文章，读了比在大热天吃冰淇淋还痛快！只可惜那冰淇淋还欠摇得透，忍不住提起笔来"谈谈"理想教育。

现时教育之根本乖谬，不用我再来多嘴，稍有良心的人大概可以觉到。社会上的人站在大称台朝着刚从学界出来的人嚷道："来！把你们手里的文凭给我称！"是有博士头衔的人得了二三百块钱一月的薪金，硕士得了一二百块，学士们给估价估了数十块。一个个低着头去发展他们的自保、饮食、生殖和好群的种种本能去了。管它什么"大鹅教小鹅"！又管它什么"吸鸡子儿"，吸鸭子儿！

好了！难得林先生出来做了一个梦，把他的梦用佛洛特（佛洛伊德）的手段解析给我们看，大概我们做梦的时候，心里总有个 Complex（情结），自然我们同处这般不进不退、半生不死的情境里面，我们做梦时的 Complex，总是差不多的。不过我觉得我们横竖现在是在做梦，何不爽爽快快的做一个甜甜蜜蜜的圆满梦，撩起袖管，添点冰块盐屑，站在冰淇淋桶旁，使动多摇几下儿。

假使我的说法是不错，学问有文武之分。（惭愧得很，像我这般八十立方块还不满的小子，哪里配来谈什么学问不学问？更那有资格来谈什么学问里面的 Antithesis（立论）？但是既然世界的大学问家，除了数立方寸外，还不能明白指示我究竟什么是叫做学问。吴道子画鬼画错了是谁也指摘不出，所以我也就不免在此瞎三话四几句，小儿告罪了！）当然，我们尽可以一天到晚关了门学吴稚晖畅谈黑漆一团论，学张东荪谈雪白两片论，但是我们究竟不能说"世间学问，尽于此矣"！天天抱着书本子像老和尚参禅一般的用功固然可以成一个欧阳竟无，但我们到底不能指着欧阳竟无说世界学问家只有这一类。"只此一家，并无

分出"的招牌既然难以应用于"稻香村"、"陆稿荐"一类店铺，学问里面，更万万不能挂起这幌子。所以老戏里面既有披八卦衣，坐四轮车，戴冠执扇的诸葛孔明，便有执丈八蛇矛，叫声如雷的黑脸张翼德。"此不易之理也！"学问里面何独不然？有了莎士比亚、康德、雪莱就有巴斯德、牛顿、达尔文。这后面三位，我叫做武的学问家。显微镜，是他们的偃月刀；实验器是他们的赤兔马。自然，我不是说这文武之分是绝对的，决不是！谈活力，灵魂的麦克杜皋（格）尔（William Msc Dougall）也究竟免不了大讲其肾上腺的作用；讲生命论及 entelechy（实体）的杜里舒原是张显微镜张出身的。我所要请阅者注意的就是：所谓学问决不止是坐在安乐椅中做玄之又玄的构思功课而已，真正的学问应包括爬杠子、翻筋斗等，武的功夫。

你尽管可以闭着眼睛谈夏利留【伽利略】的物坠公律，尽管可以谈阿米巴，半规管，尽管可以谈 $AgNO + KCl \rightarrow AgCl + KNO_3$ 等等，可是你谈一辈子也总是空谈呀！这种空谈比诸盲人摸了象腿说全象体状像树一般可怜。其实可以说更可怜！但是我们试一看我国之所谓教育，哪一处不是"盲人摸象"之类？

我不希望国内学者个个能够成"寰球驰名，文武全才"的角色。我不希望一个十八般武艺般般精通的好汉能够作"过秦论"、"归去来辞"一类的文章，但是我决不愿意他是一个"目不识丁"的人；and vice versa（反之亦然）。

林先生恐怕是一位"文"的学者，所以他把武生的分儿忽略了。我非常赞成林先生所提出的养成讲学的风气。我以为"文"的学问固然非讲学不可，"武"的学问也应如此。在实验室内试验了镭和铀的实验以后，师生就可以在讲室里面讨论关于 electron（电子）及放射性的学说；在解剖室内做完了神经的实验以后，就可以座谈 all-or-none law（全或无定律）等等理论。这些都是"并行不悖"的。

学校所宜培植的人才方面，不知不觉我已说了一大堆的话。至于学校的建筑和环境呢，当然也是从这中心论点出发的。

林先生以为"学堂外观之最重要部分是一座颓圮古朴满盖着苔痕，匾额字迹潦草不可复认的大门，其余一切学堂的房屋、树木、场所、周围亦必有一种森严古朴的气象，使人一跨进大门如置身别一天地，忘记我们一切的俗虑俗冗，好像在此周围内唯一要紧的事件是学问，是思想"。诚然，物质的环境与吾人思想生活有密切的关系，我想这是谁也不会否认的。不过一定要像林先生所主张的破垣败壁的所在，那未免矫枉过正了。自然，假使我们请 Wagner（瓦格纳）到茅厕里去奏他一曲杰作，人必要掩鼻而过之不暇，那有余时去领略他的抑扬节奏自然婉转的调子？不过一定要在荒院废寺内讲学，我们坐在四角蛛网满布壁虎和老鼠赛跑的场所中，除非我们是爱罗先珂一类人，那不得触目惊心？要似老僧之入定，未免"难矣哉"了！这也许是过甚之词，不过我相信：在崭新白亮的房子里面，样样式式都非常清洁整齐，鸦雀无声，这样的讲学读书，自也能引起心灵上之安谧，增添深思好学的兴趣，不必定要在鬼森森的地方才能读书的。

学堂的所在，我以为一定至少要在乡间，最好是在山明水秀之地。房屋的式样和内容，只求美术的，能引起我们求学的兴趣就够了。无论罗马的天主教堂，北京的中央公园，及清华学校，协和医校的西式的建筑，只要合宜，都是可取的。当然，东安市场及城南游艺场这样热闹所在，是绝对不能容许在学堂旁边的。

学堂既然要培养有文有武的人才，就不该只有几个图书馆就了事的。中间一个住宅，左旁一爿图书馆，右边一所实验室，理想的大学，虽然不像这样简单，但其 miniature（缩影）大致如此。我们当然不愿意我们一个个做缩颈弯背，快要和死神接吻的学者，所以我们的学堂旁边不会没有运动场、健身房、游泳池的。

理想的大学是一个人格养成所。我们不愿意来学的人都像约翰生博士有那样在马路上用手将路旁电线杆——拍一下，倘有未曾拍到的一杆则不惜跑回许多路去碰它一碰的不近人情的怪癖。我们的大学是列宁、威尔逊和孙文的幼稚院。Men of action and men of thought（行动的人和思想的人）都从这里面产生出来。所以我们除了学校行政院处置一切对外的或其余重大的事情外，有学生自治会，以给学生一个训练做领袖人物的机会，掌理一切校内行政院管不到的事情。

我承认现时的教育制度确是非常贵族式的。像蒲鲁东那般手里捧了一大堆奖品从学校里回家来找不到晚饭吃是极平常的事。当然我们决不会在贫家子弟的父母之 Chromosome（染色体）中找出不读书的种子，所以愈是贫而好学者，学堂愈是应该给以相当的帮助。离我们的理想的学校不远就有养牛场、养蜂场、工厂、电器厂等专门供他们做工自给用的。这样，"面包问题"就不成问题了。

至于师生团结方面，尽可以照 Fourier（傅立叶）的 Phalanstere（法兰斯泰尔—方阵之城）的办法，师生和家人一般的住在一起。人数可由公众决定，唯不得过多。如此，互助精神有了，讲学风气也有了，团体内的分子，当然是很有责任心，很有自治力的。

林先生说的话虽然很痛快，可是我总嫌还未十分透彻。你看他以为文凭虽毫无用处，但是他尚未能主张根本取消。他说："至于此文凭之程式，也由各人自定，印的也成，写的也成，写在连史纸上也成，写在茅厕里用的粗纸或信封上面也成。"但是他跟着又说："我们理想教育完全实行的时候，应该完全用不着文凭，应该一看那学生的脸孔，便已明白他是某某大学毕业的。倘由一学生的脸孔及谈笑之间看不出那人的大学教育，那个大学教育也就值不得给什么文凭了。"照我的意思，文凭是应根本废除的。理想的大学，没有什么几年几学分毕业的规定，学堂可以给人以研究学问终其身的机会。某人读了几年自动的离校时，学校就给他登记好，倘有人要考查他的功课时，这就是他的成绩。若有某人学业品格不行，则可经大众议决开除。这样就没有买文凭骗分数种种事情发生了。至于大考月试一概免废，好在教员是图书馆实验室的导师，学生们自己又做了监督员，各人成绩大家都知道的。

我这许多梦话虽和林先生有点不同，可是做这梦的缘故，都是为了 fulfilment of our wish（实现我们的愿望），这 wish 不用说是目前教育状况的直接效果。好了，我们现在做了这些梦了，但不知那辈官僚、军阀、资本家、教育家们要到几……年后才做同样的梦?!

上海江湾复旦大学

一个改良大学教育的提议

《现代评论》第 2 卷第 39 期，1925 年 9 月 5 日

任鸿隽　陈衡哲

（一）大学教育的目的

什么是大学教育？这本来是一个很难置答的问题。不过我们从大学的起源看来，很可得到一点他们目的的大概。《礼记·学记》篇说"古之教者，家有塾，党有庠，术有序，国有学。一年视离经辨志，三年视敬业示群，五年视博习亲师，七年视论学取友，谓之小成。九年知类通达，强立而不反，谓之大成"。这个"大成"的时候，大约算是大学毕业了；但是我们看他从离经辨志以至去类通达强立不反，所要求的以立身行己之事为多，而学问求知之事为少。换一句话说，就是我们古代的大学，人格教育重于求知的教育，这可以见得我们古代大学教育目的的一般了。西方大学制度，起于中世纪的末年。其时欧洲各种行业相继发生，讲学的人也不能不聚在一起，一面传授学术，一面自图保卫。讲学和求学的人聚集多了，他们的势力也渐渐扩大起来，于是他们的团体便叫做 University，意思是学者的行业；他们的教员叫做 Professor，意思是精通某项学问技术的人；而他们的学生，学成之后叫做 Bachelor 意思是已经毕业而有做教员的资格。这样，可以看见西方大学的目的，是偏重于学问技术一方面的；至于立身行己一方面，教员学生间的自然感化或者有之，但却不是他们设学的重要目的。

东西两方大学的目的既有这样的不同，我们若能把两方的结果拿来比较一下，自然是极有益的事体。可惜东方的大学，自来没有成为系统的组织，我们现在也无从考察其结果。西方人却本其求智的精神，加以时势的推演，就成立了现在大规模的大学制度。这个制度的好处，是同时可以容纳多数学生；但因它的范围扩大，教员与学生的关系就不能不愈加疏远；疏远的结果，是教员对

于学生，但负知识上的责任，而不负品行上的责任。这种情形，在我们初进西方大学的人看来，是很可怪的，但我们若晓得西方大学的历史和他社会的情形，也没有什么可怪的地方。

然则我们可以说西方大学对于学生人格的训练完全不管吗？这却不然。我们晓得在德国、法国，中学的管理皆取极严格主义，所以他们两国的学生，在未进大学以前，于求学行事，都是有了相当训练的。美国的大学，于学校功课之外，把宗教伦理、公民教育等训练也看得极重。在英国则较古的大学如牛津、康桥两大学，都有所谓导师制度（Tutorial System）。他的办法，是中学校聘请品学兼优的学者若干人来做导师（Tutor），学生进校之后，必归一个导师管理，一切求学行事都要受他的指导。这个制度，自然也是中世纪的遗传，但他的一种合学问与做人为一冶，以先生而兼朋友的精神，在现代学校组织中，可以说有特殊的长处。

照上面所说，西方大学的教法，至少有两个不同的形式。一是大规模的讲授制，一是导师制，前者是新生的，后者是旧有的。这两种办法，自然不是绝不相容，而且实际上英国的导师制，也不过是大学的一部分——一小部分。但这一小部分，在大学教育中，占极重要的地位，是无可疑的。

（二）我国大学教育的失败

西方大规模的大学，算不算成功，姑不必论，我国模仿西方这种办法，办了大学几十年，其结果不能不说是完全失败。失败的原因，除了政局的不稳，经费的短少，学问程度的不够以及外界许多意外的恶影响外，在大学本身至少有两个深入膏肓的病源；这两个病源不去，即使政治清明，经费充裕，大学教育也是没有希望的。两个病源是什么？一是教员对于学生的不负责任，一是学生缺乏研究学问的精神。我们先从第一层讲起。

我们晓得照导师制的办法，教员与学生须当形影相依，有如家人父子一样，这自然是再好没有的了。其次即如大规模的讲授制，教员对于学生，虽不负智识以外的责任，但在本科以内智识上的责任仍是要负的。现在试看我们大学内情形是怎样？大多数的教员，到了时候来上讲堂，钟点讲毕，他的责任即尽于是。学生有无心得，是否用功，他是不暇过问的。每有一科毕业，学生与教员，彼此仍见面如路人的。如此，教员即有天大的本领，于学生的学问前途还有什么关系？至于人格的感化更只有负的结果了。所以我们说教员的不负责任，是大学教育失败的第一个原因。

其次是学生缺乏研究学问的精神。何以见得呢？我们看见现时各处校内、校外的风潮层出不已，第一个疑问，就是青年学生们哪里来这些闲工夫来干这些玩意？你说，譬如最近的沪案风潮，是激于爱国热忱，不得已而为之的，那么，我也可以说，研究学问去培植自己的实力，才是真正的爱国行为。何况哄校长、赶教员，许多学校的风潮，是与爱国绝对无干的。即在没有风潮的学校，我们也很少听见学生与教员商议研究一个什么问题，发表一篇什么著作，我们所常听见的却是要求少看参考书，要求免除考试与要求考试时指定范围。这不是表示我们大多数的学生诸君，并非为学问而学问，乃是为文凭学位而学问吗？既是为文凭学位而学问，那么，有比读书较易而仍可得文凭之道，他们当然何乐而不为？于是乎一阵风潮之后，毕业的便可无试验而毕业，升级的便可无试验而升级了。

在我们说这个话的时候，当然不曾忘记少数的尽心教育和专心学问的教员学生们。他们也能特立独行，不为恶俗病菌所传染。不过在现在情形之下，因学校经费的支绌，设备的不完全，组织的未臻妥善，外界势力的牵引，即使有循循善诱的良师，亦苦于施教无从；即使有孜孜好学的学生，亦苦于求学无所；于是我们的大学教育，遂不能不完全归于失败。

失败的特征，就学术方面言，是我们讲学几十年，不但各种学术的进步不曾看见，即现代新学术的输入及我国旧学术的整理，也还没有做到。就人才方面言，不但成德达才、有守有为的人才不曾造出，就是一才一艺洁身自好之士，在大学毕业人士也不可多见。除非我们说大学的目的，并不在研究学术，培植人才，而只在发出一些文凭学位，为学生作晋身的敲门砖，我们的大学教育不能不算是失败。

固然，几十年的光阴并不算长，我们拿来判断一件事的成功与失败，未免早计一点。但拿现在的现象推测将来的结果，我们能说他有什么成功的希望吗？古人说得好："朝跻于西，崇朝其雨"，又说"迨天之未阴雨，彻彼桑土，绸缪牖户"，我们看见了下雨的征候，再想一点御雨的方法，大约也不是过虑罢。

（三）补救的方法

补救的方法，我们以为当参合中国书院的精神和西方导师的制度，成一种新的学校组织。中国书院的组织，是以人为中心的。往往一个大师以讲学行谊相号召，就有四方学者翕然从风，不但学问上有相当的研究，就是风气上也有无形的转移，如朱文公的白鹿洞，胡安定的湖州，都是一例。但是书院的组织太简单了，现在的时代，不但没有一个人可以博通众学，满足几百几千人的希望，而现在求学的方法，也没有一人而贯注几百几千人的可能。要补救这个缺点，我们可兼采西方的导师制。就是一个书院以少数教者及少数学者为主体；这个书院的先生，都有旧时山长的资格，学问品行都为学生所敬服，而这些先生也对于学校的求学、品行两方面，直接负其指导、陶镕的责任。我们根据这种理想，略拟几条组织大纲如下：

一、学校不必定名为某大学，但其程度须等于大学研究科，或至少与现在国立大学之程度相等。

（附言）现在大学一名已用得极滥，不能为学校程度的代表，故只得放弃不用，将来或可另创标准有定的名词为之代替。

二、此学校的教师，不但要学问为人所尊仰，而且要立身行事皭然无訾，足以为人师表的。

三、课目不必求多，但就各教师所专长者讲授。教师认为有循序渐进的必要时，得排定次序由浅入深。

四、学生不限于在某等学校毕业，但须有基础学科的知识，并须对于所研习的学科有充分的预备。

五、学生入校后须认定教师一人为导师，以后他的求学及行为，须完全受此教师的指导。

六、一教师至多只能担任二十学生的指导职务。

七、学生无毕业年限，以所从事的学科尽本校所能指授者为毕业。毕业后可发学业证明书，但无文凭学位。

这不过是一个很粗略的大纲，若开办时，自然还有详细的规定。总而言之，我们的意思，只是觉得现在大学的办法，达不到所谓研究学术培植人才的目的，所以想另辟一条新路走走。我们要除去现在大学学问与人格分离的毛病，所以主张教员的人格感化。实现的方法，就是教员与学生的接近和对于学生的负责。我们因看见现在学校的风潮迭起，大半由于内部的不融洽甚至于有政治作用，所以主张少数学者自由结合。我们因看见现在学生有为文凭而求学的；亦有欲求学而无从的，所以主张不给文凭学位，而奖励自由研究。这中间有许多是西方最新学校的办法，但也是我们中国书院制的精神。

我们不希望现在的官立、私立大学都立刻照这个办法，但我们很希望有少数的学者来做这个试验。

我们极诚恳地提出这个建议，还望海内同人赐教。

公民教育运动

《现代评论》 第 3 卷第 73 期，1926 年 5 月 1 日

陈宝锷

　　自五月三日始至九日止，是我国教育界近来议定的公民教育周，在这一周内，对于这一件事作有组织的、大规模的宣传。原来讲教育和讲自然科学不同，也和讲教育心理太异。它必须有一预定的目的，由这目的去推广教育。而我们人类平常思想又往往不能够太辽阔、太抽象，只能限于小范围如部落乡村国家等。所以办学的人谈到教育目的就想到这么样去造成良好的国民。他以为学校的功用，不仅是培养良好的个人，却是造就健全的公民，故此有公民教育。在我国各种教育宗旨及制度尚在试验和分娩时期，表面上自小学以迄大学，旁及技艺职业学校，纲举目张，大端毕备。若从实际上一讲公民教育，便觉它麻痹，腐败，濒于破产之境了。我国现在办学的人，日日以奔走和对付恶环境为事，无暇想到将来作社会砥柱的公民—— 一般儿童青年——因此教育办得愈久愈糟糕，结果遂成 scandal（丑闻）！这个模样的教育青年，真如驱人们出征，一方告以敌军器械和战斗力可畏，一方又恫以男儿报国固当捐躯的一派言论，难道不弄得他们不生 Shell—shock（震弹）病的么？

　　照上面所说，我们今后至少须讲公民教育，以反从前空渺无目的之弊。提倡公民教育的方法，自然是从精神、道德两方面入手，如青年人团体生活的习惯、能力、知识和同情心，都要切实培养。尤当像孟斯柏芮几氏（A Mansbridge）说的，一个平等的人群，务必有学校灌溉其人民以自治及被治的方法与实施，并鼓起他们尽瘁社会的兴趣，不专为个人利益，而为公众，或国家的利益。这类理论的话，我看江苏省教会所拟定之公民信条八则都包含有的，不过要急需实行就是了。我现在姑举直接养成公民和间接养成公民两种方法如下，并举英、美两国的例证来说明这两种方法的意义。

　　在学校中直接培养公民资格，以美国为最。这或者因为美国特别有这种需

要。美国自开辟以来常有极多的移民，来自外邦，挟来许多传统的不同的风俗、习惯、信仰、生活状况等，所以不能不强迫施一种公共划一的训练，使他们渐渐化为纯粹美国人。兼之，美国人崇尚实际，欢喜采取抽象的研究以达实在的目的，故把课堂化作工厂、市政厅、国会议事堂（Capital），实地的去养成健全的公民。有一些教育团体如全美教育联合会、全美历史学会等，倡导这种运动甚力，殆欲（A）以促醒人民知道公民在一社会环境之中，应该奉公守法，以期于善，（B）使公民了然于政府各机关的行政方法与组织的形式，以实习政治。英国的情形则太异。当一八九五年亚克兰（Ascland）氏做教育总长时，虽曾一度提倡公民学，欲把它的详细节目加入小学课程内，但因缺乏适当教本，除于史理中增订这些教材外未立公民学专科，其余它科也未受它什么影响。

由此看来，用间接方法培养公民资格，当推英国。英人以为养成公民最妙的办法，是靠学生的智识，直接训练和不直接训练，了无关系。假如青年男女的活动方向是对的，他们自然会去求智识。假如学生在校年限延长，他们自然有发挥自治能力的机会。儿童富有自动能力，只须有良好的时机去引诱它。所以英国学校仅重视和利用童子队（Boys' brigodes）、童子军、女子军、教会少年队（Church lodds' brigodes）等，不设专科去培植公民资格，大概是因这类组织之中，含有互助、合作、发展自治力诸美德，不必事事去躬亲供职。自班长公选制度输入，蒙达梭利式的学校发达，以及多切斯特（Dorchester）地方的小共和国（Little Commonwealth）组织成功以来，那寓有陶冶独立自动之风的意思。至于牛津剑桥两大学承欧洲三古大学 Bologna（博洛尼亚）Paris（巴黎）& Prague（布拉格）之旧，不但侧重公民学，并且想促成"欧洲合一"和"欧洲公民"。后来英国进行劳动教育的人，也极重公民的训练。不过英国是用间接方法训练的，其精神和规模均不逮美国罢了。

我国办新教育已经三四十年，到今才觉悟公民教育的重要，自然是嫌从前教育的目的太抽象了。我以为吾国一则教育不发达，二则既有的教育思想，又散漫少系统，此时倘能提出几个像上引的公民信条一类重要的纲领，兼取英、美两国办法而实行之，也是可以的。但是我这里还要提出两个在我视为值得注意的教育观念，一是自由思想，二是国际同情心——两者都应该充分发展，缺一就不配算为现代德谟克拉西国家的公民。我国历史上遗传下来的思想，是尊重自由；国家社会对于个人没有特别威权，个人没有服从群众的义务。西洋人如罗素等极羡慕这层，以为干涉人民良心自由的那种事情，向来在中国不会有的，"个人可以自由思想，从思想所得的结论，可以自由发表而无顾忌"。可是，由今观之，由自由变为不自由的倾向急转直下，每况愈下，那种纷乱无政府的事实，徒予强者以自由；平民的自由不仅是剥夺了，而且没有争回自由的能力。故此我们不能不于公民教育中一播自由种子。培植国际同情心一层，更属重要。何以故呢？因为专门提倡公民教育而不兼顾世界大势，最容易流于鼓吹遍隘极端的国家主义。英国大教育家亚富士（John Adams）在他的教育思想进化史中曾经说过"当着近代国家觉着它自己的国事不竞的时候，即汲汲于改良公民教育以求修明政事，自然的采取一种自私自利政策，把人民当作工具"。他又说，"近代国家不是以教育先造就国内青年分子为较好的人，而后为较好的国民；而是以教育是制作他们为有厚利于国家的分子。"这种议论虽然浅近易懂，但是若不加以思考，是不相信的。我的意思以为从前几十年教育没有达到全国预期的发展学术、培植人才那一类的目的，原不消说，即是对于这次国内教育家热心提倡公民教育，也恐因形格势禁免不了要受一切障碍。所以希望全国人的是不外共同努力提倡了。

关于党化教育的讨论

《晨报副刊》，第 1446 号，1926 年 9 月 20 日

张象鼎　徐志摩

（一）

张象鼎

志摩先生：

想不到你这温文尔雅的诗人，竟能勇敢地站在"反赤化"的战线上，为"反赤化"的军队的总指挥！自"赤白仇友"问题发生后，我便对于你的精神，"不能不十分顶体佩服"，虽然主张不必相同。前日拜读你在胡适之博士通信后，写的那一段"按语"，知道你"还来抱残守缺似的争什么自由"，还要"站在懒惰的，中庸的英国人背后，问一声：'难道就没比较（比较苏俄的大试验，大牺牲），平和，比较牺牲少些的路径不成？'"这种贯彻始终的"反赤化"精神，尤其使我"万分佩服"！

但是你的主张，在我，认为是理由不充足的，我不能"因为崇拜你的奋斗精神，而立刻跳到你们的那种'反赤化'是正当的运动之结论"；更不能"因为崇拜你的奋斗精神，而立刻跳到你的'按语'都是'至理名言'的结论"。承你的好意，允许读者们在宝贵的贵刊上，占一些地位，讨论这个问题，我愿意乘便向你说几句话，并请在贵刊披露（不披露也可以）。

"反赤化"的整个的全部的问题，我不愿多讲，因为我不是"共产党"，也不是"法西斯蒂党"，而且对于你所说的"我们应得研究"之"苏俄所悬的那个'乌托邦理想'，在学理上有无充分的根据"等等，未曾一项一有十分彻底的研究。我所要和你讨论的，只是你所"留神"的胡博士通信中的"最重要的核心问题"，"苏俄的新教育"问题。

俄国的教育，究竟怎么样，我们连它的统计表都没有见得到，"撇开统计表，去作一次实地的考察"，这更是后话，如何能骤下断定，现在所能够讨论

的，也只是根据你所说的下列几段话：——

> 苏俄的学校，……学生自治的精神，是很充足的——但这就是"世界的最新的教育吗"？
>
> ……他们的教育，几乎完全是所谓"主义教育"，或是"党化教育"；他们侧重的第一是宣传的能力，第二是实用的科目，例如化学与工程，纯粹科学与纯粹文学，几乎估不到一个地位；宗教是他们无条件排斥的……但他们却拿马克思，列宁替代耶稣，《资本论》替代《圣经》，阶级战争，唯物史观一类观念，替代信条——这也许是适之先生所谓世界最新教育学说的一部吧？
>
> ……我并不批评苏俄的教育政策，在他们悬定的目标下，他们的教育政策确是最有效率，最可钦佩的，问题你赞成不赞成他们"造成一个有充分力量的共产党员"的目标。假如你赞成苏俄的共产主义的，你不能不在逻辑上赞成他们的教育；同样的，你赞许他们实际的教育，你就不得不在逻辑上，归附他们的理想。

综观先生的话，不外是说："俄国的教育是党化教育，不是新教育。这种教育，只宜于共产党，不赞成共产主义者，便不当'赞许'此教育"。

其实依我看来，"党化教育"便是最新的教育，在世界的新国家里，除非你甘为"老大帝国"，不论他是共产党专政，或者别的党执政，都应该采这种教育政策。这问题，并不是仅限于教育范围内的问题，实是政治的问题。何以呢？如果你赞成"政党制度"，赞成凡一政党，都应确信本党的政策为好政策，而努力其实现，那你便不能不赞成"党化教育"！

"怀其宝而迷其邦"，这种高唱不党不偏的清流政客，只是自私自利的人啊！吾友常燕生常反对我的"党化教育"主张，谓"党化教育"有不顾国家利益之弊，这是误会的话，须知党之要来"党化教育"，是为实现其政策于国家，也便是为国家的利益，而后来"党化教育"，怎会说不顾国家利益呢？他的毛病，便在把"党"看成个坏的东西。不知先生是否也持同一的见解！实际上，什么"职业教育"啦，什么"平民教育"啦，何莫非由一部分人提出一种意见来，便去"化"全国？又凡办学的人和做教员的人，谁不执著他们的成见，去做他们的事业？这虽不是"党化"，却是"意见化"和"成见化"了！你所争的"自由"，"知识自由"，"思想自由"，在那里呢？不！我想，你或者不是根本上反对"党化"教育，只是反对苏俄的"党化"教育，因为你只是批评苏俄的教育，没有批评"党化教育"的本身。

　　说到俄国的教育，我已说过，我是不很清楚的，据你"所知道"的"完全是主义教育，党化教育"，如果你口中的"党化教育"是我心中的"党化教育"——即"党化教育"的本义，那么，如上所说，它是不应该反对的。即你口中的"党化教育"，只是"侧重宣传的能力，实用的科目……，纯粹科学与纯粹文学几乎占不到一个地位"的主义的"党化教育"，在这时代，也不应该轻视。本来"党化教育"的着重点是要使受教育者，了解，信仰党的主义或政策，这完全是情意方面（关于了解略须借助知识）的事，此外，受教育者所应学的科目，所应具的知识，并不因实行"党化教育"而排斥，而屏弃。

　　只要你是一个"党化"了的人，无论你做医生也好，诗人也好，无论你学法律也好，学经济也好，"党化教育"不必限制你，事实上也不至妨害你。乃若苏俄的"党化教育"教育，竟"侧重"这个，"几乎"那样，也还是"侧重"，还是"几乎"，纯粹科学及文学，并没有被挤出学科的圈外，算不得大不了的事。再不幸，而你口中的"侧重"便是"专重"，"几乎"便是"完全"，我还要重复说一句，在这时代不应该轻视。这时代是人类实际生活最不安稳的时代，是政治上，经济上，法制上，一切实际问题，急待解决的时代，是该拿全人类的大力量，合力解决全世界的总问题的时代，侧重"宣传能力，实用科学"虽不免褊狭些，却也是"救时之弊"的办法。你所深恶乎苏俄的"党化教育"者，想尤在"以主义代宗教而束缚人们的自由"这一点。其实"党化教育"之所以配称为"新教育"，这一点也便是其一因（胡博士是否这样想，我不知道）。宗教的好处在能陶铸人类的情意；其坏处在忽略了人类的现实生活，又利用人类天性中的怯懦之弱点，以诱人走入渺茫的幻想之途。旧教育却又只知道增加人类的知识，而忽略了情意，以致知未必行，"教育无能"。"党化教育"却一方着重"情意"，一方仍欲增加受教育者的知识，又其唤起人的奋勇，以解决实际生活的问题，亦非宗教可比，这种教育，前此未有，故谓之新。至于"束缚自由"的罪名，更加不在"党化教育"的头上。"党化教育"的成功与否，在他能否得到受教育者之信仰；信仰和束缚绝对不能连在一块说。有所谓自由，究竟是怎样解释？难道必完全不受"心外"的——外铄的影响，才是自由吗？请问受"意见化"与"成见化"的教育的人，是否自由？又有几人没有受外来的影响？譬如你，是否享有完全自由？自由这一个问题，不是三言两语可解决之问题，这里我想，不必细说罢。许多人的误见，似乎是把一个人抱一个意见，或者少数人抱共同意见，便是自由，若要教大家同来赞成一种主张，便不是自由，唉！这完全忽略了人类天性中的"同点"了，我希望你不作这样想。这一大段话，好像完全替苏俄辩护。不！我并不是苏俄的辩护人。我只是说"党化教育"是新教育，便像你口中所说的苏俄的"党化教育"也不可轻视。党化的主义怎样，那是别一问题。

你又以为苏俄的教育（党化教育），只适于共产主义的国家，那是你根本的错误。实行共产主义的国家，固如别的"以党治国"的国家一般，以实行"党化教育"为"最可钦佩，最有效率"，但在前代共产党人，却未曾都如是主张。反之，不是共产主义的国家，凡是一党执政，都以实行"党化教育"为"最可钦佩，最有效率"，譬如中国国民党，也主张党化教育，而一部分国家主义者，且亦相当赞成此政策。可知"共产主义"和"党化教育"的关系，正如徐志摩和吃米饭的关系相同，徐志摩以米饭最宜，而吃米饭者，却不必限定徐志摩。志摩先生：你如因为反对共产主义，因而反对"党化教育"，在你便是因噎废食。

总而言之，统而言之，"党化教育"便是新时代的新教育，苏俄能实行"党化教育"，苏俄的教育，便是新教育（注意，这不是替胡博士的话下注脚）。这种新教育，不管是共产党专政，或者是法西斯蒂党专政，都应该行这种新教育。主义怎样是别一问题，教育政策又是别一问题。正如张象鼎好坏是别一问题，吃饭的本身，却总是一件好的维持生命的方法。

志摩先生！你说是不？完了，再见！

（附言一）听说菊农先生，又在那里诅咒"党化教育"，我没有拜读他的文章，恕不论及。

（附言二）写完了，忽又想到我这篇对于你的通信的基础，不很稳固，因为完全建筑在"如果你赞成政党制度……，"那一个假设上。我想，你或且撚须微笑道："我不赞成政党制度"，或"不赞成以党治国"，我这一大串话，便成"废话"了。哈哈！如果你真个那样，我只好自认失败。

一九二六，九，一八

（二）　　　　　　　　　　　　　　徐志摩

如果适之先生说："苏俄在苏俄大规模的试验苏俄发明的新教育"，那我就第一个人相信，决不来疑问什么。但他来信的原文是："我看苏俄的教育政策，确是采取世界最新的教育学说……"。按张先生意思，似乎"党化教育"与"世界最新的教育学说"，或"新教育"，是一样东西；这点对不对，我不敢说，因为我是不认识教育学说的，上次偶尔讲起幼稚教育，曾经受过真正教育学家的教训，这次不肯冒险了。好在我们有的是教育学专家与大家，我们相信这问题的重要值得他们破些工夫来指教指教，省得我们一群外行永远在牛角尖里瞎钻。

但张先生的意思，如我所懂，是新教育应分是党化教育（虽不定是苏俄的党化教育），党化教育是对的。这一点值得讨论。我们先得看党是什么。撇开了少数人营私谋利的所谓党，我们姑且注定是一个政党，背后有一种主义，在学理上包含一种社会观以至人生观，在实施一种乃至多种政策与方案，目的是为贯彻这某种主义。现在最现成的例子当然是俄国的共产党，意大利的法西斯党，乃至我们这里奉行三民主义的国民党（看本期《现代评论》杨端六先生的报告）。这些都是党，它们的后身都有一种主义，它们的各方面的努力，是为要在社会组织上贯彻它们各有的主义；它们都利用教育来宣传主义，摄取信仰，巩固党基。这是它们的同点，虽则方法与主张不同，且竟有相互不容的，例如意大利最排斥共产主义，苏俄最诋毁法西斯主义。

但新教育应分是党化教育？这话，我猜想，一定可以博得多数青年的赞许。你的思想一朝走入了一个划清的方向，正相【像】你爱上了一个人，或是信了一种教，你就不得不专注，你心目中特定的目标，在你热奋的时候，取得了绝对性，不容他种的目标引逗你的分心。信耶稣教的同时，不能接受穆罕默德，信马克思、列宁的同时不能容纳，比如说，墨索里尼。如其我们假定：（一）在全社会的人共抱一种改造社会的信仰时，这社会就有改造的机会；（二）教育应用正当的方法可以完全做到划清、统一全社会政治思想；那么我们当然得承认改造社会最简捷的方法，是由教育一色清【清一色】的宣传某种的政治思想。再如其这部分思想是某一党所代表的主义，那么实行党化教育当然是不可避免的结论。但这里有一点我们得注意的是这"化"字所概括的意义。教育本身所概括的当然是人生的全部，政党却只概括人的活动的一种，所以我们在说党化或主义化教育的时候，我们意思是只在渗透教育的一部分，但这一部的宽窄深浅，又得回看某党或某主义所概括的人生活动的宽窄深浅。例如：某党说只要人人穿蓝袜子不打喷嚏，天下就可以太平，那么这党的改造方案关连到人生的地方，只限于穿袜子与打喷嚏，它那党化教育的程度，也只要做到人人相信袜子改颜色与忍住喷嚏是理，是真理，正如现在共产党信阶级战争，国民党信三民主义，是理，是真理。这化字的范围愈小，愈不干涉到人类固有的习惯与见解，事情就愈容易办；反之，如其这化的意义是得牵连到人生基本事实的，那事情就复杂，麻烦了。再说例：比如英国的自由党初起的特点是主张自由贸易，那自由党的党化教育，分明得狠【很】，只要社会上明白自由贸易的好处以及保护贸易的短处。我不知道现在意大利法西斯主义治下的教育受党化的程度有多深，但就我所知道，除了辟共产，反赤化的消极"渗透"以外，别的在实际教育所表的法西斯主义并没有多少痕迹可寻；在实际生活上，除了法西斯的警卫兵戴有黑缨须的军帽以外，也看不出什么分别。在广东执政的国民党的党化教育，我不知底细，但如其只限于宣传孙文主义的话，那它"渗透"的范围也不能说是比法西斯主义在意大利来得广。我想国民党员一定还保留得到，比方说，信教的自由。孙文并不限定他的党员信仰谁（除了他自己），不比法西斯党员当然都是虔诚的天主教徒。简单说，这类的党化教育都只干涉到思想与活动的绝小部分。真正的党化教育，在历史上，我以为只有两个例：一是现在的俄罗斯，一是中世纪的欧洲。如其一定还要寻例的话，有人也许要提出古希腊的斯巴达，那也是近情的。在这里，那化字的意义可大了，范围也宽了；它不仅划定思想的出发点与方向，不容丝毫的含糊，并且干涉到非政治性的生活本体。在中世纪教会专政——罗马教主的狄克推多——治下，第一你的信仰是规定的，你的知识范围是圈定的，你的习惯种种也大都是有一定模型，轻易不用翻新出奇的。在思想上，不要说怀疑上帝或是怀疑教会，曾经不知有多少人，为了发表一点点细如毛发的"非正宗"的见解，叫教会派作异端，生生的送进火燄去烤一个稀烂；为了发现真理而殉生的，前辈，更不胜举数了。这是历史上有名的"不容时期"——Age of Intolerance。幸生在自由已经争得几百年后的欧洲人，回望那黑暗时代的嶙峋剧目，没有不打寒噤的。但我们如其以"以党治国"的眼光来看，那中世纪的罗马教会真是一个理想的政党，它那党化的彻底与实际的成功，是绝无仅有的。自从宗教革命以及文艺复兴时期以来，人的思想自由一天宽似一天，知识上的发现，也一天深似一天；乐观派把这现象叫做"进步"。但自由似乎也有使厌了的时候，我们有幸福生在这二十世纪的，又听见什么党化教育的呼声；我们也见着苏俄的"大规模的试验"。

是的，苏俄是中世纪政治的一个返响。

第一，有观察力的人到过俄国的，都觉到俄国的新政治是一种新宗教；不论他们在事实上怎样的排斥宗教，他们的政治，包括目的与手段，不但是宗教性，而且是中世纪的教会性的。当然在共产主义治下，你可以得到不少的自由，正如在中世纪教皇治下，你也得到不少的自由；但你的唯一的自由——思想的自由——不再是你的了。正如中世纪有异端这个巧妙的观念，现代的苏俄也发明了一个巧妙不相让的名儿："反革命"；收拾异端的方法是用火烧，对付反革命的手段也是同样的不含糊——你们都听见过苏俄的"欠夹"不是？这是一个"不容时期"的复活。也许是时新，下去仿效的尽有，竟许会普遍的通行，例如中国女人的裹脚，我知识浅，又无先见，不敢妄断。因为不敢信任人类的理性，我所以觉得怕。

但是"自由"！你还不如说空气，一样的无从捉摸。罗曼罗兰说："我不懂得什么是自由"。我们究竟多少有了点阅历，再也不上空洞的大字眼的骗；现在离法国革命，已快有一世纪半了。所以自由，在思想上，乃至在行为上，至多只是相对的。但分别还是有，到时候你心里觉得，我心里觉得，怎么也诡辩不了的一个分别；自由与不自由。人类进化的一个意义，是意志自由行使的范围扩大；正如一个个人要做到他情感与本能的主人，人类的努力也只是要做到他周遭的势力的主人（这观念，当然也是相对的）。他要支配，他不愿被支配；他要选择，他不愿被选择；他要做主，不愿做奴。他要争自由，也许是绝细的一点点，但这点点他还得争；一旦觉晓了，非到最后的一刻，他不肯，也不能舍手。我个人怀疑共产主义，怀疑党化教育（我不反对目的只在改良穿袜子与商榷打喷嚏一类的党化教育），也就为顾恋一点点的私人自由。也许不时髦，但我就是这样头脑；将来许可以变样，难说，但现在还不。再说如苏俄一类的党化教育（那简直是"划一人生观"训练，说什么教育），是只能在一党完全专制治下才有实现的可能。它有几个前提是不容你辩难，不容你疑问的：天主教的上帝与圣母，共产主义的阶级说；你没有选择的权利，你只能依，不能异。

再退一步说，即使一党的狄克推多，尤其是一阶级的狄克推多，的确是改造社会最有捷效的一个路子，但单只开辟这条路，我怕再没有更血腥的工作了。我的意思是除了你用绝对的强力压在人的思想的脖子上，它是不会帖伏的；在思想不完全帖伏的时候，党的政治即不易见效，党的根基即不易巩固；换句话说，除了你"宗教化"你的党的目标（绝对的信服，不怀疑教主或教义），武力化你的党的手段，你就不能期望苏俄革命的效果：一件事是绝对的压住了思想的自由性。我们现在只能在两个态度里选择一个：或是你舍不得一点点的空洞的自由，还想从理性方面设法社会的改造；否则你就得完全倾心苏俄式的革命，抵拼最大限度的牺牲。

○　　　　　○　　　　　○

　　多谢张先生的启示，在这深夜里我还在晃动着这杆半瞌睡的懒笔。我上面写的，与张先生的意思竟许不相针对，我自己先就感到书写的不畅，以后许有更从容的机会再来饶舌，但我们这时候在文字上所能表现的，不论是谁，至多是一个趋向——也许是渐次形成一个态度的倾向。我上次用"一个态度"来标题适之先生的通信，如今回想起来，觉得也太匆促，几于太轻佻了。我十分期望再有更高明的头脑来参加我们的讨论。这应分是我们脱除意气的时候了。

九月十八日

党化教育是可能的吗

《独立评论》，第3号，1932年6月5日

叔　永[1]

自国民政府成立以来，教育的"党化"，便成了教育界的一个重要问题。可是问题虽然重要，却不曾有人讨论过。这当然是言论不自由的结果，而非问题的本身无可讨论的余地。作者现在提出这个问题，不敢说有什么深切的研究，但很希望作一个的发端。

党化教育是国民党固定的政策吗？这句话许多国民党的朋友们根本上就不承认。真的，民国十七年大学院召集全国教育会议，曾经正式议决，取消"党化教育"这个名词。不过党化教育的进行，仍是目前的一个事实。这事实的发生，正是国民党一贯政策的表现，名词的存在与否，是不关重要的。

那吗，党化教育究竟是什么？切实说来，不外下列两个意义：

（一）把党的主张或主张，融合在教课中间，使它渐渐的浸灌到学生的脑筋里去。

（二）教育的事业，由党的机关或人才去主持，使它完全受党的指挥。

以上两种意义，当然不是绝不相关，而有相助相成的作用。譬如说，要做灌输党义的工作，最要紧的方法，是抓住重要的教育机关；而同时在党化教育名义之下，也可以使垄断教育的行动，成一个堂堂之阵，正正之旗，毅然行之而无所顾虑。

但是，照这样办法，党化教育可实现吗？我们可以不迟疑地回答说不可能。现在我们试看一看不可能的理由在那里。

第一，教育的目的与党的目的完全不同。大概说来，教育的目的，在一个全人的发展；党的目的，则在信徒的造成。教育是以人为本位的，党是以组织

---

① 即任鸿隽。——编注。

为本位的。在党的场合，设如人与组织的利益有冲突的时候，自然要牺牲人的利益以顾全组织的利益。我们只看国民政府的教育部，对于发展教育，改良教育的计划，一点没有注意，但小学的党义教科书，却非有不可。教科书与党义有不合的地方，非严密审查不可。老实说来，教八、九岁的小孩们，去念那些什么"帝国主义"、"不平等条约"、"关税自主"的教科文字，不但不能得他们的理解，简直于小孩们心灵的发展有重大的妨害。但这是党化教育所不能免的结果。

我们暂且离开小学教育，就一般的教育来说。一个理想中有教育的人，在智慧方面，至少的限度，必须对于事理有正确圆满的了解，对于行事有独立自信的精神。要养成这样的人格，第一的需要，是知识上的好奇心。有了知识上的好奇心，方能对于各种的问题或事务，加以独立的研究。研究所得的结果，才是我们信仰的根据。这种教育的方法，在党的立场看来，是最危险的。他们的信仰，是早经确定的了；他们的问题，是怎样的拥护这个信仰。因为要拥护信仰，所以不能有自由的讨论与研究；因为不能有自由的讨论与研究，所以不能有知识上的好奇心。这个情形，恰恰与十七世纪初年，欧洲宗教的专制思想相类。当时的教会，不愿意一般人有自由思想，于是乎不恤用教会的法庭来压制伽利略，逼着他发誓承认地球绕日的学说，是和《圣经》抵触的，是不对的。他们这种办法，不但是要压服伽利略，使他不再妖言惑众，并且要惩一儆百，使同时的人不敢有新出的思想。但是他们所得的效果是怎样？伽利略在签合悔罪书之后，口中即喃喃的说道："地球是动的"；而地球绕日的真理，也不因伽利略的受压迫而遂至湮灭。自近世文艺复兴以来，专制思想与自由思想冲突的结果，总是专制思想失败，党化教育也不能独成例外。

照上面所说的看来，党化教育，几乎成了一个矛盾的名词。那就是说，有了"党化"，必定是没了"教育"；反过来说，要有"教育"，必定要除去"党化"，而党化教育的不能成立，更不待言了。

第二，党化政策，虽然与教育的原则不相符合，设使党的主义或主张，可借教育以宣传，也不失为党化教育的一个大理由。关于这一层，我们的答案是：在特殊的情形下，是可能的；在普遍的情形下，是不可能的。但是党化教育的目的，当然在普遍而非特殊，所以我们的答案，还是一个不可能。我们所谓特殊的情形，譬如现今的党务学校、中央政治学校之类。以这样特别组织的学校来宣传党义，自然是可能的。不幸我们现在要党化的学校并不是这样的一类，而是全国一般的由小、中以至大学程度的学校。在这些学校里面去宣【宣】传党义，便立刻有许问题发生。我们曾经听见中、小学校的党义教课，怎样的学生不感兴趣；大学校的党义教员，怎样的被学生轰了又轰，赶了又赶。这不见得是因为教员的不济，而是因为党义这一门功课，实在不为学生所欢迎。党义不为学生所欢迎，也不是党义之过，而是凡挟贵得势的主义，所必得的结果。所以天主教自定为罗马的国教而天主教就渐渐衰落，我国的孔教（假定孔教也是一个教），自汉武帝定于一尊后而孔教也从此不振。这种历史上的前例，是不胜枚举的。我们以为宣传党义的最好方法，是把党义放在一个自生自活的地位，而不要把它放在特殊阶级之上，使它失了自由竞争的机会。因为一放在特殊阶级之上，它既不用与人竞争，便渐渐地失去向上改进的本能；同时在课室中或教科中强迫输入的党义，也未必能得到生徒衷心的信仰。这岂不是南辕北辙，爱之适以害之吗！近年以来，国人对于国民党的信仰，一落千丈，固然是因为政府的种种失败，使人失望，但是所谓党化教育，于党义的传播，并无一点好处，也可以概见了。

以上系就党化教育在传播党义而言，它的失败，是不难预先断定的。现在我们要讨论一下党化教育的又一方面——用党的机关或人才来主持教育事业。

我国的政客中间近来有一种新的主张，或可以说是误信，以为一个政党或政客，要在政治舞台上活动，必须有一个有势力的学校，作他们的后盾。因此他们在台上的时候，尽管于教育漠不关心，但一到下台他们便拼命的抓学校，做校长。有的容许是因为闲着无聊，慰情胜无，有的的确是想利用学校地盘，造成一班喽啰，将来替他尽那登台捧场，摇旗呐喊的义务。这个情形，可以说明许多学校的风潮，何以发生，也可以说明许多学校教育，经过政客官僚的热心，而愈加腐败。一言以蔽之，办学校以教育为目的，方有成功的希望，若以政治的目的来办教育，是非失败不可的。

国民党是一个成功的政党，它的第一义务，在使全国教育循序平均的发达，原用不着存什么割据疆域，封殖势力的思想。不幸这个党化教育的政策，把它不知不觉的引到包揽学校的地位；既然包揽学校，便免不了一班官僚政客地盘势力的野心。结果，徒然增加了教育界无数的纷扰，且使一班人对于党人抓学校的行为，发生了不少的疑虑与反感。关于这一层，我们不必繁征博引，只请读者查一下一、两年来几个国立大学易长风潮的近事，便可明白了。

以上是我们对于这个重大问题提出的一个简单讨论。设如我们在党或党外的朋友们，对于这个问题还有更详尽的讨论，我们非常欢迎。我们现在先请提出两句简单的说话，来作本文的结束：

（一）党化与教育，是不能并立的：有了党化，便没了教育；反过来说，要有教育，先取消党化。

（二）国民政府，是应该对全国教育负责的。所以它的义务，应该先发展教育，再说党化。